소프트웨어 아키텍트 엘리베이터

소프트웨어 아키텍트 엘리베이터

디지털 기업 환경에서의 아키텍트

그레고르 호페 지음 오주환 옮김

에이콘

 에이콘출판의 기틀을 마련하신 故 정완재 선생님 (1935-2004)

추천사

소프트웨어 아키텍트가 되고자 하는 바람은 소프트웨어 설계의 기술 측면에 대한 관심에서 시작됐다. 나는 문제를 해결하기 위해 기술을 적절하게 활용할 수 있는 방법과 함께 고도로 모듈화되고 구조화된, 작업하기 편한 코드베이스를 만드는 방법에 대한 토론을 즐긴다.

그러나 이러한 기술적 측면이 실제로는 아키텍처를 구성하는 퍼즐의 일부에 지나지 않는다는 사실은 아무도 알려 주지 않는다. 이는 단지 기술과 소프트웨어 설계에 관한 역할을 말하는 것이 아니다. 특정 조직 콘텍스트^{context} 내에서 소프트웨어를 설계하고 문제를 해결하며 주변에서 일어나는 다양한 상황을 인식해 필요한 경우 해당 콘텍스트를 탐색하고 결과적으로 영향을 미칠 수 있도록 하는 것이다. 따라서 아키텍트는 팀 환경 안팎에서 서로 다른 청중과 서로 다른 수준에서 의사소통하고 영향을 미쳐야 함을 인식하는 것이 중요하다.

그러나 기존의 산업 분야에서 우리는 소프트웨어 개발자에게 소프트웨어 아키텍트 역할로 이동하는 방법을 가르치기 위한, 상대적으로 영향력을 키우기 어려운 일을 하고 있다. 여기에는 현재 아키텍트 역할을 담당하는 사람들에게 도움을 제공하는 것도 포함된다. 이는 비기술적 측면에서 특히 그렇다. 단골 서점에서 이에 관한 도서 목록을 훑어본다면 소프트웨어 아키텍처, 아키텍처 스타일, 아키텍처 패턴, 데브옵스^{DevOps}, 자동화, 엔터프라이즈 아키텍처, 린^{Lean}, 애자일^{Agile} 등에 관한 수많은 책을 찾을 수 있을 것이다. 상대적으로 사람과의 의사소통에 관한 책은 훨씬 적고 이러한 모든 주제를 다룬 책 한 권을 찾는 것은 훨씬 더 어려운 일이다.

이 책은 이렇게 일반적으로 접할 수 있는 서적보다 광범위한 관점에서 아키텍트의 역할을 논의해 이 격차를 메우고자 한다. 기존의 '비즈니스 대vs IT' 관점의 사고방식을 피하는 방법, 보다 큰 그림을 보고 조직 환경을 매핑하고 영향을 미치는 방법, 효과적인 결정을 내리는 방법, 벤더를 다루는 방법, 조직의 모든 레벨을 관통하는 의사소통의 방법을 소개하고 있다. 여기서 다루는 모든 내용은 아키텍트로서 성공하고자 하는 이들에게 필수적인 내용이 될 것이다.

또한 관련 서적의 언급을 통해 책에 제시된 실용적인 팁과 기술을 보완하고 있다. 저자의 이야기는 전통적인 IT 부문을 갖고 있는 대규모 조직에서 일하는 사람들과 보다 강한 연관 관계를 갖고 있지만, 그중 상당수는 디지털 기업의 새로운 물결에도 마찬가지로 적용될 수 있다. 나 또한 이러한 조직에서도 비슷한 상황이 발생하는 것을 보고 놀란 적이 있다.

요약하자면 꿈을 가진 아키텍트를 위한 멋진 책이다. 또한 아키텍처 도구 상자로부터 도구 모음을 빠르게 찾아낼 수 있는 좋은 방법이 될 것이므로 꿈을 가진 소프트웨어 아키텍트와 CTO 모두에게 이 책을 추천하고 싶다. 자신이 가진 스킬을 넓히고 싶은 사람, 아키텍처가 무엇인지에 대한 감을 잡고 싶은 사람, 조직의 생산성을 향상시키는 임무를 맡고 있는 사람, 이러한 상황에 놓인 모두를 위한 가이드가 여기에 있다.

— 사이먼 브라운(Simon Brown)
『Software Architecture for Developers』 저자

IT 부서 내에 아키텍처 팀을 조직하라는 요청을 받았을 때가 생각난다. 당시 나는 그것이 무엇을 의미하는지 몰랐지만 막연하게 멋지다고 생각했고, 스스로 내가 해야 할 일을 이해할 수 있다고 확신하고 있었다. 팀원이 우리가 테크니컬 아키텍트가 돼야 할지 아니면 엔터프라이즈 아키텍트가 돼야 할지 묻기 전까지 5분간 그 자신감은 이어졌다. 그리고 나는 그 차이를 모른다는 것을 깨달았다.

20년이 지난 후 나는 글로벌 조직의 수석 아키텍트가 될 수 있는 기회를 잡았으나 여전히 아키텍트는 무엇인지에 대한 완벽한 설명을 찾지는 못했다. 하지만 모호함에 익숙해지는 것이 가장 중요한 일 중 하나라는 것을 배웠다. 당시의 팀원이 떠올리게 해준 것처럼 '훌륭한 아키텍트는 무엇인가?'라는 어색한 질문을 다시 한번 던지고 스스로 변화하고자 했다.

이 책은 IT 혁명의 현 단계에서 아키텍트의 삶과 사명에 대한 생생한 그림을 소개해 아키텍트가 되는 것이 어떤 의미인지 이해하는 데 도움을 줄 것이다. 나와 우리 팀은 아키텍트 엘리베이터를 타며 시간을 보낸다. 조직의 여러 영역에서 경쟁하고, 연계하고, 설명하고, 질문하며, 불완전한 정보를 갖고 복잡한 시스템에 대한 올바른 결정을 내리고자 노력한다. 엘리베이터는 하루라는 짧은 시간 동안 우리를 코드로부터 비즈니스 전략으로 안내하며 다시 돌아오게 한다.

아키텍처는 기업의 기술 부문 내에서 유행하는 단계를 지났으며 때때로 '아무것도 만들지 않는다'는 비난에 직면한다. 나는 아키텍트가 매우 중요하면서 희소한 두 가지를 만들어 낸다고 믿는다. 바로 합리적인 사고를 이끌어 내며 의사결정을 내린다는 것이다. 아키텍트가 점점 복잡해지는 세상을 이해하고, 어떤 결정을 내려야 하는지 파악하고, 적절한 시기에 합리적인 방식으로 결정을 내리는 데 도움을 주고 있다면 충실한 하루를 보낸 것이다. 또한 이 책에서 설명하는 것처럼 의미 있는 결정을 내리지 않고(6장 참조) 사람들이 명확하게 이해할 수 있도록 돕지 않는다면 그들은 아키텍처를 수행하고 있다고 할 수 없다.

그러나 이러한 능력들은 습득하기가 매우 어렵다. 인간인 이상 복잡성을 이해하고 제한된 정보로 올바른 결정을 내리는 것에 어려움을 겪을 수 있다. 아키텍트는 수년간의 경험을 통해 얻은 기술과 사고방식을 살려 자신과 기업을 도울 수 있다. 그들은 학습 곡선을 절벽이 아닌 경사로로 바꾸고 시장의 언어를 채택하며(18장 참조) 비즈니스에 옵션을 판매함으로써 보다 나은 결정을 내릴 수 있도록 하고 이로부터 이해를 창출할 수 있다(9장 참조).

아키텍처가 유행에 뒤떨어졌다고 느끼는 이유 중 하나는 조직이 아키텍트에게 필요로 하는 것이 변화했기 때문이다. 내 경력의 여러 포인트를 떠올려 보면 내가 근무한 조직은 현재와 미래의 상태를 정의하고 그 사이의 경로를 파악하고자 한다고 믿었다. 이것은 충분히 합리적인 믿음이었다. 우리가 어디에 있는지, 어디로 가고 싶은지, 어떻게 가야 하는지 알고 싶어하는 것은 자연스러운 과정이다. 그러나 이것은 모든 변화를 탈선으로 인식하는 정적인 세계관에 기반을 두고 있다.

오늘날의 세계에서 모든 조직을 운영하는 기술은 동적이어야 하며 조직은 속도의 경제에 적응하고자 해당 기술을 변경할 수 있어야 한다(35장 참조). 이제 아키텍트의 임무는 조직 내에서 속도와 역동성을 끌어내기 위한 조건을 만드는 것이다. 변화의 속도와 서비스 품질의 설계 목표를 동시에 충족하고 이러한 목표가 충돌하지 않음을 사람들이 이해하도록 돕는 것이다(40장 참조). 다년간의 계획을 통해 제공되는 미래의 상태를 나타내는 아키텍처를 정의하는 것이 아키텍트의 역할이라고 생각한다면 이 책의 5장을 읽어 보기 바란다.

아키텍트 엘리베이터의 이미지는 조직의 중심을 달리는 연속된 움직임의 하나로 볼 수 있다. 엘리베이터는 전환을 위한 기술이기도 하다. 이는 고층 빌딩의 등장을 가능하게 했으며 스카이라인을 획기적으로 바꿔 놓은 발명품 중 하나다. 아키텍트가 되고 싶다면 끊임없는 움직임과 전환의 삶으로 로그인해야 할 것이다. 호기심이 많고 설명이 필요함에 공감하며 연결하고자 하는 욕구와 스스로 결정을 내리고자 하는 욕구가 있다면 아키텍트는 당신의 일이 될 수 있다. 아키텍트의 일을 모두 설명하는 직무 설명은 아직 본 적이 없지만 이 책은 이를 이해하는 데 도움을 줄 것이다.

— 데이비드 노트(David Knott) 박사
HSBC 수석 아키텍트

지은이 소개

그레고르 호페[Gregor Hohpe]

비즈니스와 기술 부문 리더가 기술 플랫폼뿐 아니라 조직을 혁신하도록 지원한다. 기관실에서 펜트하우스까지 아키텍트 엘리베이터를 타고 다니는 그는 기업 전략은 기술 구현과 일맥상통해야 하며 반대의 경우도 마찬가지라고 확신한다.

싱가포르 정부의 Smart Nation Fellow, 구글 클라우드[Google Cloud] 기술 담당 이사, 알리안츠 SE[Allianz SE]의 수석[Principle] 아키텍트를 역임했으며 글로벌 데이터 센터의 통합 아키텍처를 감독하고 최초의 프라이빗 클라우드 소프트웨어 배포 플랫폼을 제공하는 데 기여했다. 디지털 네이티브 기업과 기존의 엔터프라이즈 IT 양쪽의 경험을 가진 그는 이러한 조직이 매일같이 부딪히는 IT 혁신의 과정에서 깨달은 바를 통해 서로에 대해 갖기 쉬운 다양한 오해를 소개할 수 있었다.

또한 비동기 메시징 솔루션의 참고서로 널리 인용되는 책 『기업 통합 패턴』(에이콘, 2014)의 공동 저자로도 알려져 있다. 그의 기사는 조엘 스폴스키[Joel Spolsky]가 소개한 『조엘이 엄선한 소프트웨어 블로그 베스트 29선』(에이콘, 2006)(Apress)과 리처드 먼슨-해펠[Richard Monson-Haefel]의 『소프트웨어 아키텍트가 알아야 할 97가지』(지앤선, 2011) 등 수많은 출판물을 통해 알려져 있다.

옮긴이 소개

오주환(goddessism@gmail.com)

현재 일본의 전자회사에서 CCoE[Cloud Center of Excellence] 총괄 리더이자 플랫폼 아키텍처팀의 매니저로 일하고 있다. 클라우드 거버넌스 책정에서부터 아키텍처 사례의 전파, 멤버들의 성장 지원, 아키텍처 어드바이저리 활동을 통해 사내에서 진행되는 프로젝트의 클라우드 도입에 대한 진입 장벽을 낮추고 조직과 시스템의 민첩성과 유연성을 확보하기 위한 활동을 수행 중이다.

아직 경험하지 못한 것에 도전하기를 즐긴다. 최근에는 HSE[Higher School of Economics]의 데이터 사이언스 석사 과정, 딸의 동네 친구들과 친분 쌓기를 병행하고 있으며 다양한 경험과 배움으로 삶의 자유도를 높이는 일에 관심이 있다.

옮긴이의 말

디지털 트랜스포메이션, 이른바 DX에 대한 요구가 비즈니스 도메인을 가리지 않고 가속화되고 있다. 따라서 보다 유연하고^{flexibility} 민첩한^{agility} 대응을 위해 소프트웨어와 기업 IT 인프라를 향한 눈높이도 높아지고 있다. 이를 만족시키기 위한 '어떻게?', '누가?'에 대해서 소프트웨어 아키텍처와 아키텍트에게 시장의 관심이 쏠리고 있다.

기업의 아키텍트 조직 매니저로 일하는 동안, 많은 사람이 소프트웨어 아키텍처가 무엇이며 어떤 역할을 하는지 이해하는 데 비해 아키텍트에 대해서는 서로 다른 이미지를 갖고 있음에 의아했던 기억이 있다. 흔히 솔루션 아키텍트로 불리며 주로 자신이 속한 벤더 측의 지도 위에서 길을 안내하는 아키텍트, 또는 개발자들의 기술 멘토로 활동하는 선임 엔지니어를 상상하는 이들이 그렇다.

이 책에서는 위와 같은 역할에 대한 이해를 돕는 한편, 큰 조직 내의 비즈니스와 기술 부문 사이에서 나타나기 쉬운 인식의 차이를 소개한다. 이러한 차이가 가져오는 디지털 기업으로의 전환의 어려움을 야기하는 요소들과 이를 해결하기 위한 아키텍트의 역할을 살펴본다. 또한 이들을 기다리는 문제들, 이를 해결하기 위한 접근 방식도 다루고 있다.

아키텍트를 타깃으로 하는 책을 살펴보면 설계와 배포를 위한 기술과 IT 방법론에 기반한 책에 비해 조직과 의사소통, 비즈니스와의 연결 관점으로 다루고 있는 책은 찾아보기 어렵다. 비기술 분야를 포함한 필자의 경험을 토대로 구성된 이 책은 추상적이며 복잡한 과제를 영화, 수식, 때로는 역사적 사실 등 다양한 비유로 녹여 낸다. 이를 통해서 보다 쉽게 아키텍트, 엔지니어 팀의 멤버, 디지털 전환 유닛의 책임자로서 상황을 떠올리며 공감할 수 있도록 유도한다.

스타트업이나 테크 기업에서 흔히 볼 수 있는 제품을 축으로 하는 조직 구성의 경우, 각각의 제품이 얼마나 빠르게 시장에 출시되고 반응을 얻어 매출에 연결되는지가 중요하다. 그래서 담당자는 의사결정을 가능한 한 제품 조직 내부에서 완결하고자 노력한다.

그 외 소매, 제조, 금융 등 기존 산업 영역의 기업들은 사업 영역에 따라 조직을 분할하고, IT 부문의 개발 또는 운영 조직에 대해서는 기업 전체를 지원하는 조직 구성을 흔히 접할 수 있다. 소프트웨어, 인프라 구성과 방향성을 고민하는 경우 혈관을 타고 피가 흘러가듯 연계, 데이터 관리나 통합, 때로는 비용 청구 방식에 이르기까지 기업 관점에서 살펴볼 필요가 있으며 경영진과 엔지니어 조직의 거리감이 커지는 것을 예상할 수 있다.

이 책의 내용은 위에 언급한 두 경우 모두 참고할 수 있으나 후자의 관점이 비교적 자주 등장하므로 이 부분을 참고하면 보다 쉽게 상황을 상상할 수 있다.

아키텍트로의 경력 전환이나 또는 지향점을 고민하고 있는 독자는 물론, 디지털 전환 과정에 관여하고자 하는 독자에게 이 책이 앞으로의 우선순위 설정과 역경을 넘는 데 도움을 줄 것으로 기대한다.

목차

들어가며

디지털 경제가 전통적인 기업의 게임 룰을 바꾸면서 아키텍트의 역할도 근본적으로 변화하고 있다. 기술 구현에만 집중하기보다는 비즈니스 전략이 정의된 조직의 펜트하우스와 기술을 구현하는 엔진실을 연결해야 한다. 두 영역이 연결돼야 비로소 IT가 코스트 센터에서 경쟁력 있는 디지털 무기로 그 역할을 바꿀 수 있다. 한 조직의 층에서 다음 층으로 걸어 올라가서 연결한다면 제대로 작동하지 않을 것이다. 대신 현대적인 아키텍트는 보다 빠른 길을 택해 기존의 구조물을 우회하는데 이를 아키텍트 엘리베이터라고 부른다.

이 책은 꿈을 가진 아키텍트가 된다는 것이 의미하는 바에 대한 새로운 관점을 받아들이고, 다양한 수준의 아키텍트가 엘리베이터를 타고 조직과 기술을 조정하며 지속적인 변화에 영향을 미칠 수 있도록 도울 것이다.

수석 아키텍트의 삶: 위에 있는 것이 외로운 일인 것만은 아니다

IT 부문의 리더와 수석 아키텍트에게는 수많은 기대가 걸려 있다. IT가 여전히 코스트 센터로 여겨지고 운영이 '변경'이 아닌 '실행'을 의미하는 조직에서 목적을 달성해야 하며, 중간 관리자들은 비즈니스 전략이나 기본 기술 영역을 이해하지 못한 채로 편안하게 지내고 있다. 그동안 그들은 기술을 최신의 상태로 유지하고 벤더를 관리하고 마케팅 용어를 실행 가능한 전략으로 변환해야 할 것이며 최고의 인재를 모집해야 한다. 따라서 수석 소프트웨어 및 IT 아키텍트가 전 세계에서 가장 인기 있는 IT 전문가로 인식되고 있는 것은 놀라운 일이 아니다.

이러한 높은 기대에 부응하면서 성공적인 수석 아키텍트가 되려면 무엇이 필요할까? 그리고 그 자리에 도달한 뒤 어떻게 지내게 될까? 내가 수석 IT 아키텍트가 됐을 때 마법 같은 해답을 기대하지는 않았지만 매번 사용할 바퀴를 새로 발명하지 않아도 되게 할 만한 책을 찾고 있었다.

나는 수많은 최고정보책임자CIO, Chief Information Officer/최고기술책임자CTO, Chief Information Officer를 위한 이벤트에 참석했다. 이러한 행사에 참가하는 것은 의미 있지만 기술적인 관점에서 실제 임무를 수행하는 방법보다는 경영진의 높은 레벨의 지시 사항을 다루는 데 집중했다. 원하던 책을 찾을 수 없었던 나는 소프트웨어 엔지니어, 컨설턴트, 스타트업의 공동 창립자, 수석 아키텍로서 경험한 20년 동안의 시간을 바탕으로 책을 쓰기로 결정했다.

무엇을 배울 수 있을까?

이 책은 대규모 IT 전환 과정을 지원하는 아키텍트의 여정에 해당하는 각각의 장으로 구성돼 있다. 이 여정은 IT 엔진실에서 시작해서 조직의 펜트하우스로 천천히 올라간다.

1부, 아키텍트

기업 콘텍스트에서 아키텍트의 자질 이해하기

2부. 아키텍처

변화의 원동력으로서의 아키텍처의 가치 제안 재정의하기

3부. 커뮤니케이션

다양한 이해 관계자에게 기술 관련 주제를 효과적으로 전달하기

4부. 조직

구조적 사고를 이용해 조직 구조와 시스템 이해하기

5부. 전환

조직의 지속적인 변화에 영향 주기

6부. 에필로그: IT 전환 아키텍처

변경 담당자로서 변화의 삶으로 전환하기

기술적인 주제에서 조직에 대한 주제로 넘어가는 과정을 거치면서 책의 처음부터 끝까지 나아갈 수 있다. 하지만 비선형 탐색을 돕고자 집어넣은 폭넓은 상호 참조를 바탕으로 책을 정독하고 관심을 불러일으키는 장을 읽어 나가는 것을 추천한다. 결과적으로 이는 인터넷이 작동하는 방식이므로 이 책에서도 작동할 것이라고 생각했다.

이 책은 기술 서적이 아니다. 대규모 조직에서 기술을 효과적으로 적용하고자 아키텍트로서의 지평을 확장하는 방법에 관한 책이다. 이 책에서는 하둡 클러스터를 구성하는 방법이나 도커^{Docker} 및 쿠버네티스^{Kubernetes}를 사용해 컨테이너 오케스트레이션을 정의하는 방법을 소개하지 않는다. 대신 대규모 아키텍처를 추론하는 방법을 알려 준다. 아키텍처가 비즈니스 전략에 도움이 되는지 확인하는 방법, 벤더의 전문 지식을 활용

하는 방법, 중요한 결정을 고위 경영진에게 전달하는 방법 등을 다룬다.

실제 환경에서 동작하는 것이 입증된 내용인가?

과학적으로 입증됐으며 반복 가능한 기술 조직의 전환 '방법론'을 찾고자 한다면 실망할 수 있다(만약 그렇다면 알려 주기 바란다). 이 책의 구조는 다소 느슨하며, 성공하는 데 필요한 조언 하나만 있으면 되는데 수많은 일화를 읽어 내려가야 함에 짜증이 날 수도 있다. 그러나 그것은 아키텍트의 삶과 다르지 않다. 다른 사람의 결정을 복사해 붙여 넣을 수는 없지만 그들의 경험을 통해 스스로 더 나은 결정을 내릴 수 있을 것이다.

이 책은 스타트업의 공동 창립자(돈보다는 많은 재미를 추구한), 시스템 통합 전문가(세금 감사를 보다 효율적으로 수행하기 위한), 컨설턴트(많은 파워포인트가 특징), 저자(통찰의 수집과 문서화), 인터넷 소프트웨어 엔지니어(미래를 구축하는), 대규모 다국적 조직의 수석 아키텍트(힘들지만 보람 있음), CTO 고문(다량의 통찰을 얻고 이를 공유함)으로서 프로젝트를 이끌었던 20년 간의 내 경험에 기반해 집필했다. 아키텍처는 본질적으로 개인의 성향이 드러나는 비즈니스이기 때문에 IT 전환을 먼저 각각의 개인이 고려하는 것이 적절하다고 생각했다. 건물이 흰색 상자로 보이면 리차드 마이어^{Richard Meier}, 모든 것이 비뚤어져 보이면 프랭크 게리^{Frank Gehry}, 직물로 만든 것처럼 보이면 자하 하디드^{Zaha Hadid}의 작품인 것처럼 유명한 건물을 보면 멀리서도 어느 건축가가 설계했는지 식별할 수 있는 것과 같다. 또한 모든(총괄^{Chief}) IT 아키텍트는 자신의 작업에 반영된 그만의 포인트와 스타일을 갖고 있다.

이 책을 구성하는 통찰의 모음은 내 개인적인 관점을 반영하고 있지만 '금 덩어리nuggets'를 쉽게 얻는 것으로 보다 다양한 지점에서 활용할 수 있도록 작성됐다. 또한 전통적인 기업과 디지털 기업의 경험을 모두 소개하고자 했다.

아키텍트는 바쁜 사람들이다. 따라서 나는 통찰력을 소비하기 쉬우면서도 읽는 재미가 있는 일화로 나타내고자 노력했다. 책을 통해서 '내가 이 문제에 직면한 첫 번째 사람이 아니다'라는 생각과 함께 '사물을 보는 새로운 방식'의 혼합을 경험할 수 있기를 바란다.

이 책의 내용 외에도 아키텍처와 전환에 대해서 할 말이 훨씬 많았다. 따라서 특정 주제를 더 깊이 파고 드는 데 도움이 되는 다른 책과 기사에 대한 많은 참고 자료를 언급했다.

스토리텔링의 힘

이야기는 복잡한 세상을 설명하기 훌륭한 방법이다. 나는 이 책을 이야기의 묶음으로 구성하기로 했다. 연구에 따르면 사람들은 단순한 사실보다 이야기를 훨씬 더 잘 기억하는 것으로 나타났으며, 이야기를 들으면 이해와 기억 유지에 도움이 되는 뇌의 영역이 활성화된다고 한다. 아리스토텔레스는 좋은 연설이 사실과 구조로 이뤄진 로고스logos뿐만 아니라 정신, 신뢰, 권위, 감성, 일반적으로 좋은 이야기에서 비롯됨을 알고 있었다.

조직을 변화시키는 데에 방정식 풀이가 아닌 사람들을 움직이기 위해서는 좋은 이야기와 설득력이 있는 비전이 필요하다. 이 책에서 등장했던 눈길을 끄는 슬로건 '좀비가 당신의 뇌를 삼킬 것이다!'를 사용해 시작을 알리고, 이후에 자신의 이야기로 이를 보완하는 것이 좋다. 모든 이야기와 연기가 실제 상황이 아님을 알면서도 사람들이 울고 웃는 것을 본 적이 있을 것이다. 이것이 바로 스토리텔링의 힘이다.

편집 규약

이 책에는 전통적인 기업과 디지털 기업을 대조해 나타내기 위한 많은 이야기가 수록돼 있다. 각각의 예는 다음에 설명된 아이콘으로 표시하고 있다.

 '관리자' 아이콘은 기존 IT 조직의 생각하고 일하는 방식을 묘사하기 위한 예를 나타낸다.

 '디지털 네이티브' 아이콘은 현대적인 디지털 조직의 운영 방식을 묘사하기 위한 예를 나타낸다.

 이 아이콘은 일반적인 메모 또는 설명을 나타낸다.

 이 아이콘은 경고 또는 주의를 나타낸다.

정보를 최신의 상태로 유지하고자

내 머리는 이 책의 출판 이후에도 새로운 아이디어를 생산하는 것을 멈추지 않을 것이다. 내가 생각하는 것을 지켜보거나 끼어들고자 한다면 다음을 찾아보기 바란다.

- 트위터^{Twitter} 팔로우하기:
  https://twitter.com/ghohpe
- 링크드인^{Linkedin}에서 찾아보기:
  http://www.linkedin.com/in/ghohpe
- 블로그에서 더 큰 아이디어와 기사 찾기:
  https://architectelevator.com/blog

문의

이 책에 관한 의견이나 문의는 출판사로 보내 주기 바란다.

이 책의 오탈자 목록, 예제, 추가 정보는 책의 웹 페이지인 https://www.oreilly.com/library/view/the-software-architect/9781492077534/ 를 참고한다. 한국어판의 정오표는 에이콘출판사의 도서정보 페이지 http://www.acornpub.co.kr/book/software-architect에서 확인할 수 있다.

책의 기술적인 내용에 관한 의견이나 문의는 메일 주소 bookquestions @Oreilly.com으로 보내 주기 바란다. 그리고 한국어판에 관해 질문이 있다면 에이콘출판사 편집 팀(editor@acornpub.co.kr)이나 옮긴이의 이메일(skwjdgh1@gmail.com)로 연락 주길 바란다.

감사의 말

많은 이가 복도에서의 짧은 대화와 회의 중의 토론, 원고 검토, 트위터상의 대화 또는 맥주 한잔과 함께하는 이야기 등을 통해서 의식적으로, 일부는 무의식적으로 이 책에 기여했다. 내게 가르침을 준 모든 사람의 공로를 소개하는 것은 어렵지만 이 책에 중요한 영향을 준 몇 사람을 강조하고자 한다.

미카엘 플뢰드Michael Plöd, 사이먼 브라운Simon Brown, 장 프랑수아 랑드로Jean-Francois Landreau, 미셸 다니엘리Michele Danieli는 수많은 제안과 피드백의 원천이었다. 마티아스 '메이즈' 레이크Matthias 'Maze' Reik는 놀라울 만큼 철저하게 교정해 줬고 앤드루 리Andrew Lee는 여기에 몇 가지 오타를 더 발견했다. 내 전 상사인 바바라 카루스Barbara Karuth는 전·현직 동료들과의 통찰력 있는 대화에서 나온 다양한 이야기를 검토해 줬다. 마지막으로 클라인 지니어스Kleines Genius가 아낌없는 지지를 보내 줬다.

1부

아키텍트

아키텍트^{architect}는 기업의 IT 부문에서 흥미로우면서 때로는 도전적인 삶을 살고 있다. 일부 관리자들과 기술 부문에 종사하는 사원들은 아키텍트를 많은 보수를 받으며 현실과 동떨어진 생활을 하는 상아탑의 주민 정도로 생각하곤 한다. 또한 그들에게 아키텍트란 파워포인트^{PowerPoint} 문서와 함께 벽을 덮을 만큼 큰 그림들을 사용해 기업에 대한 이상을 추구하는 한편, 잘못된 이상을 제공함으로써 프로젝트 지연의 원인이 되기도 하는 이를 의미한다.

반면에 IT 아키텍트는 전통적인 기업들이 디지털 시장 파괴자^{digital disruptor}와 경쟁하려고 IT 환경을 전환하고자 하는 바람이 커짐에 따라 가장 인기 있는 IT 전문가가 됐다. 아이러니하게도 가장 성공적인 디지털 기업은 세계 최상위 수준의 소프트웨어와 시스템 아키텍처를 지니고 있지만 아키텍트는 보유하고 있지 않다.

그렇다면 명함에 인쇄된 직무 외에 누군가를 아키텍트로 만드는 요소는 무엇일까?

아키텍트가 아닌 것

때때로 무엇이 해당하는지에 대한 정확한 정의를 제시하기보다 무엇이 해당하지 않는지를 설명하기가 더 쉽다. 아키텍트에 대한 과도한 기대감은 아침에 시스템의 성능 문제를 해결한 뒤 그날 오후부터는 기업 문화를 변화시켜 가는 직원의 모습을 상상하게 한다. 여기서는 아키텍트에게 몇 가지 역할을 맡겼을 때 아키텍트의 존재 가치를 상실하는 시나리오를 설명한다.

고급 개발자

개발자는 그들의 커리어패스^{carrior path}상, 흔히 경력(그리고 급여 수준)의 다음 단계가 아키텍트라고 생각한다. 그러나 아키텍트와 뛰어난 엔지니어가 되는 것은 서로 다른 커리어패스를 의미한다. 아키텍트는 조직 및 전략적인 측면을 포함해 더 넓은 범위를 갖는 경향이 있는 반면 엔지니어는 소프트웨어 개발 및 제공에 대한 전문성을 갖는다. 성숙한 IT 조직은 이를 이해하고 별도의 커리어패스를 제공한다.

소방관

관리자들은 아키텍트가 현재의 시스템 환경에 대한 폭넓은 이해를 바탕으로 어떤 문제든 해결해 주기를 기대한다. 실제 운영 환경에서 발생한 이슈들은 아키텍처의 취약점에 대한 소중한 피드백을 제공하므로 아키텍트는 이들을 무시해서는 안 된다. 그러나 한 번의 소방 훈련에서 다음 소방 훈련 사이에 아키텍트는 아키텍처에 대해 고민할 여유가 없다. 이 경우 아키텍처는 제대로 동작하지 않을 확률이 크다.

프로젝트 매니저

아키텍트는 서로 관련된 다양한 주제를 곡예하듯 다룰 수 있어야 한다. 또한 의사결정은 고객의 상황, 프로젝트 일정에 대한 영향, 멤버의 확보, 요구 스킬 세트skill set 등을 고려해서 이뤄진다. 그 결과 프로젝트 매니저가 진척 보고서(30장) 작성으로 바쁜 경우 상위 매니저는 때때로 프로젝트 정보의 공유를 아키텍트에게 의존하게 된다. 중요한 작업이기에 골치가 아파도 수행은 하지만 아키텍트 본연의 업무에 집중하기 어려워진다.

과학자

아키텍트는 예리한 지성을 발휘해 모델 및 시스템(10장) 관점에서 생각할 수 있어야 하지만 의사결정이 실제 비즈니스 프로젝트에 영향을 미치기도 한다. 따라서 많은 조직에서 수석 아키텍트와 수석 과학자의 역할을 분리한다. 개인적으로 나는 아키텍트가 논문paper 보다 더 많은 것을 창출한다는 것을 강조하려고 수석 엔지니어라는 타이틀을 선호한다. 마지막으로, 과학자들은 복잡하고 이해하기 어려운 것을 만들어 논문으로 출판할 수 있지만 아키텍트의 직무는 그 반대를 수행한다. 즉 이들은 복잡한 주제를 이해하기 쉽게 만든다(18장).

여러 종류의 아키텍트

아키텍트들은 서로 다른 수준의 추상화 작업을 수행한다. 실생활에서의 설계에 도시 계획자, 건축, 조경, 인테리어 설계자가 있는 것처럼 IT 아키텍트는 네트워크 아키텍트, 보안 아키텍트, 소프트웨어 아키텍트, 솔루션 아키텍트, 엔터프라이즈 아키텍트 등을 비롯해 다양한 전문 분야를 가질 수 있다. 실제 세계에서와 마찬가지로 어떤 분야의 아키텍트도 타 분야의 아키텍트보다 더 중요하다고 할 수 없다. 예를 들어 잘못된 도시 계획으로 끝없는 교통 체증과 공공시설이 거의 없는 도시에서 훌륭한 설계를 통해 지어진 집에서 생활하는 것과 도시 기능이 제대로 작동하는 도시에서 설계가 열악한 집에서 생활하는 것은 거주자에게는 마찬가지로 좌절감을 줄 것이다. 이러한 진실은 IT에서도 마찬가지로 적용되는데, 아름답게 디자인되고 완벽하게 모듈화된 애플리케이션도 잘못된 문제를 해결하거나 기존 애플리케이션을 복제하는 경우에는 도움이 되지 않는다. 마찬가지로 애플리케이션이 기업의 네트워크에 접근할 수 없다면 소수의 사용자만 이 애플리케이션의 가치를 알 수 있다. 따라서 어떤 유형의 아키텍트가 더 중요한지보다 모든 역할의 아키텍트가 함께 일하도록 하는 것이 중요하다.

비필요 요구 사항을 다루는 아키텍트

일반적으로 개발자는 기능 요구 사항을 처리하는 반면 아키텍트는 확장성, 유지 관리성, 가용성, 상호 운용성 등과 같은 소프트웨어 품질을 판정하기 위한 비기능 요구 사항nonfunctional requirement을 처리한다. 그러나 현실은 그렇게 간단하지 않다. 경험상으로 볼 때 아키텍트는 비필요 요구 사항nonrequirement을 다루는 경우가 더 잦다. 비필요 요구 사항이라는 용어는 필요 없음을 나타내는 것이 아니다. 반대로 이는 어디에도 언급되지 않은 요구 사항을 말한다. 여기에는 콘텍스트, 암묵적 가정, 숨겨진 의존성과 함께 기술되지 않은 다른 항목들이 포함된다. 이러한 묵시적 요구 사항을 발굴하고 이를 명시적 요구 사항으로 만드는 것은 아키텍트의 가장 중요한 역할 중 하나다. 다시 말하지만, 이 작업은 연결 고리를 갖고 있는 엔터프라이즈 아키텍트에서 소프트웨어 아키텍트에 이르기까지 모든 아키텍트 역할에서 수행될 수 있다.

아키텍트의 가치 측정하기

아키텍트의 가치를 표현하는 것은 쉽지만은 않다. 프로젝트 종료 후 수년이 지난 후에도 IT 시스템이 여전히 다양한 변화를 높은 비율로 수용할 수 있다면 프로젝트 팀에는 훌륭한 아키텍트가 포함돼 있었을 것이라고 예상할 수 있다. 이제 아키텍트의 가치를 평가하려고 몇 년을 기다리는 것은 조금은 비현실적으로 들린다. 대신에 아키텍트가 다양한 측면에서 가치를 창출해 내는 것을 볼 수 있다.

아키텍트들은 '점과 점을 연결한다'

IT 아키텍처의 각 요소가 잘 정립돼 있고 제대로 운영되고 있다고 하더라도 이러한 좋은 시스템들의 집합이 비즈니스에 필요한 것을 제공하고 있다고 할 수는 없다. 아키텍트는 상호 의존성을 잘 파악하려고 박스와 박스 사이를 살펴본다.

아키텍트는 트레이드 오프를 본다

시스템 설계와 개발에는 수많은 의사결정이 요구된다. 가장 의미 있는 결정에는 장점만이 아니라 단점도 존재한다. 아키텍트는 동전의 양면을 보고, 주된 목표와 원칙에 따라 균형을 맞춘다.

아키텍트는 제품 너머를 본다

과할 정도로 많은 IT 의사결정은 제품 선택(16장)에 의해 결정된다. 아키텍트는 제품명과 기능 목록 너머의 의사결정 선택지와 트레이드 오프^{trade-off}를 파악한다.

아키텍트는 전략을 확실히 한다

IT의 목적은 비즈니스 전략을 지원하는 것이다. 아키텍트는 비즈니스 요구를 기술 요구로 변환하는 것으로 이러한 연계를 수행한다.

아키텍트는 복잡성과 싸운다

IT는 복잡하다. 아키텍트는 복잡성을 줄이려고 조화를 추구한다. 아키텍처 리뷰 보드 형태의 거버넌스와 개시(32장)의 활용을 예로 들 수 있다. 또한 좀비들 사이에서 살고 싶지 않을 경우 사용 가능한 폐기^{retirement} 시스템(영화 〈블레이드 러너^{Blade Runner}〉 참조)을 포함한다(12장).

아키텍트는 제공한다

실제에 기반해 프로젝트 구현의 결정 사항에 대한 피드백을 하는 것은 아키텍트에게 매우 중요한 역할이다. 그렇지 않으면 통제는 환상(27장)에 그치게 된다.

아키텍트는 보기 좋은 아키텍처 다이어그램을 그리는 것보다 훨씬 더 많은 일을 한다!

변경 담당자로서의 아키텍트

오늘날의 성공한 아키텍트는 IT 전문가이면서 주요 변경 담당자이기도 하다. 그러므로 아키텍트는 단순한 기술 이상의 특별한 스킬 세트를 보유하고 있어야 한다.

1부의 각 장에서는 아키텍트의 각 역할을 수행하는 방법을 소개하는 것으로 역할 수행의 준비를 도울 것이다.

1장. 아키텍트 엘리베이터

아키텍트 엘리베이터를 타고 조직 수준을 초월한다.

2장. 영화배우 아키텍트

영화에 등장할 법한 여러 인물을 사용해 소개한다.

3장. 아키텍트는 일계 도함수에 산다

일계 도함수에서 생활한다.

4장. 엔터프라이즈 아키텍트 또는 엔터프라이즈 환경에서의 아키텍트

비즈니스와 IT를 연결한다.

5장. 아키텍트는 세 다리로 선다

기술은 아키텍트가 가진 3개의 다리 중 1개에 불과하다.

6장. 의사결정 내리기

불확실성에 직면했을 때 올바른 의사결정을 내리기 위한 훈련을 실시한다.

7장. 모든 것에 대해 질문하기

모든 것에 대해 질문하고 문제의 근원을 파악한다.

1

아키텍트 엘리베이터

펜트하우스에서 기관실 뒤편으로

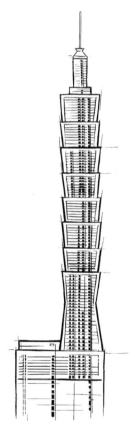

높은 빌딩은 엘리베이터를 타고 올라가야 한다.

아키텍트는 부서마다 서로 다른 용어를 사용하고 상황을 보는 관점이 다르며 목표 또한 상충되는 큰 조직에서 이들을 연결하고 그 사이에서 통역 작업을 수행한다. 관리해야 하는 층이 많아질수록 커뮤니케이션 문제를 악화시킬 수 있다.

기업 사다리 구조는 전화 게임과 비슷하다.[1] 최악의 시나리오는 관련된 중요한 정보, 또는 전문 지식을 보유한 사람들이 의사결정 권한이 없는 반면 의사결정자들은 정보도 지식도 제대로 갖추지 못한 상황을 들 수 있겠다. 요즘처럼 대부분의 비즈니스를 기술이 이끌어 가는 시대는 기업의 IT 부서에 낙관적인 것만은 아님을 떠올릴 수 있을 것이다.

아키텍트 엘리베이터

아키텍트는 규모 있는 조직의 공백을 채울 수 있다. 이들은 프로젝트의 기술 부문 멤버와 긴밀하게 작업하고 의사소통을 수행하는 한편 기술 관련 과제를 메시지의 본질을 해치지 않고(2장) 상위 관리자에게 전달한다. 반대로 회사의 비즈니스 전략을 이해하고 이를 지원하기 위한 기술 부문의 의사결정으로 변환하는 역할을 하기도 한다.

조직의 레벨을 건물의 층으로 묘사한다면 아키텍트는 아키텍트 엘리베이터에 탑승해서 기업 경영진의 회의실과 소프트웨어가 만들어지고 있는 기관실 사이를 이동할 것이다. IT 기술의 급격한 발전과 함께 디지털 혁신으로 끊임없이 변화하는 최근에는 기업의 층과 층 사이의 직접적인 연계가 그 어느 때보다 중요하다.

---

1   전화 게임(telephone game)에 참가한 아이들은 원 모양으로 자리를 잡고 한 아이에서 다음 아이에게 메시지를 전달한다. 대부분의 경우 처음 메시지를 전달한 아이에게 전혀 다른 메시지가 돌아온다.

만약 대형 선박 승무원들이 장애물을 발견한다면 함선의 엔진을 후진으로 설정하고 방향타를 우현으로 단단하게 고정할 것이다. 혹시 엔진이 이미 최고 속도로 동작하고 있다면 사전에 프로그램된 내용이 큰 피해를 불러올 수 있다. 그렇기 때문에 오래된 증기선조차 선장실에서 보일러실로 직접 명령을 전달하는 파이프가 존재한다. 큰 조직에서는 아키텍트가 그 역할을 수행해야 한다.

어떤 조직은 다른 조직에 비해 더 많은 층을 갖고 있다

건물에 대한 비유로 돌아오면 아키텍트가 엘리베이터에 탑승하는 층의 숫자는 조직의 유형에 따라 서로 다르다. 수평적인 조직에서는 이러한 엘리베이터가 전혀 필요치 않을 수도 있다. 이런 경우 몇 개의 계단이면 충분할 것이다. 이는 달리 말하면 아키텍트에게 레벨에 대한 조정 역할의 중요도가 낮아짐을 의미한다. 경영진이 관련된 세부 정보와 함께 기술 현황을 예리하게 인지하고 IT 부문 기술 멤버가 고위 경영진에 직접 액세스할 수 있다면 '엔터프라이즈' 아키텍트의 수요가 줄어들게 된다. 따라서 디지털 기업이 단층집에 입주해 있으면 엘리베이터가 없어도 된다고 말할 수 있다.

그러나 규모가 큰 조직의 기존 IT 부서는 그 위로 많은 층을 갖고 있다. 그들은 아키텍트 엘레베이터로는 모든 층을 커버하기 힘들 정도로 높디높은 빌딩에서 일한다. 이 경우 테크니컬 아키텍트와 엔터프라이즈 아키텍트가 엘리베이터로 비유했을 때 아키텍트로서의 가치를 충족시키고자 얼마나 '높이' 또는 얼마나 '많은' 층으로의 이동이 필요한지 아는 것은 중요치 않다.

건물의 중간층을 기준으로 각각 나눠 생각해 보자. 이번 시나리오에서 아키텍트의 가치는 얼마나 높이 이동하는지가 아닌 얼마나 많은 층에 걸쳐 움직이는지 측정하는 데에 있다. 대규모 조직에서 최상층의 사람들은 건물 상부의 아키텍트의 활동만으로 평가하는 실수를 저지르곤 한다. 반대로 대부분의 개발자나 테크니컬 아키텍트는 이러한 엔터프라이즈 아키텍트가 코딩에 참여하지 않기 때문에 도움이 되지 않는다고 생각할 수 있다. 경우에 따라 이러한(아래로 내려가기를 꺼리는) 아키텍트는 건물의 상층부에서 인생을 즐기기 때문에 엘리베이터를 타고 내려갈 생각이 없다. 그러나 테크니컬 아키텍트와 전략적 비전을 공유하려고 건물의 아래층을 왕래하는 '엔터프라이즈' 아키텍트는 확실한 가치를 갖는다.

일방 통행로가 아님

엘리베이터에 탑승하는 사람들 중에서도 한번 최상층으로 올라가면 다시는 내려올 생각을 접는 사람을 볼 수 있다. 그들은 펜트하우스에서 보이는 아름다운 전망을 사랑하며 때에 찌든 기관실에 방문하려 하지 않는다. '저 예전에 엔지니어였어요'와 같은 말로 이들을 식별할 수 있다. 나는 대꾸하지 않을 수 없다. '나 예전에 매니저였어.' 또는 '왜 그만뒀나요? 뭔가 잘못이라도 저질렀나요?' 프리츠 랑Fritz Lang의 영화 〈메타폴리스Metropolis〉를 인용하자면 펜트하우스와 기관실이 분리돼 사람들이 '머리와 손 사이에 중재자가 필요하다'는 사실을 깨닫기 전에 도시가 파괴됐다. 어떤 경우에도 엘리베이터는 위아래로 움직이는 것을 전제로 한다. 건물의 지하실이 침수된 상태에서 펜트하우스에서 캐비아를 먹고 있어서는 기업의 IT를 변화시킬 수 없다.

엘리베이터를 타고 조직의 위아래로 이동하는 것은 아키텍트가 의사결정에 대한 피드백을 얻고 구축 단계의 결과를 이해하는 데 꼭 필요한 메커니즘이다. 긴 프로젝트 구축 주기는 바람직한 학습 루프(36장)를 제공하지 않을 것이며 아키텍트는 추상적인 그의 이상에 근접했다고 해도 이는 '아키텍트의 꿈, 개발자의 악몽'이라는 시나리오로 이어질 수 있다. 그렇기 때문에 아키텍트는 높은 곳에서 내려다보며 안티 패턴에 대한 책임을 느끼지 않은 채 그저 감상하는 것을 두려워할 필요가 있다.[2] 이 패턴은 아키텍트가 의사결정을 함께하거나 적어도 관찰하고 있는 경우에 한해 깨질 수 있다. 그러려면 엘리베이터를 타고 끊임없이 이동해야 한다.

고속 엘리베이터

과거에는 IT 부문의 의사결정이 비즈니스 전략으로부터 멀리 떨어져 있었다. 당시의 IT는 특별할 것 없는 주제였으며 핵심 성과 지표$^{KPI, Key Performance Indicator}$는 비용이었다. 그렇다 보니 새로운 정보가 드물었고 그만큼 엘리베이터를 타야 할 필요도 많지 않았다. 그러나 오늘날에는 '전통적인' 비즈니스라도 비즈니스 목표와 기술 선택지 사이의 연관 관계가 보다 직접적으로 자리잡고 있다. 예를 들면 출시 시점을 앞당겨 경쟁 우위를 가져가고자 하는 요구는 탄력적인 클라우드 접근 방식에 기반한 컴퓨팅의 필요성을 부각시키고, 이때 수평 확장이 가능한 애플리케이션이 필요해지므로 상태 비저장형^{stateless}으로 설계해야 한다. 고객 채널의 타깃 콘텐츠 제공을 위해서는 분석 모델이 필요하다. 이러한 모델은 하둡 클러스터를 통해 많은 양의 데이터를 조작하므로 공유 네트워크 스토리

2　"Authority Without Responsibility," Wikiwikiweb, 2004, https://oreil.ly/WhXg-.

지보다 로컬 하드 드라이브 스토리지를 선호할 것이다. 비즈니스 요구 사항이 한두 문장을 통해 애플리케이션 또는 인프라 설계로 변환됐다는 사실은 곧 아키텍트가 엘리베이터를 타야 함을 설명한다. 또한 비즈니스와 IT가 서로 연관돼 움직이는 속도에 발을 맞추려면 고속 엘리베이터를 사용해야 한다.

전통적인 IT 부서에서 건물의 아래층은 외부 컨설턴트(38장)가 독점적으로 점유하기 때문에 엔터프라이즈 아키텍트는 손을 더럽힐 필요가 없었다. 그러나 이러한 효율성에만 초점을 맞춘 구성은 속도의 경제(35장)를 무시하는 결과를 낳기 쉬우므로 지금과 같이 기술이 급속하게 발전하는 시대에는 제대로 동작하기 어렵다. 이러한 환경에 익숙한 아키텍트는 기술 로드맵의 순수 소비자 입장에서 직접 적극적으로 정의하는 입장으로 역할을 확장해야 한다. 그러려면 자체적인 IT 세계관(16장)을 개발해야 한다.

다른 엘리베이터 탑승자들

아키텍트로서 엘리베이터를 타고 위아래로 이동하는 동안 다양한 사람들을 만날 수 있다. 예를 들어 IT에 대한 보다 깊은 이해가 비즈니스에 필수적임을 이해하고 있는 비즈니스 의사결정권자 또는 IT 비전문가들을 만날 수 있다. 그들에게 친절히 대하고 그들을 데려와서 주위에 소개해 주자.

그리고 대화에 참여시켜 비즈니스 요구와 목표를 보다 잘 이해할 수 있도록 돕자. 이 과정을 거치면 그들은 가본 적 없는 더 높은 층으로 당신을 데려갈 수도 있다.

펜트하우스에서 자신의 아이디어를 판매하기 위한 유행어를 끄집어내려고 엘리베이터에 타는 사람도 있다. 우리는 이들을 아키텍트라고 부른다. 엘리베이터에 타기만 하고 나가지 않는 사람들을 우리는 일반적으로 리프트보이liftboy라고 부른다. 펜트하우스의 무지로 인해 실제로 기술을 건드리지 않고도 기술과 관련한 경력을 쌓을 수 있다. 기관실에서 무슨 일이 일어나고 있는지 진심으로 관심을 갖는다면 이러한 현상을 바꿔 나갈 수 있다. 만약 성공하지 못하면 눈이 마주치지 않도록 모든 천장 타일을 검사하듯 하면서 침묵을 유지하는 것이 가장 좋다. 고위 임원과 함께 탑승했다면 '엘리베이터 피치'를 이어 가는 것이 좋다.

엘리베이터 탑승의 위험성

엘리베이터를 타고 위아래로 이동하는 아키텍트는 고용주의 높은 평가를 기대할 수 있다. 그들은 디지털 세계에서 경쟁우위를 잡으려고 IT를 혁신하고 있는 비즈니스에 의미 있는 가치를 갖다 준다. 그러나 이런 아키텍트 또한 예기치 못한 저항에 부딪힐 수 있다. 그 예로 펜트하우스와 기관실 둘 다 그들 사이의 연결이 끊어지는 것으로 만족도가 올라갈 수 있다. 기업의 경영진은 디지털 혁신이 훌륭하게 진행되고 있다는 잘못된 인상을 받는 반면, 기관실의 직원들은 별 장애물 없이 새로운 기술을 자유롭게 시도할 수 있을 것이다. 이러한 펜트하우스와 기관실 사이의 단절은 엔진 최고 속도로 빙산을 향해 직진하는 유람선을 떠올리게 한다.

 나는 기관실에서 개발자를 대상으로 회사의 전략에 대한 의제를 추진한 것에 대해 개발자들로부터 비난을 받은 적이 있으며, 당시 회사 경영진은 이것이 단지 재미를 위한 시도라고 비난했다. 아이러니하지만 이는 균형을 맞추기 위한 시도였다.

이러한 조직은 건물의 기반과 펜트하우스가 수직으로 정렬되지 않은 피사의 사탑에 비유할 수 있겠다. 이런 건물에서 엘리베이터를 타고 이동하는 것은 한층 더 어렵다. 건물이 이런 상태라면 엘리베이터 설계자는 양쪽에서 다가오는 저항과 압력을 버틸 수 있도록 준비해야 한다. 특히 변경에 저항하는 시스템(10장)으로 인해 실제로는 혼란을 체감하는 사람이 없을 수 있다.

이 상황에서 가장 좋은 전략은 정보를 공유할 그 순간을 기다리면서 층과 층 사이의 연결을 시작하는 것이다. 예를 들어 기관실의 사람들이 그들의 일에 대해 경영진에게 전달하도록 돕는 것으로 시작할 수 있겠다. 이러한 시도는 보다 깊은 기술 정보에 접근하게 하고 가시성의 제공과 함께 경영진의 인식을 변화시킨다.

중간 층에서는 엘리베이터를 타는 데에 만족하지 못한 다른 회사 사람들을 만날 수 있다. 아키텍트가 경영진과 기관실을 연결하는 것은 다른 의미로 그들을 우회하는 것처럼 보일 수 있다. 기업은 이러한 아키텍트에게 감사를 표할 것이다. 최고 경영진은 이들을 기업에 꼭 필요한 혁신의 도구로 생각할 것이며, 직원은 자신의 업무를 이해해 주고 이야기할 수 있는 사람이 있음을 기쁘게 생각할 것이다. 그러나 중간층의 사람들은 아키텍트가 그들의 자녀 교육과 산속에서의 편안한 휴가 등 그들의 삶에 위협이 된다고 생각할 수 있다. 이는 매우 섬세한 부분이다. 어떤 이들은 아키텍트의 앞을 적극적으로 막을지도 모른다. 그렇다고 정렬(30장)에서 이야기하는 바와 같이 설명과 합의를 위해 모든 층에 멈춰 서게 되면 엘리베이터가 때로는 계단보다 느린 선택지가 될 수 있다.

마지막으로, 기업 내의 엘리베이터를 타고 다양한 부문과 소통하며 지식을 축적한 사람이 거의 없기 때문에 사람들은 아키텍트가 무언가 하나에 뛰어나면 다른 분야는 잘 못할 것이라는 결론을 내리기 쉽다. 예를 들어 경영진에게 통찰력을 이끌어 내는 뛰어난 프레젠테이션이 가능한 아키텍트는 연관 관계가 명확하지 않음에도 기술에 대해서는 수준이 높지 않을 것이라고 생각되곤 한다. 그래서 때로는 펜트하우스의 경영진들에게 아키텍트 본인이 기관실에서도 활약할 수 있음을 알리고 싶을 것이다.

건물 평탄화 작업

끊임없이 엘리베이터를 오르내리는 대신 불필요한 층들을 모두 제거하는 건 어떨까? 분명 당신이 속한 기업의 비즈니스의 경쟁 상대인 디지털 기업의 층은 훨씬 적을 것이다. 안타깝게도 건물에서 일부 층만을 끄집어낼 수는 없다. 만약 건물을 폭파시킨다면 우리가 생각한 낮은 건물이 아니라 잔해 더미가 남을 것이다. 중간층에 위치한 사람들은 일반적으로 조직과 IT 환경에 대한 비판적인 지식 보유자일 확률이 높다. 특히 큰 규모의 블랙 마켓black market(29장)이 존재하는 경우 조직은 단기적으로 그들 없이는 동작하지 못한다.

건물을 조금씩 평평하게 만들어 가는 것은 장기 전략으로서 건전한 방안이지만, 기업 문화의 근본적인 변화가 필요하기 때문에 너무 긴 시간이 걸릴 것이다. 또한 중간층에 거주하는 사람들이 수행하는 역할을 변경하거나 제거하고자 한다면 격렬한 저항에 부딪히게 될 것이다. 이는 아키텍트가 이길 수 있는 싸움이 아니다. 그러나 이때 아키텍트는 일을 풀어가기 위한 실마리를 제공할 수 있다. 펜트하우스가 기관실의 정보에 관심을 갖게 하거나 서로 간의 더 빠른 피드백 루프를 제공하는 것을 예로 들 수 있겠다.

영화 배우 아키텍트

대부분의 아키텍트는 여러 모습을 지닌다

아키텍트 워크 오브 페임(walk of fame)

엘리베이터를 타는 것 이외에 아키텍트가 해야 할 일은 무엇인가? 이를 영화의 등장인물에 비유해 보자.

영화가 시작되기 전에 광고, 또는 짧은 단편 영화를 틀어 주는 경우가 있다. 여기서는 아키텍트라는 단어의 기원에 관한 단편 영화를 시청하기로 하자. 이는 그리스어 $\dot{\alpha}\rho\chi\iota\tau\dot{\epsilon}\kappa\tau\omega\nu$^{architekton}으로부터 파생된 단어로서 대략 '마스터 건축가^{master builder}'로 번역된다고 한다. 이 단어는 IT 시스템이 아닝 주택이나 각종 구조물을 짓는 사람을 나타낸다는 것을 명심하자. 또한 이 단어가 아름다운 그림을 그려내는 '디자이너'가 아닌 직접 건축에 참여하는 '건축가'를 의미한다는 사실을 잊지 말자. 건축가는 '마스터'라는 특성을 갖고자 현재 자신의 직업에서 괄목할 만한 성취를 이뤄 내야 한다.

매트릭스: 마스터 플래너

만약 영화에서 프로토타이핑을 담당하는 아키텍트의 이름을 떠올리도록 요청한다면 상대방은 아마도 매트릭스^{Matrix} 시리즈를 언급할 것이다. 매트릭스에 등장하는 아키텍트(위키피디아 https://oreil.ly/xuDWC)는 밝은 회색 양복을 입고 냉정하고 차가운 인상의 백발 남성이다. 또한 그는 자신이 컴퓨터 프로그램이라는 사실을 당연하게 받아들인다. 위키피디아는 이 영화에 등장하는 아키텍트가 많은 IT 아키텍트가 알고 있는 '논리로 이어진 긴 체인 구조'라고 설명한다. 이를 다른 말로 비유할 수 있을까?

 재미있는 사실: 인터넷의 핵심 설계자 중 하나인 빈트 서프(Vint Cerf)는 매트릭스에 등장하는 아키텍트와 흡사한 구석이 있다. 우리가 살고 있는 매트릭스의 많은 부분을 그가 설계했다는 것을 생각해 보면 이는 우연의 일치가 아닐 수도 있다.

매트릭스에 등장하는 아키텍트는 초월적인 권위자라고 할 수 있다. 그는 매트릭스(기계에 의해 에너지 원으로 존재하는 인간에게 현실을 만들고 보여 주는 컴퓨터 프로그램)를 설계했으며 모든 것을 알고 있고 또한 제어한다. 엔터프라이즈 아키텍트는 때로는 매트릭스의 아키텍트처럼 모든 것을 알고 있는 의사결정자로 여겨지곤 한다. 어떤 이들은 스스로 그런 역할을 할 수 있기를 원하기도 한다. 모든 것을 아는 것으로 인해서 존경을 받을 수 있기 때문이다.

물론 이 역할 모델에는 몇 가지 문제가 있다. 모든 것을 알고 있다는 것은 때로는 과한 야심으로 비칠 수 있으며 잘못된 의사결정이나 다른 종류의 문제를 일으킬 수 있다. 아키텍트가 특출나게 똑똑한 사람이라 하더라도 그들은 자신이 알고 있는 사실만을 기반으로 결정을 내려야 하는 경우에 맞닥뜨릴 수 있으며 이는 경우에 따라 리스크를 동반한다. 복잡한 IT 환경과 조직을 보유한 대기업에서는 엘리베이터(1장)를 타고 기관실로 자주 내려가더라도 모든 기술 부문과 연락을 유지하는 것은 불가능하다. 따라서 그들은 중간층의 경영진 프레젠테이션, 문서, 또는 진술에 의존하게 된다. 최고의 의사결정자에게 이러한 정보를 전달하는 과정에 어려운 장애물이 존재한다. 이러한 문서가 거쳐가는 모든 층과 과정이 그들 자신에게 어떤 영향을 끼칠지 이해하고 있을 것이다. 따라서 중간층은 기술적인 장점에 관계없이 그들이 선호하는 메시지와 함께 프로젝트 제안서를 이 운반책에 주입하고자 한다. 한발 더 나아가 기술적인 내용 또는 논란의 여지가 있는 주제는 제거한 상태로 전달된다. 결과적으로 위에서 소개한 최고의 아키텍트는 직접적이지 않으면서 왜곡되고 편향된 정보를 건네받게 된다. 이렇게 얻어진 정보를 바탕으로 결정을 내리는 것은 물론 매우 위험한 일이다.

 위와 같은 절차를 통해 제안된 솔루션이 실제 솔루션보다 더 좋은 반응을 끌어 내는 고위 경영진 브리핑을 본 적이 있다. 흥미롭게도 동시에 다행히 최고 경영진이 IT 경험이 얼마 없음에도 솔루션과 실제 프로젝트 사이에 괴리가 있음을 감지했다.

요약: 기업의 IT는 영화가 아니며 여기서의 역할은 영화 〈매트릭스〉에서처럼 에너지를 생산하는 인간에게 환상을 제공하지 않는다. 따라서 이러한 아키텍트 모델을 주의해야 한다.

가위손 에드워드: 정원사

엔터프라이즈 아키텍트에게는 정원사라는 비유가 좀 더 적합해 보인다. 나는 좋아하는 영화 중 하나인 〈가위손^{Edward Scissorhands}〉의 인물을 통해 이를 묘사하곤 한다. 대규모 IT 환경은 어떤 의미에서 정원과 매우 흡사하다. 잡초가 순식간에 자라고 정원의 식물들이 스스로 성장하며 진화해 간다. 여기서 정원사의 역할은 원치 않게 성장하는 풀을 자르고 정돈하며 이 과정에서 정원의 전반적인 균형과 조화를 달성하는 것에 있다. 예를 들어 그늘을 좋아하는 식물을 큰 나무나 덤불 근처에 심는 것처럼, 자동화된 테스트와 지속적 통합^{CI, Continuous Integration}과 지속적인 배포^{CD,} ^{Continuous Development}는 빠르게 진화하는 시스템 곁에서 행복해진다.

좋은 정원사는 훌륭한 아키텍트와 마찬가지로 독재자 성향의 마스터 플래너가 아니며, 여기서 잔디의 균주가 어느 방향으로 자라면 될지와 같은 세세한 결정을 내릴 필요는 없다. 여기서 일본 정원의 정원사는 예외로 두는 것이 좋겠다. 오히려 정원사는 자신을 살아 있는 생태계의 관리인으로 생각한다. 덧붙여서 가위손의 에드워드와 같은 일부 정원사는 진정한 예술가이기도 하다.

보다 부드럽게 소개하는 이런 종류의 표현이 맘에 든다. 복잡한 엔터프라이즈 IT는 유기적임을 느낄 수 있고, 좋은 아키텍처는 종종 균형을 갖춘 멋진 정원에서 찾을 수 있다. 잡초 청소부의 하향식 거버넌스는 지속적인 영향을 미치지 않을 가능성이 높고 일반적으로 좋은 영향을 주기보다는 해를 끼치기 쉽다. 이런 생각이 『The Nature of Order』[1]에 대한 새로운 응용으로 이어질지는 아직 확신할 수 없다. 일단 읽어 보는 것이 좋겠다.

---

[1]   Christopher Alexander, The Nature of Order (Berkeley, CA: Center for Environmental Structure, 2002

배니싱 포인트: 가이드

세계적 소프트웨어 컨설팅 기업 소트웍스^{ThoughtWorks} 기술 책임자인 에릭 도넨버그^{Erik Dörnenburg}는 내게 적절한 비유를 알려 줬다. 에릭은 많은 소프트웨어 프로젝트에 긴밀하게 협력하고 참여해 왔으며, 모든 것을 알고 결정을 내리는 것처럼 보이고자 하는 현실과 분리된 아키텍트를 싫어한다. 에릭은 심지어 아키텍트 없이도 아키텍처라는 용어를 정의하고 사용하는데 이는 아키텍트들이 본인의 커리어에 대해 걱정하게 할 수 있는 부분이다.

에릭은 아키텍트를 여행 가이드에 비유한다. 특정 장소에 반복해서 방문한 사람은 여행객으로 하여금 도움이 되는 이야기를 할 수 있고 무엇이 중요한지 알고 이에 대해 주의를 기울이며 불필요한 위험을 피하도록 안내할 수 있다. 이는 안내자의 역할이다. 여행 가이드는 손님이 조언을 따르도록 강요할 수는 없다. 여행사의 수익을 위한 특정 레스토랑에 방문하려고 버스에 타는 관광객을 제외하면 그렇다.

이 유형의 아키텍트는 '영향력'을 가져야 하며 지도하는 사람들의 존경을 받을 수 있을 만큼 실제 상황에서의 경험을 갖고 있어야 한다. 투어 가이드는 또한 여행의 안내를 위해 동행하며 일부 컨설턴트형 아키텍트가 하듯 관광객에게 지도를 전달하기만 하지는 않는다. 가이드 역할을 수행 중인 아키텍트는 때로는 매니지먼트 층의 절묘한 가이드가 좋은 결과를 가져올 수 있기 때문에 그들의 강력한 지원에 의존하게 된다. 따라서 비즈니스 사례가 중심인 환경에서는 투어 가이드로서의 아키텍트의 영향력과 커리어에 제한이 생길 수 있다.

내가 가장 좋아하는 영화 중 하나이면서 이를 다루는 비공식 가이드인 1971년에 발표된 로드 무비 〈배니싱 포인트^{Vanishing Point}〉에 등장하는 맹인 DJ인 슈퍼 소울Super Soul이라는 인물을 들어 보자. 수많은 IT 프로젝트가 그렇듯이 주인공 코왈스키Kowalski는 불가능해 보이는 마감 시한을 맞추고 그 과정에서 수많은 장애물을 극복하며 고전 중이다. 그는 코드를 제공하지는 않지만 덴버에서 샌프란시스코까지 1970년형 닷지 챌린저Dodge Challenger R/T를 15시간 안에 배달한다. 코왈스키는 중요한 정보에 접근하고자 경영진의 네트워크에 접근하는 아키텍트처럼 경찰 네트워크를 이용하는 슈퍼 소울의 응원을 받고 있다. 이 가이드는 코왈스키의 진행 상황을 추적하고 경찰(아키텍트의 입장에서의 경영진)이 설치한 모든 함정에서 벗어나도록 힘을 준다. 슈퍼 소울이 경영진과 타협한 후 프로젝트는 표류하고 흔한 IT 프로젝트에서처럼 끝을 맞이하게 된다.

오즈의 마법사

아키텍트는 기술적인 문제를 대부분 해결할 수 있는 마법사로 여겨질 수 있다. 이는 단기적으로 의욕을 고취시키는 방법이 될 수 있지만 아키텍트라는 직무에 대해 적합한 정의나 기대라고 하기는 어렵다. 따라서 마법사 아키텍트는 마술 지팡이를 휘두르는 진짜 마법사가 아니라 극중에 등장하는 오즈Mighty Oz를 뜻한다. 그는 비디오 프로젝션을 통해 강한 힘을 가진 것처럼 포장됐지만 실제로는 거대한 기계를 사용하는 평범한 사람으로 밝혀졌다.

정상적인normal 개발자가 경영진의 토론과 주요 의사결정에 관여하지 않는 일부 대규모 조직에서는 이와 같이 이해하기 힘든 상황이 발생할 수 있다. 아키텍트 타이틀을 이용하는 것으로 스스로를 좀 더 대단하고 능력 있어 보이게끔 만들 수 있다. 이러한 계획은 때로 멤버들의 존경을 받을 수 있으며 엘리베이터를 타고 최상층으로 이동하기 위한 전제 조건이 될 수도 있다. 이를 부정 행위라고 할 수 있을까? 나는 당신이 스스로의 기술 전문가로서의 뿌리를 잊을 만큼 마법에 빠지지 않는 한 '아니요'라고 할 것이다.

슈퍼 히어로? 슈퍼 접착제!

마법사와 마찬가지로 아키텍트에 대한 일반적인 기대는 슈퍼 히어로에 대한 기대에 가깝다. 일부 채용 공고의 내용을 그대로 믿는다면 엔터프라이즈 아키텍트는 회사를 한 손으로 디지털 시대로 데려갈 수 있으면서 어떤 기술적인 문제도 해결 가능하고 항상 최신 기술에 대한 정보를 업데이트하고 있어야 한다. 이들을 한 번에 성취하기는 매우 어렵기 때문에 아키텍트가 그럴 것이라고 착각하지 않도록 주의해야 한다.

인텔의 아미르 셰나브Amir Shenhav는 슈퍼 히어로가 아니라 아키텍처, 기술 세부 사항, 비즈니스 요구 사항, 대규모 조직 또는 복잡한 프로젝트에서 그곳의 멤버들과 협업하는 슈퍼 접착제 아키텍트가 필요하다고 지적한 바 있다. 나는 이러한 비유를 좋아한다. 이는 촉매로서 활동하는 아키텍트의 특성과 유사하기 때문이다. 접착제(또는 촉매)가 된다는 것은 붙이는 대상이 되는 무언가를 잘 이해하고 있음을 의미한다. 이는 좋은 중매인이 되는 것과 비슷하다. 어울리는 부품을 찾아야 하고 이를 위해서 부품이 어떻게 만들어졌는지 이해해야 할 것이다.

결정하기

어떤 유형의 아키텍트가 돼야 할까? 첫째, 생각보다 많은 유형과 함께 영화를 통한 비유가 나올 수 있겠다. 영화 〈인셉션Inception〉을 재생하고, 극적인 왜곡을 통해 꿈의 세계를 만들 수도 있다. 아니면 유토피아 드라마 〈하이−라이즈High-Rise〉에서 안토니 로열Anthony Royal의 설계에 대해 토론하는 두 명의 사기꾼 중 한 사람이 될 수도 있다.

결국 대부분의 아키텍트는 이러한 원형에 가까운 스테레오 타입의 조합을 보여 줄 것이다. 따라서 정기적으로 접착하기, 정원 가꾸기, 가이드하기, 강한 인상 남기기, 여기에 추가로 모든 것에 걸쳐 조금이나마 이해하고 있다면 훌륭한 아키텍트가 될 수 있다.

3

아키텍트는
일계 도함수에 산다

끊임없이 변화하는 세상에서 현재 위치가 어디인지는 큰 의미를 갖지 못한다

아키텍처의 필요성 도출하기

시스템의 아키텍처 정의란 서로 상충되는 수많은 목표 사이의 균형을 잡는 행위를 뜻한다. 유연한 시스템은 복잡한 경우가 많으며 고성능의 시스템은 이해하기 어려울 수 있다. 또한 유지 보수가 쉬운 시스템은 초기에 더 많은 노력을 기울여야 함을 뜻하곤 한다. 이러한 요소들이 아키텍트의 역할을 보다 흥미롭게 만드는 것이지만 동시에 아키텍처상의 결정을 이끌어 내는 요소를 찾기 어렵게 만든다.

변화율이 아키텍처를 정의한다

아키텍처에 영향을 미치는 주요 요소 하나를 골라야 한다면 거꾸로 시스템에 아키텍처가 필요치 않은 시점이 언제인지 질문을 해보고 이에 따라 목록의 맨 위에 변화율을 놓을 것이다. 아키텍트에게 이는 자연스러운 질문 또는 답변이 아니지만 어떤 시스템 속성이 아키텍처를 가치 있게 만드는지 밝힐 수 있다. 개인적으로 아키텍처의 혜택을 받지 못하는 유일한 시스템은 변하지 않는 시스템이라고 생각한다. 시스템에 관한 모든 요소가 100% 고정돼 있다면 이를 작동시키는 것만으로도 충분하다.

이제 이야기를 처음의 명제로 되돌려 보면 변화율이 아키텍처의 가치와 결정의 주요 요소인 것은 당연함을 알 수 있다. 잦은 변경이 필요치 않은 시스템은 장기간에 걸쳐 빈번한 변경을 수용해야 하는 시스템과는 전혀 다른 아키텍처를 갖게 된다. 따라서 훌륭한 아키텍트는 변화를 능숙하게 다룰 줄 알아야 한다. 이것은 그들이 시스템의 일계 도함수, 함수의 값이 얼마나 빨리 변하는지에 대한 수학적 표현에 산다는 것을 뜻한다.[1]

---

[1] 함수의 미분에서는 입력값의 변화에 대한 결괏값이 얼마나 변화하는지를 측정한다.

한번 변화가 아키텍처에 미치는 영향을 이해하면 다음부터는 IT 시스템에 영향을 미치는 다양한 형태의 변화를 고려하기 쉬워진다. 첫 번째로 떠오르는 변경 사항은 기능 요구 사항의 변경이지만 처리해야 할 트래픽, 또는 데이터 볼륨의 변화, 런타임 환경을 클라우드로 변경하거나 때로는 다른 언어, 다른 사용자층과 같은 비즈니스 요구의 변경 등 훨씬 더 많은 변경 사항이 나타날 수 있다.

변화 = 일반적이지 않은 비즈니스 환경?

'유일한 상수는 변화'라는 비유의 유명세에도 기존의 IT 조직은 변화와의 관계가 안정적이지 않은 경향이 있다. 이러한 사고 방식은 기관실에서 자주 사용되는 '작동 중인 시스템을 절대로 건드리지 말 것'(12장)이라는 표어를 통해 알 수 있다. 변경을 피할 수 없는 경우 IT 부서는 이를 프로젝트에 패키지로 추가한다. IT 프로젝트의 참가자들이 가장 축하를 받는 시점은 프로젝트의 종료 시점, 또는 서비스 오픈 시점인데 이때 사용자가 시스템에 처음 접근하는 경우가 많다. 축하를 받는 이유는 평소의 비즈니스로, 즉 아무런 변화 없는 안정적인 운영으로 돌아갈 수 있기 때문이다.

 프로젝트에 패키징된 변경 사항을 추가하는 것은 '변경 없음'이 곧 정상적이며 바람직한 상태이고 '변경'이 비정상적이고 불안정한 상태라는 조직의 생각을 반영한다고 볼 수 있다.

따라서 많은 조직의 시스템은 변경을 통제하고 방지하도록 설계됐다. 또한 예산 책정 프로세스는 변경에 대한 지출을 제한하고, 품질 게이트 Quality Gate는 운영환경에서의 변화를 제한한다. 그리고 프로젝트 계획과 요구 사항 문서는 프로젝트의 범위 변경을 제한한다. 지속적인 변화를 수용하도록 소프트웨어 조직을 변화시키려면 처음에 설정한(일반적으로 유용한) 동기를 무시하지 않고, 변화를 막기보다는 지원을 위해 프로세스를 조정해야 한다. 이는 쉽지 않은 과정이며 이 책의 전체를 통해 전환(5부)을 설명하고자 하는 이유다.

다양한 변화율

기술은 빠르게 변화하는 분야다. 우리는 다수의 IT 기반 제품이 세 파트로 이뤄진 버전 번호를 사용할 것이라고 생각하지 않는다. 만약 아직 2.4.14와 같은 버전을 사용하고 있다면 도울 수 있는 일이 많지 않을 것이다. 그렇다면 .15 같은 버전 번호로 업그레이드할 타이밍이라고 조언하고 싶다.

운 좋게도 IT 분야의 모든 것이 빠르게 움직이는 것은 아니다. 예를 들어 인텔 x86 프로세서의 기반이 되는 공통의 프로세서 아키텍처는 1978년부터 사용되고 있다. 오늘날의 모바일 장치를 지배하고 있는 ARM 칩은 1985년쯤의 설계를 기반으로 하고 있다. 리눅스^{Linux}와 윈도우^{Windows} 운영체제는 사람으로 치면 이미 10대를 지났고, 심지어 자바^{Java}도 몇 년 전 버전 9를 지나며 생후 20년을 넘어섰고 그 뒤에는 생후 15년을 넘어선 자바 스프링 프레임워크^{Java Spring Framework}가 있었다.

자연스럽게 이러한 낮은 변화율은 IT 스택의 하위 계층에서 빈번하게 나타날 수 있다. 하드웨어와 운영체제는 설치 기반이 매우 넓고 수많은 종속성으로 인해 전체를 교체하려면 막대한 비용이 필요하다. 때로는 여기서 혁신을 뛰어넘는 진화를 목격하게 되곤 한다. 이러한 기술들은 기본적으로 피라미드의 기반(28장)이 되며 이를 구축함으로써 안정적인 기반을 가질 수 있다.

무엇보다 이들 기반 요소들이 빠르게 움직인다. 예를 들어 인기 있는 앵귤러JS^AngularJS 프레임워크는 나타난 지 5년 만에 전혀 다른 프레임워크로 대체됐다. 구글의 패브릭^Fabric 프레임워크는 불과 5년 전에 파이어베이스^Firebase에 포함됐다. 그리고 필자가 가장 좋아하는 서비스 중에 하나인 구글 매시업 에디터^Google Mashup Editor는 2년밖에 살아남지 못했다.

> 상황은 빠르게 움직이고 이들의 변화는 점점 빨라져만 갔다. 변화율이 아키텍처를 움직이는 동인이라면 더 많은 변화가 필요할 것으로 보인다!

제품의 조기 서비스 종료를 목격한 것은 슬프지만 새로운 제품과 도구가 나타나는 비율은 보다 극적인 그림을 그려낸다. 예를 들어 CNCF^Cloud Native Computing Foundation가 제공하는 클라우드 네이티브 인터랙티브 랜드스케이프^Cloud Native Interactive Landscape(https://oreil.ly/bnk5E)를 살펴보면 현대적인 애플리케이션을 만들려면 빠르게 성장하는 이들 구성 요소가 필요하다는 것을 알 수 있다.

소프트웨어 시스템의 일계 도함수

일계 도함수가 아키텍트에게 고민거리인 경우 이러한 추상적인 개념을 어떻게 실제 시스템 아키텍처로 변환할 수 있을까? 여기서 소프트웨어 시스템의 어느 부분이 변화율을 결정짓는지에 대한 힌트를 얻을 수 있다. 맞춤형 시스템의 경우 변경의 핵심 요소는 빌드 툴체인^toolchain으로, 소스 코드를 실행 가능한 파일 형식으로 변환해 런타임 환경에 배포하는 부분을 뜻한다.

소프트웨어 시스템의 일계 도함수는 해당 소프트웨어의 빌드와 배포 툴체인이다.

소프트웨어에 대한 모든 변경 사항은 이 빌드와 배포 툴체인을 거치게 된다. 소프트웨어 툴체인이 일계 도함수라는 것을 알았다면 다음으로 소프트웨어 시스템의 변화율을 높이려면 잘 조율된 툴체인(13장)이 필요하다.

그러므로 최근 몇 년 동안 업계에서 소프트웨어 제공 시의 마찰을 줄이고자 관심과 노력을 기울인 것은 자연스러운 일임을 알 수 있다. CI^Continuous Integration, CD^Continuous Deployment, 구성 자동화의 목적은 소프트웨어를 변경하고 제공하는 속도를 높여 위에서 언급한 일계 도함수의 값을 증가시키는 데 있다. 이러한 혁신이 없었다면 매일 또는 매시간 소프트웨어를 배포할 수 없었을 것이며 회사 입장에서는 지속적인 개선과 빈번한 업데이트로 번창하는 디지털 시장에서 경쟁할 수 없었을 것이다.

이전에 빌드 시스템은 큰 관심을 받지 못했지만 이제는 운영 환경의 시스템과 동일한 유형의 인프라에서 실행되는 경우가 많다. 컨테이너화되고 완전히 자동화된 탄력적인 클라우드 기반의 주문형^on-demand 빌드 시스템이 표준으로 자리잡아 가고 있다. 이러한 정교한 빌드 시스템을 구축하고 유지 관리하는 팀은 분명 일계 도함수에 존재한다.

일계 도함수 설계하기

변화를 위한 시스템을 설계할 때 반대로 이를 방해하는 측면을 생각하는 것이 도움이 될 수 있다.

의존성

시스템 구성 요소 간의 상호 의존성이 너무 많이 존재하면 조정이 필요한 수많은 작은 변경 사항이 발생하며, 이로 인해서 필요한 노력과 위험이 모두 증가하게 된다. 상호 의존성이 적은 시스템(예: 모듈식이고 책임 여부가 완전히 분리된)은 변경 사항을 국지화하기 때문에 일반적으로 보다 빠른 속도의 변화를 받아들일 수 있다. 책『디지털 트랜스포메이션 엔진Accelerate』(에이콘, 2020)의 저자가 수행한 연구에 따르면 시스템의 구성 요소를 분리하는 것이 지속적인 소프트웨어의 개선과 빠른 제공에 가장 큰 기여를 한 것으로 나타났다.

마찰

비용과 변경에 대한 위험 모두 마찰과 함께 증가하는데, 예를 들어 인프라 프로비저닝infrastructure provisioning의 긴 리드 타임lead time 또는 수많은 수동 배포 단계로 인해 발생한다. 따라서 일계 도함수에 거주하는 팀은 소프트웨어 빌드 체인이 완전히 자동화되도록 해야 한다.

낮은 품질

높은 품질을 달성하려면 더 많은 시간과 노력이 필요하다는 인식은 오해에 가깝다. 그러나 그 반대는 사실이다. 품질이 좋지 않으면 소프트웨어 제공 속도가 느려질 것이다. 제대로 테스트되지 않았거나 구축되지 않은 시스템을 변경하는 것은 더 많은 시간을 요구하고 문제가 발생할 가능성 또한 더 크다.

공포

때때로 무시하거나 지나치기 쉬운 프로그래머의 태도는 실제로는 변화율에 큰 영향을 미치는 요소다. 품질이 낮고 자동화 수준이 낮다면 변경 자체가 위험한 제안이 될 수 있다. 따라서 이 경우 개발자는 변경을 두려워할 것이다. 이로 인해 코드의 손상을 일으키며 변경 위험도 함께 증가한다.

위의 리스트는 아키텍트가 속도를 높일 수 있는 몇 가지 레버를 갖고 있음을 보여 준다. 일부는 근본적으로 기술 영역의 이야기이며 그 외의 것은 팀의 태도와 관련돼 있다. 이는 기술과 조직 아키텍처가 어떻게 조화를 이루는지 보여 주는 또 다른 예라고 할 수 있겠다.

자신감은 속도를 가져온다

두려움이 당신을 느리게 한다면 자신감은 당신을 가속시킬 것이다. 자동화된 테스트는 바로 그 역할을 한다. 팀에 자신감을 주고 변화율을 높이는 것이다. 그렇기 때문에 시스템에 충분한 테스트 커버리지를 달성하고 있는지 여부를 코드 몇 줄인지의 비율로 측정해서는 안 된다. 이보다는 팀이 코드를 자신 있게 변경할 수 있는지 여부로 측정해야 할 것이다.

 개발 팀에게 소스 코드로부터 임의의 20라인을 삭제할 수 있다고 제안한다. 그런 다음 테스트를 실행하고, 통과하면 코드를 바로 프로덕션 환경으로 푸시한다. 이 때 그들의 반응을 통해 소스 코드에 충분한 테스트 커버리지가 적용되고 있는지 알 수 있다.

소프트웨어 제공 속도를 높이기 위한 다양한 도구가 존재함에도 결정적인 요소는 역시 인간이다. 두려움으로 인해 만들어 본 적 없는 변화는 세계 최고의 도구 모음으로도 가속시킬 수 없을 것이다.

변화율의 트레이드 오프

조직의 변화율을 높이는 것은 전부 또는 전무all-or-nothing가 아니며 트레이드 오프 간의 균형을 유지해야 한다. IT 아키텍처와 아키텍처 구축 사이에서 과장된 비유를 한 번 더 가져온다면 변화를 위한 설계의 여러 측면에 대한 유용한 조언을 얻을 수 있을 것이다. 대규모 소프트웨어 프로젝트 또는 주택 건설 프로젝트가 아키텍처에 대한 이해에 기반한 결정 없이 수행되는 경우 '기본이어야 할' 아키텍처는 '거대한 진흙 공Big Ball of Mud'으로 수렴될 것이며 이는 앞에서 언급한 원두막에 가까운 집을 떠올리게 한다(8장).

빈민가는 일반적으로 값싼 재료와 채 숙련되지 않은 노동력으로 건설된다. 사실 저렴한 비용과 폭넓은 인력 풀pool은 바람직한 속성으로 볼 수 있다. 또한 벽이나 마루를 추가하는 것과 같은 인테리어 변경은 멋진 고층 건물과 달리 신속하게 이뤄지며 또한 저렴하다. 그러나 빈민가는 편안한 생활 환경을 제공하지 않는 것은 물론이고, 잘 정비된 전기 또는 하수도 시스템과 같은 공통 인프라가 부족하다. 이러한 인프라의 부족은 궁극적으로 성장 속도를 제한한다. 이는 지역적 또는 단기적 변화에 아키텍처를 최적화하면 글로벌 규모 및 장기적인 관점에서의 변화를 억제하는 결과를 가져올 수 있음을 상기시켜 준다.

멀티스피드 아키텍처

시스템의 변화율이 아키텍처에 영향을 미치는 경우 구성 요소를 요구되는 변화의 속도에 따라 분리시켜 시스템을 구성하는 것이 자연스러워 보인다. 이 접근 방식은 2단 속도 아키텍처two-speed architecture 또는 바이 모달

IT^{bi-modal IT}로 알려진 개념의 기초를 형성하고 있다. 이는 디지털 세계에서 경쟁력을 갖추려는 기존 기업이 처음에는 기록 시스템, 즉 SoR^{Systems of Record}로 언급되는 레거시 시스템을 안정적으로 유지하는 동안 참여 시스템, 즉 SoE^{System of Engagement}로 알려진 상호 작용 계층의 변화율을 높여야 함을 시사한다. 이를 통해서 기록 시스템은 안정적이고 신뢰할 수 있는 상태로 유지되는 반면, 고객 대면 시스템에는 신속하게 변경 사항이 적용될 수 있다.

시스템을 변화율로 나누는 것은 적절한 아이디어라고 할 수 있지만 특수한 접근 방식을 취하는 경우에 단점이 나타날 수 있다. 첫째, 품질을 떨어뜨리면 더 빠르게 움직일 수 있다는 잘못된 가정을 기반으로 한다(40장). 안정성을 유지하고자 기록 시스템에서 낮은 변화율을 유지할 필요가 없을 것이다. 둘째, 기업은 상호 작용 계층에서의 변화를 국지화하는 데 어려움을 겪을 것이다. 예를 들어, 참여 시스템에 간단한 필드를 추가하려면 일반적으로 두 시스템의 변화율을 고려해서 기록 시스템을 변경해야 한다. 기록 시스템이 6개월의 릴리스 주기를 따르는 경우 의도한 것처럼 이 2단 속도 아키텍처 내에서 빠른 속도를 달성하기는 어려울 것이다.

참여 시스템과 기록 시스템의 분리는 인위적이며 비즈니스 또는 최종 사용자 관점의 전체적인 변화율과는 잘 맞지 않는 것으로 나타나고 있다. 이러한 통찰력은 디지털 비즈니스가 사실은 이러한 설정을 따르는 경우가 거의 없다는 사실을 통해서 더 명확해진다.

 디지털 기업은 단 한 가지 속도, 즉 빠른 속도만 알고 있다.

각각의 차원에 따라 변화율을 분리하는 것이 때로는 도움이 될 수 있다.

예를 들어 회사의 회계 또는 급여 시스템은 변화율이 낮을 가능성이 높으며, 또한 조직의 차별화 요소를 형성하는 핵심 비즈니스 시스템과 아키텍처를 활용할 수 있기 때문에 더 높은 변화율을 지원해야 할 것이다.

이계 도함수

일계 도함수가 소프트웨어 시스템의 변화율을 설명하는 경우 수학적으로 유추해 보면 변화율을 높이는 것은 양의 이계 도함수에 의존함을 알수 있다. 자동차의 속도를 떠올려 보면 자동차의 속도는 위치의 일계 도함수로 볼 수 있다. 주어진 시간 간격 동안 얼마나 많은 거리를 이동할 수 있는지를 정의한다. 가속, 즉 속도의 증가는 이계 도함수에 해당한다.

IT로 돌아와서, 이계 도함수는 대부분의 전환 프로그램의 핵심이라고 할 수 있다. 이는 조직 또는 IT 시스템의 변화의 속도를 높이는 것을 목표로 한다. 따라서 조직이 전환 프로그램을 평가하고 성공적으로 수행하려면 먼저 일계 도함수의 중요성을 인지해야 한다. 즉 속도의 경제를 이해해야 한다(35장). 크루즈 컨트롤을 선호하는 사람에게 보다 빠른 가속을 위해 더 강한 엔진과 더 짧은 기어비gear ratio를 가진 차를 파는 것은 어려운 일이다.

아키텍트를 위한 변화율

마지막으로, 기술 시스템과 조직만이 변화율을 높여야 하는 유일한 시스템인 것은 아니다. 아키텍트는 새로운 기술이 그 어느 때보다 빠른 속도로 등장하는 최근의 추세 속에서 최신의 상태를 유지해야 하는 난해한 과제를 안고 있다. 이를 인식하고 행하지 않는다면 기관실에서 멀리 떨어진 상아탑(1장)에서 그들의 생을 마감해야 할지도 모른다.

아키텍트는 오늘날처럼 빠르게 혁신이 이뤄지는 세계를 어떻게 따라잡을 수 있을까? 혼자서 이를 이루고자 하는 것은 헛된 희망으로 보인다. 누구도 모든 것에 대한 최신 정보를 수집하고 유지할 수는 없기 때문이다. 대신에 아키텍트는 편견 없이 정보를 제공할 수 있으며 신뢰할 수 있는 전문가 네트워크의 일부가 돼야 할 것이다.

수많은 공급 업체가 경쟁하고 있는 거대한 IT 예산에 접근하면 할수록 더 많은 이가 새로운 기술이나 제품에 대한 업데이트를 원할 것이다(16장). 또한 중립성은 아키텍트의 중요한 자산이기 때문에 유행어의 안개를 뚫고 무엇이 정말 새로운 요소인지, 무엇이 오래된 개념을 영리하게 재포장하고 있는지 찾아낼 수 있기를 기대한다.

빠르게 움직이는 세상에서 사는 것은 피곤한 일이지만 한편으로 아키텍트의 역할을 흥미롭게 이어가고 아키텍처를 더욱 가치 있게 만드는 요인이기도 하다. 자, 그러니 일계 도함수로 삶을 포용하자!

4

엔터프라이즈 아키텍트
또는 엔터프라이즈 환경에서의
아키텍트

상아탑의 위층 그리고 아래층

상아탑으로부터의 아키텍처

내가 엔터프라이즈 아키텍처의 책임자인 엔터프라이즈 아키텍트로 고용됐을 당시에는 엔터프라이즈 아키텍처가 실제로 어떤 의미를 갖는지 모르고 있었다. 또한 당시 내가 속한 팀이 '엔터프라이즈 아키텍처의 두 발' 같은 존재인지 의문을 가졌으며 이 같은 생각은 크게 호응을 얻지 못했다. 또한 직함 앞에 '책임자head of'를 붙이는 경향이 있었는데 그 원인은 이후 우연히 접한 온라인 포럼에서 알 수 있었다.[1]

> 이 직함은 보통 당사자는 디렉터/VP/임원 등의 직함을 원했으나 조직이 이를 거부했음을 의미하는 경우가 많다. 이러한 일종의 위장술을 사용하면 당사자는 조직 외부의 사람들로부터는 높은 레벨로 보일 수 있지만 내부의 지지층들은 이를 불쾌하게 여기기 쉽다.

나는 어떤 역할을 수행하고 있는지보다 어떠한 팀을 이끌고 있는지에 초점을 맞추기 때문에 'xyz의 책임자head'라는 직함을 좋아하지 않는다. 나는 그들이 개인으로서 무언가를 달성하기보다 그들을 지원하는 팀이 있다고 가정한 상태에서 달성해야 할 것이 무엇인지에 따라 그들의 이름을 기억하려고 한다.

모든 직함의 접두사(head of와 같은)들을 제쳐두고 IT 부문의 직원이 엔터프라이즈 아키텍트를 만났을 때 그들의 초기 반응은 현실과 괴리된 예쁜 그림을 그려 낼 것으로 생각되는 이들을 펜트하우스와 함께 이미지하는 것에 가깝다. 따라서 IT 부문 직원으로부터 따뜻한 환영을 받고자 한다면 엔터프라이즈 아키텍트라는 레이블을 주의해서 사용해야 한다. 이야기를 원점으로 돌려 보자. 그렇다면 기업 규모로 일하는 아키텍트는 뭐라고 불러야 할까?

---

1   Keith Rabois, Quora, May 11, 2010, "What does "Head" usually mean in job titles like "Head of Social," "Head of Product," "Head of Sales," etc.?", https://oreil.ly/5LmbY

엔터프라이즈 아키텍처

엔터프라이즈 아키텍트라는 직함이 수반하는 반복적인 어려움이자 특징은 기업 전체의 아키텍트를 수행하는 사람(비즈니스 전략 수준 포함) 또는 엔터프라이즈 수준에서 IT 아키텍처를 수행하는 사람(부서 레벨의 아키텍트가 아님)으로 설명할 수 있다.

이러한 모호함을 조금 더 명확하게 하고자 진 로스Jeanne Ross, 피터 웨일Peter Weill, 데이비드 로버트슨David Robertson이 집필한 『엔터프라이즈 아키텍처 전략Enterprise Architecture as Strategy』(에스퍼북스, 2010)라는 책으로 넘어가 보자. 여기서 다음과 같은 내용을 알아볼 것이다.

> 엔터프라이즈 아키텍처는 회사의 운영 모델 통합과 표준화 요구 사항을 반영하는 비즈니스 프로세스, 그리고 이를 IT 인프라에 반영시켜 나가기 위한 조직 체계라고 할 수 있다.

이 정의에 따라 엔터프라이즈 아키텍처는 순수한 IT 기능은 아니며 회사 운영의 일부인 비즈니스 프로세스도 고려해야 함을 알 수 있다. 실제로 이 책의 가장 널리 공개된 다이어그램(https://oreil.ly/D8ehD)은 프로세스 표준화 수준이 높거나 낮은 비즈니스 운영 모델(비즈니스 라인 전반에 걸친 균일함을 뜻함)과 프로세스 통합(데이터 공유 및 프로세스의 상호 연결)을 나타내는 4개의 사분면을 보여 준다. 모든 사분면에 대한 산업 사례industry examples를 제공한 웨일과 로버트슨은 각 모델을 적절한 상위 수준 IT 아키텍처 전략에 매핑했다. 예를 들어 비즈니스 운영 모델이 매우 다양한 비즈니스 단위로 나뉘어 있으며 비즈니스 단위로 서로 공유하는 고객이 거의 없다면 데이터 및 프로세스 통합 프로그램은 가치를 얻기 어려울 것이다. 이러한 기업의 경우 IT 부서는 각 부서마다 다양한 프로세스를 구현할 수 있는 공통 인프라를 제공하는 것이 좋다. 이와 반대로 프랜 차이즈처럼 거의 동일한 단위로 구성된 비즈니스는 고도로 표준화된 애플리케이션 환경에서 이점을 얻을 수 있다. 이 매트릭스는 엔터프라이즈 아키텍처가 비즈니스와 IT 간의 연결을 어떻게 형성하는지 완벽하게 보여 준다. 따라서 각각 잘 정렬돼 있는 경우에 한해 IT가 비즈니스에 보다 많은 가치를 제공할 수 있다.

비즈니스와 IT 연결하기

조직의 비즈니스 측면에서도 잘 정의된 아키텍처가 있다면 비즈니스와 IT를 연결하는 것이 보다 용이하다. 운 좋게도 비즈니스 환경이 더욱 복잡해지고 디지털 파괴자들digital disruptors로 인해 기존 기업 또한 비즈니스 모델을 보다 빠르게 발전시키게 되면서 최근 몇 년간 비즈니스 아키텍처 개념이 주목을 받고 있다. 비즈니스 아키텍처는 구성 요소 및 상호 관계에 대한 구조화된 관점, 구조화된 아키텍처 기반의 사고방식(8장)을 갖고 이를 비즈니스 도메인으로 전환한다. 비즈니스 아키텍처는 기술적으로 시스템 구성 요소를 연결하거나 보안 및 확장성과 같은 기술 관점에서의 시스템 속성에 대한 추론을 수행하는 대신에 '지배 구조와 비즈니스 프로세스, 비즈니스 정보 측면에서 기업의 구조'를 설명한다.[2]

비즈니스 아키텍처는 본질적으로 비즈니스 전략에서 파생된 비즈니스 영역의 구조 및 통합 방법을 포함해 기업의 운영 모델을 정의한다. 한편 IT 아키텍처는 해당하는 특정 IT 영역을 위한 의미를 갖는다. 앞에서 말한 두 가지가 나란히 잘 작동하고 있다면 그 이상을 바랄 필요는 없을 것이다. 다만 둘이 서로 제대로 연결돼 있지 않을 가능성이 있다면 이들을

---

2   Object Management Group website, http://www.omg.org/bawg.

하나로 묶을 무언가가 필요하다. 이러한 개념과 요구 사항에 따라 제안된 엔터프라이즈 아키텍처의 정의를 다음과 같이 설명할 수 있다.

> 엔터프라이즈 아키텍처는 비즈니스와 IT 아키텍처를 연결하기 위한 접착제다.

이 정의는 엔터프라이즈 수준의 IT 아키텍처와는 다르게 엔터프라이즈 아키텍처가 IT 부문의 기능이 아님을 명확히 하는 것이다. 따라서 엔터프라이즈 아키텍처 팀은 기업의 경영진 가까이 위치해야 하며 IT 조직 내에 깊이 파묻히지 않아야 비즈니스, 기술과 함께 조직의 고려 사항 간의 균형을 유지할 수 있다.

또한 이 정의는 비즈니스와 IT가 긴밀하게 연결된 이후에는 많은 엔터프라이즈 아키텍처 활동이 필요하지 않게 되는 것을 뜻한다. 이는 이른바 디지털 자이언트(거대한 디지털 조직)에서 엔터프라이즈 아키텍처가 좀처럼 눈에 띄지 않는 이유 중 하나이기도 하다.

> 대부분의 디지털 자이언트들은 이미 비즈니스와 IT가 긴밀하게 연결돼 있기 때문에 엔터프라이즈 아키텍처 부서가 존재하지 않는다.

그렇다고 당황할 필요는 없다. 비즈니스 요구 사항과 IT 아키텍처 간의 전환은 여전히 인재가 부족한 영역이다. 대부분의 사람들은 울타리의 한편 또는 맞은편에서 편안함을 찾고 있지만 이때 소수의 사람들만이 양쪽 모두에 걸쳐 신뢰할 수 있는 플레이가 가능하기 때문이다. 그런 의미에서 지금은 엔터프라이즈 아키텍트가 되기에 좋은 시기라고 할 수 있다.

IT는 화성에서, 비즈니스는 금성에서

기업에서 흔히 볼 수 있는 IT와 비즈니스의 엄격한 분리는 꽤나 귀찮은 일이다. 나는 예전에 모든 것이 컴퓨터 대신 종이로 실행되던 시절에 회사에도 별도의 종이 담당 부서나 CPO^{Chief Paper Officer}가 없었던 것을 농담처럼 이야기하곤 한다. 디지털 기업에서 비즈니스와 IT는 분리할 수 없다. IT가 곧 비즈니스이고 비즈니스가 곧 IT이기 때문이다.

비즈니스와 IT를 연결하면 엔터프라이즈 아키텍처는 완전히 새로운 연관관계와 함께 과제를 얻게 된다. 이는 각각 존재하는 엘리베이터가 서로에게 닿지 않기 때문에 펜트하우스의 경영진과 기관실의 IT 직원을 연결하는 중간층 엘리베이터를 추가하는 작업과 비슷하다. 그럴 만한 가치가 있지만 엔터프라이즈 아키텍처 부서의 장기 목표는 엘리베이터 각각의 가동 범위를 확장해 대수를 줄이거나 적어도 이를 작게 만드는 것이어야 한다. 그렇다고 걱정할 필요는 없다. 비즈니스 및 기술 환경의 급격한 변화가 일어나는 한, 엔터프라이즈 아키텍처의 필요성이 완전히 사라질 가능성은 없을 테니 말이다.

비즈니스 아키텍처가 IT 아키텍처와 비슷한 수준의 성숙도에 도달하면 보다 쉽게 비즈니스 아키텍처와 IT 아키텍처 간의 양방향 연결을 구축할 수 있게 된다. 하지만 비즈니스 아키텍처는 IT 아키텍처보다 도메인으로서는 아직 미숙하다. 이는 비즈니스에 아키텍처가 존재하지 않았기 때문은 아니다. 오히려 비즈니스 아키텍처를 수행하는 사람들이 아키텍트로 인식되기보다 비즈니스 리더, 부서장 또는 최고운영책임자^{COO, Chief Operating Officer}로 인식됐기 때문이다. 또한 비즈니스 디자인은 구조화된 사고보다는 비즈니스 통찰력에 기인한다. 비즈니스가 아키텍처와 같은 무언가를 생성한 경우 이는 종종 라인^{line}(23장)을 포함하지 않는 일종의 '기능별 역량 지도$^{functional\ capability\ maps}$'가 됐을 가능성이 있다.

비즈니스 지원은 모든 기업 기능의 궁극적인 목표이자 이유라고 할 수 있다. 이제 IT 아키텍처를 비즈니스 아키텍처와 동일 선상에 둔다는 사실은 IT가 최소한의 비용으로 서비스를 제공하는 단순 제공자였던 시대가(다행히도) 끝났다는 것을 의미한다. 디지털 시대에서 IT는 전기 같은 인프라로서의 자원이 아닌 경쟁에서의 차별화 요소이자 기회의 장으로 볼 수 있다.

 구글이나 아마존(Amazon)과 같은 디지털 거인은 어떤 의미로 기술 회사라고 할 수 없다. 이들은 경쟁 우위를 위한 기술의 사용 방법을 이해하고 있는 광고 또는 상거래 회사에 가깝다.

따라서 '구글과 아마존은 기술 기업이고 우리는 보험/은행/제조 기업이다'라는 흔한 변명은 더 이상 통하기 어렵다. 언젠가는 이 회사들과 경쟁해야 할 것이며 여기서 경쟁력을 유지하려면 IT에 대한 관점을 바꿔야 한다. 이는 쉬운 일이 아니지만 디지털 거인은 그러한 통찰력이 얼마나 강력한지를 보여 준 바 있다.

가치 중심 아키텍처

기업 규모에서 아키텍처를 수행할 때 접하게 되는 그 규모와 복잡성은 흥미로운 대규모 IT 아키텍처를 경험할 수 있는 기회를 주지만 이는 가장 큰 위험 요소 중 하나이기도 하다. 이러한 복잡성으로 인해 길을 잃고 가시적인 결과를 얻지 못한 채 단지 새로운 경험에 흥미로운 시간을 보내는 것은 간단한 일이다. 이러한 사례는 엔터프라이즈 아키텍처가 상아탑에서 벗어나지 않으며 실제로 활용할 수 있는 가치를 제공하지 않는다는 고정 관념의 원천이 될 것이다. 따라서 엔터프라이즈 아키텍처 팀은 실제로 일을 풀어 가기 위한 그들만의 경로를 가져야 하며 조직에 가치를 제공함으로써 보상을 받아야 한다.

여기 또 다른 위험은 긴 피드백 주기에 있다. 누군가가 엔터프라이즈 아키텍처를 잘 수행하고 있는지의 여부를 판단하는 것은 애플리케이션 아키텍처를 판단하는 것보다 더 오래 걸리는 작업이다. 디지털 세계는 비교적 그 사이클이 짧지만 많은 엔터프라이즈 아키텍처 계획의 경우 이들의 소요 시간은 여전히 3~5년에 달한다. 따라서 엔터프라이즈 아키텍처는 지도 제작자가 되고자 하는 이들에게 은신처가 될 수 있다. 이것이 엔터프라이즈 아키텍트에게 주어지는 요구 사항 중 하나인 영향력(5장)의 근거이기도 하다.

도구를 사용하는 바보

어떤 엔터프라이즈 아키텍트는 엔터프라이즈 환경의 다양한 측면을 포착하기 위한 특정 엔터프라이즈 아키텍처 도구들을 활용한다. 이러한 도구를 사용하면 비즈니스 아키텍트가 생성한 비즈니스 프로세스 및 기능으로부터 애플리케이션 및 서버와 같은 IT 자산에 구조화된 매핑이 가능해진다.

 선택한 그 도구가 제대로 작동하는지 확인할 것!

이러한 도구들을 잘 활용하면 비즈니스와 IT 아키텍처 간의 다리를 구축하기 위한 구조화된 저장소가 될 수 있다. 그러나 잘못 활용하면 중요한 부분이 누락되고(21장) 완료 시점에 이미 구식이 된 결과물을 내놓거나 끝없는 탐색과 문서화 프로세스가 나올 수 있다. 말할 것도 없이 이러한 결과물은 거의 가치가 없다.

모든 층을 방문하기

EA에 대한 내 정의는 한편으로는 엔터프라이즈 아키텍트가 아닌 일부 IT 아키텍트가 엔터프라이즈 범위에서 작업한다는 것을 의미한다. 이들 또한 이 책에서 언급한 바 있는 사람들이다. 이들은 관리자, 비즈니스 아키텍처 담당자와 교류하고자 엘리베이터(1장)를 타고 고층으로 가는 법을 알고 있는 기술 부문의 전문가이며 모든 IT 혁신에서 중요한 역할을 담당한다.

엔터프라이즈급의 아키텍트가 일반적인 IT 아키텍트와 어떻게 다를까? 첫째, 이들이 접하는 모든 것이 더 크다. 많은 대기업은 서로 다른 사업부와 부서로 구성되며, 각각 수십억 달러 규모의 비즈니스가 될 수 있고 다른 비즈니스 모델에 종사할 수도 있다. 또한 커버하는 영역이 커짐에 따라 더 많은 레거시 환경을 접하게 될 것이다. 비즈니스는 시간이 지남에 따라, 또는 인수합병을 통해 성장하며 두 경우 모두 레거시를 만들어 낸다. 이러한 레거시는 시스템뿐 아니라 사람들의 사고방식과 업무 수행 방식에도 영향을 끼친다. 따라서 엔터프라이즈급의 아키텍트는 조직(34장)과 함께 복잡한 정치적 상황을 탐색하거나 인지할 수 있어야 한다.

진정한 엔터프라이즈 아키텍처를 수행하는 것은 자바 동시성 프로그래밍의 버그를 수정하는 것만큼 복잡하지만 가치 있는 일이다. 모든 수준에 걸쳐 엄청난 복잡성이 존재하지만 각각의 수준에서 유사한 패턴을 사용할 수 있다는 점은 좋은 소식이다. 예를 들어 소프트웨어 아키텍트는 시스템의 분리/세분화와 함께 상호 의존성의 균형을 맞춰야 한다. 거대한 모놀리식monolithic 아키텍처는 유연하지 않은 반면에 수천 개의 작은 단위 서비스는 관리가 어렵고 상당한 통신 오버헤드를 발생시킨다. 부서의 규모와 함께 제품 생산 라인의 규모를 고려할 때 비즈니스 아키텍처에도 똑같은 고려 사항이 적용된다. 마지막으로, 엔터프라이즈 아키텍처는 어떤 시스템을 중앙 집중화해야 하는지 결정할 때 트레이드 오프에 직면하게 되며 결과적으로 이는 거버넌스를 단순화하는 대신에 로컬 환경의 유연성을 저해하는 결과를 가져올 수 있다. 아키텍처는 진지하게 고려하면 할수록 모든 수준에 걸쳐 유의미한 가치를 제공한다.

기업은 프랙탈fractal 구조와 비슷하다. 확대하거나 축소할수록 보다 많은 것들이 비슷해 보인다. IBM의 찰스Charles와 레이 임스Ray Eames가 1977년에 제작한 단편 영화 〈Powers of 10〉은 이를 아름다운 형태로 소개한다. 이 영화는 시카고에서 피크닉을 즐기는 사람들에서 시작해 점점 멀어지는 방식으로 10초마다 한 자릿수씩 1024에 도달할 때까지 멀어지며 은하수를, 그 후 다시 돌아와 인체를 10^{-18}이 될 때까지 확대하며 쿼크quark 영역까지 보여 준다. 흥미로운 점은 축소와 확대라는 두 가지 방식이 크게 달라보이지 않는다는 것이다.

5

아키텍트는 세 다리로 선다

다리가 셋인 의자는 흔들리지 않는다

다리가 셋인 의자는 흔들리지 않는다

IT 아키텍트는 무슨 일을 할까? 이들은 IT 아키텍처를 만드는 사람들이라고 할 수 있으며 여기서 말하는 아키텍처가 무엇인지는 2부에서 다뤄볼 것이다. 더 흥미로운 점은 좋은 아키텍처를 평범한 아키텍처와 차별화하는 요소가 무엇인가에 있다. 그들은 성공적인 역할 수행을 통해 무엇을 얻게 될까? 펜트하우스 거주자(1장)가 되는 것? 이건 아니길 바란다! CTO? 나쁜 선택은 아니다. 또는 (보다 높은 레벨의) 아키텍트로 남아 있을 것인가? 이것들이 바로 성공적인 경험을 거쳐 인정받는 아키텍트들이 하는 일이다.

자, 이번엔 아키텍트들이 거치는 도전과 성장을 살펴보자.

스킬, 영향력, 리더십

아키텍트의 수준에 따른 특성을 식별하려면 간단한 프레임워크를 적용해야 한다. 성공적인 아키텍트는 세 다리로 서 있어야 한다.

스킬

아키텍트로서 실무를 수행하는 데 기본이 되는 요소. 지식과 함께 현실에서의 문제 해결에 적용할 수 있는 능력이 필요하다.

영향력

아키텍트가 회사에 공헌하기 위해 자신의 스킬을 얼마나 잘 적용하는지에 대한 척도.

리더십

아키텍트가 진행 중인 사례를 보다 고도화시킬 수 있는지 여부를 결정하는 요소.

위의 명명법은 고도로 훈련되고 숙련된 개인에 의존하는 다른 전문 분야에도 적용할 수 있다. 예를 들어 연구와 실제 사례를 통한 스킬 습득을 적용하는 의료 분야에서 의사는 환자를 조사하거나 치료한 실적을 기반으로 의료 저널에 게시해서 알게 된 내용을 다른 의사에게 전달한다. 이는 법률 분야에서도 비슷하게 적용될 수 있다.

자, 다음으로 각각의 다리를 간단히 살펴보자.

스킬

> 지식은 다양한 도구로 가득 찬 서랍장과 같다. 스킬은 언제 어떤 서랍을 열어야
> 하고 어떤 도구를 사용해야 하는지 아는 것을 의미한다.

스킬은 특정 기술(예: 도커) 또는 아키텍처(예: 마이크로서비스 아키텍처)에 관련된 지식을 적용할 수 있는 능력을 말한다. 이러한 지식은 관련 과정을 수강하거나 책을 읽거나 온라인상에 공개된 자료를 접하는 것을 통해 얻을 수 있다. 또한 대부분의 (전부는 아님) 인증은 객관식 질문을 적용하며 이를 통한 수험자의 지식 검증에 중점을 두고 있다. 스킬은 이러한 지식을 문제 상황에 적용하는 것을 통해 지식을 현실로 가져오는 역할을 한다. 예를 들어 복잡한 마이크로서비스 아키텍처에 적합한 도메인 간의 경계와 서비스의 세분화를 정의하는 것은 이러한 스킬을 통해 가능해진다. 지식은 도구로 가득 찬 서랍장을 갖는 것과 같다. 스킬은 언제 어떤 서랍을 열어야 하고 어떤 도구를 사용해야 하는지 아는 것을 의미한다.

영향력

일반적으로 영향력은 추가 수익 또는 비용 절감의 형태로 나타나는 기업의 비즈니스에 대한 성과로 측정할 수 있다. 출시 시점을 앞당기거나 제공 시에 예상치 못한 요구 사항을 충족시킬 수 있는 능력 또한 수익에 긍정적인 영향을 미치므로 영향력에 포함된다고 볼 수 있다. 이러한 영향력의 극대화에 집중하는 것은 아키텍트가 파워포인트의 세계에 빠져들지 않게 하기 위한 좋은 접근 방식이 될 수 있다. 훌륭한 아키텍트를 찾아내는 방법을 이야기할 때 합리적이고 체계화된 의사결정(6장)이 스킬

을 영향력으로 변환하는 데 중요한 요소임을 기억하자. 그렇다고 해서 좋은 의사결정자가 된다는 것이 좋은 아키텍트가 된다는 것을 의미하지는 않는다. 덧붙여서, 스스로 갖고 있는 것이 무엇인지를 알고 있어야 한다.

리더십

리더십을 담당하는 다리는 숙련된 아키텍트가 아키텍처를 만드는 것 이상의 역할을 한다는 것을 뜻한다. 숙련되지 않은 아키텍트를 멘토링함으로써 수년간의 실전을 통해 학습한 차세대 아키텍트를 확보할 수 있다. 또한 선임 아키텍트는 전체적인 현장의 수준을 더욱 높일 수 있어야 한다. 예를 들어 그들이 배운 것을 공유하거나 그들이 개발한 모델을 공유함으로써 이를 요구받는다. 이러한 공유 활동은 학술 출판물, 잡지 기사, 대학 강의, 전문 과정 강의, 콘퍼런스 강연 또는 블로그 등 다양한 채널을 통해 이뤄질 수 있다.

 선임 아키텍트 역할의 누군가가 나를 만나자고 제안해 오면 답장을 하기 전에 인터넷에서 그들의 이름을 검색하는 버릇이 생겼다. 이때 아무것도 나오지 않는다면 그들이 얼마나 리더로서 활동하고 있는지 의심스러워진다. 이 경우 그들에게 내 시간을 할애하는 것을 고민하게 만든다.

의자는 두 다리로 설 수 없다

의자가 두 다리로 서 있을 수 없는 것처럼 앞에서 언급한 세 가지 관점의 균형을 이해하는 것이 중요하다. 영향력이 없는 스킬이란 새로운 아키텍트가 학생이나 인턴 레벨에서 시작하는 경우를 떠올릴 수 있다. 그러나 이들도 얼마 지나지 않아 세상에 영향력을 보일 때가 올 것이다. 영향력을 갖지 못하는 아키텍트는 영리를 위한 기업의 비즈니스에서 그들의 자리를 찾기 어렵다.

리더십이 없는 영향력은 프로젝트에 깊이 뿌리 박고 이를 벗어나지 않는 아키텍트에게 나타나는 전형적인 특징이라고 할 수 있다. 이러한 아키텍트는 중간 수준에서 안정을 찾게 되는데 이는 자신에게도 고용주에게도 좋지 않다. 이들 아키텍트는 현재 처해 있는 상황을 넘어서 볼 수 없기 때문에 커리어상에서 유리 천장을 맞닥뜨리게 될 것이다. 마찬가지로 이러한 아키텍트는 회사의 혁신과 전환을 위한 솔루션을 리드하지 못하므로 궁극적으로 그들의 영향력을 제한하는 결과를 가져온다.

 많은 기업이 아키텍트 육성에 충분한 투자를 하지 않음으로써 소탐대실하는 결과를 가져온다. 그들은 아키텍트의 육성이 프로젝트 수행에 대한 영향을 가져오고 비생산적인 결과를 낳을 것이라고 우려한다. 그러나 이러한 생각 때문에 세계 수준의 아키텍트를 육성할 수 있는 기회를 놓치고 있다.

반면, 현명한 기업은 리더십의 관점을 환원 활동을 통해 장려하고 있다. 예를 들어 IBM의 일부 엔지니어들과 연구원들은 내부(예: 멘토링) 및 외부(예: 콘퍼런스 강연 및 출판) 커뮤니티에 공개한다.

마지막으로, 영향력이 빠진 리더십은 이를 발휘하기 위한 기초의 부재를 나타내며 아키텍트가 현실과 동떨어진 상아탑의 주민임을 나타내는 신호일 수 있다. 이러한 바람직하지 않은 효과는 아키텍트의 영향력이 수년 또는 수십 년 전에 머물러 있는 경우에도 발생할 수 있다. 이 경우 아키텍트는 현재의 기술에 더 이상 적용할 수 없는 방법, 또는 통찰을 전파할 수 있다. 일부 통찰은 유행을 타지 않지만 다른 요소들은 노화된 기술에 영향을 받기도 한다. 최신 웹 환경 아키텍처에서는 데이터베이스가 병목 현상을 일으키는 경우가 많기 때문에 로직을 저장 프로시저처럼 데이터베이스에 저장하는 것을 장려하지 않는다. 이는 야간 배치 사이클을 위한 아키텍처의 경우에도 마찬가지로 적용된다. 현대적인 24/7 실시간 처리는 더 이상 야간 처리를 구분하지 않기 때문이다.

선순환

훌륭한 아키텍트가 되려면 언급한 요소 이외에도 세 가지 측면이 더 존재한다. 그림 5-1에서 나타내는 것처럼 각 요소는 다른 요소에 기여한다.

아키텍트가 자신의 스킬을 활용해서 영향력을 키울 때 이들은 또한 영향의 극대화를 위한 우선순위를 정하는 스킬도 배운다. 많은 경우 기업 IT의 실제 상황으로 쉽게 전환하기 힘든 것들을 배웠을 가능성이 높다. 이와 관련된 애커만^{Ackerman} 기능(39장)은 내가 가장 좋아하는 것 중 하나다. IT 분야가 변화하는 속도를 감안했을 때 학습의 우선순위를 정하는 능력은 중요한 자산이 된다. 따라서 스킬을 배우는 것과 적용하는 것 사이에는 공생 관계가 존재한다고 할 수 있다.

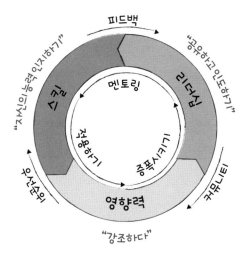

그림 5-1. 아키텍트의 선순환

무언가를 배우는 가장 좋은 방법은 배운 것을 실제 상황에 적용하는 것이다. 그래 서 내 집은 홈 오토메이션 요소로 가득하다. 자동화한 모든 것이 실제로 필요했던 것은 아니다. 이들 대부분이 학습을 위한 프로젝트였다.

리더십을 행사하면 아키텍트의 영향력을 더욱 증폭시킬 수 있다. 10명 의 숙련되지 않은 아키텍트는 당연히 한 명의 수석 아키텍트보다 더 많 은 영향을 줄 수 있을 것이다. 아키텍트로서 우리는 수직 확장(스케일 업) 은 특정 수준까지만 가능하며 단일 장애점을 초래할 수 있음을 알고 있 다. 따라서 여러 아키텍트에게 지식을 공유해서 수평 확장(30장)을 검토 해야 한다. 훌륭한 아키텍트가 부족한 만큼 이러한 공유 단계는 더욱 중 요해진다.

흥미롭게도 멘토링은 멘티^{mentee}뿐만 아니라 멘토^{mentor}에게도 도움이 된 다. 다른 사람을 가르치려면 자신부터 확실히 이해해야 한다는 말은 아 키텍처 영역에서도 적용되는 사실이다. 마찬가지로 이야기를 하거나 논 문을 쓰거나(18장) 생각을 갈고 닦는 활동은 종종 새로운 통찰로 이어진 다. 또한 빠르게 변화하는 세상에서 멘토는 새로운 기술과 접근 방식에 대한 역멘토링[1]을 받을 수 있으며 이는 더 이상 실사례에 적용하기 어려 운 기존의 가정(26장)을 업데이트하는 데 도움이 될 수 있다.

 나는 책을 쓰고 내용을 공유함으로써 놀라운 커뮤니티에 액세스할 수 있게 됐으 며 이전보다 더 많은 영향력을 갖게 됐다.

마지막으로, 공유에 참여하고 리더십을 보이는 것은 또 다른 이점을 가 져온다. 이를 통해 다른 리더들의 유용한 커뮤니티에 접근해 더 나은 아

---

1   Jennifer Jordan and Michael Sorell, "Why Reverse Mentoring Works and How to Do It Right," Harvard Business Review, Oct. 3, 2019, https://oreil.ly/bjAET

키텍트가 되는 기회를 잡을 수 있다. 보다 긴밀하게 연계된 커뮤니티에서 멤버들은 서로에게 기대하고 다양한 정보를 공유한다. 일반적으로 콘퍼런스 내용이나 서적, 블로그 게시물 작성, 또는 오픈 소스 프로젝트에 기여하는 등의 형태로 커뮤니티에 환원하는 것을 포함한다.

당신은 나를 빙빙 돌게 한다

숙련된 아키텍트는 이 1980년대의 사례(위키피디아를 참고해도 좋다[2])를 정확히 해석해서 아키텍트가 선순환을 한 번에 완료하기 어려움을 알 수 있을 것이다. 이는 끊임없이 변화하는 기술과 아키텍처 스타일에 의해 결정된다. 이미 관계형 데이터베이스의 선구자일지라도 NoSQL 데이터베이스의 새로운 기술을 습득해야 할 수도 있다. 이렇게 기술을 습득하기 위한 두 번째 시도는 일반적으로 이미 알고 있는 것을 기반으로 하기 때문에 상당히 빠르다. 충분한 사이클을 경험해 왔다면 실제로는 이미 알고 있는 것을 다시 갱신하는 과정을 경험할 수도 있다. 또한 소프트웨어 아키텍처에는 완전히 새로운 요소는 많지 않고 대부분은 이전에 경험한 적이 있을 것이다.

사이클을 반복해야 하는 또 다른 이유는 두 번째 시도에서 얻게 될 이해가 한층 더 깊을 수 있기 때문이다. 첫 번째 시도에서 일을 하는 방법에 대해 배웠다면 두 번째 시도부터는 왜 그렇게 해야 하는지를 이해할 수 있을 것이다. 예를 들어 『기업 통합 패턴Enterprise Integration Patterns』(에이콘, 2014)을 작성하는 것이 리더십 사고의 한 형태라는 것에는 오해의 소지가 없다. 그럼에도 5장의 소개 부분에서 패턴 아이콘이나 의사결정 트리

---

2   Wikipedia, "You Spin Me Round (Like a Record)," https://oreil.ly/fDcRP

및 표와 같은 일부 요소는 깊은 통찰력에 기반하기보다는 약간은 돌발적이었음을 알 수 있었다. 이들을 시각적인 패턴 언어, 또는 패턴에 기반한 의사결정의 사례로 이해한다는 것은 뒤늦은 깨달음에 불과하다. 따라서 별개의 사이클을 만드는 것이 가치 있는 경우가 있다.

마지막 정류장으로서의 아키텍트

아키텍트가 가장 흥미로운 직업 중 하나임에도 어떤 사람들은 아키텍트가 된다는 것은 당사자가 커리어의 대부분을 이를 위해 쌓아야 함을 암시한다. 이에 대해서는 그렇게 걱정하는 편은 아니다. 첫째, 이는 최고경영자 CEO, Chief Executive Officer, 사장, 의사, 변호사 등 기타 고급 전문가들로 구성된 집단에 속하게 된다. 둘째, 기술을 염두에 둔 조직에서 소프트웨어 엔지니어와 동일하게 생각해야 한다. 다음 커리어 단계는 선임이 아닌 소프트웨어 엔지니어로 남거나 주임staff 엔지니어 또는 수석 엔지니어로 나아가는 것을 그려 볼 수 있다.

따라서 목표는 소프트웨어 엔지니어 또는 IT 아키텍트의 직책을 특정한 연공 서열에서 분리하는 것이다.

 많은 디지털 조직에서 소프트웨어 엔지니어 커리어 사다리는 능력에 따른 적절한 보상을 통해 수석 부사장(Senior Vice President)까지 닿아 있다.

일부 조직에는 총괄 엔지니어도 포함돼 있다. 이것은 엔지니어로서 성장하고자 한다면 총괄 아키텍트보다 더 나을 수 있다. 나는 타이틀을 위해 무언가를 쫓기보다는 좋아하는 일을 더 잘할 수 있게 되는 것을 선호한다.

자, 계속해서 아키텍트 활동을 해 나가자.

6

의사결정 내리기

의사결정을 내리지 않기로 하는 것 또한 의사결정이다

(IT) 삶은 선택의 집합이다.

복권을 사서 당첨됐다고 생각해 보자. 이 얼마나 환상적인 결정이었는 가! 빨간불인 상태에서 살짝 취한 상태로 눈을 감고 길을 건넜고 안전하 게 반대편에 도착했다고 생각해 보자. 그럼 이 또한 좋은 결정이라고 할 수 있을까? 딱히 그렇게 생각되지는 않는다. 여기서 알 수 있는 차이점 은 무엇일까? 두 결정 모두 긍정적인 결과를 가져왔다. 복권의 경우 티 켓 가격과 함께 낮은 당첨 확률을 무시하고 결과에 중점을 두는 것은 위 험으로 판단할 수 있다. 그러나 결정을 내릴 때 당첨이 될지 어떨지 알지 못했기 때문에 결과만으로는 결정의 타당성을 판단할 수 없을 것이다.

사례를 하나 더 생각해 보자. 매우 큰 약병이 있다. 안에는 1,000,000개의 알약이 들어 있다. 이들은 똑같이 생겼고 맛도 느껴지지 않으며 충분한 약효를 가졌지만 이 중 하나는 고통 없이 사람을 죽일 수 있다. 이 병 안의 약을 한 알 먹기 위해 얼마를 내야 할까? 대부분의 사람들은 100만 달러, 1,000만 달러 또는 거부 사이에서 고민할 것이다. 그러나 같은 사람들이 (눈을 뜬 채로) 알약 2개를 삼키는 것과 같이 빨간불에서 길을 건너려고 한다. 여기서 길을 건너는 데 걸린 30초를 절약한다고 해서 수백만 달러를 벌었을 것이라고 생각하기는 어렵다.

인간은 특히 작은 확률에 죽음과 같은 중대한 결과가 따라올 때 끔찍한 의사결정을 내리기 쉽다. 대니얼 카너먼Daniel Kahneman의 책 『생각에 관한 생각Thinking, Fast and Slow』(김영사, 2018)은 뇌가 어떻게 인간을 속일 수 있는지에 관한 많은 사례를 보여 준다. 이와 관련해 인류가 끔찍한 결정권자임에도 불구하고 지금까지 어떻게 많은 성취를 거둘 수 있었는지 궁금할 것이다. 아마도 시도한 횟수 자체가 많았으리라.

의사결정은 엔터프라이즈 규모의 아키텍트 업무에 있어 매우 중요한 부분이다. 따라서 훌륭한 아키텍트가 되려면 의식적으로 더 나은 의사결정자가 되려고 노력해야 한다.

작은 숫자의 법칙

인위적인 예시는 불규칙하거나 논리적이지 않은 행동을 보다 명확한 것으로 보이게 한다. 그러나 복잡한 비즈니스 의사결정 상황에 놓였을 때 종종 의사결정이 어려운 분야가 나타난다.

나는 운영 부문의 주간 회의에 참석해 왔으며 이때 주요 인프라의 중단 횟수를 기준으로 '좋음' 또는 '나쁨' 라벨을 붙여 각 주의 회의가 진행됐다. 장기적으로 문제 발생 숫자와 심각성을 낮추는 것이 실제로 지켜야 할 지표였기 때문에 나는 좋음이었던 주를 '행운'이라는 라벨로 다시 지정했다.

중단 횟수가 적은 일주일을 기대하는 것은 기업의 IT 부문이 '다섯 번의 검은색 이후에는 빨간색이 올 것이다'라는 룰렛에서의 전략과 크게 다르지 않다. 이러한 엉뚱한 사고의 보다 인상적인 버전인 러시안 룰렛을 예로 들면 탄창을 돌린 후 '나는 살 수 있을 거야, 탕!'으로 가는 흐름과도 비슷해 보인다. 카너먼은 이를 작은 수의 법칙이라고 부른다. 사람들은 흔히 너무 작아서 의미를 갖기 힘든 표본 크기에서의 시도를 바탕으로 결론에 도달하는 경향이 있다. 예를 들어 일주일 동안 중단이 발생하지 않았다고 하더라도 기업에서 이를 축하할 이유는 없다.

 구글의 모바일 광고 팀은 광고의 표현 방식이나 선택 자체에 영향을 주는 A/B 테스트에 엄격한 통계 기법을 사용하고 있다. 대시 보드에는 수익과 직결되는 클릭률을 확인하기 위한 통계뿐 아니라 광고가 검색 결과 화면에서 충분히 주의를 끌고 있는지(사용자는 광고가 아닌 검색을 위해 서비스를 이용하고 있으므로) 파악하기 위한 통계가 포함돼 있다. 각 메트릭스 구간은 무작위 표본 세트의 95%가 포함되는 범위를 나타낸다. 이때 실험의 개선을 통해 신뢰 구간에 도달한 경우 변경 사항을 구현해 나가기 전에 유효한 데이터를 얻고자 실험을 확장해야 한다(정규 분포의 경우 신뢰 구간은 표본 포인트 수의 제곱근으로 좁혀진다).

이 경우 모든 데이터가 더 나은 의사결정을 이끌어 가는 것은 아니다. IT 담당자들은 제품을 선정할 때 종종 점수로 요약된 넓은 범위의 요구 사항 목록을 작성하게 된다. 그러나 79.8점을 획득하고 선정되지 못한 제품에 대해 82.1점의 제품을 선택했다고 해서 이 결정이 차후 통계의 유의미성을 입증하기란 쉽지 않을 것이다.

그렇다고 하더라도 숫자로 나타낸 점수는 부하 모니터링을 위해 각 속성을 녹색, 노란색, 빨간색으로 평가하는 신호등 모양의 테이블보다는 우수할 수 있겠다. 제품이 특정 기능을 허용하고 있다면 녹색으로 표시될 것이며 가동 중지 시간을 계획하고 있다면 이는 빨간색으로 표시될 것이다. 이 경우 반대의 속성과 일부 비슷하게 표현하고 있지만 이는 크게 눈에 띄지는 않는다.

 기존의 IT 조직은 종종 특정 결과에서 스코어 카드 차트를 변환하는 것으로 평가 기준을 명확히 하기 위한 데이터를 갖고 있다.

슬프게도 이러한 비교를 위한 차트는 선호하는 결과로부터 리버스 엔지니어링reverse engineering되는 경향이 있다. 다른 제품들에 있어서도 오직 기존 제품에 존재하는 단점만을 보완하고 현재의 상태를 개선하도록 설계되곤 한다.

 이전에 새로운 승용차가 60mph로 덜컹거리며 달리고 문이 삐걱대고 있어야 기존의 차를 적절히 대체할 수 있다는 뉘앙스의 IT 요구 사항을 본 적이 있다.

편향

카너먼의 책은 사고가 편향bias되는 다양한 사례를 소개하고 있다. 예를 들어 확증 편향confirmation bias은 데이터가 자신의 가설을 뒷받침하기 위한 방안으로써 데이터를 해석하는 경향을 설명한다. 구글 Ad 대시 보드는 이러한 편향을 극복할 수 있도록 설계됐다.

잘 알려진 또 하나의 편향이 있는데 이것이 기대 이론prospect theory이다. 속담 '손 안의 참새가 지붕 위의 비둘기보다 낫다'로 설명할 수 있는데 기회를 만났을 때 사람들은 불확실한 더 큰 이익보다 작지만 보장된 이익을 선호하는 경향이 있음을 나타낸다. 실점할 상황에서 사람들은 직면한 위기를 피하려고 공을 멀리 걷어내고자 할 것이다. 이와 같이 부정적인 이벤트를 피했을 때 운이 좋다고 느끼는 경향이 있으며 이를 손실 혐오 ^{loss aversion}라고 한다.

 장기적인 시스템의 안정성이나 민첩성 유지의 효과가 명확하지 않다는 이유로 프로젝트 관리자가 주요 리팩토링(refactoring)을 수행할 때 일단 단기 손실을 피하고자 하는 것을 본 적이 있을 것이다.

다음의 시나리오는 우리가 결정을 내리고자 할 때 손실 혐오가 어떻게 속임수로 작용할 수 있는지 보여 준다. 앞면이 나오면 100달러를 지불하고 뒷면이 나오면 120달러를 받는, 쉽게 돈을 벌 수 있는 동전 던지기를 제안한다면 이 도박에 대한 예상 수익은 $10(0.5 - $100 + 0.5 \times $120)$가 된다. 그러나 이 경우 대부분의 사람들은 손실 혐오로 인해 이를 거절할 것이다. 그들에게는 100달러를 잃을 수 있다는 사실이 120달러를 벌 수 있는 기회보다 더 큰 위험으로 느껴질 수 있다. 대부분의 사람들은 받을 수 있는 돈이 150달러에서 200달러 사이쯤 되면 이 제안을 수락한다.

기폭제

또 다른 현상으로써 기폭제^{priming}는 최근 수신한 데이터에 기반해서 의사결정에 영향을 줄 수 있다. 극단적인 예를 들면 불확실성에 직면했을 때 이는 전혀 관련이 없음에도 최근에 듣거나 본 숫자를 선택하게 한다. 이 효과는 많은 사람이 100만 개의 알약 사례에 직면했을 때 100만 달러라는 답을 택하게 하는 데 중요한 역할을 한다.

이러한 기폭제 효과는 소매업 시나리오에서 일상적으로 사용된다. 옷을 사러 갈 때(이를 스웨터라고 하자) 매장 직원은 손님이 생각하는 가격 범위 밖일지라도 처음에 비싼 것을 보여 줄 가능성이 높다. 한 벌에 399달러 스웨터? 이 스웨터는 캐시미어로 만들어졌고 매우 부드러우며 편안한 것으로 손님을 유혹하지만 너무 비싸다. 따라서 199달러의 적당히 만족스러운 스웨터는 합리적인 타협으로 보이며 고객은 이를 기분 좋게 살수 있다. 또한 옆 매장에서 나쁘지 않은 스웨터를 59달러에 구입할 수 있다. 이때 고객이 기폭제 효과의 희생자가 됐고 이로 인해 의사결정에 영향을 받는 상황을 생각해 보자. 장년층의 고객을 대상으로 한다면 기폭제 효과는 이들을 더 느리게 걷게 할 수 있다.[1]

윌리엄 파운드스톤William Poundstone의 책 『가격은 없다: 당신이 속고 있는 가격의 비밀』(동녘사이언스, 2011)은 실제로 구매하는 사람이 없는 제품의 경우 기폭제 효과 덕분에 구매 행동을 크게 변화시킬 수 있음을 보여 준다. 2.6달러의 프리미엄 맥주와 1.8달러에 할인 중인 맥주 중 하나를 선택하게 했을 때 피험자(학생)의 약 2/3가 프리미엄 맥주를 선택했다. 무려 3.4달러에 세 번째 선택지에 슈퍼 프리미엄 맥주를 추가하자, 90%가 프리미엄 맥주를, 나머지 10%가 슈퍼 프리미엄을 선택하는 것으로 피험자의 선택의 변화가 나타났다.

만약 우리가 이렇게 끔찍한 의사결정을 내리는 당사자라면 더 좋은 선택을 위해 무엇을 할 수 있을까? 이 경우 함정을 이해할 수 있다면 피하거나 최소한 보완 정도는 할 수 있을 것이다. 또한 여기서 수학이 도움을 줄 수 있다.

---

1 John A. Bargh, Mark Chen, and Lara Burrows, "Automaticity of Social Behavior," Journal of Personality and Social Psychology 71, no. 2 (Aug. 1996): 230–244.

마이크로모트

내가 스탠퍼드Stanford에서 참여한 론 하워드Ron Howard의 결정 분석에 관한 수업은 흥미롭고 고찰할 기회를 줬으며, 또한 의욕을 샘솟게 하는 가장 인상적인 수업 중 하나였다. 의사결정 분석은 앞에서 다룬 약이 든 병 예제에 대해 합리적으로 생각할 수 있도록 돕는다. 100만분의 1의 사망 가능성을 1마이크로모트micromort라고 부른다. 병에서 약을 복용하면 정확히 1마이크로모트에 노출된다. 이 위험을 피하고자 지불할 수 있는 금액을 마이크로모트 밸류value라고 한다. 마이크로모트는 평생 안고 가야 할 고통을 제거하는 대신에 1%의 확률로 실패할 수 있으며, 이 경우 사망을 초래하는 수술을 받을지 결정하는 것과 같이 확률은 낮지만 매우 심각한 결과를 가져올 수 있는 결정을 내리는 데 도움이 된다.

마이크로모트 밸류를 보정하는 것은 삶에서 나타날 수 있는 다양한 위험을 고려하는 데 도움이 된다. 하루 종일 스키를 타면 1에서 9마이크로모트, 자동차 사고는 하루에 약 0.5마이크로모트에 해당한다. 따라서 하루 종일 스키를 타는 것으로 약 5개를 삼키는 것과 같이 5마이크로모트가 발생할 수 있다. 과연 그만한 가치가 있을까? 스키에서 얻은 즐거움의 가치에 대해 여행에서 사용한 비용, 마이크로모트 비용을 함께 비교해야 할 것이다.

그렇다면 약 1개를 얼마를 주고 먹어야 할까? 대부분의 사람들의 마이크로모트 밸류는 1달러에서 20달러 사이에 위치한다. 약의 개당 가치가 10달러라고 가정하면 100달러의 교통비와 리프트 티켓 비용에 사망 리스크에 따른 50달러의 추가 비용을 고려해야 한다. 따라서 스키를 타기 위한 산에서의 하루가 자신에게 150달러의 가치가 있는지를 생각해 봐야한다. 이는 또한 1,000,000달러의 마이크로모트 밸류가 의미 없음을 보여 준다. 엄청난 부자가 아닌 한, 하루짜리 스키 여행에 5,000,100달러를 지불할 의향이 없을 것이라고 보기 때문이다. 마지막으로, 이 모델은 스키 헬멧을 100달러에 구매하는 것이 사망 위험을 절반으로 줄일 수 있다고 했을 때 가치 있는 투자인지 판단하는 데 도움이 된다.

마이크로모트 밸류는 모든 사람에게 동일하지는 않다. 이는 소득(또는 오히려 소비일 수도 있다)이 오름에 따라 함께 높아지고 나이를 먹어 감에 따라 함께 낮아진다. 이것은 개인이 남은 인생에 할당한 단가가 수입과 함께 증가함에 따라 예상 가능하다. 부유한 사람은 쉽게 100달러 헬멧을 사기로 결정하겠지만 반면에 고군분투하는 사람은 위험을 감수할 가능성이 높다. 나이를 먹어 감에 따라 자연적인 원인으로 인한 사망 가능성은 80세까지 매년 약 10만 마이크로모트, 또는 하루에 거의 300마이크로모트에 도달할 때까지 계속 증가할 것이다. 여기까지 온 시점에서 2마이크로모트의 위험을 줄이기 위한 구매를 통해 얻을 수 있는 가치는 다소 작게 느껴진다.

다행히 론 하워드와 알리 아바스[Ali Abbas]는 저서 『Foundations of Decision Analysis』[2]를 통해 이와 같은 수학에 기반한 의사결정에 대해 다루고 있다. 약 200달러에 이르는 저렴하다고는 할 수 없는 가격이지만 말이다. 더 나은 의사결정을 내리려고 200달러짜리 책을 사야 할까? 생각해 보자.

---

2   Ronald A. Howard and Ali E. 4 Ronald A. Howard and Ali E. Abbas, Foundations of Decision Analysis (Prentice Hall, 2015).

모델 사고

의사결정 모델은 우리를 더 나은 의사결정자로 만들고자 때로는 먼 길을 가게 할 수 있다. 나는 조지 박스[George Box] 덕분에 대부분의 모델이 문제가 있지만 일부는 유용함을 알 수 있었다.[3] 가정을 단순화시킬 수 있으므로 모델을 배제하지는 않도록 하자. 그렇게 함으로써 더 나은 결정을 내리는 데 도움을 줄 것이다. 내가 이제까지 보아 온 모델과 적용에 대한 최고의 소개는 모델 사고에 대한 스콧 페이지[Scott Page]의 코세라[Coursera] 코스다(https://oreil.ly/qKWp3). 또한 스콧 페이지는 최근 이를 다룬 저서 『The Model Thinker』[4]를 출간했다.

의사결정 트리는 합리적인 결정을 내리는 데 도움을 주는 매우 간단한 모델이다(그림 6-1 참조). 자, 여기 자동차를 사고 싶은 잠재 고객이 있다고 하자. 또한 딜러가 다음 달부터 1,000달러의 캐시백 프로모션을 제공 할 확률이 40%라고 가정해 보자. 이 고객은 지금 자동차가 필요하므로 구매를 연기하면 다음 달에 500달러를 주고 자동차를 렌트해야 한다. 어떤 선택을 해야 할까? 만약 지금 구입한다면 정가를 지불해야 한다. 이해를 돕고자 0달러로 보정하자. 먼저 렌트를 하는 경우 40%의 확률로 1,000달러의 프로모션이 발생하므로 예상 가격은 $0.4 \times 1,000$달러 $- 500$달러 $= -100$달러가 될 것이며 이는 정가보다 낮은 가격이다. 따라서 이 고객은 지금 차를 구매하는 것이 좋다고 말할 수 있겠다.

---

3   George Box, "Science and Statistics," Journal of the American Statistical Association (1976).

4   Scott E. 6 Scott E. Page, The Model Thinker: What You Need to Know to Make Data Work for You (New York: Basic Books, 2018).

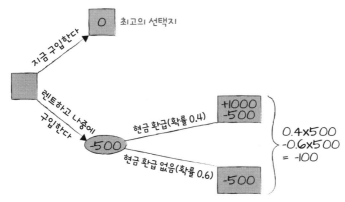

그림 6-1. 지금 차를 사는 것이 좋을지 결정을 돕기 위한 의사결정 트리

시나리오를 좀 더 재미있게 만들어 보자. 자동차 판매회사 직원이 다음 달에 현금 환급 프로모션이 진행되는지 여부를 알려 준다고 가정하자. 그는 이 정보에 대한 대가로 150달러를 요구했다. 이 정보를 사야 할까? 이 정보가 있으면 새로운 의사결정 트리(그림 6-2 참조)를 통해 현금 환급이 없는 경우(60%의 확률) 지금 구입하고, 있는 경우(40%의 확률) 나중에 구입하는 결정을 내릴 것이다. 정보를 미리 확보하면 예상 값이 $0.6 \times 0 + 0.4 \times (1,000 - 500) = 200$달러로 증가한다. 현재 최고의 시나리오(지금 구매하기)가 0달러의 가치를 얻었으므로 추가 정보에 대해 150달러를 지불하는 것을 추천할 수 있다.

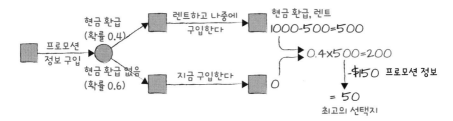

그림 6-2. 프로모션이 제공되는지 알려면 누군가에게 돈을 지불하는 것이 좋을까?

캐시백 가능성이 정확히 40%라는 것을 어떻게 알 수 있을까? 위에서 이야기한 고객은 이를 알 수 없다. 그러나 모델을 사용하는 것으로 불확실성을 포함한 추론에 도움을 줄 수 있다. 50% 확률로 모델을 재실행하고 결정이 변경되는지 확인할 수 있음이 그것이다.

IT 의사결정

생명에 지장을 주는 치명적인 알약, 프리미엄 맥주, 자동차 딜러의 프로모션 등 학습한 정보를 어떻게 IT 의사결정에 적용시킬 수 있을까? 많은 IT 의사결정, 특히 사이버 보안 위험 또는 시스템 중단과 관련된 의사결정은 유사한 특성이 나타날 수 있지만 심각한 단점이 존재한다. 따라서 가능성과 기준 확률에서 가능성을 분리하면 감정적인 판단을 제거하는 데 도움이 되고 보다 합리적인 결정을 내릴 수 있다. 여기서는 치명적인 시스템 장애에 대해 100만분의 1의 확률로 마이크로페일^{microfail} 개념을 정의하는 것이 도움이 될 수 있다.

IT 부문 의사결정의 전형적인 사례로 시스템 가동 시간을 들 수 있다. 단일 서버가 99.5%의 가용성을 달성할 수 있다고 가정해 보자. 즉 애플리케이션의 사용자들은 99.5%의 시간에 대해 사용이 보장된다. 이는 한 달을 평균 730시간으로 가정했을 때 시스템이 730/200 = 3.65시간 동안 정지될 수 있음을 의미한다. 끔찍할 정도는 아니지만 훌륭하다고 하기도 어렵다. 일반적으로 99.9% 정도가 양호한 가동 시간으로 간주되며 이 경우에 허용되는 가동 중단 시간은 한 달에 약 45분 미만이 된다. 그러나 일반적으로 이를 달성하려면 예비 하드웨어^{second set}가 필요하다. 즉 주^{primary} 서버에 장애가 발생했을 경우 두 번째 서버 세트가 동작해야 한다. 이로 인해 하드웨어 비용은 배가 되고 여기에 추가로 장애 조치 및 회복을 위한 장비가 필요할 수 있으며 경우에 따라 소프트웨어 라이선스 비용도 두 배가 될 것이다. 한 달에 3시간의 가동 중단 시간을 줄이고자 두 배의 비용을 지출해야 할까? 의사결정 분석을 위한 완벽한 사례가 아닐까!

결정 회피

모든 과학적 수단을 동원해 의사결정을 뒷받침한다고 했을 때 가장 좋은 의사결정은 무엇일까? 바로 사람이 의사결정을 할 필요가 없어지는 것이 아닐까! 마틴 파울러Martin Fowler는 아키텍트의 가장 중요한 작업 중 하나는 소프트웨어 디자인에서 돌이킬 수 없는 기능을 제거하는 것이라고 지적했다.[5] 이는 의사결정을 내릴 필요가 없거나 쉬운 변경을 가정한 디자인으로 빠르게 내릴 수 있게 해야 함을 뜻한다. 잘 설계된 소프트웨어 시스템은 병에서 약을 꺼내 복용하는 사례에서 다룬 만큼 한 번의 결정이 끝을 의미하지는 않는다.

---

5   Martin Fowler, "Who Needs an Architect?," IEEE Software, July/August 2003, https://oreil.ly/djeuH

7

모든 것에 대해 질문하기

질문하지 않는 사람은 바보로 남는다(Wer Nicht Fragt, Bleibt Dumm!)

아키텍트에 관한 불가사의

총괄 아키텍트가 보통의 아키텍트보다 모든 것에 대해 더 잘 알고 있으리라고 생각하는 것은 오해에 가깝다. 이러한 인식은 실제와는 거리가 멀다. 따라서 나는 종종 질문에 대한 올바른 해답을 알고 있는 사람으로 자신을 소개하곤 한다. 영화 〈매트릭스〉의 사례를 한 번 더 가져와 보자. 수석 아키텍트를 찾는 것은 매트릭스의 오라클을 찾아가는 것과 비슷하다. 직접 정답을 얻지는 못하겠지만 듣고자 하는 내용에 대한 힌트를 얻을 수 있다.

다섯 가지 이유

이렇게 질문을 던지는 것은 전혀 새로운 기법이 아니며 도요타^{Toyota} 생산 시스템(https://oreil.ly/h_aFt)의 일환으로 도요다 사키치$^{Sakichi\ Toyoda}$가 고안한 '다섯 가지 이유' 접근 방식을 통해 널리 보급돼 있다. 이는 문제가 발생한 이유를 반복적으로 물어 문제의 근본 원인에 도착하는 기술이다. 만약 이 글을 읽고 있을 독자의 자동차에 시동이 걸리지 않는다면 이유는 '배터리가 방전됐기 때문이고 방전의 이유는 경고등이 켜져 있기 때문이며 이때 경고음이 들리지 않았던 이유는 전자 장치의 문제 때문이며…'와 같이 시동이 걸리지 않는 이유를 알고자 '왜'를 계속해서 풀어 가야 한다. 이 경우 다시 같은 현상이 발생하지 않도록 배터리 점프를 시도하기 전에 먼저 전자 장치를 수리해야 할 것이다.

일본어로 이는 나제나제 분석^{なぜなぜ分析}이라고도 불리며 이는 대략 '왜-왜-분석'으로 해석할 수 있다. 따라서 '다섯 가지 이유'를 너무 일찍 포기하지 않기 위한 지침으로 생각할 수 있다. 위의 문제를 접한 운전자가 질문을 통해 근본 원인을 파악할 수 있다면 다른 지름길을 찾기보다 긍정적인 효과를 가져올 것이다.

이 방식은 잘 사용하면 유용하지만 개개인이 답변에 자신의 선호하는 해결책이나 가정을 주입하는 유혹이 수반되기 때문에 주의가 필요하다. 나는 이러한 근본 원인 분석을 수행하는 담당자들이 '모니터링이 충분히 되고 있지 않다', 다음으로 '우리는 예산이 충분하지 않다'라는 답변으로 일관하는 것을 봐 왔다. 앞의 자동차 예제라면 대답은 '차가 노후됐기 때문이다'가 될 것이다. 이는 이미 근본 원인 분석이 아니라 기회주의, 또는 변명주의excuse-ism라고 할 수 있겠다. 변명주의는 신조어 영어사전인 '어번 딕셔너리Urban Dictionary'(https://oreil.ly/CVz6U)에는 포함돼 있으나 『메리엄-웹스터Merriam-Webster』와 같은 일반적인 영영사전에는 등재되지 않았다.

또한 반복적인 질문은 사람들을 귀찮게 또는 짜증나게 할 수 있으므로 도요타 생산 시스템에 대해 먼저 공유하고 이 기법이 널리 채택된 유용한 기술이며 단지 어렵기만 한 것이 아님을 강조하는 것이 좋다. 또한 상대방에게 그들의 업무 또는 역량에 초점을 맞추는 것이 아니라 잠재된 인식의 차이를 발견할 수 있도록 시스템과 문제를 자세히 이해해야 함을 상기시키는 것 또한 도움이 된다.

의사결정 내용과 함께 가정을 밝혀야 하는 이유

아키텍처 리뷰를 수행할 때 '왜'라고 묻는 것은 의사결정(8장)과 결정을 이끌어 낸 가정 및 원칙에 주의를 집중시킬 수 있기 때문에 유용하다. 결과가 '하늘에서 떨어졌다'는 식으로 이야기하는 것은 '신이 주신 결과'로 생각되거나 다른 의미로 전지전능한 창조자, 수석 아키텍트가 모든 것을 결정하는 것으로 생각될 수 있다. 따라서 결정을 내릴 때 전제가 된 가정을 밝히는 것은 통찰력을 제공하고 현실적인 아키텍처 리뷰의 가치를 높일 수 있다. 아키텍처 리뷰는 결과를 검증할 뿐 아니라 그 이면에 존재하는 다양한 결정 사항과 생각에 대해서도 확인한다. 이를 보다 확실히 하려면 리뷰를 위해 아키텍처를 제출하는 모든 팀에 대해 아키텍처 결정 사항 기록architecture decision record[1]을 요청해야 한다.

가정이 세워진 이후에 환경이 바뀐 경우 그 사이 명시되지 않은 가정은 다양한 문제의 근원이 될 수 있다. 예를 들어 일부 전통적인 IT 공급 업체들은 몇 줄의 코드와 함께 소프트웨어 개발 툴체인으로 대체 가능한 정교한 UIUser Interface를 제공하는 구성 툴graphical configuration tool을 작성하곤 한다. 그들의 결정은 기본적으로 코드 작성에 시간이 걸리고 오류가 발생하기 쉽다는 가정에 기반을 두고 있으며 이는 코드에 대한 두려움(11장)을 극복하고 나면 더 이상 호응하기 어려워진다. 조직의 행동 양식을 바꾸려면 먼저 오래된 가정을 찾아내고 이를 극복해야 한다(26장).

매트릭스로 돌아와서, 오라클의 설명에 따르면 '넌 선택하러 온 게 아니야. 선택은 이미 했지. 다음은 선택한 이유를 알아야 해'라고 하는데 이를 숙지한다면 극적이면서도 적절한 아키텍처 리뷰를 시작할 수 있을 것이다.

모든 질문에 대한 워크숍

거대한 조직에서 질문을 시작할 때 예상되는 대표적인 위험으로 사람들이 종종 질문 내용을 이해하지 못하거나 표현을 제대로 못하거나 대답을 하지 않으려는 사실에 있다. 이에 대한 대안으로 긴 시간에 걸친 회의를 생각할 수 있다. 이러한 회의는 흔히 워크숍이라는 이름으로 불리며 답변을 공유하고 문서화하기 위한 목적으로 수행된다. 그러나 실제로는

---

1   Michael Nygard, "Documenting Architecture Decisions," Relevance, Nov. 15, 2011, https://oreil. ly/1sniB. 15, 2011, https://oreil.ly/1sniB.

워크숍에서 답을 낼 수 없는 경우가 많기 때문에 일반적으로는 스스로가 해답에 대해 더 생각해야 한다. 또한 팀은 원치 않는 질문이 많이 들어오는 것에 대한 방어 수단으로써 외부의 지원을 받기도 한다.

 전통적인 조직 체계에서의 질문은 통찰력이 아니라 의사결정을 위한 룰의 부재를 은폐하기 위한 방어책으로 사용될 수 있다.

곧 캘린더는 워크숍 초대장으로 가득 찰 것이다. 이로 인해 중요한 회의에 참석할 수 없게 되고 팀의 작업 진행 속도가 느려졌다고 비난할지도 모른다. 이러한 팀의 주장은 거짓이라고 하기는 어렵다. 이러한 조직적인 행동은 변화에 저항하는 시스템(10장)의 예로 볼 수 있다.

만일 목표가 아키텍처 제안서를 검토하는 것만이 아니라 조직의 행동에도 변화를 주고자 하는 것이라면 이러한 문제를 해결하고 시스템을 변경해야 한다. 예를 들어 조직의 투명성을 높이고자 아키텍처 문서에 대한 기대치를 재정의함으로써 경영진의 동의를 얻을 수 있다. 만약 회의를 앞두고 조건을 만족시키는 문서가 공유되지 않았다면 워크숍을 취소해야 한다. 또한 팀이 이러한 문서를 작성할 수 없는 경우는 프로젝트별로 이 작업을 수행하는 아키텍트에게 요청하는 것도 방법이 될 수 있다. 워크숍은 구체적인 질문 목록을 조정하거나 확정할 때 더욱 효과적이다. 덧붙여서 시간을 반으로 줄이면 집중하기 용이할 것이다.

아키텍처 문서 워크숍을 실행하고 은행 강도(24장)를 스케치한다면 이후 참조할 수 있는 소중한 시스템 문서 세트를 얻을 수 있다는 장점이 있다. 이 작업에는 훌륭한 글쓰기 기술(18장)과 함께 적절한 멤버의 할당이 필요하다. 아키텍트 엘리베이터(1장)를 위층으로 이동시키고 그곳에서 문서화된 시스템 아키텍처의 가치를 명확하게 표현해야 한다. 예를 들어 이러한 문서를 사용하면 직원의 채용을 가속화시키고 아키텍처의 불일치를 드러내며 합리적이면서 사실에 기반한 의사결정을 내릴 수 있으며, 이를 통해 균형 잡힌 IT 환경으로의 진화를 도울 수 있다. 하향식top-down 형태의 조직에서는 각 항목이 아래로 흘러 내려올 수 있다고 가정하고 맨 위에서부터 시작하도록 배치해야 한다.

프리패스는 없다

때때로 아키텍처 검토를 받는 팀은 자신이 한 일에 대해 '참 잘했어요' 도장을 받고 싶어하며 아키텍트의 질문에 대해서는 전혀 관심이 없을 수 있다. 이들은 때로는 마지막까지 의도적으로 시간을 끌고 난 뒤 '왜'라는 질문에 대해 '이제 시간이 없다'라는 답변으로 일관하기도 한다. 이 경우 나는 '당신은 이번 리뷰를 피할 수는 있겠지만 프리패스를 얻을 수 있는 건 아니다'라는 확실한 원칙을 갖고 있다. 또한 경영진이 아키텍처 리뷰가 필요치 않다고 결정한다면 시범 사례로서 개최하기보다는 리뷰를 완전히 접는 것이 좋다.

나는 이러한 판단이 프로로서의 명성에 부합할 수 있다고 여긴다. 거칠지만 공정하게 거룩한 소를 사용해서 최고의 햄버거를 만드는 것이 좋다. 내 상사는 이를 좋은 방향으로 해석했다. 그녀는 아키텍트 팀이 관여하는 것을 긍정적으로 생각했는데 '우리는 무언가를 팔려고 존재하지 않으며 아무도 우리를 속일 수 없고, 또한 시간을 내어 충분히 잘 설명할 수 있기 때문이다.' 이러한 생각은 모든 아키텍트 팀에게 좋은 참고가 될 것이다.

7장의 독일어 부제는 〈세서미 스트리트^{Sesame Street}〉 독일어 버전의 타이틀 곡에서 가져온 것이다. 이 곡은 'Wieso, weshalb, warum, wer nicht fragt, bleibt dumm!', 이는 '왜? 질문하지 않는 건 어리석은 짓이야!'라는 뜻이다. 어리석은 채로 머물러 있어서는 안 된다.

2부

아키텍처

아키텍처를 정의하는 것은 쉬운 일이 아니다. 실제로 아키텍트만큼이나 IT 아키텍처에 대한 정의도 다양하게 나타난다.

소프트웨어 아키텍처를 넘어서

대부분의 소프트웨어 아키텍처 정의는 시스템의 각 요소 및 컴포넌트와 상호 관계를 갖고 있다. 내가 보기에 이것은 아키텍처의 한 가지 측면만을 다루는 경향이 있다. 첫째, IT 아키텍처는 소프트웨어 아키텍처 그 이상이다. 모든 IT 인프라를 퍼블릭 클라우드로 가져가지 않는 한 네트워크, 데이터 센터, 컴퓨팅 인프라, 스토리지 등 다양한 요소들을 설계해야 한다. 여기에 추가로 배포 아키텍처, 데이터 아키텍처, 보안 아키텍처가 요구된다. 둘째, 중점을 두고 있는 '컴포넌트'를 정의하는 것 또한 아키텍처의 중요한 관점이 될 수 있다.

한 관리자는 모든 네트워크 컴포넌트가 거기 있음에도 다수의 네트워크 문제를 이해할 수 없다고 했다. 그의 이야기는 서버와 스위치에 연결된 이더넷 케이블과 같이 물리적인 장비 이야기로부터 시작된다. 그러나 네트워크 아키텍처의 복잡성은 주로 케이블이 아닌 가상 네트워크 분리, 라우팅, 주소 변환 등에서 나타난다. 이로 인해 이해 관계자들은 아키텍처의 서로 다른 부분을 보게 된다.

세 가지 아키텍처

아키텍처를 이야기할 때 사람들은 보통 완전히 다른 세 가지 개념을 언급 하곤 하는데 이들 모두는 IT와 연관돼 있지만 본질적으로는 다르다고 할 수 있다.

1. '마이크로 서비스 아키텍처'에서와 같이 시스템의 구조가 정의된 아키텍처
2. '아키텍처 위원회'에서 하는 것처럼 시스템의 구조를 정의하는 행위
3. '엔터프라이즈 아키텍처 구성'에 나타내는 아키텍처 정의에 관여 하는 팀

따라서 모든 시스템에는 아키텍처가 존재하지만 모든 조직에 아키텍처 가 존재하는 것은 아니며, 만약 그렇더라도 아키텍처 구성을 위한 활동 은 크게 이뤄지지 않고 있을 가능성이 높다.

이를 더 이해하기 쉽게 하고자 나는 아키텍처를 언급할 때 일반적으로 시스템의 속성을 함께 소개한다. 또한 조직 관점에서의 '아키텍트'를 이 야기하는데 이는 결국 인간에 기반한 이야기가 되곤 한다.

아키텍처는 항상 존재한다

시스템의 아키텍처를 이야기하고자 한다면 모든 시스템은 이를 갖는다 는 것도 소개하는 편이 좋다. 구조를 갖지 않는 조각 여러 개로는 아무것 도 만들어 낼 수 없을 것이다. 모든 것을 거대한 단일 시스템으로 모으는 것까지 아키텍처 의사결정에 포함된다. 이 사실을 깨닫게 되면 '우리는

아키텍처를 고민할 시간이 없다'라는 말은 의미를 갖기 힘들어진다. 이는 의식적으로 아키텍처를 선택할지 아니면 그대로 놔둘지의 문제일 뿐이다. 역사적으로 후자의 접근 방식은 샨티타운^{shantytown}이라고도 불리는 악명 높은 거대한 진흙 공[1] 아키텍처로 이어진다. 이 아키텍처에 따르면 중앙 계획이나 전문 기술 없이도 신속하게 구현할 수 있지만 주요 인프라에 대한 고려가 부족하고 훌륭한 생활 환경을 조성하기 어렵다. 운명론은 훌륭한 엔터프라이즈 아키텍처 전략이라고 하기 어렵기 때문에 스스로 아키텍처를 선택하는 것을 추천한다.

아키텍처의 가치

아키텍처는 항상 존재하므로 조직은 아키텍처 구성에 기대하는 바를 명확히 정의해야 한다. 아키텍처 팀을 구성하고도 역할을 제대로 하지 않는 경우, 예를 들어 아키텍처 결정을 경영진의 의사결정에 활용하는 등의 작업을 수행하지 않는다면 이는 일이 진흙 공으로 흘러들어 가게 두는 것보다 나쁘다고 할 수 있다. 아키텍처를 정의하는 척하지만 실제로는 그렇지 않은 경우가 그렇다. 설상가상으로 좋은 아키텍트는 아키텍처가 기업 엔터테인먼트의 한 형태로 치부된다면 더이상 머물고 싶어하지 않을 것이다. 따라서 아키텍처를 진지하게 고민하지 않는다면 이러한 아키텍트를 채용하거나 머물게 하기 어렵다.

IT 부문의 관리자들은 종종 아키텍처가 먼 미래에 좋은 영향을 가져올 장기적인 투자라고 믿는다. 시간이 지남에 따라 나타나는 관리형 시스템

---

1   Brian Foote and Joseph Yoder, 'Big Ball of Mud,' Laputan.org, Nov. 21, 2012, http://www.laputan.org/mud.

의 발전과 같이 일부 측면에서는 사실이지만, 개발 주기 후반에 고객 요구 사항을 수용할 수 있을 때 또는 공급 업체 협상에서 활용할 때와 같이 아키텍처는 단기적으로도 성과를 거둘 수 있다. 벤더 종속을 피하거나 시스템을 새로운 데이터센터 등으로 쉽게 마이그레이션^{migration}할 수 있기 때문이다. 좋은 아키텍처는 또한 컴포넌트의 동시 개발과 테스트를 가능하게 함으로써 팀의 생산성 향상에 기여할 수 있다. 일반적으로, 좋은 아키텍처는 유연성을 함께 제공한다. 요즘처럼 급변하는 세상에서 이것은 현명한 투자로 보인다.

원칙이 의사결정을 이끈다

아키텍처는 트레이드 오프를 수반한다. 최고의 단일 아키텍처는 존재하기 어렵다. 예를 들어 애플리케이션을 클라우드로 이동할 수 있는 옵션은 비용과 함께 복잡성을 증가시킬 수 있다. 따라서 아키텍트는 아키텍처 의사결정을 내릴 때 일의 맥락^{context}을 고려해야 한다. 이는 서로 트레이드 오프에 대한 균형을 맞추는 데 도움이 되기 때문이다.

또한 아키텍트는 개념적 무결성, 즉 시스템 설계 전반에 걸친 일관성을 지키려고 노력해야 한다. 이는 아키텍처 의사결정에 일관되게 적용 가능한 잘 정의된 아키텍처 원칙 세트를 활용하는 것으로 달성을 도울 수 있다. 아키텍처 전략 수립 단계에서 이러한 원칙을 도출하는 것으로 의사결정이 전략을 뒷받침할 수 있다.

수직 응집력

좋은 아키텍처는 시스템 전체에 대해 일관적일 뿐 아니라 소프트웨어와 하드웨어 스택의 모든 계층을 고려한다. 새로운 유형의 수평 확장형scale-out 컴퓨팅 하드웨어 또는 소프트웨어 정의 네트워크를 조사하는 것은 유용할 수 있지만 모든 애플리케이션 내에 하드 코딩된 IP 주소가 존재하는 모놀리스monolith 아키텍처에 따르고 있다면 지식을 활용하기 어려울 것이다. 따라서 아키텍트는 조직 전역에 걸쳐 엘리베이터(1장)를 타야 할 뿐만 아니라 기술 스택을 위아래로 이동해야 한다.

수직 응집력vertical cohesion은 기술에서 그치지 않으며 비즈니스 아키텍처도 함께 고려할 필요가 있다. 예를 들어 많은 IT 부문의 의사결정은 IT 단독으로 내릴 수 없기 때문에 사업 부문에서 제공하는 정보, 여기에 사업 구조와 맥락에 대한 이해가 필요하다.

현실 세계 설계하기

현실 세계는 아키텍처뿐 아니라 도시, 기업 조직, 정치 시스템 등으로 가득 차 있다. 현실 세계에서는 중앙 통치 체계의 부족, 결정을 뒤집기 어려운 문제, 엄청난 복잡성, 지속적인 진화, 느린 피드백 주기 등 거대한 조직이 직면한 것과 흡사한 많은 문제를 처리해야 한다. 그래서 아키텍트는 항상 자신이 접하는 아키텍처에서 배우고자 하는 열린 눈으로 세상을 바라봐야 한다.

기업 환경에서의 아키텍처

대규모 조직에서 아키텍처를 정의할 때 아키텍트는 통합 모델링 언어 UML, Unified Modeling Language 다이어그램을 그리는 방법 외에도 여러 가지를 알고 있어야 한다. 덧붙여서 다음을 수행할 수 있어야 한다.

8장. 이것은 아키텍처인가?

먼저 무엇이 아키텍처인지 구별하라.

9장. 아키텍처는 판매 옵션이다

비즈니스에 아키텍처 선택지를 팔 수 있다.

10장. 모든 시스템은 완벽하다

시스템안에서 사고함으로써 복잡성을 해결하라.

11장. 코드를 두려워하지 말 것

구성configuration이 코딩보다 낫지 않음을 알아야 한다.

12장. 아무도 죽이지 않는다면 좀비들 속에서 살게 될 것이다

좀비에게 뇌를 먹히고 싶지 않다면 좀비를 사냥하라.

13장. 인간에게 기계가 할 일을 시키지 말 것

모든 것을 자동화하고 나머지는 셀프 서비스로 제공하라.

14장. 소프트웨어가 세상을 삼키면 버전 관리의 중요성은 더 커진다

모든 것이 소프트웨어를 통해 정의될 것이므로 소프트웨어 개발자처럼 생각하라.

15장. A4 용지는 창의적 사고를 막지 않는다

플랫폼을 구축하고 창의성을 저해하지 않는 표준을 정하라.

16장. IT 세계는 평평하다

왜곡되지 않은 세계지도를 통해 IT 환경을 탐색하라.

17장. 커피 숍은 2단계 커밋을 사용하지 않는다

커피 숍의 긴 대기 줄에서 아키텍처에 대한 통찰력 얻어라.

8

이것은 아키텍처인가?

의사결정을 찾다!

이 집을 짓고자 아키텍트에게 비용을 지불할 것인가?

수석 아키텍트로서 나는 시스템 아키텍처를 검토하고 승인한다. 팀에게 그들의 아키텍처를 보여 달라고 부탁할 때 내가 받은 것들이 아키텍처 문서로는 생각되지 않는 경우가 많다. 거꾸로 아키텍처 문서에 '무엇을 기대하는가'에 대한 그들의 질문에 답하는 것은 쉽지 않은 일이다. 다양한 영역의 정의가 정립돼 있음에도 아키텍처가 무엇인지 또는 해당 문서가 실제로 아키텍처를 묘사하고 있는지의 여부는 명확하지 않은 경우가 많다. 미국 대법원의 판사들이 음란물 판단에 적용한 '보면 알 수 있다 테스트^{I know it when I see it test}'로 돌아가야 한다.[1] 다만, 아키텍처를 식별하는 것이 음란물을 식별하는 것보다 고귀한 작업이기를 바란다. 나는 모든 것에 적용할 수 있는 포괄적인 정의보다는 적용 가능한 특성 또는 테스트를 정의하기 위한 목록을 사용하는 것을 선호한다. 아키텍처 문서에 대해 내가 가장 좋아하는 테스트 중 하나는 각각의 결정 사항과 함께 그 근거가 포함돼 있는지의 여부다.

소프트웨어 아키텍처 정의하기

소프트웨어 아키텍처를 정의하려는 시도가 너무 많아지다 보니 SEI^{Software Engineering Institute}는 이러한 정의에 대한 참조 페이지(https://oreil.ly/48Opd)를 제공하고 관리하고 있다.

가장 널리 사용되는 것으로는 1995년에 발표된 갈랑^{Garlan}과 페리^{Perry}의 정의를 들 수 있다.

> 시스템 구성 요소의 구조, 상호 관계, 시간 경과에 따라 설계와 이들의 진화를 제어하는 원칙 및 지침

2000년도에 ANSI/IEEE Std 1471은 다음과 같은 정의를 채택(2007년에 ISO/IEC 42010으로 지정됨)한 바 있다.

> 구성 요소, 상호 및 환경과의 관계, 설계와 진화를 제어하는 원칙에 의해 구현된 시스템의 기본 조직

오픈 그룹^{Open Group}은 TOGAF를 변형시켜 이를 채택했다.

---

1   Wikipedia, 'Jacobellis v. Ohio,' Sept. 7, 2019, https://oreil.ly/EwvpU.

구성 요소의 구조, 상호 관계, 시간 경과에 따른 설계 및 진화를 관리하는 원칙
및 지침

내가 가장 좋아하는 선택지 중 하나는 데스몬드 드 수자Desmond D'Souza와
앨런 카메론Alan Cameron의 촉매 방법론Catalysis method[2]에 관한 책이다.

소프트웨어 구현자(implementors)와 유지 보수자(maintainers)가 불필요한
창의성을 발휘하지 못하도록 하는 시스템에 대한 일련의 설계안을 담고 있다.

여기서 중요한 점은 아키텍처가 모든 창의적인 접근을 억압하는 것이 아
니라 불필요한 창의력을 약화시켜야 한다는 것이다. 또한 의사결정(6장)
의 중요성을 강조한다.

아키텍처 의사결정

이러한 세심한 정의는 작업하기가 녹록치 않다. 만약 누군가가 '이것은
내 시스템 아키텍처다'라고 말하면서 많은 상자와 선(23장)으로 이뤄진
파워포인트 슬라이드를 보여 준다면 그때 나는 첫 번째 테스트로서 문서
에 의미 있는 결정이 포함돼 있는지 여부를 확인한다. 결론을 내릴 필요
가 없다면 왜 아키텍트를 고용하고 아키텍처 문서를 준비할까?

간단한 예제를 사용해 사물의 본질을 설명하는 마틴 파울러의 기술은 내
가 생각할 수 있는 가장 간단한 예제로 '아키텍처 의사결정 테스트'를 묘
사할 수 있도록 동기를 부여했다.

---

2   Desmond F. D'Souza and Alan Cameron Wills, Objects, Components, and Frameworks with UML:
    The Catalysis Approach (Boston: Addison-Wesley Professional, 1998.

다음 그림 8-1의 왼쪽에 위치한 집 그림에 대해 생각해 보자. 여기에는 시스템 아키텍처의 일반적인 정의에 필요한 다양한 요소를 나타내고 있다. 시스템의 주요 구성 요소(문, 창문, 지붕)와 상호 관계(벽의 문과 창문, 상단의 지붕)를 볼 수 있다. 우리가 가진 건축 분야의 디자인 원칙에 대한 지식이 비록 얕더라도 이 그림이 보편적인 건축 철학을 따르며 땅에 닿아 있는 문 하나와 여러 개의 창으로 구성돼 있음을 알 수 있다.

그림 8-1. 이 아키텍처인가?

하지만 이런 집을 짓고자 건축가에게 돈을 지불하고 싶지는 않을 것이다. 이 집은 쿠키 커터cookie-cutter[3]와 다를 바 없는 찍어 낸 건물에 가까워서 여기에 아키텍트의 의사결정은 볼 수 없다. 따라서 이 아키텍처는 고려 대상에 넣지 않을 것이다.

이를 그림의 오른쪽에 위치한 스케치와 비교해 보자. 이 스케치 또한 간단하며 지붕을 제외하고는 거의 차이점을 찾기 어렵다. 이 집은 가파른 지붕을 갖고 있는데 이는 그럴 만한 이유가 있다. 이 지붕은 겨울이 매우 춥고 폭설이 내리는 기후를 위해 설계됐다. 눈은 매우 무거워 때로는 집

---

3   쿠키를 구울 때 쓰는 틀 – 옮긴이

의 지붕에 큰 부하를 줄 수 있다. 가파른 지붕은 중력이라는 매우 저렴하면서도 널리 사용할 수 있는 자원인 눈이 미끄러져 내려 쉽게 제거할 수 있다. 또한 이 집의 처마는 미끄러져 내려온 눈이 창문 바로 앞에 쌓이는 것을 방지할 것이다.

의사결정이 이뤄지고 이를 문서화시켰으므로 내게 이 스케치는 아키텍처를 의미한다. 이러한 의사결정은 시스템의 맥락에 의해 움직인다. 이 경우에는 기후가 그것인데 고객이 강설로 인해 지붕이 부서지지 않도록 명시적으로 언급할 가능성은 크지 않다. 또한 문서에서는 위의 맥락과 연관된 의사결정을 강조하고 불필요한 노이즈를 생략한다.

이러한 아키텍처 의사결정이 매우 명확하다고 생각한다면 그림 8-2의 다른 형태의 집도 살펴보자.

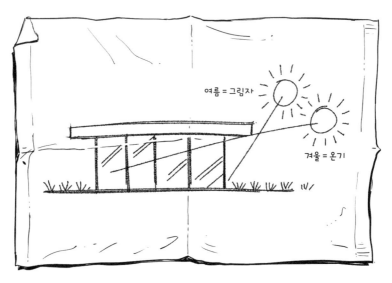

그림 8-2. 냅킨 위의 멋진 아키텍처

그림 8-2에서 보이는 집은 그림 8-1의 집과는 매우 다른데 벽이 유리로 만들어져 있다. 유리벽은 멋진 전망을 제공하면서도 햇빛에 건물이 쉽게 데워지는 문제가 있어 주거지라기보다는 온실처럼 느껴진다. 해결책은 무엇일까? 유리벽 너머까지 지붕을 확장하면 특히 태양이 높은 여름에 실내에 그늘이 드리울 것이다. 겨울에는 태양이 지평선에 가깝게 위치할 때 태양이 창문을 통해 도달해 건물 내부를 따뜻하게 할 것이다. 다시 한번 강조하자면 아키텍처는 결정의 본질과 함께 그 이면의 근거를 강조하는 이해하기 쉬운 형식으로 문서화된 상당히 간단하지만 근본적인 문제를 해결하기 위한 의사결정을 통해 정의된다.

근본적인 의사결정이 복잡할 필요는 없다

그림 8-2에서 살펴본 집과 같이 돌출된 지붕이 그다지 독창적이거나 인상적으로 다가오지 않는다면, 예를 들어 건축가 피에르 코니히[Pierre Koenig]가 설계한 로스앤젤레스에 있는 케이스 스터디 하우스[Case Study House] No.22와 같이 디자인이 특징인 집을 찾아보자. 이러한 집들은 로스앤젤레스 또는 외곽 지역의 주거용 건물(줄리어스 슐먼[Julius Shulman]의 사진을 참고하자)에서 쉽게 찾을 수 있으나 판매용은 아니다. 하지만 미리 신청하면 둘러보는 것은 가능하다. 중요한 아키텍처 의사결정은 돌이켜보면 명백한 것으로 보일 수 있으나 그렇다고 그 가치가 감소하는 것은 아니다. 어디든 완벽한 것은 없다. 이 건축물에서 UCLA 박사 과정의 학생들은 조사를 통해 지붕의 돌출부가 서쪽 또는 동쪽보다 남향 정면에서 더 잘 작동함을 확인했다.[4]

---

4   P. La Roche, 'The Case Study House Program in Los Angeles: A Case for Sustainability,' in Proc. of Con-ference on Passive and Low Energy Architecture (2002).

목적에 맞추기

앞에서 다룬 심플한 집 예제는 아키텍처의 또 다른 중요 속성을 강조한다. 아키텍처가 단순히 '좋음' 또는 '나쁨'으로 판단할 수 있는 경우는 드물다. 그보다는 오히려 아키텍처가 목적에 적합하거나 부적합하다로 판단하는 것이 바람직하다. 앞에서 살펴본 유리벽과 평평한 지붕을 가진 집은 훌륭한 건축물로 여겨질 수 있지만, 아마도 몇 번의 겨울을 거치면서 지붕이 무너지거나 누수되기 쉬운 스위스 알프스에서는 그렇지 않을 것임을 상상해 볼 수 있다. 또한 태양의 위치가 1년 내내 비교적 일정하게 유지되는 적도 근처에서는 별 효과가 없을 것이다. 이 지역에서는 두꺼운 벽과 함께 작은 창문 및 많은 에어컨을 사용하는 것이 바람직한 의사결정일 것이다.

의사결정의 맥락을 평가하고 제안된 설계에서 암시적인 제약, 또는 가정을 식별하는 것은 아키텍트의 주요 책무다. 아키텍트는 일반적으로 비기능적 요구 사항nonfunctional requirements을 다루는 사람들로 설명할 수 있다. 나는 숨겨진 가정을 비요구 사항nonrequirements, 즉 명시적으로 언급되지 않은 요구 사항(1부)이라고 부른다.

> 아키텍처는 좋거나 나쁜 것이 아니라 목적에 적합하거나 부적합한 것으로 판단한다.

심지어 무시무시하고 거대한 진흙 공(http://www.laputan.org/mud)조차 '목적에 적합'할 수 있다. 예를 들어 모든 자원을 투입해 기한을 지켜야 하고 나중에 어떤 일이 일어날지에 대해서는 별로 신경 쓰지 않을 때가 그렇다. 이것은 당신이 바라는 일의 맥락은 아닐 수 있지만 일부 지역의 주택이 지진에 대비해야 하는 것처럼 일부 아키텍처는 이러한 매니지먼트 의사결정에 대비해야 한다.

테스트 통과하기

과도하게 사용되고 있는 건물 아키텍처 유형을 한 번 더 잡아당겨서 소프트웨어 시스템 아키텍처로 변환하려면 어떻게 해야 할까? 이 경우에도 시스템 아키텍처가 복잡할 필요는 없다. 그러나 문서화돼 있어야 하며 명확한 이유에 근거한 중요한 의사결정을 포함하고 있어야 한다. '중요한'이라는 단어는 해석하기에 따라 차이가 발생할 수 있으며 이는 조직의 지적 수준에 따라 달라질 수 있다. 하지만 확실한 것은 '프론트엔드와 백엔드 코드를 분리한다' 또는 '모니터링을 이용한다'와 연결돼 '문이 땅에 닿아 사람들이 걸어서 들어갈 수 있도록 한다' 또는 '빛이 들어올 수 있도록 벽에 창문을 설치한다' 같은 고리를 가진다는 것이다.

이번에는 아키텍처를 논의할 때 자주 등장하는 명확하지 않은 사항을 이야기해 보겠다. 예를 들면 다음과 같다. '서비스 계층을 사용하는 이유는 무엇인가?'(물론 일부 사람들은 명확하게 파악하고 있을 것이다) 또는 '멀티 클라우드 환경에 애플리케이션을 분산시키는 이유는 무엇인가?' 좋은 테스트는 선택된 옵션에도 단점이 존재하는 경우를 뜻한다. 즉 단점이 없는 의사결정은 의미 없는 것이 되기 쉽다.

> 모든 의미 있는 의사결정은 단점이 있다.

이 비교적 간단한 테스트를 통과하지 못하는 아키텍처 문서가 얼마나 많은지 알게 되면 놀랄 것이다. 8장에서 언급한 집 스케치 세트가 피드백을 제공하고 아키텍트로 하여금 설계와 의사결정을 더 잘 문서화하도록 동기를 부여하는 간단하면서도 위협적이지 않은 방법으로써 활용되기를 바란다.

9

아키텍처는 판매 옵션이다

불확실한 시기에는 판매 옵션을 제공하는 편이 좋다

옵션을 붙여 판매하기

나는 때때로 아키텍처의 가치에 대해 호기심 섞인 질문을 받거나 (반갑게도) 도전적인 질문을 받곤 한다. 안타깝게도 나는 이런 무해해 보이는 질문에 대해 기술 백그라운드가 부족한 청중에게 간결하면서도 설득력 있는 방식으로 대답하는 것이 얼마나 어려운지 깨달았다. 따라서 이 질문에 적절한 대답을 하는 것이 모든 선임 아키텍트에게 가치 있는 기술이라고 생각한다.

예전에 한 동료가 아키텍트의 핵심 성과 지표(KPI, Key Performance Indicator)가 의사결정을 위한 숫자여야 한다고 제안한 적이 있다. 물론 의사결정은 아키텍처를 수립하는 데 결정적인 요소이지만 많은 의사결정을 내리는 것이 아키텍트의 책무를 다하기 위한 포인트는 아니라는 생각이 들었다.

그들이 내리는 의사결정의 숫자에 따라 아키텍트의 기여도를 측정하는 것은 코드의 라인 수로부터 개발자의 생산성을 측정하고자 하는 것을 상기시킨다. 나쁜 개발자는 중복을 포함한 장황한 코드를 작성하는 경향이 있는 반면, 좋은 개발자는 복잡한 문제에 대해 짧고 우아한 해결책을 찾는 경향이 있기 때문에 이 측정 항목은 나쁜 사례로 널리 알려져 있다. 나는 약간의 숙고를 거쳐 의사결정을 포괄하는 개념이면서 전혀 다른 관점에서 바라본 마틴 파울러의 인기 있는 기사 중 하나를 기억해 냈다.

되돌릴 수 없는 의사결정

소프트웨어 아키텍처에 대한 많은 기존 정의에는 결정을 뒤집기 힘들게 만드는 (또는 비용을 증가시키는) 개념이 포함된다. 이상적이긴 하지만 이러한 결정은 프로젝트에 지침을 제공하고, 코드의 작성 없이 요구 사항을 수집하는 단계에서 위험한 상태인 '분석 마비'를 방지하고자 프로젝트 초기에 내려져야 한다. 하지만 초기에 중요한 결정을 내리는 데는 다음과 같은 큰 도전이 따른다. 프로젝트의 시작은 사용되는 기술뿐만 아니라 프로젝트 자체에 대한 정보가 숙지되기 전인 만큼 가장 무지한 시기라고 할 수 있다. 따라서 아키텍트는 일반적으로 자신의 과거 경험을 추상화하고 활용해 이러한 결정을 올바르게 내릴 수 있는 능력이 요구된다. 그러나 프로젝트 비용과 일정 초과를 흔히 경험할 수 있다는 점에서 프로젝트 초기에 시스템 구조를 결정하는 것이 모든 것을 알고 있는 아키텍트(2장)에게도 어렵다는 힌트를 준다.

마틴 파울러는 얼마 전 실제로는 그 반대의 경우가 가까움을 이야기했다. '아키텍트의 가장 중요한 작업 중 하나는 소프트웨어 설계에서 되돌릴 수 없는 포인트를 제거하는 것이다.'[1] 따라서 모든 중요한 결정을 한 사람에게 맡기기보다는 초기부터 되돌릴 수 없는 결정의 수를 최소화함으로써 더 나은 프로젝트로 나아갈 수 있다. 예를 들어 변경할 수 있는 설계 또는 모듈식 설계를 선택하면 이후에 변경 범위를 국지화시킬 수 있어 사전에 결정해야 할 범위를 최소화할 수 있다. 자, 이제 모듈식 설계를 수행하는 것이 선행해야 할 2단계 결정이라고 가정해 보자. 이후에 이 지점으로 다시 돌아올 것이다.

미리 결정을 내리고자 하는 바람은 때때로 기술적 요구가 아닌 프로젝트의 주변 환경과 프로세스에 의해 좌우된다. 예를 들어 시간이 많이 걸리는 예산 승인 및 조달 프로세스는 개발을 시작하기 훨씬 전에 제품을 선택해야 할지도 모른다. 마찬가지로 엔터프라이즈 소프트웨어 및 하드웨어 공급 업체는 거래를 확정하고자 빠르게 제품 선정을 추진하는 경향을 보인다. 처음부터 그들이 제공하는 도구를 선택한다는 가정하에 그들은 고급 프로그래머의 필요성을 최소화하거나 없애는 등 IT 매니지먼트에 있어 놀라운 결과를 약속할 것이다.

조직에 있어 의사결정을 내리지 않는 아키텍트를 선호할 경우 이를 어떻게 고위 경영진에게 설득력 있게 표현할 수 있을까?

---

1   Fowler, 'Who Needs an Architect?'

옵션을 통해 결정을 미루기

아키텍트가 비즈니스 개념과 함께 어휘를 활용한다면 고위 경영진과의 의사소통이 보다 쉬워진다. 또한 이 과정에서 IT를 새로운 방식으로 바라보는 데 도움이 되는 비즈니스 개념을 발견할 수도 있다. 금융 서비스는 여기에 옵션을 제공할 것이다.

의사결정은 금융 서비스, 특히 주식 거래에 있어 일반적인 활동이라고 할 수 있다. 회사의 주식을 매입해 미래의 수익을 기대하고 싶다면 지금 현금을 준비해야 한다. 미래 가격은 알 수 없지만 이는 새 차를 사는 것과 비슷하다(6장). 지금 미래로 시간 여행을 떠나 1년 후의 주가를 볼 수 있고 현재 가격으로 주식을 살 수 있다면 쉽게 결정을 내릴 수 있을 것이다. 시간 여행은 아직 불가능하지만 앞의 예시는 매개 변수를 수정하는 동안 결정을 연기할 수 있다는 것의 가치를 보여 준다. 결정을 내려야 할 때가 되면 더 많은 것을 알게 되고 따라서 더 나은 결정을 내릴 수 있음을 직관적으로 알 수 있을 것이다.

 나는 전날 밤에 날씨와 눈 상태가 좋은지 확인하고 다음 날 스키 패스를 구입한다. 결정을 연기할 수 있는 가치를 택하고 사전 구매 할인을 포기한 것이다.

금융 서비스에서 시간 여행에 가장 유사한 개념은 옵션이라고 할 수 있다. 옵션은 '미래에 고정된 매개 변수로 금융 거래를 실행할 권리(의무는 아님)'로 정의할 수 있다. 다음의 예를 통해 설명해 보겠다.

> 1년 내에 100달러(이를 행사 가격이라고 한다)에 주식을 매수할 수 있는 옵션을 획득할 수 있다(유럽 옵션을 가정한 경우). 1년이 지나면 이 옵션을 실행할지 여부를 결정해야 한다. 주가가 100달러 이상으로 거래되고 있다면 100달러에 주식을 매수하고 옵션을 행사하는 것으로 즉시 수익을 올릴 수 있다. 1년 후의 실제 주가가 100달러 미만인 경우 옵션이 만료되고 100달러에 구매할 권리

를 사용하지 않음을 뜻한다. 동시에 이것이 옵션 매수가 잘못된 결정(6장 참조)이라는 것을 뜻하지는 않는다.

옵션을 사용하면 결정을 연기할 수 있다. 오늘 주식을 매수 또는 매도하기로 결정하는 대신에 옵션을 매수하면 미래에 결정을 내릴 수 있는 권리를 획득할 수 있다.[2]

좋은 IT 아키텍처 또한 옵션을 제공할 수 있다. 예를 들어 자바^{Java}와 같이 비교적 환경에 종속되지 않고 널리 지원되는 언어로 코딩한다면 여러 운영체제에서 해당 소프트웨어를 실행할 수 있는 옵션을 제공하고 결정을 나중으로 연기할 수 있다. 다행히도 이들 언어가 앞으로도 여러 플랫폼에서 지원되는 한 옵션은 만료되지 않을 것이다.

옵션은 가치를 갖는다

금융업계 또한 결정을 연기하는 것이 가치가 있다는 것을 잘 알고 있기 때문에 다음 식에서 보이듯이 옵션은 가격 C를 갖는다. 또한 옵션과 함께 기타 파생 상품을 사고파는 전체 시장이 존재한다. 2명의 스마트한 신사들, 피셔 블랙^{Fischer Black}과 미론 숄츠^{Myron Scholes}는 블랙–숄즈^{Black-Scholes} 방정식[3]으로 알려진 공식을 이용해 옵션의 가치를 계산해 노벨상을 수상했다.

---

2 주식에 대한 매도 옵션, 이른바 풋 옵션(put option)을 사용할 수도 있다. 이는 일반적으로 주가가 큰 폭으로 하락하는 리스크를 헤지(hedge)하고자 사용되며 궁극적으로는 투자에 대한 보험처럼 작동한다.

3 Wikipedia, 'Black–Scholes Model', https://oreil.ly/2Zcml.

$$C(S, t) = N(d_1)S - N(d_2)Ke^{-r(T-t)}$$

$$d_1 = \frac{1}{\sigma\sqrt{T-t}}\left[\ln\left(\frac{S}{K}\right) + \left(r + \frac{\sigma^2}{2}\right)(T-t)\right]$$

$$d_2 = d_1 - \sigma\sqrt{T-t}$$

공식 안에서 여러 가지 일이 일어나고 있지만 이 중에서도 몇몇 주요 매개 변수가 가격에 어떤 영향을 미치는지 확인할 수 있다. 예를 들어 행사가 (K)가 높으면 옵션의 가치는 낮아진다. 옵션이 아직 유효하다면 ($T = t$) 옵션 가격은 현재 가격 (S)에서 행사 가격 (K)을 뺀 값이 된다.

따라서 옵션이 가치가 있다는 것을 수학적 증거를 통해 이해할 수 있을 것이다. 아키텍트가 옵션을 판매하는 것은 다른 말로 가치를 갖다준다는 뜻이다!

아키텍처 옵션: 탄력성

다행히도 IT 아키텍트에게 복잡한 공식이나 노벨상이 요구되지는 않는다. 여러분이 해야 할 일은 결정을 연기하도록 시스템을 설계하는 것에 있다. 미래에 실행할 수 있는 옵션을 제공함으로써 이를 달성할 수 있을 것이다.

전형적인 예로서 서버 용량 산정sizing을 들 수 있다. 기존의 IT 팀은 애플리케이션을 배포하기 전에 이들을 실행하는 데 필요한 하드웨어의 규모를 계산하고자 장기간에 걸쳐 용량 산정을 했다. 안타깝게도 인프라 영역의 용량 산정은 다음의 가능한 두 가지 결과 중 하나를 갖다줄 것이다. 너무 크거나 또는 너무 작아서 비용 낭비와 애플리케이션의 성능 저하를 초래한다. 이 경우에도 역시 결정을 미루는 것은 큰 기회가 될 것이다!

아키텍트가 만들어 내는 옵션은 수평 확장이 될 것이며 이를 통해 이후에 컴퓨팅 리소스를 추가하거나 뺄 수 있게 된다. 분명 이 옵션에는 가치가 있다. 이를 통해 인프라 영역에서는 애플리케이션의 실제 요구 사항에 따라 크기를 조정할 수 있으며 필요에 따라 확장(또는 축소)할 수 있다. 또한 시스템을 확장할 수 있도록 설계해야 하며 이때 옵션은 무료가 아니다. 예를 들어 애플리케이션 구성 요소를 상태 비저장^{stateless}으로 만들거나 분산 데이터베이스를 사용해야 한다.

일반적으로 복잡성이 증가하는 옵션에 대해서는 비용이 발생한다. 복잡성이 시스템 배포^{delivery} 속도를 늦추는 주요 요인 중 하나라는 점을 감안한다면 지불해야 할 비용은 적지 않음을 알 수 있다. 또한 애플리케이션의 확장 기능의 이점을 극대화시키려면 탄력적인 클라우드 플랫폼에 애플리케이션을 배포해야 하는데 이 경우 특정 공급 업체에 종속될 수 있다. 따라서 사실상 한 옵션을 선택하고 다른 옵션을 포기함으로써 비용을 지불하고 있다고 할 수 있다.

 아키텍처 옵션은 거의 무료라고 할 수 있다. 예를 들어 복잡성이 증가하거나 다른 옵션을 잃게 되는 것에 대한 비용을 지불하는 경우가 있을 수 있다.

금융 옵션과 마찬가지로 아키텍처 옵션을 사용하면 원하는 결과가 실현되지 않을 경우에 피해를 제한하고자 대비책^{hedge}을 마련할 수 있다. 예를 들어 공급 업체에 특화된 인터페이스에 대해 추상화를 제공하는 것으로 해당 공급 업체가 라이선스 비용을 인상하거나 사업을 중단하는 것을 방지할 수 있다.

행사 가격

이제 아키텍트가 할 일은 옵션의 구조와 함께 가격을 설명하는 판매 옵션을 제공하는 것이다. 먼저 누가 이 옵션을 살 것인지 결정해야 한다. 앞에서 언급한 것처럼 애플리케이션을 수평 확장하거나 계층을 추가하는 활동은 무료가 아니며 따라서 좋은 아키텍처 사례라고 하더라도 이 옵션이 실제로 필요한지를 조사해야 한다.

금융계는 행사 가격이 다른 복수의 옵션을 판매하는데 이는 향후 옵션을 행사할 때 주당 지불해야 할 가격이 된다. 행사가가 낮은 옵션이 더 높은 가격을 요구한다(블랙-숄즈 방정식에 반영된다). 향후 옵션을 실행할 가격이 낮을수록 잠재 이익은 높아진다. 행사 가격이 오늘의 가격보다 높더라도 옵션은 여전히 가치가 있다는 점에 유의하는 것이 좋다. 미래에 가격이 상승할 여지가 있기 때문이다.

이러한 효과는 이전부터 있어 왔던 IT의 사례로 바꿔서 생각할 수 있다. 자동 확장을 고려한 클라우드 환경으로 마이그레이션^{migration}하면 완전 자동화 덕분에 수평 확장에 대한 행사 가격을 거의 0에 가깝게 낮출 수 있을 것이다. 그러나 이러한 행사 가격 인하는 무료가 아니다. 특정 클라우드 공급 업체의 API, 액세스 제어, 계정 설정과 함께 인스턴스 유형에 따라 비용을 지불할 가능성이 높다. 따라서 공급 업체를 전환하는 것에 대한 행사 가격이 높아짐을 예상할 수 있다.

클라우드 제공 업체 전환에 대한 행사 가격을 낮추기 위한 대책으로 버튼 클릭만으로 애플리케이션을 클라우드 제공 업체로 이동할 수 있는 추상화 계층을 구축하는 것을 생각할 수 있다. 컨테이너 플랫폼은 이를 가능하게 하지만 모든 스토리지, 청구 체계와 함께 액세스 제어 등 다양한 요구도 함께 추상화해야 할 것이다. 경우에 따라 계약 사항에 의해 구속

될 수도 있다. 따라서 거의 비용이 들지 않는 클라우드 마이그레이션을 목표로 하는 것은 막대한 초기 개발 비용을 수반할 것이다. 이는 다른 의미로 비용이 많이 드는 옵션이 된다. 만약 공급 업체 전환의 가능성이 낮다는 점을 고려한다면 이 옵션은 구매할 가치가 없을 수도 있다.[4]

 행사 가격을 최소화하는 것, 즉 한 공급 업체에서 다른 공급 업체로 비용을 전환하는 것은 때로는 아키텍처의 이상으로 여겨지지만 이것이 가장 경제적인 선택은 아니다.

대안으로 애플리케이션의 종속성을 관리하고 컨테이너에 배포하는 것이 더 나은 균형을 가져올 수 있다. 행사 가격이 더 높고 마이그레이션에 약간의 노력이 필요하지만 초기 투자 비용은 훨씬 낮은 선택지가 될 수 있다. 훌륭한 아키텍트는 최소 행사 가격을 목표로 하기보다는 다양한 행사 가격과 비용을 통해 다양한 옵션을 제공한다.

불확실성은 옵션의 가치를 증가시킨다

따라서 금융 시장과 마찬가지로 복수의 가격 책정과 함께 아키텍처 옵션을 고려해야 한다. 옵션의 가치에 큰 영향을 미치는 두 번째 요소는 불확실성이다. 미래가 더 불확실하면 할수록 결정을 연기함으로써 더 많은 가치를 얻을 수 있을 것이다. 예를 들어 어느 애플리케이션이 소수의 일정한 사용자를 위해 구축된 경우 수평 확장 옵션은 그다지 중요하게 여겨지지 않을 것이다. 그러나 100명 또는 100,000명의 사용자를 보유할 가능성이 있는 인터넷에 공개된 애플리케이션을 구축하는 경우 이 옵션은 훨씬 큰 가치를 갖는다.

---

4   Gregor Hohpe, 'Don't Get Locked Up into Avoiding Lock-in,' MartinFowler.com (2019), https://oreil. ly/ jWDAW.

이는 금융계에서도 마찬가지로 여겨진다. 블랙-숄즈 방정식에는 변동성을 나타내는 중요한 매개변수인 σ(시그마)가 포함돼 있다. 이 시그마가 방정식의 분자에 제곱해 반영되며 이를 통해 변동성과 옵션 가격 간의 강한 상관관계correlation를 나타냄을 알 수 있다.

 기술적인 의사결정에 참여하기를 원하지 않는 경영진 입장에서는 IT 부문이 단독으로 옵션의 가치를 판단할 수 없기 때문에 최선의 의사결정을 내리기 어렵다. 여기서 기술 옵션을 비즈니스를 위한 의미 있는 선택지로 전환하는 것이 아키텍트의 역할이다.

따라서 판매 옵션을 제시하는 아키텍트는 상황의 맥락과 함께 변동성을 이해해야 한다. 이러한 대부분의 경우에 정보의 입력은 사업 부문에서 제공돼야 하며 IT 단독으로는 불가능하다. 기술적인 결정에 관여하기를 원치 않는 경영진의 (차선의) 의사결정으로 이어질 확률이 높기에 나쁜 의사결정이 되기 쉬움을 의미한다.

시간이 촉박하다

또 다른 매개 변수인 시간 또한 옵션의 가치에 영향을 준다. 옵션을 행사할 수 있는 시간, 즉 옵션 만기일은 블랙-숄즈 방정식에서 매개 변수 T로 표시되며 현재 시간은 t로 나타낸다. 더 먼 미래의 성숙도일수록 가치는 높아진다. 불확실성은 더 먼 미래를 가정할수록 증가하며 이는 옵션의 가치를 높이기 때문에 직관적인 의미를 갖는다.

 아키텍트와 프로젝트 관리자는 일반적으로 서로 다른 시간 지평선(time horizon)[5]에서 작업하므로 동일한 옵션을 다르게 평가할 수 있다.

---

5 투자를 시작한 시점부터 투자금을 회수할 때까지의 시간을 뜻한다. (각각의 투자 자산의 현재와 미래 가치의 환산을 위해서는 시간 개념이 포함돼야 하는데 이때 이용되는 시간축으로 이해할 수 있다.) – 옮긴이

이 효과는 아키텍트와 프로젝트 관리자가 아키텍처 옵션의 장점에 대해 토론하는 이유를 설명하는 데 도움이 될 수 있다. 프로젝트 관리자의 입장에서는 일반적으로 수년간, 때로는 수십 년에 걸쳐 아키텍처 무결성을 보장해야 하는 엔터프라이즈 아키텍트보다 더 짧은 시간 지평선을 갖는다. 시간 지평선이 서로 다르기 때문에 각각은 동일한 옵션에 대해 다른 가치로 인식하게 된다. 흥미롭게도 그러한 주장을 하는 동안에 양측은 입력된 매개 변수가 다르기 때문에 합리적이지만 다른 결정을 내리게 된다. 옵션 모델과 같은 모델은 입력 매개 변수의 차이에 있어 이러한 논쟁을 줄이는 데 도움이 되므로 더 나은 의사결정을 내릴 수 있게 한다.

실제 옵션들

금융상품 이외에도 옵션 이론을 적용하는 아이디어는 IT에만 국한되지 않으며 이를 실물 옵션real options이라고 부른다.[6] 실물 옵션은 기업의 인수 또는 부동산 구매와 같은 투자 결정을 지원하며 일반적으로 카테고리[7]로 나눠 보면 소프트웨어 아키텍처 및 프로젝트에 매우 잘 매핑mapping된다.

연기 옵션

향후 기능 추가와 같은 투자를 할 수 있는 능력이다.

포기 옵션

계획에 의해 프로젝트를 포기해야 하는 경우 프로젝트의 일부를 사

---

6   Stewart C. Myers, Determinants of Corporate Borrowing (Cambridge, MA: MIT Sloan School of Manage-ment, 1976).

7   Lenos Trigeorgis, Real Options: Managerial Flexibility and Strategy in Resource Allocation (Cambridge, MA: MIT Press, 1996).

용하거나 재판매할 수 있는 능력이다. IT 아키텍처에서 이 옵션은 다른 프로젝트에서 사용하고자 회수 가능한 독립형 모듈 또는 서비스를 구축하는 것과 동일하다.

확장 옵션

용량을 늘리는 능력으로서 하드웨어를 추가해 애플리케이션을 확장하는 것을 들 수 있다.

계약 옵션

용량을 우아하게 줄이는 능력으로서 탄력적인 인프라의 채용을 들 수 있다.

핫초코를 사는 것(17장)과 마찬가지로 IT 세계 바깥의 현실 세계를 보면서 배울 수 있다.

차익 거래

금융의 세계에서 시장은 일반적으로 효율적인 것으로 여겨진다. 즉 상품은 위험과 기대 수익률에 따라 공정하게 가격이 책정된다. 하지만 간혹 누군가는 차익 거래arbitrage를 통해 즉각적인 수익을 내는 방법, 즉 위험 없이 이익을 얻을 수 있는 기회를 찾을 수 있다. 아키텍트도 이와 마찬가지로 저렴한 비용으로 옵션을 제공할 수 있는 기회를 찾아야 한다. 예를 들어 오픈 소스 객체–관계 매핑ORM, Object-Relational Mapping 프레임워크를 사용하는 것은 데이터베이스 공급 업체를 보다 쉽게 전환할 수 있게 하는 모범 사례이자 비교적 저렴한 옵션이다.

애자일과 아키텍처

일부 애자일Agile 개발자는 아키텍처의 가치에 의문을 제기한다. 아키텍처가 처음부터 모든 결정을 내릴 수 있는 대규모 선행 설계 접근 방식과 밀접하게 관련돼 있기 때문이다. 옵션을 제공하는 것을 통해 아키텍처를 이해한다면 실은 그 반대가 사실임을 알 수 있을 것이다. 애자일 방법론과 아키텍처는 모두 불확실성을 처리하는 방법이다. 즉 애자일 방식으로 작업하면 아키텍처에서도 더 많은 이점을 얻을 수 있다.

 애자일 방법론과 아키텍처의 가치는 불확실성과 함께 증가하므로 이들은 적이 아닌 친구에 가깝다.

진화하는 아키텍처

의미 있는 옵션이 아직 알려지지 않은 경우 또는 최소한 사전에 충분히 알려지지 않은 경우에는 어떻게 해야 할까? 이 경우 기술과 고객 요구 사항에 대한 이해가 증가함에 따라 발전할 수 있는 아키텍처가 필요하고, 고객은 진화하는 아키텍처evolutionary architecture[8]로 설명할 수 있는 접근 방식이 필요하게 된다. 자연사natural history에서와 마찬가지로 일련의 변화와 진화를 구별하는 것은 솔루션이 의도된 목적에 얼마나 잘 부합하는지 조사하고 변화를 안내하는 적합성 검토 기능을 나타낸다. 적절한 특정 아키텍처를 미리 선택하는 것이 아닌 적절한 적합성 검토 기능을 선택하는 것이 진화하는 아키텍트의 조건이 될 수 있을 것이다. 이것이 '모

---

8 Neal Ford, Matthew McCullough, and Nathaniel Schutta, Presentation Patterns: Techniques for Crafting Better Presentations (Boston: Addison-Wesley Professional, 2012).

든 문제는 한 단계 더 간접적으로 해결될 수 있다'는 모토가 적용된 사례라고 느꼈다면 한 단계 더 성장할 기회가 주어진 것이다.

은유 증폭하기

내가 처음으로 '판매 옵션'이라는 은유metaphor를 전 자산 관리 책임자였던 재무 담당 임원과 공유했을 때 그는 바로 은유를 이해했고 변동성이 높을수록 옵션의 가치가 높아진다는 결론을 내렸다. 이를 IT로 가져오면 불확실성은 오늘날 비즈니스와 기술 모두 직면하고 있기 때문에 마찬가지로 아키텍처 옵션의 가치도 증가할 것이라고 이야기했다. 이를 통해 기업이 아키텍처에 더 많은 투자를 해야 함을 다시 확인할 수 있다.

덧붙여서 다른 분야의 사람이 은유를 채택하고 다음 단계로 나아가게 하는 것, 이 또한 매력적이지 않은가!

10

모든 시스템은 완벽하다

설계된 목적을 달성하기에 완벽하다

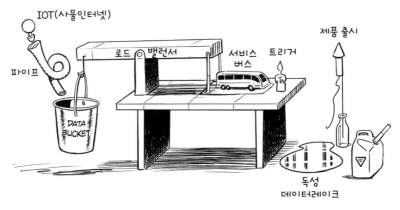

시스템의 동작을 분석해 보자

아키텍트가 하는 일의 대부분은 시스템이 많은 구성 요소와 함께 복잡한 상호 관계를 가짐에 따라 발생한다. 시스템 사고systems thinking 또는 복잡한 시스템 이론complex systems theory 등 이러한 추론을 파고드는 분야가 있다. 흔히 사용되는 소프트웨어 아키텍처 정의는 시스템의 구성 요소와 상호 관계에 초점을 맞추지만 시스템 사고는 그들의 동작을 강조한다(8장). 이에 대해 아키텍트는 시스템의 구조를 단순히 희망하는 행동을 수행하기 위한 수단으로 봐야 한다. 시스템 사고는 이를 실천하는 데 도움이 될 것이다.

시스템으로서의 히터

주거용 히터는 시스템의 표준을 제공하며 이를 시스템의 제어가 제대로 동작하지 않을 때 살펴본다(27장). 그림 10-1과 같이 난방 시스템의 일반적인 아키텍처 다이어그램은 구성 요소와 그들 사이의 관계를 나타낸다. 보일러는 뜨거운 물이나 공기를 생성하고 라디에이터와 통풍구는 실내로 열을 전달하며 온도 조절 장치는 보일러를 제어한다. 그림 상단에 표시된 구조적 제어 시스템 이론의 관점은 온도 조절기를 중심 요소로 여긴다. 실내 온도를 조절하기 위해서 필요에 따라 온도 조절기를 켜거나 끈다.

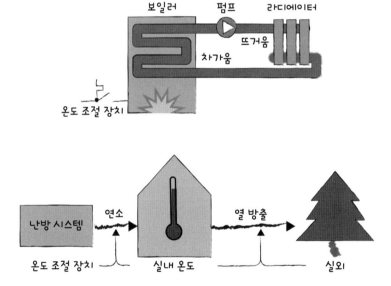

그림 10-1. 히터의 구조적 관점(위) 및 시스템적 관점(아래)

이와는 대조적으로 그림 10-1의 하단에 보이는 시스템 사고 관점에서는 중심이 되는 변수로서 실내 온도와 함께 그것이 영향을 받는 이유에 초점을 맞추고 있다. 연소를 통해 실내 온도를 높이고 외부로의 열 방출은 실내 온도를 낮춘다. 열 방출은 실내 온도와 외부 온도에 따라 달라진다. 추운 날씨에는 벽과 창문을 통해 더 많은 열이 빠져나간다. 이것이 스마트 난방 시스템이 추운 날씨에도 난방력을 높일 수 있는 이유다. 어떤 의미에서 시스템 사고는 전혀 다른 각도에서 동일한 시스템을 바라보는 평행 우주라고 할 수 있으며 우리가 무언가를 만드는 이유를 더 잘 이해하는 데 도움이 되는 관점이다.

피드백 루프

시스템 사고는 피드백 루프feedback loop처럼 상호간에 연관된 행동을 이해하는 데 도움이 된다. 실내 온도 조절기는 제어 시스템에 부정적인 피드백 루프를 설정하는데 이로 인해 실내 온도가 너무 높으면 온도 조절기가 꺼지고 실내가 다시 식는다. 부정적인 피드백 루프는 일반적으로 시스템을 비교적 안정된 상태로 유지하는 것이 목표다. 실내 온도는 온도 조절기의 이력hysteresis과 난방 시스템의 관성에 의해 여전히 약간 불안정한 양상을 띠게 된다. 하지만 대부분 시스템의 자체 안정화self-stabilizing 범위는 제한적이다. 히터는 여름의 더위에 방을 시원하게 하거나 겨울에 열려 있는 창을 보완하는 역할은 할 수 없다.

긍정적인 피드백 루프는 이와는 반대에 해당하는 하나의 시스템 변수가 증가하면 추가로 변동폭이 커지는 방식으로 동작한다. 우리는 폭발(연소 작용 시 더 뜨겁게 타오르기 위해 더 많은 산소를 방출), 핵 반응(연쇄 반응) 또는 하이퍼인플레이션(가격 및 임금 상승의 나선형 증폭)과 같은 극적인 영향에 대해서 알고 있다. 또 다른 긍정적인 피드백 루프는 대중 교통이 아닌 도로에 대한 투자로 인해 도로상의 더 많은 자동차로 구성되고 이는 자동차 통근의 매력을 증가시킨다. 마찬가지로, 부유한 사람들은 더 높은 수익을 달성하려고 더 많은 투자 옵션을 갖는 경향이 있는데, 예를 들어 토마 피케티Thomas Piketty의 『21세기 자본Capital in the 21 Century』(글항아리, 2014)에서 묘사하는 것처럼 부자가 더 부자가 되는 증상으로 이어진다.

긍정적인 피드백 루프는 '폭발적인explosive'이라는 특성으로 인해 위험할 수 있다. 정책은 종종 이러한 긍정적인 피드백 루프에 부정적인 영향을 미치도록 설계된다. 예를 들어 더 높은 소득을 받는 국민에게 더 높은 세율을 적용하거나 대중 교통의 이용을 장려하려고 휘발유에 대한 세금을 인상한다. 그러나 긍정적인 피드백 루프의 지수적 특성에 대한 균형을 맞추는 것은 극히 어려운 작업이다. 시스템 사고를 이용하면 이런 영향에 대한 추론에 도움을 얻을 수 있다.

조직화된 복잡성

제럴드 와인버그Gerald Weinberg[1]는 세계를 세 가지 영역으로 나눠 시스템 사고의 중요성을 강조했다. 체계화된 단순성은 개별 저항기와 커패시터로 구성된 레버 또는 전기 시스템과 같이 잘 이해하고 만들어진 역학의 영역에 있다. 원한다면 이러한 시스템의 작동 방식은 정확하게 계산할 수 있다. 스펙트럼의 다른 한편에서는 조직화되지 않은 복잡성으로 인해 무슨 일이 일어나고 있는지 정확히 이해할 수 없지만 동작이 조직화되지 않았기 때문에 시스템 전체를 통계적으로 모델링할 수 있다. 즉 각 부품이 크게 상호 연관되지 않다고 이해할 수 있다. 바이러스 확산을 모델링

---

1   Gerald M. Weinberg, An Introduction to General Systems Thinking (Dorset House, 2001).

하는 것이 바로 이 범주에 속한다. 교묘하게 나뉜 도메인은 구성 요소의 구조와 상호 작용이 중요하게 여겨지는 조직화된 복잡성 중 하나이지만 시스템이 너무 복잡해서 공식을 통해서는 해결이 불가능하다. 이것은 시스템의 영역이다. 또한 시스템 아키텍처 영역에 해당한다.

시스템 효과

수학 공식을 통해 시스템의 동작을 결정할 수 없다면 시스템 사고가 어떤 도움을 줄 수 있을까? 복잡한 시스템, 특히 인간과 관련된 시스템에는 반복되는 시스템 효과, 또는 패턴의 영향을 받는 경향이 있다. 이러한 효과는 어부들이 남획을 계속해 결국에는 자신의 생계를 고갈시키는 이유 또는 몰려드는 관광객이 그들이 매료된 것을 스스로 파괴하는 이유를 설명한다. 이러한 패턴을 이해하면 시스템 동작을 더 잘 예측하고 영향을 줄 수 있다. 도넬라 메도즈Donella Meadows의 저서 『ESG와 세상을 읽는 시스템 법칙Thinking in Systems』(세종서적, 2022)에는 다음과 같은 일반적인 효과를 포함해 공통적으로 나타날 수 있는 효과 목록이 포함돼 있다.

- 노벨상 수상자인 허버트 사이먼Herbert A. Simon이 고안한 제한된 합리성bounded rationality은 일반적으로 사람들은 이성적인 행동을 하지만 이는 그들이 주의를 기울이는 관찰 범위 안에 한정됨을 설명한다. 예를 들어 아파트 건물에 사용량에 따라 요금이 부과되지 않는 중앙 난방 시스템을 사용 중인 경우 사람들은 온종일 히터를 켜 두고 창문을 열어 필요에 따라 아파트를 식힐 것이다. 분명히 이것은 엄청난 에너지 낭비이며 오염과 자원 고갈, 지구 온난화를 초래할 수 있는 행동이다. 그러나 제한된 합리성이 아파트의 온도

와 함께 거주자의 지갑 사정에 관련된 사항이라면 이 행동은 그들이 원하든 그렇지 않든 충분히 합리적이라고 할 수 있다. 히터를 계속 작동시키면 난방 시스템의 관성, 예열하는 시간을 피할 수 있으므로 실내 온도를 보다 쉽게 제어할 수 있을 것이다.

- 공유지의 비극에 대한 아이디어는 마을 주민들이 키우는 모든 동물을 방목할 수 있는 아일랜드와 영국 마을의 공유 목초지의 개념에서 비롯됐다. 이 공동 자원은 무료로 사용할 수 있기 때문에 마을 주민들은 공유지에서 키울 소를 더 많이 확보하도록 장려한다. 물론 공유지는 유한한 자원이기 때문에 이러한 행동은 자원 고갈과 빈곤으로 이어지고 결국에는 비극을 가져올 것이다. 이러한 시스템이 자체 규제하지 않는 이유는 바로 지연 때문이다. 잘못된 행동의 영향은 이미 늦었다고 할 단계에 접어들어서야 분명히 나타난다.

이러한 효과가 얼마나 복잡한지는 노벨 경제학상을 수상한 유일한 여성인 엘리너 오스트롬Elinor Ostrom이 공유지의 비극에 대한 개념이 틀렸음을 폭로한 것으로 유명하다는 사실[2]을 통해서도 알 수 있다.

시스템 동작 이해하기

특히 IT 분야의 시스템 문서는 정적 구조를 묘사하는 경향이 강한 반면에 시스템에서 수행되는 동작은 거의 다루지 않는다. 그러나 아이러니하게도 가장 주의를 기울여야 할 부분이 시스템의 동작이기도 하다. 시스템은

---

2 David Bollier, 'The Only Woman to Win the Nobel Prize in Economics Also Debunked the Orthodoxy,' Evo-nomics, July 28, 2015, https://oreil.ly/9NaOH.

일반적으로 특정한 동작을 수행하고자 존재하기 때문이다. 예를 들어 난방 시스템은 집 안의 온도를 지내기에 편안한 수준으로 유지하려고 만들어졌다. 서버 인프라는 가용성을 높이고자 중복해 구축된다. 두 경우 모두 시스템 구조는 단순히 목적을 위한 수단으로써 작용함을 알 수 있다.

시스템의 구조는 단순히 원하는 동작을 수행하기 위한 수단이다.

컴포넌트로부터 시스템 동작을 도출하는 어려움은 아파트의 난방 시스템으로 설명할 수 있다. 난방 시스템은 바닥 난방기기와 벽면 난방기기 모두에 온수를 공급하는데 이는 몇 가지 주요 컴포넌트로 구성된다. 가스 버너는 내장 펌프로 구동되는 주 회로 내부의 물을 가열한다. 2개의 외부 펌프가 주 회로의 온수를 각각 바닥 난방과 벽면 라디에이터로 공급한다. 설정 실수로 인해 2차 펌프가 충분한 물을 끌어오지 못해 주 회로에서 열이 발생했고 급속히 과열됐다. 이로 인해 일정 시간 동안 가스 히터가 꺼졌으며 곧 실내 난방의 부족으로 집을 따뜻하게 유지할 수 없는 상태가 될 것이다. 집이 예열되지 않았고 이에 대한 기술자의 직관은 버너의 화력을 올리는 것이었다. 그러나 이 선택은 문제를 악화시킬 뿐이다. 시스템이 주 회로에서 충분히 열을 빼낼 수 없었고 이로 인해 가스 버너의 화력을 높인 만큼 더 빨리 과열됐다. 기술자가 개별 시스템 구성요소는 이해할 수 있었지만 복잡한 시스템 동작은 이해하지 못했기 때문에 거의 10회 시도했음에도 난방 시스템이 설계된 대로 동작하지 않은 것이다.

너무 복잡하게 느껴지는가? 아키텍트에게 이러한 상황은 매일같이 접하는 빵이나 버터만큼이나 일상적일 수 있다. 컴포넌트 간의 복잡한 상호관계를 이해하고 원하는 동작을 달성하도록 가이드하고 영향을 끼치는 것이 아키텍트가 해야 할 일이다. 때로는 좋은 다이어그램(22장)이 그 과정에 도움을 줄 수 있을 것이다.

시스템 동작에 영향 주기

사용자가 시스템에서 주시하게 될 대부분의 것은 이벤트와 관련이 있다. 시스템 동작의 결과로 발생하는 일들은 시스템 구조에 의해 결정되는 경향이 있으며 때로는 눈에 보이지 않는다. 사용자가 방이 춥다고 느낌에도 히터가 꺼지는 것과 같은 이벤트에 불만을 갖는 경우 시스템을 분석하거나 변경하기보다는 실내 온도 조절기의 온도를 더 높게 설정하는 등의 변경을 시도하는 경우가 많을 것이다. 『인간이 초대한 대형참사Inviting Disaster』(수린재, 2008)라는 책에서는 시스템에 대한 오해로 인해 스리마일 섬 원자로 사건Three Mile Island accident이나 딥워터 호라이즌 기름 유출 사고 Deepwater Horizon oil spill와 같은 큰 재해를 초래한 극적인 예를 소개한다. 재해를 불러온 두 경우 모두 담당자는 발생한 이벤트로부터 기본 시스템의 상태와 그 동작을 이해하지 못했고 따라서 재해를 유발한 조치를 수행한 것으로 알려져 있다. 그들의 정신 모델mental system은 실제 시스템에서 필요한 조치와는 어긋난 치명적일 수 있는 결정을 내렸다.

인간은 느린 피드백 루프를 가진 조향 시스템에 특히 약하다는 것이 증명돼 왔는데 이는 입력을 변경할 경우 상당한 지연 시간이 경과하고 나서야 반응하는 시스템을 뜻한다. 전형적인 예를 들면 참가자들이 평균적으로 이상적인 시나리오에 비해 거의 10배는 나쁜 결과를 보이는 MIT의 맥주 게임beer game이 있다.[3] 신용카드의 남용 또한 전형적인 예로 들 수

---

3   John D. Sterman, 'Modeling Managerial Behavior,' Management Science, Vol. 35, No. 3 (March 1989), https://oreil.ly/wrtzb.

있는데 사람들이 더 이상 이자도 갚기 힘들 정도로 빚을 지는 경우가 있는데 어떻게 그런 행동을 반복했는지 궁금해하게 된다.

또한 전체로서의 시스템을 생각지 않은 사람은 의도한 효과와는 반대되는 행동을 취하는 경향이 있다. 예를 들어 어떤 사람들은 매일매일 또는 매주 블로커 태스크blocker task를 설정해 이미 가득 차 보이는 작업 일정을 한층 더 **빽빽**하게 만든다. 이보다는 일정이 가득 차 있는 원인을 이해하고 수정해야 한다. 예를 들어 너무 많은 업무조정 회의가 필요하다면 잘못된 조직 구조를 따르고 있을 가능성이 있다. 단순히 해당하는 증상을 해결하는 것만으로는 시스템 전체의 문제는 고칠 수 없을 것이다.

시스템 효과를 이해하면 시스템과 그 동작에 영향을 줄 수 있는 보다 효과적인 방법을 생각해 내는 데 도움이 된다. 예를 들어 투명성transparency은 사람들 개개인의 경계를 넓히는 효과를 가져오므로 제한된 합리성 효과에 유용한 해독제가 될 수 있다. 도넬라 메도즈의 책에서는 그 예로 복도에 전기 계량기를 노출시키는 것을 통해 추가로 규칙이나 벌금을 지정하지 않아도 주민들이 에너지 소비를 보다 보수적으로 하게 되는 것을 소개한다. 재미있게도 시스템 사고는 조직과 기술 기반의 시스템 모두에 적용할 수 있다. 그 예로 조직을 확장할 때(30장)의 사례를 통해 알아보고자 한다.

또한, 존 골John Gall의 『Systems Bible』[4]은 시스템이 우리의 의도나 직관에 반하는 방식으로 작동하는 경우에 대해 유머러스하면서도 통찰력 있는 설명을 제공하고 있다.

---

4   John Gall, The Systems Bible, Third Edition (Walker, MN: General Systemantics Press, 2002).

시스템 저항의 변화

시스템을 변경하는 것은 복잡한 구조뿐 아니라 구성원 대부분이 변화에 적극적으로 저항하기 때문에 더욱 어렵다. 조직 시스템의 변화에 대한 저항은 그 한 예로 잘 정의된 프로세스를 통해 수명을 연장할 수 있으나 외부 환경의 변화로 인해 조직이 변화해야 하는 경우 문제가 된다. 프레데릭 랄루Frederic Laloux[5]는 이를 앰버 조직amber organization(위계 구조를 가진 농경 사회 조직)의 주요 특성으로 설명한다. 그들은 과거에 효과가 있었던 것이 미래에도 효과가 있을 것이라는 가정에 기반을 두고 있으며 이는 수천 년 동안 그들에게 도움이 되는 방향으로 작동해 왔다.

> 7장에서 설명한 것처럼 아키텍처 리뷰를 위해 추가 또는 개선된 형태의 문서를 요청하면 '그 시스템'은 아키텍트의 시간을 낭비하게 하는 긴 워크숍을 요청할지도 모른다. 만약 아키텍트가 그들에게 압박을 가하면 시스템은 하위 품질 문서로 응답할 것이며 이는 아키텍처 리뷰 사이클을 길어지게 한다. 따라서 문제의 원인을 파악하는 것과 함께 좋은 문서의 가치를 강조해야 하며 아키텍트를 적절하게 교육하고 프로젝트 일정 내에서 해당 작업에 시간을 할당해야 한다.

대부분의 조직 시스템은 시간의 경과와 함께 안정된 상태로 정착했으며 그 목적을 충분히 달성해 왔다. 비즈니스 환경이 다른 시스템 동작을 요구할 경우 시스템은 이전의 상태로 되돌리고자 하며 요구에 적극적으로 저항할 것이다. 이는 도랑에서 차를 밀어내려는 것과 비슷하다. 차는 운전자가 마침내 도랑에서 완전히 차를 밀어낼 때까지 계속해서 뒤로 물러날 것이다. 이와 같은 시스템 효과는 조직의 변화를 매우 어렵게 만든다.

---

5   Frederic Laloux and Ken Wilber, Reinventing Organizations: A Guide to Creating Organizations Inspired by the Next Stage in Human Consciousness (Nelson Parker, 2014).

11

코드를 두려워하지 말 것

툴의 도움 없이 잘못 설계된 언어를 이용해서
프로그래밍하는 것은 즐겁지 않다

누가 감히 이 코드를 실행할 것인가?

영화 〈스타워즈Star Wars〉에 등장하는 제다이Jedi 견습생인 루크 스카이워
커Luke Skywalker의 스승으로 잘 알려져 있는 요다Yoda는 두려움이 곧 분노로
이어짐을 알고 있었다. 분노는 증오로 이어질 것이며 증오는 고통을 초
래한다. 마찬가지로, 기업 IT의 코드에 대한 두려움과 구성configuration에
대한 애정은 기업을 탈출하기 어려운 고통의 길로 이끌지도 모른다. 때

로는 지루하고 에러를 경험하기 쉬운 코딩과는 달리 '구성 변경'만을 필요로 하는 제품과 이를 제공하는 공급 업체들이 어두운 면을 포함한 많은 얼굴을 갖고 있음에 유념하는 것이 좋다. 안타깝게도 대부분의 복잡한 구성은 제대로 된 도구, 참고할 만한 문서도 없이 잘못 설계된 다소 제한된 언어이지만 실제로는 이 또한 프로그래밍이다.

코드에 대한 두려움

일반적으로 운영상의 고려 사항을 우선해 생각하는 기업 IT는 다수의 버그를 내포하고 성능 문제를 유발하는 코드를 고려하는 경향이 있으며 값비싼 외부 컨설턴트(38장)가 이를 작성하는 경우가 많다. 또 이들은 문제가 드러날 때쯤에는 이미 다른 프로젝트로 이동해 있는 경우가 많아 이에 대한 책임을 지지 않는다. 일부 IT 부문의 리더들은 스스로 소프트웨어 개발 조직 및 회사로서의 정체성보다 '비즈니스에 대한 적합성'을 제공함을 자랑스럽게 여기기 때문에 코딩 작업에 신경 쓰지 않기를 바란다.

 내가 경험한 코드에 대한 두려움의 가장 기괴한 예는 애플리케이션 서버를 공유 서비스로 제공하는 기업 IT 부문의 경우였다. 따라서 일단 코드를 배포하면 더 이상 운영에 대한 지원을 받을 수 없었다. 이는 엔진을 시동한 후에는 자동차의 보증이 무효화되는 것과 같다. 결국 자동차 제조업체는 고객이 다음으로 무엇을 할지 전혀 모르게 될 것이다.

코드에 대한 기업 IT의 영원한 두려움은 곧 코딩에 대한 안전한 대안으로 구성을 제공하는 엔터프라이즈 공급 업체와 그들의 제품의 이점을 활용하는 것으로 이어진다. 앞으로 살펴보겠지만 이는 상당히 근시안적인 선택이 될 수 있다.

좋은 의도가 좋은 결과로 이어지는 것은 아니다

IT가 갖는 코딩에 대한 혐오감은 좋은 원칙에서 비롯된다. 대부분의 엔 터프라이즈 IT 영역은 다음과 같은 사서-구축하는 전략buy-over-build을 따 른다. 상용 솔루션을 구입하면 IT 부서의 시간과 비용을 절약할 수 있을 뿐만 아니라 정기적인 업데이트와 보안 패치를 생각할 수 있다. 구입한 솔루션은 기업의 요구에 맞게 사용자 정의하고 구성할 수 있을 것이다.

마찬가지로 공통 라이브러리와 오픈 소스 도구는 기존의 사례와 작업 내 용을 재사용하는 좋은 방법이 된다. 일부 오픈 소스 도구는 지원을 위한 창구를 제공하며 해당 기술의 채택과 개선을 용이하게 하는 오픈된 커뮤 니티와 함께 제공된다. 예를 들어 대체 누가 자신의 프로젝트만을 위해 서 XML 시리얼라이저serializer를 작성하고 싶어할까? 이미 이러한 요구에 응하는 라이브러리도 제공되고 있다.

여기 두 가지 문제가 있다. 첫째, 구입한 소프트웨어를 구성하는 경우 사 용자 정의와 옵션(9장)의 필요성을 공급 업체의 제공 항목에 의존하고 있 다. 이 단계를 문제없이 수행했다는 것은 IT 부문이 보다 민첩한(31장) 대 응을 위해 노력하는 동안 공급 업체가 가능한 모든 요구 사항을 예상하 고 선행 설계를 완성했음을 의미한다. 둘째, 구성 작업은 소프트웨어 공 급 업체에서 제공하는 추상화abstraction 레이어에서 작업하는 것을 의미한 다. 이제 추상화 레이어에 집중하는 것으로 세부 사항에 대한 조율에서 벗어날 수 있기 때문에 일반적으로 긍정적으로 여겨지지만 단점 또한 존 재한다.

추상화 수준 – 단순함 대 유연함

추상화 수준을 높이는 것은 개발자의 삶을 편하게 하는 주요 기술 중 하나다. 이러한 추상화의 진전 덕분에 아직도 어셈블리 코드를 직접 작성하거나, 하드 디스크에서 단일 데이터 블록을 읽거나, 개별 데이터 패킷을 네트워크에 전달하는 방법을 고민하는 프로그래머는 이제 거의 없다. 이 수준의 세부 사항은 고급 언어high-level languages, 파일, 소켓 스트림 뒤에 깔끔하게 래핑wrapping 처리돼 있다. 이러한 프로그래밍 추상화는 매우 편리하며 생산성을 크게 향상시킨다. 이들의 도움 없이 직접 해본다면? 어렵고 고단한 작업이 될 것이다.

추상화가 이처럼 유용하다면 추상화 레이어를 하나 더 추가하면 생산성이 더욱 향상될 수 있는지 궁금해질 것이다. 예를 들어 모든 비즈니스 함수에 대해 라이브러리나 서비스를 사용할 수도 있을 것이다. 궁극적으로는 코딩을 아예 없애고 구성만으로 간단히 솔루션을 개발할 수도 있겠다. 이게 사실이라면 너무 좋기만 한 이야기 같다고 생각하게 될 것이다.

추상화 수준을 높이고자 한다면 근본적인 딜레마에 직면하게 될 것이다. 유연성을 크게 잃지 않으면서도 간단한 모델을 만들 수 있을까? 예를 들어 개발자가 모든 파일 위치에 신속하게 직접 접근해야 할 경우 파일을 순차적으로 읽어야 하기 때문에 파일 스트림 추상화가 방해가 될 수 있다. 이러한 예를 통해 알 수 있는 최상의 추상화는 사용자에게 충분한 유연성을 제공하면서 문제를 해결하고 캡슐화하는 것에 있다.

 추상화 레이어에서 너무 많은 요구 사항과 문제를 제거하면 기능면에서 제한을 불러오며 다양한 사례에 적용하기 어려워진다. 반대로, 몇 안 되는 문제에 대해 추상화를 수행한다면 단순화 측면에서의 성취가 떨어지는 만큼 가치가 떨어진다.

또는 앨런 케이^{Alan Kay}가 말했듯이 단순한 것은 단순해야 하고 복잡한 것은 가능해야 한다.[1] 분산 데이터 처리를 위한 프레임워크인 맵리듀스^{MapReduce}를 긍정적인 예로 들 수 있겠다. 많은 워커 인스턴스 제어와 예약, 실패한 노드 처리, 노드 간 데이터 집계 등과 같이 분산 데이터 처리의 복잡한 영역을 추상화하고 있다. 그럼에도 프로그래머는 광범위한 문제를 해결할 수 있는 충분한 유연성을 갖게 됐으며 구글^{Google} 내에서도 널리 사용됐다.

언제 구성 작업을 하는가?

따라서 구성을 통해 프로그래밍의 세부 사항을 추상화할 것을 약속하는 경우 이에 따라 발생할 트레이드 오프를 좀 더 자세히 살펴봐야 한다. 트레이드 오프를 다루기 전에 코딩에 대응하는 영역으로서의 구성이 어떤 경우에 요구되는지 파악하는 것이 중요하다. 구성의 개념은 대부분 연관이 없어 보이는 여러 측면을 결합해 만들어진다.

- 표현(예: 시각적 자료 대 텍스트)
- 데이터 또는 지침 제공 여부
- 배포 전후의 변경 여부

각각에 대해 조금 더 파헤쳐 보자.

모델 대 표현

라이브러리와 같은 코딩 추상화는 구현시의 세부 사항은 제거하는 데 성

---

1   Wikiquote, 'Alan Kay,' https://oreil.ly/SBC39.

공했지만 보다 강력한 개체와 메서드에 대해서는 여전히 코딩이 필요하다. 엔터프라이즈 소프트웨어 추상화는 종종 다른 패키지로 제공되는데 그래픽 사용자 인터페이스GUI, Graphical User Interface는 멋진 드래그 앤드 드롭 데모drag-and-drop demo를 가능하게 해 전체 작업과 데모를 간단하게 수행할 수 있다.

언뜻 보기에 기존 프로그래밍 모델 위에 얇은 시각적 레이어를 입히면 더 높은 수준의 추상화를 제공할 수 있다고 생각할 것이다. 이에 대해 처음에는 많은 비즈니스 부문의 사용자들이 동의할 수도 있다. 명령을 입력하는 것은 확실히 코딩이라고 생각되지만 다이어그램을 그리는 행위는 파워포인트와 훨씬 비슷하다. 그런데 불행히도 이는 착각이다. GUI는 표현되는 모습은 변경할 수 있지만 기본 모델이 바뀌는 것은 아니다. 동시성, 동기화, 상관관계, 긴 시간을 소요하는 트랜잭션, 보상 작업 등과 같은 개념을 포함하는 워크플로workflow 엔진과 같은 복잡한 모델은 본질적으로 개념적 가중치가 높아 고려해야 할 사항이 많다. 보기 좋게 시각적 레이어로 포장한다면 더 매력적으로 보일 수는 있겠지만 이러한 본질적인 무게를 바꾸지는 못할 것이다. 예를 들어 동기화 막대가 잘못된 위치에 그려지면 코딩 실수를 할 때와 마찬가지로 워크플로가 손상된다.

물론 시각적 표현에 가치가 없다는 것은 아니다. 예를 들어 시각적 워크플로를 그래프로 표현하면 보다 자연스럽게 표현할 수 있다. 그러나 초기 학습 곡선의 일부를 완화시킬 수는 있지만 일반적으로 확장이 어려운 문제를 갖는다. 애플리케이션이 확장되면 거대한 캔버스를 통해 진행 상황을 추적하기는 점점 어려워질 것이다. 또한 이를 좀 더 잘 보고자 축소하면 텍스트를 더 이상 읽을 수 없게 되는 등의 문제가 나타날지도 모른다. 디버깅 및 버전 제어를 수행하는 경우에도 이러한 시각화 기반의 도구에는 익숙한 diff 기능이 부족하다는 점을 감안할 때 악몽이 될 수 있다.

시각화 레이어의 제공이 단지 얇은 합판에 지나지 않는지, 정말로 더 나은 모델인지 테스트하고자 공급 업체에서 비주얼 프로그래밍 도구의 데모를 제공할 때 일반적으로 두 가지 테스트를 수행한다.

- 사용자가 로직을 입력할 것으로 예상되는 필드 중 하나에 오타를 입력하도록 요청한다. 종종 이로 인해 나중에 생성된 코드에서 알기 힘든 오류 메시지 또는 예외가 발생한다. 이것이 바로 '줄타기tightrope 프로그래밍'이다. 사용자가 정확하게 줄 위에서 움직이는 한 모든 것이 잘 움직일 것이다. 한 번의 실수는 곧 깊은 심연에 떨어짐을 의미한다.
- 데모 구성의 몇 가지 요소를 무작위로 변경하는 동안 공급 업체의 담당자들에게 2분 동안 방을 나가 있도록 요청한다. 2분 후 변경된 사항을 파악하고 디버그하도록 요청한다.

지금까지 어떤 공급 업체도 이러한 미끼를 물지 않았다. 그들은 아마도 실패가 추상화를 존중하지 않음을 알고 있을 것이다.[2]

코드 또는 데이터? 아니면 둘 다?

시각화는 제쳐두고 어떤 추상화 수준에서 '구성' 대 '고급 프로그래밍'이라고 부를 수 있을까? 공급 업체에서 주장하는 반복되는 메시지에도 불구하고 시각적 사용자 인터페이스만으로는 충분하지 않다. 아마도 많은

---

2   Gregor Hohpe, 'Failure Doesn't Respect Abstraction,' The Architect Elevator (blog), January 21, 2019, https://oreil.ly/ejTmy.

프로그래머는 XML(또는 JSON, YAML) 파일이 구성이라고 말할 것이다. 그러나 XML 구문을 사용하는 XSLT로 프로그래밍을 해본 사람이라면 이것이 구성이 아니라 강력한 선언적 프로그래밍임을 알 수 있을 것이다. 이는 사실 그리 간단한 문제가 아니다.

판단 기준에서 한 걸음 더 나아가면 시스템에 제공하는 것이 실행 가능한 무언가인지 아니면 데이터 조각인지의 여부를 들 수 있겠다. 알고리듬이 사전에 정의돼 있으며 일부 키 값만 제공하면 되는 경우 이 구성을 호출하는 것이 적합할 수 있겠다. 예를 들어 프로그램에서 연령대가 다른 사용자를 어린이, 성인, 노인으로 분류해야 한다고 가정해 보자. 이 코드에는 if-else 또는 switch 문 체인이 포함된다. 이제 구성 파일의 내용을 통해 18 및 65와 같이 판단을 위한 임곗값을 제공할 수 있다. 이것은 앞에서 이야기한 구성의 정의에 적합할 것이다.

이제 이러한 값을 변경하는 것이 안전하다고 결론을 내릴 수 있을 것이다. 앞의 예에서 프로그래밍 언어 구문과 연산자 우선순위를 이해할 필요가 없다. 그렇다고 사용자가 프로그램을 휘저어 놓는 것을 막지는 못한다. 만약 실수로 값을 65와 18의 순서로 입력하면 프로그램이 예상대로 작동하지 않을 수 있을 것이다. 이 경우 정확한 프로그램 동작은 알고리듬을 코딩하는 방식에 따라 달라지므로 예측할 수 없게 된다. 프로그램이 먼저 어린이를 확인하는 경우 모든 사람을 어린이로 인식하게 하는 반면, 프로그램이 먼저 노인을 확인한다면 값에 따라 모든 사람을 노인으로 설정하도록 움직였을지도 모른다. 따라서 구성을 통한 관리는 비교적 안전하지만 완벽하다고 할 수는 없다.

입력한 데이터가 실행 순서를 결정할 때 코드와 데이터의 차이가 더욱 흐려질 것이다. 예를 들어 입력한 데이터는 일련의 명령어 코드일 수도 있다. 또는 데이터는 선언적 프로그래밍 언어와 유사할 수 있다. 예를 들어 룰 엔진 또는 XSLT를 구성하는 경우를 예로 들 수 있겠다. 어떤 동작을 수행할지에 대한 명령을 코딩하는 것이 실행 엔진을 위한 데이터가 아닌가? 아마도 폰 노이만$^{Von\ Neumann}$[3]이라면 그렇게 말했을 것이다. 분명 이는 흑백으로 가를 수 있는 것은 아니다.

디자인 타임에 배포하기 대 런타임에 배포하기

구성이 일반적으로 코드와 구별되는 또 다른 방식은 애플리케이션이 배포된 후에도 구성을 변경할 수 있다는 것에 있다. 이는 런타임에 배포될 때까지도 요구되는 서버 인스턴스의 숫자와 같이 일부 매개 변수는 예측할 수 없다는 점을 고려할 때 확실히 유용하게 사용될 수 있다. 이러한 차이는 코드 변경은 느리고(전체 애플리케이션을 다시 빌드하고 재배포해야 할 수 있으므로) 위험하다는(새로운 결함을 내포한 코드가 반영될 수 있기 때문에) 근본적인 가정을 기반으로 한다. 마이크로 서비스 아키텍처와 자동화된 빌드-테스트-배포 체인은 이러한 가정 뒤에 몇 가지 질문을 제시하며 이를 통해 팀은 애플리케이션 코드를 빠르고 반복적으로 재구축, 테스트, 배포할 수 있게 된다.

 구성 변경 사항을 예상하는 대신에 툴 체인에 투자해 점진적이고 보다 신속한 배포를 실현할 수 있게 된다.

이는 구성이 쓸모없어졌다는 뜻이 아니라 최근의 소프트웨어 배포 방식이 구성의 목적을 달성할 수 있는 다른 도구를 제공했음을 의미한다. 코드를 변경할 수 있다면 나중에 구성할 수 있는 매개 변수를 사전에 결정

---

3   Wikipedia, 'von Neumann architecture,' https://oreil.ly/ilzNC.

할 필요가 없으므로 코드가 훨씬 간단해질 것이다. 또한 버전 제어, 편집기 지원, 테스트 자동화와 같은 다양한 도구의 이점을 누릴 수 있을 것이다.

 엔터프라이즈 공급 업체가 그들이 제공하는 구성 제품군에 대해 홍보할 때 나는 자주 그들의 소프트웨어 배포 모델의 속도를 높이도록 요구한다.

도구에 대한 정비와 변경의 부재로 인해 구성은 더 안전하면서 한편으로 의문을 갖게 한다. 예를 들어 구성 변경 작업으로 인해 여러 클라우드 서비스 제공 업체에서 서비스 중단이 발생한 사례가 있다.[4]

고급 프로그래밍

대부분의 경우 구성으로 전달되는 것은 실제로 더 높은 수준의 프로그래밍이라고 할 수 있다. 예를 들어 지정된 메시지 채널을 통해 연결되는 분산 시스템을 구성할 때 구성 파일의 내용을 통해 각 구성 요소가 통신하는 채널을 결정한다. 두 구성 요소가 서로 통신하는 경우 동일한 채널을 이용할 것이다. 이 데이터를 로컬 XML 구성 파일에 입력하는 것은 얼핏 보면 편리해 보이지만, 오타를 입력하게 되면 구성 요소 간의 통신 불가 상태가 되거나 잘못된 순서로 연결된다는 것을 의미하기 때문에 실수하기 쉽다.

메시징 시스템을 구성하는 것은 구성의 문제라기보다는 시스템의 구성 계층에 대한 고급 프로그래밍 모델에 가깝다. 구성 파일을 버전 관리 시

---

4 Benjamin Treynor Sloss, 'An Update on Sunday's Service Disruption,' Inside Google Cloud (blog), June 3, 2019, https://oreil.ly/yaGr6.

스템에 체크인하고 유효성 검사 단계와 함께 관리 도구[5]를 생성해 구성 파일을 파이프라인의 거주자로 다룬다면 디버깅과 문제 해결에 엄청난 도움을 가져올 수 있다.

구성 프로그래밍

다양한 사례에 있어 프로그래밍 대 구성의 선택지 중에서 선택해야 할 때마다 누군가는 타협점을 찾아왔다. 내게 있어 이것은 구성 프로그래밍[6]이라고 표현하고 싶다. 이는 프로그램의 대략적인 구조를 지정하고자 별도의 구성 언어 사용을 옹호하는 접근 방식을 뜻한다.

구성 프로그래밍은 본질적으로 복잡한 프로그램 구조를 가진 동시에 병렬 및 분산 시스템에 특히 매력적이다.

코드로 구성 숨기기?

그렇다면 구성을 사용하기 좋은 위치는 어디일까? 예를 들어 고도로 분산된 프로그램에 런타임 매개 변수를 주입하거나 클라우드 인프라를 설정(14장)하는 것은 구성의 훌륭한 사용 사례라고 할 수 있다. 이상하게도 대부분의 도구가 실제로는 구성을 지원하지만 최근 이러한 접근 방식의 대부분은 코드로서의 인프라스트럭처[IaC, Infrastructure as Code]에 기반해 실행된다. 아마도 이를 알게 된 누군가는 코드가 구성보다 더 강력하다고 생각했을 것이다.

---

5 Gregor Hohpe, 'Visualizing Dependencies,' Enterprise Integration Patterns (blog), July 12, 2004, https://oreil.ly/1j4-7.

6 FOLDOC, 'Configuration Programming,' https://oreil.ly/DkiV0.

추상화는 매우 유용한 기술이지만 어떤 것을 구성으로 나타내면 복잡성이 제거되거나 개발자를 고용해야 하는 필요성이 사라진다는 생각은 오류로 볼 수 있다. 대신 이러한 구성이 정말 고급 프로그래밍 영역에 있는지 생각해 보는 것이 좋다. 그리고 두 경우 모두 최신 소프트웨어 제공을 정의하기 위한 디자인, 테스트, 버전, 배포 관리에 있어 동일한 모범 사례를 따르는 것이 바람직하다. 이를 따르지 않는다면 도구 지원 없이 독점적이며 잘못 설계된 언어를 만들었을 확률이 높다. 그보다는 코딩이 더 나았을 것이다.

12

아무도 죽이지 않는다면
좀비들 속에서 살게 될 것이다

그리고 좀비들은 당신의 뇌를 노릴 것이다

좀비 레거시 시스템의 밤

기업 IT는 좀비 사이에 살고 있다고 할 수 있다. 모든 멤버는 빈사 상태 또는 좀비 상태의 된 레거시^{legacy} 시스템이 가까이 오는 것을 두려워한다. 거기다 그들은 완전히 죽기 어렵다. 더 나쁜 일은 이 좀비들이 IT 부문 직원의 뇌를 삼킨다는 데에 있다. 이는 좀비물의 패러디, 풍자 영화인 〈새벽의 황당한 저주Shaun of the Dead〉에서 웃기는 장면을 뺀 것과 비슷하다.

기업 IT는 영화가 아닌 현실임에도 좀비 레거시 시스템은 빠르게 변화하는 세상에 뿌리내리기 어려워지고 있다. 이제 좀비들을 쉬게 해 줄 시간이다.

레거시

레거시 시스템은 오래된 기술을 기반으로 구축되고 종종 문서화가 부족하지만 (겉으로는) 여전히 중요한 비즈니스 기능을 수행한다. 흔히 이들 시스템이 수행하는 기능의 범위는 정확히 파악되지 않았다. 아이러니하게도 대부분의 레거시 시스템은 오래 전에 죽었을 것이기 때문에 반대로 많은 수익을 창출한다.

 현대의 '디지털' 기업을 전통적인 기업과 차별화하는 요소를 논의할 때 '레거시의 부재'가 핵심 요소로 나타나고는 한다.

일반적으로 기술이 비즈니스보다 빠르게 변화하기 때문에 다수의 시스템이 레거시 상태에 놓이게 된다. 생명보험사의 시스템은 때로는 수십 년간 데이터와 기능을 유지해야 하는데 이로 인해 시스템을 구축하는 데 사용된 많은 기술이 쓸모없게 된다. 운이 좋다면 더 이상 시스템을 업데이트할 필요가 없으니 IT 부문은 '실행 중인 시스템을 절대 건드리지 말 것'이라는 리스크 회피를 위한 일반적인 조언에 따라 단순히 시스템의 기동만을 하고자 하는 경향을 갖기도 한다. 안타깝지만 이전 버전의 애플리케이션 또는 소프트웨어 스택에서 변경되는 규정이나 보안 취약성은 이러한 접근 방식을 방해할 가능성이 있다.

전통적인 IT 접근 방식은 때로는 비즈니스를 지원하고 있는 좀비를 정당화시킨다. 이와 같은 비즈니스에 필요한 좀비 시스템을 어떻게 종료할 수 있을까? 그들은 또한 디지털 기업의 경우에는 레거시를 갖기에는 너무 젊은 만큼 이와 같은 문제는 없을 것으로 단정하곤 한다. 『레거시 코드 활용 전략Working Effectively with Legacy Code』(에이콘, 2018)에 대한 마이크 페더스Mike Feathers의 강연에 참석한 150여 명의 구글 개발자들이라면 이 가정에 의문을 제기할지도 모른다. 구글의 시스템은 빠르게 발전하기 때문에 기존의 IT보다 더 빠르게 레거시 영역이 늘어난다. 따라서 그들은 레거시가 처음부터 존재하지 않는 축복을 받은 것이 아니라 이를 다루는 더 나은 방법을 찾았을 것이다.

변화에 대한 두려움

시스템이 기술에 발맞춰서 진화하지 않는다는 것은 레거시 좀비가 됨을 의미한다. 이는 변경을 위험으로 간주하는(26장) 전통적인 IT 환경에서 주로 발생한다. '실행 중인 시스템을 절대 건드리지 말 것'이라는 주지 사항을 다시 한번 떠올려 보자. 시스템 릴리스는 때로는 수개월이 걸릴 만큼 광범위하고 때로는 수동 테스트 사이클을 수반하므로 업데이트나 변경에 비용이 많이 든다. 더 나쁜 것은 시스템 기술 업데이트에 대한 비즈니스 사례가 없다는 것이다. 이러한 널리 알려진 논리는 자동차의 오일 사용을 돈 낭비로 정의하고자 하는 것과 비슷하다. 결국 당신이 무언가 하지 않는다면 차는 엔진이 멈출 때까지 달릴 것이다.

 '실행 중인 시스템을 건드리지 말 것'과 같은 슬로건은 변화가 위험을 수반한다는 믿음을 반영하고 있다.

크레디트 스위스^{Credit Suisse}의 어떤 팀은 『Managed Evolution』[1]라는 책에서 이 함정의 균형을 맞추는 방법을 소개했다. 관리형 진화의 핵심 동인은 시스템의 민첩성을 유지하는 것에 있다. 아무도 만지고 싶지 않은 시스템은 민첩성이 거의 전혀 없으며 변경 또한 어렵다. 정적인 비즈니스와 기술 환경 아래에서 이는 그렇게 심각한 문제가 아니겠지만 지금 우리가 살고 있는 세상, 환경에서는 이야기가 전혀 다르다!

 오늘날의 환경에서 시스템을 변경할 수 없음은 IT와 비즈니스 모두에 큰 문제로 여겨질 것이다.

최고를 바라는 것은 전략이라고 할 수 없다

대부분의 것에는 이유가 있다. 이는 기업 IT의 변화에 대한 두려움에도 적용된다. 이러한 조직에는 일반적으로 생산 지표를 면밀히 관찰하고 문제가 발생할 경우 신속하게 수정 사항을 배포하기 위한 도구, 프로세스, 기술이 없다. 따라서 그들은 배포하기 전에 모든 시나리오에 대해 테스트를 완료한 뒤 문제가 발생하지 않기를 바라며 애플리케이션을 어느 정도 블라인드 상태에서 실행하고자 할 것이다. 이러한 행동은 실패 사이의 평균 소요 시간^{MTBF, Mean Time Between Failure}을 최대화하는 결과를 가져올 것으로 보인다.

실패 사이의 시간을 늘리는 것은 의미 있는 접근 방식이지만 MTBF에만 집중하면 다음의 두 가지 문제를 일으킬 수 있다. 첫째, 과도한 사전 테

---

1   Stephan Murer and Bruno Bonati, Managed Evolution: A Strategy for Very Large Information Systems (Berlin: Springer, 2011).

스트로 인해 하드웨어 프로비저닝 및 소프트웨어 배포 속도가 느려질 수 있다. 또한 실제 상황에서 실패에 대한 대응이 '발생해서는 안 되는 일'로 이어지는 상황이 발생할 수 있다. 아마도 이는 운영 팀에서 듣고 싶은 말은 아닐 것이다.

이러한 팀은 접근 방식은 때로는 방정식의 반대편인 평균 복구 시간MTTR, Mean Time To Recovery을 무시하는 결과를 가져온다. 이 지표는 시스템이 문제로부터 얼마나 빨리 복구할 수 있는지를 나타낸다. 최근의 IT 부서는 두 가지 측면을 모두 중요하게 여긴다. 비유하자면 불에 잘 타지 않는 난연성 재료를 사용하면서 몇 분 내에 소방차가 현장에 도착할 수 있는 환경을 갖고자 하는 것을 들 수 있다. 내가 알고 있는 사고 대응 시간에 대한 최고의 벤치 마크 결과는 소방차가 45초 만에(!) 사고 현장에 도착한 대규모 화학 공장이었다. 공항은 일반적으로 소방차 도착까지 2~3분 정도 소요된다.[2]

 전통적인 조직은 MTBF를 최대화하는 방법에 의존하는 것으로 '최고'를 바라는 한편, 현대적인 조직은 MTTR을 최소화해 '최악'에 대비하는 접근 방식을 취하는 경향이 있다.

MTTR을 줄이려면 높은 시스템 투명성, 버전 제어, 자동화와 같은 여러 상이한 메커니즘을 포함해야 한다. MTTR을 줄이는 것은 실제로 『디지털 트랜스포메이션 엔진Accelerate』(에이콘, 2020)이라는 책에서 사용된 네 가지 소프트웨어 제공 성능 측정 방안 중 하나이자 IT 조직의 판도를 바꾸는 요소다 .

---

2   Wikipedia, 'Airport crash tender,' https://oreil.ly/e4DNF.

버전 업그레이드

좀비 문제는 IBM/360에서 실행되는 PL/1으로 작성된 시스템에만 국한되는 이야기는 아니다. 종종 애플리케이션 서버, JDK 버전, 브라우저 또는 운영체제와 같은 기본 런타임 인프라를 업데이트하면 IT 부문의 일상에 영향을 줄까 염려하고, 때로는 해당 공급 업체가 지원을 중단할 때까지 버전 업데이트가 연기되기도 한다. 다음으로 나타날 수 있는 자연스러운 반응은 소프트웨어를 새 버전으로 마이그레이션해야 하는 끔찍한 시나리오를 피하고자 공급 업체에 확장 지원을 위한 비용을 지불하는 것이다.

때로는 소프트웨어 스택의 여러 계층에 걸친 종속성으로 인해 마이그레이션이 어렵다. 예를 들어 현재 사용 중인 애플리케이션 서버 버전이 지원하지 않기 때문에 새로운 JDK로 업그레이드할 수 없으며 애플리케이션 서버의 업데이트를 위해서는 새 버전의 운영체제가 필요하기 때문에 바로 업데이트가 불가하다. 만약 운영체제를 업데이트하더라도 소프트웨어가 의존하는 일부 라이브러리 또는 기능을 사용할 수 없게 되는 상황이 발생할 수 있다.

 나는 그들이 개발한 소프트웨어가 웹브라우저의 이후 버전에서는 지원하지 않는 기능을 사용하기 때문에 인터넷 익스플로러(Internet Explorer) 6에 머물러 있는 IT 조직을 본 적이 있다.

대부분의 기업용 애플리케이션의 사용자 인터페이스를 살펴보면 브라우저 기능의 모든 부분을 활용하고 있다고는 상상하기 어려울 것이다. 그들도 분명히 특정 기능에 의존하는 대신 브라우저의 다양한 기능을 활용함으로써 브라우저 진화의 혜택을 누릴 수 있었을 것이다. 이러한 사고방식은 단기적인 최적화optimizing for the short term와 장기적인 속도 보장longterm velocity(3장) 사이의 균형이 필요하다.

아이러니하게도 IT 부문에 광범위하게 퍼져 있는 코드에 대한 두려움(11장)은 고도로 맞춤화된 프레임워크를 향한 어둡고 좁은 길로 이들을 이끈다. 버전 업그레이드는 수행 자체가 어렵고, 많은 비용을 수반하며 또 다른 좀비가 생겨나는 원인이 된다. SAP 업그레이드에 참여해 본 적이 있는 사람이라면 누구나 공감할 수 있을 것이다.

실행하기 대 변경하기

변화에 대한 두려움은 실행(운영)과 변경(개발)을 분리한 많은 IT 조직에서 실행 중인 소프트웨어가 변경을 추구하지 않는다는 것을 알려 준다. 오히려 애플리케이션 개발에 의해 가져올 수 있는 변화의 반대 의미로서 불완전한 코드를 생성하는 사람들이 두려워하는 점이기도 하다. 이런 방식으로 IT 조직을 구성한다면 시스템에 변화를 적용하기 어려워 시스템이 노화되고 이들이 레거시가 될 수 있다.

또한 실행 중인 시스템을 변경하지 않으면 IT 부문은 운영 비용을 낮게 가져갈 수 있다고 생각할 수 있다. 그러나 역설적이게도 결과는 그 반대가 맞다. 많은 IT 조직은 IT 예산의 절반 이상을 실행 및 유지 관리에 사용하고 변화하는 비즈니스 요구를 수용하고 지원하기 위한 변경 예산은 일부만 남긴다. 이는 레거시 애플리케이션을 실행하고 지원하는 데에 비용이 많이 들기 때문이다. 운영 프로세스는 때로는 수동으로 존재하며 소프트웨어가 안정적이지 않은 만큼 지속적인 주의가 필요할 수 있다. 소프트웨어가 제대로 확장되지 않아서 비싼 하드웨어를 추가로 구매해야 할 것이며 문서가 부족하다는 것은 문제 발생 시 시행 착오를 거쳐야 하며 문제 해결에 시간이 많이 소요된다는 것을 의미한다. 이것이 레거시 시스템이 귀중한 IT 자원과 기술을 갖고 보다 유용한 작업(예를 들어 비즈니스에 필요한 기능을 제공하는 등)에 활용하기 위한 IT 담당자의 뇌를 삼킨다고 묘사한 이유다.

계획된 노후화

제품을 선택하거나 제안 요청^{RFP, Request For Proposal}을 할 때 전통적인 IT 조직에서는 제품이 제공해야 할 수십에서 수백 가지 기능이 포함된 목록을 작성하는 경우가 있다. 때로는 이러한 목록을 비즈니스 요구 사항이나 회사의 IT 전략을 잘 모르는 외부 컨설턴트가 작성한다. 이때 그들은 많은 항목을 포함한 긴 목록을 만들 것이며 선택이 완전하다는 것을 입증하고자 하는 일부 IT 부문의 직원에게는 긴 목록이 더 나은 것처럼 보이기도 한다.

자동차로 비유를 들어보자면, '12V를 지원하는 콘센트를 제공하는가', '속도계가 200km/h 이상까지 보여 주는가', '4륜 구동인가'와 같이 관련된 기능의 끝없는 목록을 가지고 벤츠 대 BMW의 평가를 위해 채점하는 것과 비슷하다. 이 목록이 선택을 고민 중인 고객에게 딱 맞는 차로 이끌어 줄지 의심스럽다.

이러한 기능 목록에서 흔히 누락되는 항목 중 하나가 시스템의 폐기 및 변경을 지원하는 기능의 여부다. 시스템 교체 작업은 얼마나 쉬운가? 데이터를 정의된 형식으로 내보낼 수 있는가? 벤더 종속을 피하고자 비즈니스 로직을 추출해서 타 시스템에서 재사용할 수 있는가? 신제품 선택의 허니문 기간 동안, 결혼도 하기 전에 이혼 절차[3]에 대해 논의하는 것과 같은 느낌을 받을 수도 있다. 결혼이라는 일생에 걸친 여행을 떠날 때 이별을 어떻게 하면 좋을지를 생각하고 싶어하는 사람이 있을까? IT 시스템의 경우는 결혼과는 달리 여정이 평생에 걸쳐 이어지지 않기를 바란다. 시스템은 왔다가 가는 것을 의미한다. 따라서 당신이 헤어져야 할 시스템(또는 공급 업체)에 인질로 잡히는 것보다는 미리 준비하는 것이 나을 것이다.

아프다면 더 자주 수행할 것

'변화는 나쁜 것이다'라는 사이클로부터 어떻게 벗어나면 좋을까? 앞서 언급한 것처럼 충분한 분석과 자동화 없이 변경을 시작하는 것은 두려울 뿐만 아니라 실제로 위험에 빠뜨릴 수 있다. 소프트웨어 업그레이드 또는 마이그레이션을 꺼리는 것은 소프트웨어를 자주 빌드하고 테스트하는 것을 꺼리는 것과 비슷하다. 마틴 파울러는 여기서 벗어나기 위한 최고의 조언을 한 바 있다. '아프다면 더 자주 수행할 것.' 이 자극적인 문장 뒤에는 고통스러운 작업을 미루면 불균형과 누적으로 인해 더 고통스러워진다는 통찰력이 감춰져 있다. 예를 들어 몇 달 동안 소스 코드를 빌드하지 않았다면 한 번에 원활하게 진행되기는 쉽지 않을 것이다. 마찬가지로 소프트웨어를 실행 중인 애플리케이션 서버가 세 버전이나 뒤처져 있다면 지옥의 마이그레이션이 될지도 모른다.

이러한 작업을 자주 수행하는 만큼 일부 프로세스를 자동화하는 기능을 제공하기 쉽다. 예를 들어 자동화된 빌드 또는 테스트 스위트를 들 수 있다. 또한 마이그레이션 문제를 다루는 것도 일상이 될 것이다. 이는 구급

---

3   혼전 계약의 항목으로 이혼에 대한 내용의 경우 자산 분할을 명확히 하는 내용을 포함한다.

대원이 정기적으로 훈련하는 이유이기도 하다. 그렇지 않으면 실제 응급 상황에 놓였을 때 긴장으로 인해 적절한 대처를 하기 힘들 것이다. 물론 훈련에는 시간과 에너지가 필요하다. 그렇지만 다른 대안이 있을까?

변화의 문화

디지털 기업은 변화와 노후화에 대처할 수 있어야 한다.

 구글에 대한 우스갯소리로 모든 API에는 두 가지 버전이 존재한다는 것이 있다. 그 중 하나는 한물간 것, 다른 하나는 아직 준비가 덜 된 것이다. 사실 이는 농담이라 기보다는 현실에 가깝다.

지속적으로 발생하는 변경을 처리하는 것은 때로는 고통스러운 일이다. 작성한 모든 코드는 종속성의 변경으로 인해서 언제라도 중단될 수 있다. 하지만 이러한 변화의 문화를 실천함으로써 구글은 오늘날의 IT가 추구하는 기능 중 가장 중요한 속도를 유지할 수 있었다(35장). 안타깝게도 이는 프로젝트 팀의 성과 지표로는 거의 나타나지 않을 것이다. 앞에서 언급한 〈새벽의 황당한 저주〉에 등장하는 숀Shaun조차도 좀비가 빨리 달릴 수 없다는 것을 알고 있었다.

13

인간에게 기계가 할 일을
시키지 말 것

모든 것을 자동화하고 자동화할 수 없는 것은 셀프 서비스화한다

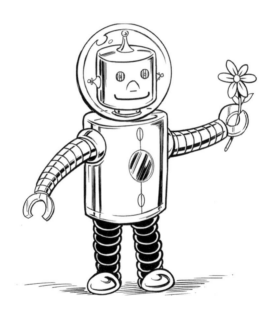

기계에게 인간이 할 일을 시키기

영화 〈매트릭스〉 3부작을 통해 대규모 IT 아키텍처에 대해 배울 수 있다고 누가 생각할 수 있었을까? 매트릭스가 기계에 의해 실행된다는 점을 인정하고 나면 이 영화에서 시스템 설계를 위한 지혜를 찾는 것이 아주

의외는 아닐 것이다. 스미스^{Smith} 요원은 모피어스^{Morpheus}가 이끄는 저항 조직의 핵심 인물 사이퍼^{Cypher}와의 거래가 실패한 후 인간에게 기계가 할 일을 시켜서는 안 된다고 가르친다.

모든 것을 자동화하자!

스스로 비즈니스 프로세스의 자동화를 수행하고 자리 잡은 기업 IT 부문이 자체적으로는 자동화되지 않은 경우가 많다는 사실은 아이러니로 다가온다. 나는 회사 경력을 쌓던 초기에 대규모 인프라 설계자 모임에서 '모든 것을 자동화하고 자동화할 수 없는 부분은 셀프 서비스화해야 한다'라고 주장한 바 있다. 당시의 반응은 혼란스러움, 불신, 가벼운 분노에 이르기까지 다양했던 것으로 기억한다. 이러한 생각을 아마존 등 디지털 기업들 중 일부가 실현한 바 있다. 그리고 그 과정에서 사람들이 IT 인프라를 조달하고 이에 접근하는 방식을 혁신했다. 이 회사들은 또한 인프라를 구축하려고 업계 최고의 인재를 유치했다. 기업의 IT 부문이 비즈니스와 연관성을 유지하려면 이는 꼭 생각해야 봐야 할 점이다.

단지 효율만을 생각한 이야기는 아니다

테스트 기반 개발이 테스트 기술이 아닌 것처럼(주로 설계 기술) 자동화는 효율성이 아닌 주로 반복성과 탄력성에 관한 것이다. 공급 업체의 한 설계자는 자주 수행되지 않는 작업에 자동화를 구현할 경우 경제성을 잃게 되므로 해서는 안 된다고 말했다. 당시 공급 업체는 자동화를 구현하는 데 수동으로 작업을 완료하기보다 더 많은 시간이 소요될 것이라고 계산했다(공급 업체도 고정 가격 계약 상태였던 것으로 보임).

나는 반복성과 추적성에 대한 가설을 세우고 이 추론에 도전했다. 인간이 관여하는 모든 곳에서 실수가 발생할 수 있으며 적절한 문서화 없이 작업이 임의로 수행될 것이다. 그래서 기계의 일을 하도록 인간을 보내지 않는 것이다. 오류율은 실제로 작업자가 자주 수행하지 않는 작업에서 가장 높을 수 있다.

두 번째 반례counter-example는 재해 시나리오와 이에 따른 시스템 중단이다. 자주 발생하지 않기를 바라지만 발생할 경우 시스템이 최대한 빨리 실행 가능한 상태로 돌아갈 수 있도록 할 수 있다. 이 경우 경제성을 고려한 주장은 인력을 절약하는 것이 아니라 노동 비용을 훨씬 초과하는 정전 시의 비즈니스 손실을 최소화하는 것이다. 이러한 접근 방식을 가능하게 하려면 먼저 속도의 경제(35장)를 이해해야 한다. 그렇지 않으면 실제로 화재가 발생할 확률이 낮다는 점을 감안할 때 모든 소방차와 펌프는 경제적이지 않으므로 소방대가 양동이를 사용해야 함을 주장할지도 모를 일이다.

반복성은 자신감을 키운다

작업을 자동화하는 경우 일반적으로 얻을 수 있는 가장 큰 이점은 자신감의 향상이다. 예를 들어 마크다운Markdown을 이용해 책의 자체 출판 버전을 작성했을 때 서로 다른 두 가지 버전을 유지해야 했다. 전자책ebook 버전은 장chapter 참조를 위해 하이퍼링크를 사용하는 반면에 인쇄 버전은 장 번호를 사용했다. 나는 형식을 수동 변환하는 데 금방 지쳤고, 인쇄 버전과 전자출판epub 버전의 텍스트를 전환하기 위한 2개의 간단한 스크립트를 개발했다. 쉽기 때문에 스크립트를 멱등성idempotent으로 만들었다. 따라서 스크립트를 여러 번 실행해도 문제가 되지 않았다. 이 스크립트를 사용하면 어떤 문제도 발생하지 않을 것을 확신했기에 형식 간 전환에 대해 걱정하지 않을 수 있었다. 자동화는 사람을 단순 업무로부터 해방시켜 작업을 가속화한다.

셀프 서비스

모든 것이 완전히 자동화되면 사용자는 셀프 서비스 포털에서 일반적인 절차를 직접 실행할 수 있게 된다. 필요한 매개 변수(예: 서버 크기)를 전달하려면 주문 대상에 대한 명확한 모델을 가져야 한다. 아마존 웹 서비스 Amazon Web Services는 직관적인 사용자 인터페이스의 좋은 예를 제공한다. 이 인터페이스는 전 세계 모든 컴퓨터에서 서버에 연결할 수 있음을 경고 메시지를 통해 알릴 뿐 아니라 액세스를 쉽게 제한할 수 있도록 IP 주소를 감지한다.

 리눅스 서버 주문에 필요한 스프레드 시트를 작성할 때 필요한 것이 무엇인지 이해하지 못했기 때문에 기존 서버에서 네트워크 설정을 복사하라는 지시를 받았다.

좋은 사용자 인터페이스를 설계하는 것은 정교한 '배관'에 숨어 작업하는 데 익숙한 인프라 엔지니어에게 어렵지만 귀중한 경험이 될 수 있다. 또한 제작된 각각의 조각보다 훨씬 더 흥미 진진한 해적선(19장)을 보여 줄 수 있는 기회이기도 하다.

 셀프 서비스는 반자동화된 프로세스보다 일반적으로 더 나은 제어, 정확성, 추적성을 제공할 수 있다.

셀프 서비스가 인프라 변경에 관여하는 모두를 자유롭게 한다는 의미는 아니다. 셀프 서비스 레스토랑에 여전히 계산원이 있는 것처럼 사용자의 변경 요청에 대한 유효성 검사와 승인이 필요하다. 그러나 사용자가 자유 형식 텍스트 또는 엑셀Excel 스프레드시트spreadsheet로 된 요청을 다시 입력해야 하는 대신에 요청이 승인되면 워크플로가 요청된 변경 사항에 대해 추가적인 사용자 개입 및 오류 가능성 없이 운영 환경에 배포할 수 있다. 셀프 서비스는 또한 입력 오류를 줄인다. 자유 형식의 텍스트 또는 엑셀 스프레드시트는 유효성 검사를 거의 수행하지 않기 때문에 입력 오류로 인해 메일 발송 등 전달에 거의 시간이 걸리지 않는다. 자동화된 접근 방식은 사용자에게 즉각적인 피드백을 제공하고 주문이 실제로 사용자가 필요로 하는 것을 반영하는지 확인한다.

셀프 서비스를 넘어서

셀프 서비스 포털은 스프레드시트를 이메일로 보내는 것에 비해서 크게 개선됐다. 그러나 구성 변경을 위한 가장 좋은 위치는 소스 코드 저장소이며 여기서 풀pull 요청과 이어지는 병합 작업을 통해 승인을 처리할 수 있다. 승인된 변경 사항은 프로덕션을 향한 자동 배포를 트리거한다. 소스 코드 관리는 주석 및 감사 추적을 포함한 검토와 승인 프로세스를 통해 대량의 복잡한 변경을 관리하는 방법을 오랜 시간에 걸쳐 고도화시켜 왔다. 구성 변경에 이러한 프로세스를 활용하는 것을 통해 소프트웨어 개발자처럼 생각할(14장) 수 있도록 해야 한다. 요즘에는 어떤 좋은 아이디어라도 유행어가 있어야 입소문이 퍼지는 것이 느껴지는데 소스 저장소를 사용해 코드와 구성을 관리하는 것을 '깃옵스GitOps'라고 부른다.

대부분의 엔터프라이즈 소프트웨어 공급 업체는 사용하기 쉬우면서 비용 절감을 불러오는 GUI를 핵심 요소로 제시한다. 그러나 대규모 작업에서는 그 반대에 가깝다. 사용자 인터페이스에 대한 수동 입력은 특히 반복적인 요청이나 복잡한 설정의 경우 오히려 번거롭고 오류가 발생하기 쉽다. 구성에 미세한 차이가 있는 10대의 서버가 필요한 경우 이 데이터를 반복해서 10번 입력하겠는가? 따라서 완전히 자동화된 구성은 다른 시스템과 통합되거나 상위 수준 자동화의 일부로서 스크립트화될 수 있는 API를 통해 수행돼야 한다.

 나는 사용자 인터페이스에서 인프라를 변경할 수는 없지만 버전 관리 자동화를 통해 수행해야 한다는 규칙을 정한 적이 있다. 이것은 많은 공급 업체의 데모에 장애물을 심는 결과를 가져왔다.

사용자가 원하는 것을 지정하고 높은 품질의 결과물을 신속하게 제공하는 것은 어찌 보면 매우 행복한 시나리오처럼 보인다. 그러나 우리가 나아갈 디지털 세계에서는 항상 조금 더 발전할 여지가 있다. 예를 들어 구글 나우^{Google Now}를 탄생시킨 구글의 제로 클릭 검색^{zero-click search} 계획은 특히 모바일 기기에서 단 한 명의 사용자 클릭으로도 많은 부담을 줄 수 있음을 떠올렸다. 시스템은 항상 질문을 하기 전에 사용자의 요구와 답변을 예상할 수 있어야 한다. 마치 맥도날드에 가서 좋아하는 메뉴와 함께하는 행복한 식사를 카운터에서 이미 기다리고 있는 것과 같다고 할 수 있다. 자, 이제부터는 고객 서비스의 영역이다! IT 환경에서 이에 상응하는 것의 하나로 자동 확장을 들 수 있으며 이를 통해 인프라는 사람의 개입 없이 부하가 증가하는 상황에서 추가 용량을 자동으로 프로비저닝할 수 있게 된다.

자동화는 일방 통행이 아니다

자동화는 일반적으로 하향식 접근에 중점을 둔다. 예를 들어 고객의 주문 또는 상위 레이어의 구성 요소의 요구에 따라 하위 레이어의 장비를 구성한다. 그러나 여기서 인간이 관여하는 모든 곳에서 통제는 환상(27장)이 될 수 있음을 알게 될 것이다. 또한 '제어'를 위해서는 현재 시스템의 상태를 참조할 수 있도록 양방향 통신이 필요하다. 방이 너무 뜨거우면 제어 시스템이 히터 대신 에어컨을 켜도록 하는 것을 들 수 있다. 이는 IT 시스템 자동화에서도 마찬가지이며 주문할 하드웨어의 양이나 요청할 네트워크 변경 사항을 지정하려면 먼저 현재 상태를 파악해야 한다. 따라서 기존 시스템 구조에 대한 완전한 투명성과 함께 명확한 단어의 통일이 가장 중요하다. 이전의 사례 중에 데이터 센터에 새 애플리케이션을 배포하기 위한 충분한 여유 공간이 있는지 파악하는 데 몇 주가 걸린 일도 있다. 이와 같이 현재 상황을 이해하는 데 몇 주가 걸린다면 프로세스 자동화는 도움이 되기 어렵다.

인프라를 완전히 자동화하고 변경 불가능하게 만드는 경우(즉 수동 변경이 전혀 허용되지 않는 상태) 실제 구성이 구성 스크립트에 지정된 내용과 일치한다는 가정하에 작업을 시작할 수 있다. 이 경우 투명성은 사소한 요소로 받아들여지며 스크립트만 보면 된다. 이러한 설정은 바람직한 최종 상태라고 할 수 있으나 대규모 IT 자산에서 이를 일관되게 구현하려면 상당한 노력이 필요하다. 예를 들어 레거시 하드웨어 또는 애플리케이션까지 자동화하기는 어려울 것이다.

명시적인 지식은 좋은 지식이다

암묵적인 지식은 직원의 머릿속에만 존재하고 어디에도 문서화되거나 암호화되지 않은 지식을 뜻한다. 이러한 문서화되지 않은 지식은 쉽게 잃어버릴 수 있으며 새로운 직원으로 하여금 기존 구성원들이 이미 알고 있는 것을 다시 배우도록 하기 때문에 대규모 또는 빠르게 성장하는 조직에 큰 부담이 될 수 있다. 운영자의 머리에만 존재하는 암묵적인 지식을 스크립트, 도구 또는 소스 코드로 만든다면 이러한 프로세스를 볼 수 있고, 지식 이전 또한 쉽게 할 수 있다.

암묵적인 지식은 규제 대상 산업의 기업이 잘 정의되고 반복 가능한 원칙과 절차에 따라 운영되도록 하는 업무를 수행하는 규제 기관에 있어서도 심각한 문제다. 완전한 자동화는 그 과정에서 프로세스를 명확하게 정의해 작성되지 않은 규칙과 수동 프로세스에 내재된 원하지 않는 변형을 제거하는 역할도 수행한다. 결과적으로 자동화된 시스템은 준수 여부를 감사하기가 더 쉽다. 아이러니하게도 기존 IT 조직은 분리된 업무 형태를 유지하려고 수동 작업을 고집하는 경우가 많으며, 자동화된 프로세스를 수동으로 승인하면 우려 사항과 반복성을 분리할 수 있다는 사실을 무시하는 경우가 많다.

인간을 위한 장소

모든 것을 자동화해도 인간을 위한 자리가 남아 있을까? 컴퓨터는 반복적인 작업을 인간보다 훨씬 잘 수행하고 바둑에서도 AI의 발전으로 인간은 더 이상 타의 추종을 불허하는 위치는 아니지만, 창의적인 아이디어를 내고 사물을 디자인하고 자동화하는 데 여전히 최고의 자리에 있다. 인간은 이러한 업무 분리를 고수하면서 스카이넷Skynet이 언제든지 세계를 장악할 것이라는 두려움은 접어 두고 기계가 반복 가능한 작업을 수행하도록 해야 할 것이다.

14

소프트웨어가
세상을 삼키면 버전 관리의
중요성은 더 커진다

인프라를 소프트웨어 정의 기반으로 관리하고자 한다면
소프트웨어 개발자처럼 생각해야 한다

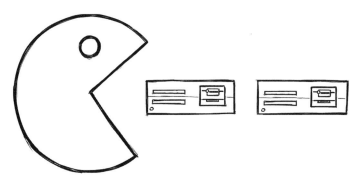

소프트웨어가 인프라를 삼키다

소프트웨어가 실제로 세상을 삼킨다면 아침 식사로 IT 인프라를 준비할 것이다. 가상머신^{VM, Virtual Machine}과 컨테이너에서 서버리스^{serverless} 아키텍처로 빠르게 발전하는 인프라 가상화는 코드를 하드웨어에 프로비저닝하는 작업을 순수한 소프트웨어 영역으로 밀어넣는다. 이는 놀라운 기능이자 클라우드 컴퓨팅의 중요 가치 중 하나라고 할 수 있지만, 기업 IT와 코드와의 불안한 관계(11장) 및 최신의 개발 수명 주기에 대한 인식의 부족은 이를 위험한 제안으로 만들지도 모른다.

SDX: 소프트웨어 정의의 모든 것

대부분의 기존 IT 인프라는 유선 환경 또는 수동 구성으로 이뤄진다. 서버는 랙에 적재되며 케이블로 연결되고, 네트워크 스위치는 툴와 구성 파일을 사용해 수동으로 구성된다. 이들 장비를 금속^{metal}이라는 이름으로 사랑스럽게 부르는 운영 담당자들은 일반적으로 다음의 상황에 매우 만족한다. 이는 프로그래머를 중요 인프라 영역에서 떨어져 있도록 하고 있다. 여기서 마지막으로 필요한 것은 애자일 개발과 같은 것으로, 이는 여전히 무작위로 작업을 수행하고 최선을 바라는 것으로 널리 잘못 해석되고 있다(31장).

그러나 이러한 인식 또한 빠르게 변화하고 있으며 물론 이는 좋은 일이다. 인프라의 지속적인 가상화를 통해 한때 트럭으로 배송되거나 수동으로 유선 연결했던 리소스들을 클라우드 서비스 공급 업체의 API 호출을 통해 사용할 수 있게 됐다. 마치 자동차 대리점에서 흥정을 하고 4개월을 기다렸다가 인도 받는 것과, 휴대전화로 우버^{Uber}를 호출하고 3분 후 이를 이용할 수 있는 차이와 비슷하다.

가상화되고 프로그래밍 가능한 인프라는 디지털 애플리케이션의 확장성 및 진화에 대한 요구 사항을 충족하는 데 필수적이다. 서버를 확보하는 데 4주가 걸리고 거기에 적절한 네트워크 세그먼트에 배치하는 데 4개월이 걸린다면 애자일 비즈니스 모델은 꿈에 지나지 않을 것이다.

운영체제 수준의 가상화는 전혀 새로운 발상이 아니지만 '소프트웨어 정의'로 이동하는 추세는 소프트웨어 정의 네트워크^{SDN, Software-Defined Network}

와 본격적인 소프트웨어 정의 데이터 센터^{SDDC, Software-Defined DataCenter}로

확장되고 있다. 이것만으로 충분치 않다면 컴퓨팅, 스토리지, 네트워크

를 포함한 데이터 센터에서 찾을 수 있는 모든 것에 대한 가상화를 포함

하는 소프트웨어 정의의 모든 것, 즉 확장된 SDX를 선택하는 것 또한 가

능하다. 어떤 마케팅 부서에서는 IaC^{Infrastructure as Code}라는 용어를 만들었

는데 해당 도구들 대부분이 실은 코드가 아닌 구성(11장)을 통해 수행한

다는 사실은 인지하지 못한 것으로 보인다.

이제껏 그래왔듯이 5년 이상 이전의 시스템을 설명하는 구글의 연구 논

문을 읽는 것으로 IT의 미래를 들여다볼 수 있다(구글의 클러스터 관리 시스

템인 보그^{Borg[1]}에 대한 공식 논문은 내부 보고 이후에 거의 10여 년이 지난 2015년에

발표된 바 있다). SDN이 어디로 향하고 있는지 알고 싶다면 구글이 이른바

주피터 네트워크 아키텍처^{Jupiter Network Architecture}로 무엇을 했는지 살펴보

자.[2] 너무 바빠서 전체를 살펴보기 힘들다면 이 3줄짜리 소개가 도움이

될 것이다.

> 우리의 최신 주피터 네트워크는 1페타비트/초 이상의 총 이분 대역폭(bisec
> tion bandwidth)을 제공한다. 이는 100,000개의 서버 각각이 10Gb/s의 속도
> 로 각자 임의의 패턴으로 통신할 수 있음을 의미한다.

이러한 기능은 애플리케이션의 요구 사항에 기반해 구성할 수 있으며 전

체 인프라 가상화의 통합 부분으로 여겨지는 네트워크 인프라를 확보해

야만 달성할 수 있다.

---

1   A. Verma et al., 'Large-Scale Cluster Management at Google with Borg,' Google, Inc., https://oreil. ly/ uGbf5.

2   Amin Vahdat, 'Pulling Back the Curtain on Google's Network Infrastructure,' Google AI Blog, August 18, 2015, https://oreil.ly/JWczw.

직조공의 봉기?

하지만 새로운 도구가 의미를 가지려면 새로운 사고방식이 필요하다. '도구를 가진 바보는 여전히 바보다ª fool with a tool is still a fool.' 나는 새로운 도구와 새로운 사고방식에 익숙하지 않다고 해서 바보가 될 필요는 없다고 생각하기에 이 문장을 좋아하지 않는다. 예를 들어 인프라와 운영 부문의 많은 사람들은 현대적인 소프트웨어 개발의 수행 방식으로부터 멀리 떨어져 있다. 이를 이유로 바보가 되는 것은 아니지만 소프트웨어 정의의 세계로 마이그레이션하지 못하게 될 것이다. 단위 테스트, 지속적 통합CI, Continuous Integration 또는 빌드 파이프라인에 대해 들어 본 적이 없을 수도 있다. 그들은 애자일이 '우연'의 동의어라고 믿었고, 거기에 점진적으로 변화하는 시스템에서 구성 요소를 재구성하고 생성함으로써 불변성immutability이 필수 속성이 된다는 인식을 가질 만큼 시간이 충분치 않았을 것이다.

그 결과 더 빠르게 변화하고 혁신하는 주기를 요구하는 IT 생태계의 병목 현상에도 운영팀은 소프트웨어 정의를 작성할 수 있는 애플리케이션 담당자에게 그들의 도메인을 넘겨줄 준비가 돼 있지 않다. 소프트웨어 정의 인프라의 경제적인 이점이 너무나 이러한 흐름을 막을 수 없기에 이를 직조공의 봉기Loomer Riots와 유사하다고 말할 수 있겠다.[3] 동시에 빛을 밝힌 채로 기존의 시스템을 가장 잘 이해하는 사람들을 참여시키는 것이 중요하다. 따라서 우리는 이러한 딜레마를 무시해서는 안 될 것이다.

 소프트웨어가 세상을 삼킨다면 기계에게 무엇을 해야 할지 알려 주는 사람과 그 반대의 사람이라는 두 종류의 사람만 존재할 것이다.

---

3   1800년대 초 영국에 기계식 직조기가 도입된 후 실업률의 증가와 함께 직조공들의 임금이 감소됐고 그들은 이 새로운 직조기를 없애기 위한 봉기를 일으켰다.

모두에게 '코드란 무엇인가?'[4]를 설명하는 것은 문제를 풀어 나가기 위한 첫 단계가 될 수 있다. 코딩이 가능한 고위 관리자 롤 모델role model을 많이 보유하는 것 또한 좋은 단계가 될 수 있겠다. 그러나 소프트웨어 정의 세계에서 성공적인 생활을 영위하는 것은 프로그래밍이나 스크립팅을 배우는 것과 같이 단순한 문제가 아니다.

소프트웨어 개발자는 실행을 취소하지 않고 새로 만든다

가역성reversibility은 소프트웨어 개발자가 다른 방식으로 생각하는 생생한 예가 된다. 이는 새롭게 적용한 구성이 동작하지 않는 경우 안정적인 상태로 신속하게 되돌릴 수 있는 기능을 뜻한다.

 내가 속한 팀이 인프라 공급 업체에게 이전의 안정적인 인프라 구성으로 되돌리는 기능을 요청했을 때 그들은 각각의 작업에 대해 명시적인 실행 취소 스크립트가 필요하다고 응답해 왔다. 이는 엄청난 추가 투자가 필요함을 의미한다. 분명 그들은 소프트웨어 개발자처럼 생각하지 않았을 것이다.

수동 업데이트를 사용하면 이전의 안정적인 상태로 되돌리는 것은 매우 어렵고 복잡한 작업이 되며 성공하더라도 시간이 많이 걸린다. 소프트웨어 정의의 세계에서는 훨씬 쉽게 받아들일 수 있다. 숙련된 소프트웨어 개발자는 자동화된 빌드 시스템이 바이너리 이미지나 구성과 같은 아티팩트artifact들을 처음부터 빌드 가능하다면 이전 버전으로 되돌리는 것 또한 쉽다는 것을 알고 있다. 따라서 개발자는 변경 사항들을 명시적으로 실행 취소하는 대신에 그림 14-1에서 나타내는 것처럼 버전 제어를 통

---

4   Paul Ford, 'What Is Code?' BusinessWeek, June 11, 2015, https://oreil.ly/n2hmb. BusinessWeek, June 11, 2015, https://oreil.ly/n2hmb.

해 마지막으로 안정적으로 동작한 버전으로 재설정하고 처음부터 다시 빌드한 후 이전의 구성을 다시 게시한다.

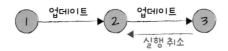

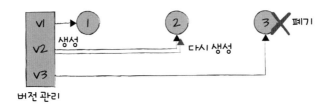

그림 14-1. 전통적인 사고와 버전 제어적인 사고

이러한 사고방식은 소프트웨어를 처음부터 다시 생성하는 데에 큰 수고가 들지 않기 때문에 실현할 수 있다. 인프라를 소프트웨어 정의를 통해 구축한다면 일시성을 의도해서 만드는 것 또한 가능하다. 이것은 특히 모든 하드웨어의 감가상각 비용을 고려할 때 사고방식의 의미 있는 변화라고 할 수 있겠다. 그러나 이런 식으로 생각해야만 소프트웨어 정의의 진정한 이점을 활용할 수 있다.

복잡한 소프트웨어 프로젝트에서 롤백roll back은 매우 일반적인 절차이며, 자동화된 테스트에 실패하면 빌드가 '빨간불' 상태가 되고 이른바 '빌드 캅build cop'이 동작을 시작한다. 빌드 캅은 문제가 되는 코드를 체크인한 개발자에게 신속하게 수정하거나 해당 코드를 이전으로 되돌리도록 요청할 것이다. 구성 자동화 도구는 이전의 안정적인 상태로 돌리는 기능을 포함하며 인프라 구성을 되돌리거나 자동으로 재구성하는 데 적용할 수 있다.

눈송이 녹이기

소프트웨어 정의 인프라는 '눈송이 서버snowflake server'가 되는 것을 피한다. 재설치 없이 오랫동안 실행돼 온 서버는 다음과 같은 고유한 구성을 갖는다. 즉 모든 눈송이가 고유의 형태를 갖는 것처럼 '눈송이 서버'는 표준 구성과 일치하지 않는 서버를 뜻하며, 일반적으로 이들은 수동으로 세심하게 관리된다.

 '이 서버는 3년 동안 재부팅 없이 동작해 왔다'라는 것은 자랑거리가 아니다. 이 눈송이 서버가 다운될 경우 누가 이를 다시 만들 수 있을까?

소프트웨어 정의의 세계에서 서버 또는 네트워크 구성 요소는 자바 빌드 아티팩트를 다시 만드는 것처럼 손쉽게 자동으로 재구성하거나 만들 수 있다. 소프트웨어를 통해 몇 분이면 쉽게 다시 생성할 수 있어 더 이상 서버 인스턴스가 엉망이 될까 봐 두려워할 필요가 없다.

따라서 소프트웨어 정의 인프라는 단순히 하드웨어 구성을 소프트웨어로 대체하는 것이 아니라 잘 규정된 개발, 자동화된 테스트, CI를 기반으로 엄격한 개발 수명 주기를 채택하는 것을 의미한다. 지난 수십 년에 걸쳐 소프트웨어 팀들은 품질을 유지하면서 빠르게 변화하는 방법을 익혀 왔다. 하드웨어의 문제를 소프트웨어 문제로 전환하면 이러한 지식을 활용할 수 있다.

자동화된 품질 검사

구글의 주요 인프라 중 하나로 들어온 트래픽을 적절한 유형의 서비스 인스턴스로 보내는 라우터가 있다. 예를 들어 maps.google.com에 대한 HTTP 요청은 검색 페이지가 아닌 지도 데이터의 제공을 담당하는 서비스로 전달된다. 라우터는 정규식으로 구성된 수백 개의 파일로 제어 가능하도록 구성돼 있다. 물론 이러한 파일은 버전 관리되고 있다.

 엄격한 코드 검토에도 누군가가 서비스 라우터에 잘못된 구성을 반영했고 그로 인해 요청이 서비스 인스턴스로 라우팅되지 않아 대부분의 구글 서비스가 중단됐다. 다행히 버전 관리 덕분에 이전 버전으로 빠르게 복원됐다. 구글의 해답은 이 파일에 대한 변경을 허용하지 않는 것이 아니다. 그로 인해 속도가 느려질 수 있기 때문이다. 오히려 파일이 코드 저장소에 체크인되기 전에 구문 오류나 충돌을 감지하도록 파이프라인에 프로세스가 추가됐다.

이와 같이 소프트웨어 정의 인프라에 대해 작업할 때는 소프트웨어 개발에서와 같은 방식으로 작업해야 한다.

적절한 언어를 사용할 것

구글에 대해 한 가지 재미있는 점은 이러한 유행어가 만들어지기 전에 그들은 이미 이러한 요소들을 갖고 있었기에 '빅데이터', '클라우드' 또는 '소프트웨어 정의 데이터 센터'와 같은 키워드를 사용할 일이 없었다는 것이다. 구글 인프라의 대부분은 10년 전에 이미 소프트웨어 정의 인프라로 만들어져 있었다. 애플리케이션의 규모가 커짐에 따라 데이터 센터에 배포되는 많은 인스턴스를 구성하는 일이 반복 작업이 돼 갔다. 예를 들어 애플리케이션이 7개의 프론트 엔드(1~7)와 2개의 백엔드(A, B)로 구성된 경우 프론트 엔드 1~4는 백엔드 A에 연결되고 프론트 엔드

5~7은 백엔드 B에 연결된다고 가정해 보자. 각 인스턴스에 대해 각각의 구성 파일을 관리하는 것은 시스템이 확장되거나 축소될 때 번거로운 일이며 오류가 발생하기 쉬워진다. 대신 개발자는 BCL^{Borg Configuration Language}(https://oreil.ly/2qfVz 참고)이라는 잘 정의된 언어를 통해 구성을 작성했다. 이 언어는 템플릿과 함께 값의 상속 기능과 map()과 같이 목록을 조작하기 위한 내장 함수를 지원한다.

구성 파일의 함정(11장)을 피하면서 배포 방식을 정의하기 위한 사용자 지정 언어를 배우는 것은 소프트웨어 개발자에게 자연스러운 접근 방식일 것이다.

구성 프로그램이 더 복잡해짐에 따라 테스트와 디버깅이 문제가 되자 사람들은 대화형 표현식과 단위 테스트 도구를 개발했다. 이것이 바로 소프트웨어 개발자들이 문제를 해결하려고 수행하는 일이다. 소프트웨어로 소프트웨어의 문제를 해결하는 것이다!

BCL 예제는 인프라를 소프트웨어 개발 수명 주기의 일부로 만드는 잘 정의된 언어 및 도구를 통해 실제 소프트웨어 정의 시스템의 모습을 설명한다. 공급 업체가 종종 자랑하고 싶어하는 좋아하는 인프라 구성을 위한 GUI는 소프트웨어 수명 주기에 통합되기 어렵고 테스트가 불가능하거나 오류가 발생하기 쉬우므로 금지하는 것이 좋다.

소프트웨어는 한 번에 하나의 변경 사항을 통해 세상을 삼킨다

소프트웨어 정의에는 몇몇의 스크립트와 구성 파일보다 훨씬 많은 것이 감춰져 있다. 이는 어찌 보면 인프라를 소프트웨어 개발 수명 주기^{SDLC, Software Development Life Cycle}의 일부로 만드는 것에 가깝다. 첫째, SDLC가 빠르고 체계적이며 자동화돼 있으며 품질 지향적인지 확인해야 한다. 둘째, 소프트웨어 정의 인프라에 동일한 방침을 적용하자. 그렇지 않으면 SDA는 소프트웨어 정의 액세스Software Defined Access가 아니라 소프트웨어 정의 아마겟돈Software Defined Armageddon이 돼 종말을 맞이할지도 모른다.

15

A4 용지는 창의적 사고를
막지 않는다

개발자에게 백지를 제공하는 견고한 플랫폼

창의력에는 경계가 없다

오늘날의 IT 부서는 서로 상충되는 것으로 생각되는 두 가지 목표를 충족해야 한다. 비즈니스 환경은 IT 지출에 압력을 가하는 반면, 디지털 파괴자는 IT가 변화와 혁신의 속도를 높이도록 요구한다. IT 부문에서 비용이 발생하는 주된 요소 중 하나는 IT 환경의 조화다. 사용 중인 다양한 애플리케이션과 기술의 수를 줄이면 규모의 경제가 극대화되며 공급 업체와의 협상력이 향상되며 기술 요구 사항이 줄어들지만 이는 결과적으로 기술력 부재의 주요 요인이 될 수도 있다.

언뜻 보기에 이러한 노력은 혁신과는 상충되는 것처럼 보인다. 수많은 매개 변수가 고정돼 있다면 기업은 혁신을 실현할 수 있을까? 혁신은 이미 확립된 규범과 표준에 대해 끊임없이 실험하고 의문을 제기하는 자유를 필요로 하지 않는가? 흥미롭게도 어떤 조화는 혁신의 방해가 되지 않을 뿐만 아니라 이를 향상시키기도 한다.

이 책에서 반복되는 주제를 따라가면 우리는 다시 한번 현실 세계의 용지로부터 힌트를 얻을 수 있다.

A4 용지

미국을 제외하면 세계적으로 가장 잘 알려진 표준 중 하나가 용지 크기 표준이다. 전 세계에서 인쇄 또는 쓰기에 사용되는 가장 일반적인 용지의 크기는 A4 용지일 것이다. A4 용지는 한 장에 너비 210mm, 길이 297mm의 정확한 표준을 갖고 있다. 언뜻 보기에 이러한 표준을 설정하는 것은 때로는 임의적이며 제한적인 것처럼 보일 수 있다. 하지만 좀 더 자세히 살펴보면 둘 다 맞는 이야기는 아니다.

1922년에 정의된 DIN A 용지 크기[1] 제품군은 임의로 설정된 수치에 기반하지 않는다. 정의된 길이와 너비의 비율은 언제나 2의 제곱근과 같다는 규칙을 갖는다. 이 독특한 속성 덕분에 긴 가장자리를 따라서 나란

---

1   DIN은 독일표준협회(Deutsches Institut für Normung)의 약자로서 각종 표준을 정의하고 관리하는 독일 국가 기관의 이름을 나타낸다.

히 놓인 작은 크기의 두 장은 이보다 한 사이즈 큰 용지 한 장과 같은 크기가 된다. 이 특성으로 인해 두 장의 A4 용지는 A3 용지 하나를 만들게 된다. A5 용지가 부족한 경우 A4 용지의 가운데를 접어 이를 자르면 정확한 크기의 A5 용지 두 장을 얻을 수 있다. 꽤 편리하지 않은가?

아직 더 있다. 두 장의 A4 용지가 A3 용지를 만들고 두 장의 A3 용지가 A2 용지를 만드는 식으로 16장의 A4 용지를 사용하면 A0 용지를 만들 수 있다. 그러면 이 시트는 얼마나 커져야 할까? 1제곱미터, 다시 가장자리의 치수가 2의 제곱근 관계를 가지므로 크기는 841mm×1189mm이 된다. 따라서 일반적인 80g 용지 세 장을 보낼 때 추가로 우편 요금이 필요한지 궁금하다면 각 용지의 무게가 제곱미터의 1/16, 즉 용지당 80/16 = 5g이라고 간편하게 계산할 수 있다. 비교를 위해 #20 용지[2] 세 장의 무게를 온스 단위로 계산해 보자.

무엇보다 용지 크기를 표준화하면 수많은 용지 크기 중에서 선택하는 수고를 줄일 수 있는 장점이 있다. 또한 깔끔하게 쌓을 수 있고 같은 크기의 슬리브, 봉투, 서랍, 펀치, 복사기 등을 사용할 수 있게 되므로 걱정거리가 줄어들 것이다. A4 크기 용지는 너무나 보편적으로 사용되며 내 노트북조차도 A4 크기여서 이 용지를 넣을 수 있도록 설계된 모든 서류 가방에 딱 맞는다.

중요한 것은 규범을 따르고 있지만 이와 같은 용지 표준은 창의성을 저해하지 않는다는 것에 있다. 이러한 용지에는 원하는 대로 그림을 그리거나 글을 쓸 수 있다. 나는 용지의 특이한 크기 때문에 이와 같은 작업을 할 수 없다는 사람은 아직까지 본 적이 없다. A4 용지는 사용자가 용

---

2 #20은 22×17인치로 정의되는 용지의 500매 단위의 파운드의 무게를 뜻한다.

지 형식에 대한 불확실성을 어떻게 처리할지 고민하는 대신에 종이에 담을 창의적인 측면에 집중할 수 있어 실제로 창의성을 증가시킨다고 말할 수 있을 것이다.

따라서 IT 구성 요소를 표준화할 때 역시 용지 표준과 유사한 기준을 찾을 수 있어야 한다. 삶을 단순화하고 규모의 경제를 달성하려고 표준화하되 작업할 수 있는 백지를 사용자에게 제공하는 것이다.

제품 표준은 제한하고 인터페이스 표준은 활성화시킨다

IT 부서가 그들의 포트폴리오의 조화를 꾀하는 경우 일반적으로 제품 표준화를 목표로 설정한다(32장). 예를 들어 애플리케이션에서 사용할 데이터베이스 또는 애플리케이션 서버를 들 수 있겠다. 제품 표준화는 다음과 같이 고전적 규모의 경제(35장) 전략인 번들 구매를 통해 다양성을 줄이고 비용을 절감할 수 있다. 또한 회사가 특정 제품이나 공급 업체에 지출하는 금액이 클수록 보다 나은 거래를 성사시킬 수 있다. 그러나 A4 용지와 달리 이러한 제품 표준은 개발자의 선택을 제한하는 경향이 있어 각광받기는 어렵다.

반대로 가장 성공적인 기술 표준은 제품 또는 구성 요소를 결합하는 방법에 영향을 미치는 표준이다. 이러한 표준을 인터페이스 표준 또는 호환성 표준이라고 부른다. IT 영역에 영향을 미치는 인터페이스 표준의 대표적인 예로 하이퍼텍스트 전송 프로토콜HTTP, HyperText Transfer Protocol을 들 수 있다. HTTP는 모든 브라우저가 각종 프로그래밍 언어와 기술로 구현된 어떤 웹 서버에도 연결할 수 있도록 해 우리가 알고 있는 인터넷 혁명을 가능하게 했다. 그 결과 각 부품은 쉽게 교환할 수 있게 됐으며 각각 독립적인 진화가 가능해졌다. 예를 들어 보급된 모든 브라우저를 교체하지 않고도 누구나 고성능의 웹 서버를 개발할 수 있게 됐다.

플랫폼 표준

인터페이스와 제품 표준의 이점을 결합하는 것을 통해 A4 용지와 같은 효과를 발휘하는 유용하면서도 보다 일반적인 접근 방식을 소개한다. 이러한 표준을 플랫폼 표준platform standard 또는 간단하게 플랫폼이라고 부른다. 플랫폼 표준은 먼저 IT를 두 부분으로 나눈다. 경쟁에 대해 차별화 가능한 요소를 형성하기 어려운 부분을 표준화하는 하위 계층과, 직접적인 비즈니스 가치와 제품 차별화를 제공하는 소프트웨어의 상위 계층이 그것이다.

이 플랫폼의 개념은 여러 차량 모델의 섀시, 서스펜션, 안전 장비, 엔진 옵션 등의 동일한 인프라를 공유하는 자동차 산업에서 일반적으로 통용돼 왔다. 이러한 구성 요소는 엔지니어링 부문에 상당한 노력과 비용이 필요하지만 실제 고객에게는 잘 보이지 않기 때문에 가능한 한 많은 모델에서 재사용하는 것이 좋다. 한편 차량의 내관 및 외관 요소는 때때로 시장 경쟁에서 차별화 요소로 작용하기 때문에 모델마다 다른 경향을 갖는다. 요소의 가시성과 상품화 정도에 따라 확실히 눈에 띄며 타 모델과 차별화되는 좋은 모델의 경우 워들리 맵Wardley map[3]을 적극 활용하도록 권장할 수 있다.

---

[3]   S. Wardley, 'Wardley maps,' Medium.com, March 7, 2018, https://oreil.ly/bk3sL.

IT에서 이와 같이 레이어를 구분하는 것은 새로운 아이디어라고 하기는 어렵다. 복잡함을 줄이고 재사용을 달성하는 것은 오래 전부터 강조돼 온 개념 중 하나다(28장). 하위 계층에 가장 적합한 후보군은 전통적으로 네트워킹과 하드웨어 환경에 다수 존재한다. 여기에는 두 가지 이유가 있다. 첫째, 대부분의 기업에서 다양한 유형의 프로세서 아키텍처, 네트워크 장비, 모니터링 프레임워크 또는 애플리케이션 서버에 대한 비즈니스 가치는 크지 않다. 둘째, 낮은 변화율(3장)을 통해 공통적으로 기본 계층을 표준화하기가 더 쉽다.

레이어 대 플랫폼

자, 플랫폼이 잘 알려진 개념인 계층화를 이용한다면 무엇이 플랫폼을 차별화시키고 흥미롭게 만드는 것일까? 적어도 세 가지 측면을 떠올릴 수 있겠다.

셀프 서비스

기존 IT에서 계층 간의 상호 작용은 서비스 요청과 스프레드시트를 이메일로 주고받기(13장)를 통해 발생했으며 이는 하위 계층이 권한을 가진 모델(결국 거버넌스다)과 액세스 권한을 받으려고 고개 숙여야 할 상위 계층의 사람들에 기반한다. 클라우드 서비스 공급 업체에 의해 대표되는 최신의 플랫폼은 상위 계층의 사람들이 온라인 포털 또는 API를 통해 서비스를 요청할 수 있도록 함으로써 이 개념을 머릿속에 떠올리게 한다. 이는 고객 중심customer centricity을 IT 서비스에 적용한 예로 볼 수 있겠다.

구분선

인프라 대 애플리케이션의 구도에 사용돼 온 IT 계층 간의 구분선은 애플리케이션 팀과 인프라 팀이 존재하는 조직의 구조에 반영되기도 한다. 클라우드 컴퓨팅 플랫폼은 이들 간의 경계를 극적으로 바꾸고 계속해서 변화시키고 있다. 예를 들어 서버리스 컴퓨팅은 플랫폼을 단일 기능에 대한 코드로 이동시킨다.

무게 중심

최신 플랫폼은 이전 접근 방식처럼 네트워크, 서버, 스토리지와 같은 컴퓨팅 런타임에만 집중하지 않는다. 또한 배포 속도를 좌우하는 핵심 요소로서 소프트웨어 배포 툴 체인을 포함한다(3장). 여기에 서비스 메시^{service meshe}와 같은 모니터링 및 통신 도구도 포함된다. 그 결과 애플리케이션과 다재다능한 서비스 생태계를 함께 제공한다.

이들을 잘 조합하고 활용하면 하위 계층을 표준화한다고 해서 비즈니스에 제공할 수 있는 기능이 제한되지 않을 것이다. 또한 이들은 개발 팀이 전체 소프트웨어와 하드웨어 스택을 선택하고 운영해야 하는 부담을 덜어 준다. 여기에 새로운 프레임워크를 개발하는 대신에 비즈니스 가치의 창출에 개발자의 창의적인 에너지를 집중시킬 수 있다. 재미있게도 이는 내가 가장 선호하는 소프트웨어 아키텍처 사상인 구현자가 불필요한 창의성(8장)을 발휘하지 못하게 하는 설계 의사결정의 정의와 일치한다.

 나는 주요 금융 서비스 공급 업체에서 단순한 프라이빗 클라우드 런타임 이상의 기능을 제공하는 애자일 배포 플랫폼을 정의한 바 있다. 여기에는 온 프레미스 소스 코드 저장소, 컨테이너화된 빌드 도구 체인, 공통 모니터링과 시각화, 보안 기능이 포함돼 있었다. 이는 새로운 애플리케이션 배포를 위한 실질적인 표준 플랫폼이 됐고 그로 인해 최신 개발 기술의 채택을 가속시킬 수 있었다.

디지털 규범

디지털 기업은 규범을 필요로 하는 속도(31장)의 좋은 예다. 그들은 때때로 어떤 측면에서 엄격함이 실제로 혁신 속도를 높인다는 것을 깨달았다. 종종 이러한 엄격함은 A4 스타일의 플랫폼 형태로 제공되기도 한다. 예를 들어 빠른 혁신으로 잘 알려진 구글은 애플리케이션 배포와 운영에 대해 매우 엄격한 플랫폼 표준(32장)을 갖고 있다. 일반적으로 하나의 모니터링 프레임워크에서 관찰되는 한 가지 유형의 운영체제에 애플리케이션을 배포하는 방법이 있다. 구글은 사람들이 불필요한 창의력을 발휘하지 않고도 중요하게 여기는 영역을 혁신할 수 있도록 하는 적합한 추상화 수준을 찾았다.

 구글은 혁신의 속도를 높이는 엄격한 플랫폼 표준을 시행하는 좋은 예다.

징검다리를 피해라

〈다케시의 성Takeshi 's Castle〉이라는 어딘지 바보 같아 보이는 TV 프로그램에서는 참가자들이 다소 가학적인 상황을 견뎌 내면서 경쟁하게 해 시청자의 즐거움을 더한다. 내가 본 중에 최고는 일본 원작에서 'Dragon God Pond'라고 불리는 징검다리였다. 참가자들은 징검다리를 이용해 알 수 없는 탁한 액체로 가득 찬 연못을 건너야 한다. 대부분의 돌은 단단하지만 이 중 일부는 떠 다니는 스티로폼 조각이다. 이는 시각적으로는 구별하기 어려우면서 불운한 참가자의 실수에 신속하게 반응하도록 설계돼 있으며 그 순간을 슬로 모션으로 중계한다.

어떤 플랫폼은 고객으로 하여금 〈다케시의 성〉을 플레이하게 만드는 것과 크게 다르지 않다. 구성 요소들은 견고해 보이나 이 중 일부는 갑자기 문제를 일으킨다. IT 플랫폼은 때때로 구성 요소를 더 이상 사용하지 않거나deprecating, 일관되지 않은 인터페이스를 사용하거나, 원치 않는 방식으로 통합될 수 있다. 당연히 이는 참가자인 당신에게는 즐거운 상황이 아닐 것이다. 따라서 징검다리처럼 보이는 플랫폼을 만드는 것을 피해야 한다. 대신에 몇몇 주요 관점에 따라 플랫폼이 견고하면서도 혁신을 촉진할 수 있을 만큼의 유연성을 갖고 있는지 확인하자.

유용한 추상화 수준 선택하기

펜과 연필을 표준화한다면 창의성이 향상되거나 억제될 위험이 있을까? 유용한 표준은 과도한 복잡성을 억제하면서 다양한 도구를 활용할 수 있는 표준이다. A4 용지 위에 펜, 연필, 분필, 수채화 등 다양한 도구를 사용하게 해 다양한 목적으로 사용할 수 있도록 하는 것이 유용한 표준이 될 수 있다.

끊임없이 튜닝할 것

특히나 IT 분야에서 영원한 것이란 없다. IT 표준도 마찬가지다. 이들은 기술 및 새로운 통찰력과 함께 진화할 수 있어야 한다. 현존하는 최고의 혁신적인 플랫폼이 불과 몇 년 안에 혁신의 장애물이 될 수도 있다는 것을 잊어서는 안 된다.

최신 상태로 유지하기

고객은 플랫폼의 안정성을 원할 수 있으나 지속적인 패치의 부재로 인해 플랫폼이 노후화하거나 보안상의 허점으로 가득 차는 것은 원치 않는다. 따라서 제품의 버전을 최신 상태로 유지해야 한다.

현실로 만들기

종이에만 존재하는 표준을 잘 따를 가능성은 거의 없다. 따라서 즉시 사용할 수 있는 도구와 플랫폼에서 표준이 살아 있는지 확인해야 한다. 많은 사람이 A4 용지에 관심이 없을 수 있으며 거기에 아무 가게에서나 쉽게 구할 수 있다면 앞으로도 신경 쓰지 않을 것이다.

보상 규정 준수하기

표준을 채택한 사람들에게 보상하는 것이 좋다. 예를 들어 더 낮은 가격, 더 나은 서비스 또는 더 짧은 프로비저닝 시간을 제공하는 것이 그것이다.

클라우드 공급 업체는 종이로만 표준을 설정하는 것이 아니라 셀프 서비스 인터페이스를 통해 신속하게 배포할 수 있는 결과물을 제공한다. 클라우드 플랫폼은 또한 지속적으로 진화하고 성장하며, 혁신을 가능하게 하는 견고한 플랫폼의 좋은 예라고 할 수 있다.

 애자일 배포 플랫폼을 성공으로 이끈 중요한 의사결정 중 하나는 일반적인 관행 (또는 인프라 팀의 조언)에 반해 정기적으로 플랫폼을 업데이트하는 것에 있었다. 업데이트하기 전에 모든 애플리케이션 소유자의 동의가 필요했던 기존의 접근 방식은 몇 달 만에 플랫폼을 구식으로 만들었다.

처음에는 대부분의 가상 머신을 IaaS^{Infrastructure as a Service}로 제공한 이후 대부분의 클라우드 제공 업체는 애플리케이션을 위한 PaaS^{Platform as a Service} 환경을 제공하며 단일 코드 조각의 활용을 위해 FaaS^{Function as a Service}, 즉 서버리스 환경을 제공한다. 컨테이너용 도커^{Docker}와 같은 공통(사실상의) 표준에 집중함으로써 플랫폼 생성에 박차를 가하는 한편 플랫폼 사용자의 혁신 속도를 높이는 데 기여했다.

원 사이즈는 모든 이의 취향에는 맞지 않을 것이다

플랫폼 표준이 강력한 만큼 글로벌 표준을 설정하는 것은 생각보다 어려울 수 있다. 예를 들어 A4 용지의 다양한 장점에도 8.5×11 인치 크기의 이른바 레터[Letter] 용지는 미국 표준으로 남아 있다.

위키피디아는 이 표준의 기원을 알 수 없음[not known][4]으로 설명하지만 가장 신뢰할 수 있는 가설은 용지를 수작업으로 제조한 역사에 기인한다고 본다. 이들의 DIN 크기 용지로의 마이그레이션은 아직까지는 가능성이 낮아 보인다. 그때까지는 내 오래된 HP LaserJet[5]에 2개의 서로 다른 용지 카트리지를 사용해야 하며 이는 PC LOAD LETTER5를 상기시킬 것이다.

---

4   Wikipedia, 'Paper Size,' https://oreil.ly/et7UH.

5   Wikipedia, 'PC LOAD LETTER, 부적절한 오류 메시지를 언급하는 기술 밈으로, 구형 HP 레이저젯 (LaserJet) 프린터에서 해당 프린터 모델이 레터(Letter) 크기 용지를 사용할 수 없을 때 나타난다.' https://oreil.ly/ou-b8.

16

IT 세계는 평평하다

지도 없이도 모든 길이 뚜렷하게 보인다

중국(middle kingdom)에서 살기

대부분의 지도, 특히 세계지도는 심하게 왜곡돼 있음에도 수천 년 동안
귀중한 도구로서 이용돼 왔다. 구의 표면을 평평한 종이 위에 그리는 근
본적인 과제는 각도, 크기, 거리를 묘사할 때 타협을 강제시킨다. 만약
지구가 평평했다면 훨씬 간단한 해답이 나왔을 것이다. 예를 들어 역사
적으로 인기 있는 메르카토르 투영법^{Mercator projection}은 선원에게 실제 각
도를 제공한다. 즉 지도에서 각도를 읽고 배의 나침반에 동일한 각도를
사용할 수 있다(지리적 위치와 자기 나침반의 북쪽 방향 사이의 불일치를 보정). 각
도의 왜곡을 방지하는 이 편리한 방법의 문제는 면적을 왜곡시킨다는 데

있다. 국가가 적도에서 멀어질수록 지도에 더 크게 나타난다. 그래서 아 프리카는 이 방식으로 나타낸 지도에서 불균형적으로 작게 보이는 것이 다.[1] 일반적으로 배를 타고 항해할 때 거리를 잘못 추정하는 것은 잘못된 방향으로 가는 것보다는 작은 문제로 볼 수 있다.

구의 표면의 도면을 그릴 때 중심이 어디에 있는지는 결정하기 어렵다. 대부분의 세계지도는 편의를 위해 영국 그리니치Greenwich를 통과하는 경 도 0도(자오선)가 의미하는 중앙에 유럽을 배치한다. 이러한 묘사로 인해 아시아는 동쪽, 아메리카는 서쪽에 위치하게 된다. 예리한 관찰자는 구 체 위에 살면서 서양과 동양의 개념이 보는 사람의 관점과 관련이 있다 고 눈치챌 수 있을 것이다. 같은 유형의 생각이 동아시아 주민들로 하여 금 역사적으로 자신의 국가를 지도의 중앙에 배치하고 그에 따라 이름을 중앙에 위치한 왕국middle kingdom인 중국中國으로 부르는 동기를 부여했을 것이라 예상할 수 있다.

수세기가 지나고 그러한 세계관을 다소 자기중심적인 것으로 여기게 됐 지만 당시에는 단순히 실용적인 의미를 갖고 있었다. 시작 지점을 지도 중앙에 자연스럽게 배치한 뒤 주변 지역의 조사와 지도화를 진행할 수 있을 것이다. 이와 함께 여행 제한 지역을 설정하고 지도의 경계를 설정 해 나간다.

IT 환경은 방대해 다양한 제품과 기술을 탐색해 나가는 것은 케이프 혼 Cape Horn을 항해하는 것만큼이나 어려운 일이 될지 모른다. 일부 유사성 을 지니고 있으나 각각의 IT 환경은 개별의 행성처럼 만들어지는 경향이 있어 범용적인 IT 세계지도를 얻기는 어렵다. 따라서 엔터프라이즈 아키

---

1   'The True Size Of Africa,' Information Is Beautiful, Oct. 14, 2010, https://oreil.ly/yeVps. 14, 2010, https://oreil.ly/yeVps.

텍스트는 매트 터크[Matt Turck](https://oreil.ly/_yNxO)의 빅데이터 환경과 같이 유용한 개념도 외에도 공급 업체에서 제공하는 지도에 의존하는 경우가 많다.

공급 업체의 중간 왕국

대기업의 수석 아키텍트는 어카운트 매니저, (프리세일즈)솔루션 아키텍트, CTO, 영업 부문의 임원 등 새로운 친구를 빠르게 모을 것이다. 그들의 목적은 외부 하드웨어, 소프트웨어, 서비스에 의존하는 귀사와 같은 대기업에 제품을 판매하는 것이다. 시장에서의 차별화 요소가 아닌 영역에 대해서는 시스템을 구입하거나 SaaS[Software as a Service] 모델을 통해 임대하는 것을 추천한다. 회계 시스템을 직접 만드는 것은 비유하자면 대부분의 경우 회사의 전기를 만드는 정도의 중요성을 갖는다. 이는 중요하지만 경쟁 우위를 제공하지는 않을 것이다. 발전소를 직접 운영해 이익을 얻을 가능성이 거의 없는 만큼 직접 자사를 위한 회계 시스템을 구축하는 것은 피하는 것이 좋다.

엔터프라이즈 공급 업체는 또한 업계 동향을 면밀히 추적하므로 특히 아키텍트에게 중요한 정보원이 될 수 있다. 그러나 제공되는 정보는 공급 업체의 세계관에 의존하므로 왜곡될 수 있다. 이는 엔터프라이즈 공급 업체가 스스로 세운 중간 왕국에 살고 있으며 자국을 지나치게 크게 묘사하는 한편 주변 지역에 대해서는 왜곡을 수용하기 때문이다. 왜곡은 해당 제품에만 있는 기능으로 공급 업체는 제품 카테고리 또는 유행어를 정의하는 것으로 이를 잘 포장할 수 있다. 예를 들어 나는 안전한 웹 브라우징을 위한 제로 트러스트[Zero Trust], 쿠버네티스[Kubernetes]와 연관된 깃옵스^{GitOps}에 대해 들어왔다. 이들은 둘 다 실제로는 일부 개념을 확장한 것에 불과하다.

내가 만약 자동차가 무엇인지에 대해 전혀 이해하지 못하고 있으며 특정한 독일 자동차 제조업체와 이야기를 나눈 적이 있다면 후드의 세 꼭지 별 심벌이 자동차의 특징이라고 확신한 채로 떠날 것이라는 농담을 하곤 한다.

따라서 대기업의 IT 아키텍트는 엔터프라이즈 아키텍처와 IT 혁신의 위험한 영역을 안전하게 탐색할 수 있도록 자신만의 균형 잡힌 세계관을 가져야 한다. 공급 업체의 왜곡은 속임수를 의미하지 않으며 이는 사람들이 자라는 과정에서 경험해 온 맥락^{context}의 부산물에 가깝다. 데이터베이스를 개발하는 경우 결국 그 안에 데이터가 저장되므로 데이터베이스를 애플리케이션의 중심으로 보는 것은 어찌 보면 당연한 일이다. 서버와 스토리지 등의 하드웨어는 데이터베이스 어플라이언스^{database appliance}의 일부로 여겨지는 반면에 애플리케이션 로직은 데이터 피드^{data feed}로서의 의미를 갖는다. 반대로 스토리지 하드웨어 제조업체에게 다른 모든 것은 데이터에 불과하며 데이터베이스는 일반적인 미들웨어 세그먼트^{middleware segment}로 묶일 것이다. 나는 뉴질랜드로의 짧은 거리를 고려해 첫 여행을 호주로 떠났다. 너무 가깝다고 생각했기 때문이다. 멜버른에서 오클랜드까지 비행하는 데 3시간 30분이 걸린다는 것을 확인하고 나서 내 세계지도 역시 왜곡돼 있음을 증명할 수 있었다.

세계지도 그리기

'데이터베이스가 모든 것이다^{it's all a database}'와 같은 함정에 빠지지 않기 위해서는 먼저 아키텍처 팀이 왜곡되지 않은 자체 IT 환경지도를 개발하는 것이 필요하다. 이는 엔터프라이즈 아키텍트에게 훌륭한 연습이자 훈련 (4장)이 될 수 있다. 다행히 IT 세계는 평평하기 때문에 화이트보드나 종이에 그리기가 어렵지 않을 것이다. 자신의 지도를 통해 보다 나은 제품 중립적인 정보를 제공하는 것으로 자동차의 동력 전달 계통^{drive train}이 후드의 엠블럼보다 훨씬 큰 관련을 갖고 있음을 보여 줄 수 있을 것이다.

 제목에 제품 이름을 집어넣는 아키텍트는 자신이 아닌 공급 업체의 지도를 갖고 있을 가능성이 높다.

예를 들어 새 제품을 도입하거나 기존의 제품을 교체해야 하는 지점에서 시작해서 한 조각씩 지도를 그려 나가는 것은 좋은 접근 방법이다. 다시 한번 강조하지만 변화율(3장)은 아키텍처의 좋은 지표가 된다. 또 다른 좋은 출발점은 기존 제품이 회사의 주요 차별화 요소를 나타내는 경우다.

지도를 그리려면 다양한 출처의 정보를 모아야 하는데 이는 종종 왜곡될 수 있다. 스마트폰이 여러 장의 사진을 파노라마로 결합할 수 있는 것과 같이 언젠가는 엔터프라이즈 아키텍처 또한 이를 수행할 수 있는 AI 기반의 애플리케이션을 갖게 될 것이다. 그때까지는 공급 업체, 블로그, 애널리스트의 보고서, 인프라, 개발팀으로부터 정보를 수집해야 한다. 편하게 선호하는 엔터프라이즈 공급 업체에게 지도를 만들어 달라고 하고 싶은 유혹에 저항해야 한다. 첫째, 이로 인해 지도는 다시 한번 왜곡될 것이고 둘째, 오늘날의 혁신 속도에 맞지 않게 많은 것이 구식으로 남게 될 것이다.

지도에 국가와 지역을 배치할 때는 제품 이름이 아닌 기능과 요소 간의 관계에 초점을 맞춰야 한다.

빅데이터 시스템의 아키텍처를 마이크로소프트 SQL 서버(Microsoft SQL Server)
라고 설명하는 것은 집의 아키텍처가 이텅(Ytong)[2]이라고 주장하는 것과 크게 다
르지 않다. 둘 다 좋은 선택일 수 있으나 아키텍처를 설명하는 방법이 될 수 없다.

IT 아키텍처는 유행어와 제품의 이름 사이를 오가는 경향이 있기 때문에
이들을 조합하는 방법보다 각각의 조각에는 신경을 덜 쓴다. 따라서 상
자뿐만 아니라 이를 구성하는 선(23장)을 살피는 것 또한 중요하다.

경계 정의하기

지도에 경계를 어디로 정할지는 기업 환경에서 아키텍처를 수행하는 데
핵심적인 부분이다. 우리는 모두 경계 없는 아키텍처를 생각하고 싶겠지
만 기업을 위한 의미 있는 지도와 어휘 체계를 구축하려면 경계를 설정
해야 한다. 예를 들어 데이터의 대륙을 데이터웨어 하우스, 데이터 레이
크, 데이터 마트, 데이터베이스로 분리해야 할 것인가? 여기서 데이터베
이스는 관계형 및 NoSQL 데이터베이스로 나뉘고 그래프 데이터베이스,
개체 저장소 등으로 더 나눌 수 있을까? DynamoDB 또는 Spanner와
같은 관리형 클라우드 데이터베이스를 다른 데이터베이스와 구별하고
싶은가? 다음으로, 분석에 사용되는 데이터베이스와 운영 데이터베이스
를 분리할 것인가? 분할하는 방법은 여러 가지가 있으며 이러한 경계를
정의하는 것은 엔터프라이즈 수준에서 아키텍처를 수행하는 핵심 요소
다. 참조 아키텍처라는 단어도 떠오르지만 이를 활용하기 전에 아키텍처
는 복사와 붙여 넣기 연습이 아님을 잊어서는 안 된다. 그림 16-1에서
나타내는 것처럼 조직, 비즈니스 전략, 비즈니스 아키텍처에 대해 의미

---

2   이텅(Ytong)은 유럽에서 건축용으로 사용되는 경량 기포 콘크리트 브랜드의 이름이다.

있는 대륙과 국가를 정의해야 할 것이다.

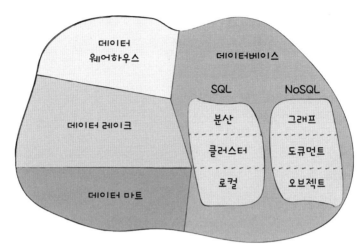

그림 16-1. 그럴듯한 데이터베이스 대륙

내 동료는 블랙 박스 모니터링, 화이트 박스 모니터링, 문제 해결, 로그 분석, 경고 및 예측 모니터링을 포함하는 애플리케이션 모니터링을 위해 철저한 매핑 작업을 수행한 바 있다. 애플리케이션 모니터링 솔루션의 모든 관점은 서로 다르지만 상호 연관관계를 갖는다. 많은 공급 업체, 특히 애플리케이션 성능 모니터링 경험이 풍부한 공급 업체들은 그들의 지도 중심에 위치하고 있을 성능 테스트 기능 또한 포함시키고자 할 것이다. 여기서 동일한 작업을 수행하도록 할지 아니면 개발 툴체인의 일부로 구성할지는 이를 도입하는 담당자가 결정할 부분이다.

 대부분의 참조 아키텍처에는 영화에 사용되는 것과 비슷한 면책 조항을 다음과 같이 추가해야 한다고 생각한다. '실존하는 사람, 또는 시스템과의 유사성은 의도되지 않았으며 우연에 기반한다.'

지도 채워 나가기

IT 세계지도에 확실한 경계가 생기는 대로 사용 중 또는 시장에서 구할 수 있는 공급 업체 제품으로 나라의 지도를 채우기 시작할 수 있다. 이러한 지도는 공급 업체의 제품이 지도에 얼마나 적합한지 평가하는 데 도움이 될 것이다. 일부 제품은 빈 공간을 완전히 덮지 못할 수 있으며 어떤 제품은 이미 적용된 솔루션과 상당 부분 겹치기도 할 것이다.

 IT 세계지도에 제품을 배치하는 것은 테트리스를 하는 것과 비슷하다. 가장 잘 맞는 도형이 무엇인지는 이미 배치한 도형에 달려 있다. 즉 가장 좋은 제품을 선택하기보다는 가장 적합한 제품을 선택해야 한다.

대부분의 대규모 IT 조직은 표준 그룹을 통해 제품 포트폴리오(32장)를 관리한다. 표준은 제품의 다양성을 줄이고 기업이 규모의 경제를 실현할 수 있도록 돕는다. 예를 들면 번들로 구매하는 것을 들 수 있겠다. 표준을 정의하고자 할 때 원하는 표준의 종류와 적용 수준을 결정하는 데 세계지도는 큰 도움이 될 수 있다. 예를 들어 데이터베이스 대륙에서 서로 다른 유형의 데이터베이스 또는 데이터 저장소를 정의하면 관계형 데이터베이스와 NoSQL 데이터베이스에 대해 다른 표준이 필요한지 또는 가벼운 사용 예와 임무 수행에 필수적인 사용 예를 구별해야 할지의 여부를 알 수 있다. 공급 업체가 제공하는 복잡한 제품 라인업을 탐색하기 위해서도 좋은 지도를 갖추는 것이 중요하다.

나는 웹 포털에 관한 논의에서 좋은 지도 없이 제품 적합성을 논의하기 어렵다는 생생한 예를 경험한 바 있다. 당시 공유 웹 포털을 사용하는 부서별 IT 관리자들은 포트 포워딩(port forwarding)에 대한 문서가 부족하다고 한탄했다. 이 프로젝트의 아키텍트는 포트 포워딩이 웹 서버에서 수행된다는 가정하에 웹 서버는 그들이 관리하는 솔루션이 아니라고 답변했다. 실제로는 담당 부서가 웹 서버가 아닌 통합 네트워크 관리 도구에서 포트 포워딩을 구현한 상태였고 이로 인해 많은 논쟁과 혼란이 이어졌다. 그들은 서로 다른 세계지도를 사용했고 문제를 찾으려고 계속해서 이야기를 이어가야 했다.

지도를 통해 지형을 파악한다면 오해를 해결하는 데 도움을 얻을 수 있다. 예를 들어 지도를 통해 포트 포워딩이 역방향 프록시, 로드 밸런싱, 포트 포워딩과 같은 기능을 포함해 웹 트래픽을 관리하는 애플리케이션 딜리버리 컨트롤러ADC, Application Delivery Controller의 일부임을 나타낼 수 있다. 요구 사항이 단순하다면 웹 서버를 ADC로 활용할 수 있으며 그렇지 않다면 F5와 같은 다양한 기능이 통합 된 제품을 구매할 수 있을 것이다.

 아이러니하게도 자신만의 IT 세계지도를 작성하는 가치 있는 작업을 수행하는 것은 기존의 IT 관리자 또한 학술적으로 도전할 수 있다. 이는 특히 박사라는 타이틀을 가진 PhD 학위 소유자(기술 전공이 아닐 수도 있음)가 IT 관리의 여러 부문에 관여해 있는 독일에서 더 흥미로운 현상으로 나타날 수 있을 것이다. 실용주의가 우연을 의미한다면 나는 학술 캠프에 있기를 기쁘게 받아들일 것이다. 제품을 복권처럼 추천하는 것이 아니라 이를 생각하고 계획하는 데에 따른 대가를 받기 때문이다.

제품 철학의 호환성 확인하기

공급 업체의 제품을 지도에 표시할 때 해당 공급 업체의 제품 포트폴리오를 이해하는 것만으로는 충분치 않으며 어디를 어떻게 향하고 있는지 목적지와 방향성을 파악해야 한다. IT 세계는 끊임없이 움직이고 변화하기 때문이다. 따라서 공급 업체와 우리의 세계관이 일치하는지 먼저 이해하는 것이 좋다.

많은 솔루션 아키텍트가 단순히 공급 업체의 지도 위에서 이야기하고자 하는 기술 영업 역할을 수행하므로 CTO와 같이 공급 업체의 고위 기술 담당자와의 회의가 각자의 세계관에 대해 논의하고 지도를 비교하기에 효과적일 수 있다. 이를 위해서도 기업의 세계지도를 갖고 있어야 한다.

 어카운트 매니저가 '당신의 환경을 이해할 수 있도록 협조 부탁드립니다'라는 주제의 회의를 준비한다면 이는 '제가 당신에게 무엇을 판매해야 하는지 알려 주세요'로 번역할 수 있다. 나는 일반적으로 먼저 공급 업체의 고위 담당자에게 그들의 제품 철학에 대해 질문하고, 이를 기반으로 공유할 내용을 정리한다. 이러한 과정을 통하면 공급 업체의 세계지도로 대화를 전환하는 데 도움을 얻을 수 있다.

나는 또한 공급 업체의 세계지도를 이해하는 데 다음의 두 가지 질문을 자주 이용한다.

- 가설을 세우기 위한 기반에 무엇이 있는가? 누구도 경계선 없이 아직 새하얗게 빈 상태의 지도에 작업하기는 어려울 것이기 때문에 공급 업체가 먼저 본인들의 세계관에 기반해 이러한 기준을 갖고 있어야 한다. 이 질문에 대한 답으로 경계선이 어디 있는지 알 수 있을 것이다.
- 공급 업체 입장에서 해결해야 하는 가장 어려운 문제는 무엇이 있는가? 이 질문에 대한 답을 통해 지도의 중심이 어디인지를 알 수 있을 것이다.

어떠한 기본적인 가정과 결정이 제품에 적용돼 있는지에 대해서 논의하다 보면 공급 업체의 세계지도(그림 16-2 참조)에 대한 통찰력을 얻을 수 있을 것이다(IT 세계는 평평해서 가장자리가 존재함을 기억하자).

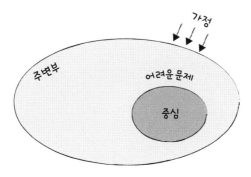

그림 16-2. 제품 공급 업체의 중심과 주변 경계

물론 이는 공급 업체의 비즈니스 또는 제품 전략을 실제로 정의하는 사람과 대화할 때 유효하다. 회사의 경영진 소개 페이지를 통해 적합한 사람을 식별하는 데 도움을 얻을 수 있을 것이다. 경영진의 이력을 살펴보고 그들이 어떤 이력을 갖고 있는지를 알면 이야기하기 전의 준비에 참고할 수 있을 것이다. 물론 이는 그들이 각자의 역할을 제대로 수행하고 있다는 가정에 기인한다.

 모니터링 시스템을 제공하는 공급 업체에 이와 같은 질문을 통해 그들이 가진 지도의 중심이 소스 코드에 액세스하지 않고 실행 중인 애플리케이션을 모니터링하는 기능에 있다는 것을 알 수 있었다. 이 기능은 특히 변경과 실행을 분리하는 조직(12장)에서 작업하는 경우에 운영 관점에서 문제를 보고자 할 때 특히 유용할 수 있다. 그러나 개발 팀이 운영에 직접 관여하는 이른바 '직접 구축하고 실행하는' 환경에서는 이러한 지적 자산의 가치는 떨어질 것이다. 결국 필요 없는 것에 대한 비용을 지불하게 될지도 모른다. 이와 같이 공급 업체의 세계지도를 이해하면 더 나은 결정을 내리는 데 도움을 얻을 수 있다.

세계지도를 비교하는 목적은 어느 것이 옳고 어느 것이 그른지를 판단하기 위함이 아니라 서로의 세계관을 비교하는 것이다. 예를 들어 나는 좋은 프로그래밍 언어와 체계적인 소프트웨어 개발 수명 주기SDLC는 쉬운 easy 구성(11장)을 능가한다고 생각한다. 이는 내가 소프트웨어 엔지니어적인 사고방식에서 판단했기 때문이다. 누군가는 git stash와 컴파일 오류로 인해 번거로울 일 없는 공급 업체의 쉬운 구성 도구를 선호할 것이다.

영토 이동

현실 세계는 상대적으로 정체돼 있지만(대륙의 이동은 매우 느리며 1990년대에 활발했던 국가 분할의 추세도 느려짐) IT 세계는 그 어느 때보다 빠르게 변화하고 있다. 공급 업체는 제품 철학을 변경하기 어렵기 때문에 새 페인트로 칠한 오래된 제품을 만날 수 있을 것이다. 아키텍트로서 당신의 임무는 반짝이는 새 페인트를 살펴보고 그 밑에 녹이나 충전재가 있는지 확인하는 것이다.

17

커피숍은 2단계 커밋을
사용하지 않는다

줄 서 있는 동안 분산 시스템 설계에 대해 알아보자!

그란데, 지속성, 비원자성, 소이 차이 라테

솔루션을 설계할 때 아키텍트는 잘 정의되고 완벽한 시스템을 만들려고 종종 원자성, 일관성, 고립성, 지속성ACID, Atomic, Consistent, Isolated, Durable 트랜잭션이나 바이너리 값 같은 기술 기반 솔루션을 살펴보게 된다. 하지만 현실에서는 복잡한 시스템을 설계하는 것이 쉽지 않으며 이때 고려해야 할

설계 지침이 되는 소스가 하나 더 존재하는데 바로 현실 세계 그 자체다.[1]

따뜻한 코코아 주세요

커피숍에 가면 느슨하게 결합된[loosely coupled] 시스템 간의 상호 작용 패턴에 대해 생각하곤 한다. 이 일은 내가 일본을 여행하던 중에 일어났다. 도쿄에서 가장 친숙한 명소 중 몇몇은 신주쿠와 롯폰기 지역에 있는 수많은 스타벅스 커피숍이다. 나는 '홋또 코코아 구다사이'('따뜻한 코코아 주세요')를 외치며 비루한 일본어 실력을 늘려서 돌아왔었다. 그때부터 스타벅스가 음료 주문을 처리하는 방법을 생각하기 시작했다.

대부분의 다른 비즈니스와 마찬가지로 스타벅스는 주문을 받는 만큼 수익이 발생하기 때문에 주문 처리량을 극대화하는 데 중점을 둔다. 흥미롭게도 처리량 최적화는 결과로서 동기 및 비동기 처리 모델을 생성한다. 주문할 때 계산원은 주문에 대한 세부 정보(예: 톨 사이즈, 무지방, 우유 대신 두유, 추가 핫 라테와 더블 샷)를 에스프레소 머신 위에 늘어선 커피 컵에 표시하고 이를 대기열에 배치한다. 이 대기열은 계산원과 바리스타를 분리하고 이를 통해 바리스타가 작업 중인 경우에도 계산원이 주문을 계속 받을 수 있도록 한다. 점포가 바빠지면 소비자 시나리오를 통해 다수의 바리스타를 배치할 수 있다.[2] 즉 작업을 복제하지 않고 항목을 병렬로 처리한다.

비동기 처리 모델은 확장성이 뛰어나지만 문제가 없는 것은 아니다. 주

---

1   17장은 약간 다른 형식으로 구성해 IEEE Software, Vol. 22, and Best Software Writing, ed. J. Spolsky (Apress)를 통해 출판됐다.

2   Gregor Hohpe, "Competing Consumers," Enterprise Integration Patterns, https://oreil.ly/NShD.

문한 따뜻한 코코아를 기다리는 동안 스타벅스가 이러한 문제를 어떻게 처리하고 있는지 생각하기 시작했다. 효율적인 비동기 메시징 솔루션을 설계하는 방법에 대해 커피 숍에서 배울 수 있지 않을까?

상관관계

병렬 및 비동기 처리로 인해 음료를 주문한 순서대로 이를 완료하지 않아도 된다. 이는 두 가지 이유로 인해 발생할 수 있다. 첫째, 주문 처리 시간은 음료의 종류에 따라 다르다. 블렌디드 스무디는 기본 드립 커피보다 준비하는 데 더 많은 시간이 걸린다. 따라서 마지막에 주문한 드립 커피가 먼저 도착할 수도 있다. 둘째, 바리스타는 처리 시간을 최적화하려고 한 번에 여러 가지 음료를 만들 수 있다.

따라서 스타벅스에서 상관관계 문제가 나타날 수 있다. 순서에 맞지 않게 배달되는 음료가 주문한 고객과 일치해야 한다. 스타벅스는 메시징 아키텍처에서 사용되는 것과 동일한 패턴으로 문제를 해결했다. 상관관계 식별자[3]는 각 메시지를 고유의 형태로 표시하며 이를 처리 단계에서 전달된다. 미국에서 대부분의 스타벅스는 주문할 때 컵에 이름을 적고 음료가 준비되면 이를 부르는 것으로 명시적인 상관 식별자를 사용하고 있다. 다른 국가에서는 음료의 종류에 따른 상관관계가 있을 수 있다. 나는 일본에서 무슨 음료인지 읽어 주는 바리스타의 발음을 이해하기 어려웠고 이에 대한 해결책으로 특대형의 벤티 사이즈 음료를 주문했다. 주문하는 사람이 많지 않은 만큼 쉽게 식별할 수 있었기 때문이다.

---

3   Gregor Hohpe, "Correlation Identifier," Enterprise Integration Patterns, https://oreil.ly/NkR28.

예외 처리

비동기 메시징 시나리오의 예외 처리는 또 다른 문제를 야기한다. 주문한 사람이 돈을 내지 못하면 커피숍은 어떻게 할까? 이미 만들었다면 음료수를 건넬 것이며 아직이라면 대기열에서 해당하는 컵을 빼낼 것이다. 또한 고객의 주문을 잘못 이해했거나 만족스럽지 않은 결과물을 전달했다면 다시 만들 것이다. 기계가 고장 나서 음료를 만들 수 없는 경우에는 이미 받은 주문을 환불해 줄 것이다. 이처럼 우리는 대기열에 선 채로 에러 처리 전략에 대해서도 여러 가지를 배울 수 있음을 알 수 있다!

스타벅스와 마찬가지로 분산 시스템은 때로는 연관된 여러 작업에 대해 일관된 처리를 보장하는 2단계 커밋2-phase commit 체계에 의존하지 않는다. 따라서 직원들은 각각 동일한 에러 처리 전략을 사용한다.

쓰기 끄기

사실 가장 간단한 에러 처리 전략은 아무것도 하지 않는 것이다. 이 경우 단일 작업 중에 에러가 발생하면 무시하면 될 것이다. 일련의 관련 작업 중에 에러가 발생하면 이를 무시하고 후속 단계를 수행해 지금까지 수행한 작업을 무시하거나 삭제 처리할 수 있다. 고객이 음료에 대한 비용을 지불할 수 없을 경우 커피숍이 할 대응은 음료를 버리고 이후의 작업을 계속 진행하는 것이다.

오류에 대처하지 않는 것이 처음에는 나쁜 계획처럼 보일 수 있지만 현실의 비즈니스 트랜잭션에서는 이러한 옵션이 허용될 수 있다. 손실이 적다면 에러를 손보기 위한 솔루션을 구축하는 것이 그대로 두는 것보다 더 많은 비용이 들기 때문이다. 사람이 개입하면 오류 수정에 들일 비용이 발생해 다른 고객 서비스를 지연시킬 수 있다. 또한 오류 처리의 추가로 인한 또 다른 복잡성을 유발할 수 있다. 이어서 당신이 경험하게 될 것은 오류를 가진 오류 처리 메커니즘이 될 수 있다. 그래서 많은 경우 이를 보다 간단하게 처리한다.

 나는 청구/프로비저닝 주기에서 오류를 없애는 것으로 방향을 정한 몇몇 ISP 제공업체에서 일한 적이 있다. 결과적으로 고객은 서비스가 활성화된 상태로 처리가 마무리될 수 있었지만 서비스 비용은 청구되지 않았다. 이로 인한 매출 손실은 비즈니스에 해를 끼치지 않을 만큼 적었으며 대부분의 고객은 해당 기간 동안 무료 서비스를 받는 것에 불평하지 않았다. 주기적으로 조정을 위한 보고 기능을 실행하는 것으로 무료 계정을 감지 및 폐쇄했다.

재시도

단순히 오류를 무시하는 것으로 효과를 볼 수 없는 경우 실패한 작업을 다시 시도할 수 있다. 이는 새로운 시도가 성공할 가능성이 있다면 그럴듯한 옵션이 될 것이다. 예를 들어 일시적인 통신 결함이 수정됐거나 비활성 상태였던 시스템이 다시 기동된 경우 등이다. 재시도^{retry}는 간헐적인 오류는 극복할 수 있으나 해당 작업이 비즈니스 규칙에 상충하는 경우에는 도움이 되지 않을 것이다. 스타벅스는 음료가 고객의 마음에 들지 않았다면 다시 음료를 만들려고 시도하겠지만 매장의 전기가 나간 경우는 음료를 만들지 않는다.

작업 그룹(트랜잭션을 뜻함)에서 오류가 발생한 경우 모든 구성 요소가 멱등적이라면 작업이 더욱 간단해진다. 즉 실행을 복제하지 않고 동일한 명령을 여러 번 받을 수 있다. 다음으로 이미 재시도에 따른 작업을 완료한 수신자가 동일한 재시도 작업을 무시하도록 하는 것으로 작업을 간단히 다시 실행할 수 있게 된다. 오류 처리 부하의 일부(예: 중복 메시지 감지)를 수신자 측으로 옮기면 전체 상호 작용이 단순화된다.

0과 1의 배치를 통해 구성된 시스템에서 단순 재시도 작업은 놀라울 만큼 성공 확률이 높다. 따라서 같은 일을 반복하고 다른 결과를 기대하는 것을 정신 이상으로 정의하는 속담은 컴퓨터 시스템에는 적용되지 않는다.

보상 조치

작업이 실패한 후 시스템을 일관된 상태로 되돌리는 최후의 옵션은 지금까지 처리된 작업을 취소하는 것이다. 이러한 보상 조치는 인출된 돈의 환급이 필요한 통화 거래에 적합하다. 커피숍에서 고객이 만족할 만한 커피를 만들 수 없다면 지갑을 원래 상태로 복원하려고 돈을 환불해 줄 것이다.

현실의 삶은 시스템에 비해 실패로 가득 차 있기 때문에 보상 조치로서 고객에게 잘못 보낸 편지를 무시해 달라고 부탁하거나 잘못 보낸 패키지를 돌려 달라고 고객에게 전화하는 대응과 같이 다양하게 나타날 수 있다. 행동에 대해 보상하는 고전적인 반례는 소시지 만들기를 통해 볼 수 있다. 여기서 몇몇 작업은 쉽게 되돌릴 수 없다.

거래

지금까지 설명한 모든 전략은 별도의 준비와 실행 단계가 필요한 2단계 커밋과는 다르다. 스타벅스의 예에서 2단계 커밋은 음료를 다 마실 때까지 영수증과 돈이 올려진 계산대에서 기다리는 것과 같다. 음료가 테이블에 있는 항목에 추가되면 돈, 영수증, 음료를 한 번에 교환한다. 계산원이나 고객은 이 거래가 완료될 때까지 계산대를 떠날 수 없다.

이러한 2단계 커밋 접근 방식을 사용하면 추가적인 오류 처리 전략이 필요하지 않겠지만 정해진 시간 내에 서비스를 제공할 수 있는 고객 수가 급격히 감소하기 때문에 스타벅스의 비즈니스에 피해를 줄 수 있다. 이는 2단계 커밋 방식이 삶을 훨씬 더 단순하게 만들 수 있지만 여러 비동기 작업에서 상태 저장형stateful 트랜잭션 자원을 유지해야 하므로 메시지의 자유로운 흐름(및 확장성)을 손상시킬 수 있다는 것을 상기시켜 줄 것이다. 이는 또한 드물게 문제가 발생하는 경우에 있어 각 트랜잭션에 부담을 주기보다는 처리 속도가 높은 시스템을 사용한 경로의 최적화가 필요함을 나타낸다.

백프레셔

비동기 방식으로 작동한다고 하더라도 커피숍을 무한대로 확장할 수는 없다. 라벨이 부착된 커피잔의 대기열이 길어지면 스타벅스는 일시적으로 계산원을 바리스타로 재배치할 수 있다. 이를 통해 주문을 하고자 기다리고 있는 고객에게 백프레셔backpressure[4]를 가하며 한편으로 이미 주문을 한 고객의 대기 시간을 줄이는 데 도움이 된다. 줄 서서 기다리는 것을 좋아하는 사람은 없겠지만 이를 통해 아직 주문하지 않은 손님에게 근처의 다른 커피숍으로 이동할 수 있는 옵션을 제공한다.

대화

커피숍의 상호 작용은 참여자 간의 메시지 교환 순서를 보여 주는 단순

---

4   작업 처리 중에 폭발적인 데이터가 들어올 경우 시스템은 이를 우아하게 처리할 수 있어야 한다. 배치 처리의 경우 처리 시간이 배치 간격보다 커지면 다음 처리에 지연이 생기고 시스템 전체의 불안정을 야기할 수 있다. 따라서 이러한 상태가 지속되면 백프레셔를 가하는 것으로 입력률을 줄인다. – 옮긴이

하지만 일반적인 대화 패턴[5]의 좋은 예이기도 하다. 두 당사자(고객과 커피숍) 간의 상호 작용은 짧은 동기 상호 작용(주문 및 지불)과 이보다 긴 비동기 상호 작용(음료 만들기와 받기)으로 구성된다. 이러한 유형의 대화는 구매 시나리오에 있어서 매우 일반적이다. 예를 들어 아마존에 주문이 접수되면 짧은 동기식 상호 작용을 통해 주문 번호를 할당하는 한편 모든 후속 단계(신용카드 청구, 포장, 배송)는 비동기식으로 수행된다. 추가 단계가 완료되면 이메일(비동기)을 통해 고객에게 알림이 전송된다. 문제가 발생하면 일반적으로 아마존은 고객에게 보상(결제 환불)하거나 재시도(분실된 상품을 재배송)한다.

정규 데이터 모델

커피숍에서 분산 시스템 설계에 대해 많은 것을 배울 수 있었다. 스타벅스의 확산 초기에 고객은 커피를 주문하려고 배워야 하는 새로운 언어에 매력을 느끼는 한편 좌절했을 것이다. 이제 많은 커피숍에서 작은 커피는 '톨' 사이즈, 큰 커피는 '벤티' 사이즈라고 불리고 있다. 이와 같이 자신의 언어를 정의하는 것은 똑똑한 마케팅 전략일 뿐 아니라 다운스트림 처리를 최적화하기 위한 표준 데이터 모델[6]을 설정할 수 있게 한다. 모든 불확실성(소이 또는 무지방 선택)은 계산원이 사용자 인터페이스를 통해 바로 해결하고 전달하므로 바리스타에게 부담을 줄 수 있는 긴 대화를 피할 수 있다.

---

5   Gregor Hohpe, 'Conversation Patterns,' Enterprise Integration Patterns, https://oreil.ly/g-wvQ.

6   Gregor Hohpe, 'Canonical Data Model,' Enterprise Integration Patterns, https://oreil.ly/8SU8U.

현실 세계에 온 것을 환영한다!

현실 세계는 대부분 비동기식으로 움직인다. 우리의 일상생활은 이메일 읽고 답장하기, 커피 구매 등과 같이 비동기적인 상호 작용으로 이뤄져 있다. 따라서 비동기 메시징 아키텍처는 이러한 유형의 상호 작용을 모델링하는 자연스러운 방법이 될 수 있을 것이다. 또한 일상생활을 살펴보는 것이 성공적인 메시징 솔루션을 설계하는 데 도움이 될 수 있음을 알 수 있다. 도우모 아리가토 고자이마스![7]

---

7 '정말 감사합니다'

3부

커뮤니케이션

아키텍트는 고립된 채로 살지 않는다. 서로 다른 부서로부터 정보를 수집하고, 일관된 전략을 구체화하고, 의사결정의 내용을 전달하며, 조직의 모든 층에 걸쳐 지지자를 확보하는 것이 그들의 임무다. 따라서 커뮤니케이션 스킬은 아키텍트에게 가장 중요한 능력이다. 하지만 다양한 청중에게 기술에 기반한 콘텐츠를 전달하는 것은 쉽지 않다. 전통적인 프레젠테이션 또는 서술 기법들이 기술적인 주제에는 적합하지 않기 때문이다. 예를 들어 인상적인 사진에 키워드를 올린 슬라이드는 청중의 관심을 끌 수는 있겠지만 클라우드 컴퓨팅 플랫폼 전략의 복잡한 부분까지 전달하기는 어려울 것이다. 대신에 아키텍트는 콘텐츠를 강조하면서도 접근하기 쉽도록 커뮤니케이션 스타일에 집중해야 한다.

이해할 수 없는 것은 관리할 수 없다

'측정할 수 없는 것은 관리할 수 없다'는 말은 매니지먼트 슬로건으로 유명하다. 그러나 측정이 의미가 있으려면 이를 관리하는 시스템의 역학을 이해해야 한다. 그렇지 않다면 시스템의 동작(10장)에 영향을 주고자 어떤 레버를 당겨야 할지 알 수 없을 것이다.

관리하고 있는 모든 것을 이해하려는 것은 기술이 개인과 사회생활의 모든 부분을 침범하는 세상에서 의사결정권자들에게 엄청난 도전이 된다. 비즈니스 임원이 스스로 솔루션의 기능을 코딩할 필요는 없겠지만 기술의 발전과 가능성을 무시한다면 IT 시스템이 비즈니스에 필요한 기능을 제공하지 못해 비즈니스 기회를 놓칠 수 있다. 일정, 인력, 예산에 대한 관리만으로 복잡한 기술 기반의 프로젝트를 관리하는 것은 높은 품질의 기능을 보다 빠르게 제공(40장)해야 하는 디지털 세계에서 더 이상 충분하지 않다.

아키텍트는 기술적인 결정이 비즈니스에 미치는 영향에 대해 개발 및 운영 비용, 유연성 또는 출시 시간 등의 정보를 통해 명확하게 전달함으로써 기술 지식 보유자와 고위 의사결정권자 간의 격차를 줄이는 데 도움을 줄 수 있어야 한다. 하지만 복잡한 기술을 이해하는 데 어려움을 겪는 것은 고위 의사결정권자만이 아니다. 설계자와 개발자조차도 복잡한 기술 솔루션의 모든 측면을 따라잡기는 어렵기 때문에 아키텍처 의사결정과 그 의미를 이해하기 쉬우면서 정확한 설명을 제공하는 것이 좋다.

주목받기

기술 자료는 매우 흥미로울 수 있지만 이는 아이러니하게도 청중보다는 발표자에게 적용되는 경향이 있다. 코드 매트릭스 또는 데이터 센터 인프라에 대해 장시간의 프레젠테이션 동안 집중력과 관심을 유지하는 것은 청중에게도 부담이 될 수 있다. 의사결정권자는 복잡한 설명을 듣고 싶어하기보다는 당신의 제안을 이해하고 이를 지원하려고 참여할 것이다. 따라서 아키텍트는 재료를 논리적으로 일관성 있게 만들 뿐 아니라 여기에 매력적인 스토리를 소개하는 데 머리를 써야 한다.

종이 (덜)건네기

내 팀이 발표했던 기술 의사결정에 대한 문서는 좋은 반응을 이끌어 냈지만 '아키텍트가 하는 일은 종이를 찍어 내는 것뿐이다'라는 예상치 못한 비판도 받았었다. 문서화가 다양한 방법으로 가치를 제공한다는 것을 사람들에게 상기시켜 이러한 관점으로부터 벗어날 수 있었다.

일관성coherence

설계 원칙 및 결정에 동의하고 이를 문서화하면 의사결정의 일관성이 향상되며 시스템 설계의 무결성을 보전할 수 있다.

확인validation

구조화된 문서를 이용하면 설계와 실제의 불일치를 식별하는 데 도움을 받을 수 있다.

생각의 명확성clarity of thought

문서에는 이해한 것만 쓸 수 있다.

교육education

새로운 팀 구성원이 좋은 문서에 액세스할 수 있다면 생산성을 높일 수 있다.

기록history

의사결정(8장)은 이후 변경됐을지 모르는 특정한 맥락을 기반으로 한다. 문서는 그 맥락을 이해하는 데 도움이 될 수 있다.

이해관계자 간의 커뮤니케이션stakeholder communication

아키텍처 문서는 다양한 청중을 같은 수준의 이해로 안내하는 데 도움을 줄 수 있다.

그럼에도 개발팀 내에 문서 작성에 대한 근거 없는 저항이 나타날 수 있다.

 개발팀의 누군가가 자신의 생각을 적는 것에 대해서 어려움을 호소하면 나는 그들이 제대로 이해하지 못했기 때문일 수 있다고 보고 정기적으로 실제 이해도를 확인하는 편이다.

유용한 문서는 대량의 용지를 사용했음을 의미하는 것이 아니며 오히려 그 반대에 가깝다. 짧은 문서일수록 읽힐 가능성이 더 높기 때문이다. 이 것이 내 팀이 작성하는 대부분의 기술 문서를 5페이지로 제한하는 이유다.

코드는 문서가 아닐까?

논쟁을 두려워하지 않는 일부 개발자는 소스 코드 또한 문서의 일종임을 주장한다. 그렇다면 무엇이든 코드에 적어 내려가는 것은 단지 단순한 복제에 가깝지 않을까? 발표를 듣고자 하는 청중 그룹이 모두 코드에 액세스할 수 있으며 코드가 체계적으로 잘 구성돼 있고 검색과 같은 도구를 사용할 수 있다면 이는 유의미하게 받아들여질 수 있을 것이다. 하지만 소스 코드는 가치에 대한 제안과 중요한 의사결정에 대해서 경영진에게 설명하는 도구가 되기는 어렵다. 이를 전달하고자 아키텍트 엘리베이터(1장)를 통해 맑고 투명한 문서를 펜트하우스로 가져가고 싶을 것이다.

코드로부터 다이어그램과 문서를 생성하는 것은 경우에 따라 유용할 수 있지만 결과로서 생성되는 시각적 개체는 사람들이 숲보다는 나무를 보는 데 도움이 되는 경우가 많다. 또한 코드에는 일반적으로 강조하고자 하는 포인트를 두지 않기 때문에 의사결정의 원인을 설명하는 데 큰 역할을 하지 못한다. 운 좋게도 '흥미로운 것' 또는 '주목할 만한 것'을 정의하는 것은 인간의 작업으로 남아 있다.

올바른 단어 선택

기술 문서 작성은 어렵다. 사용자 매뉴얼을 보면 때때로 알 수 있듯이 결과로서 가장 웃음거리가 되기 쉬운 작업이 될 수 있다. 사용자의 공감이 반영되지 않는 경우가 많다는 면에서 세금 양식 지침 정도가 이를 능가할 수 있을 것이다.

따라서 아키텍트는 잘못 작성된 매뉴얼을 숙독하며 수년에 걸쳐 경력을 낭비하고 풍자 만화 딜버트^{Dilbert} 외에는 기술적인 내용을 다시는 읽기 싫어진 독자를 참여시킬 수 있어야 한다. 신중한 단어 선택과 잘 정돈된 문장 구조는 독자가 어려운 개념을 이해하는 데 도움이 된다.

커뮤니케이션 도구

3부에서는 매력적인 기술 커뮤니케이션을 끌어내고자 할 때 경험하는 일반적인 문제를 극복하는 데 도움을 주고 문서가 아키텍트에게 매우 유용한 도구가 될 수 있음을 강조하고자 한다.

18장. 설명하기

복잡한 기술 주제에 대한 경영진의 이해를 도우려면 청중을 위한 (신중한) 경사로를 구축해야 한다.

19장. 아이들에게 해적선을 보여 주자

단지 빌딩 블록뿐만 아니라 해적선을 보여 줌으로써 청중을 자극한다.

20장. 바쁜 사람을 위한 글쓰기

바쁜 경영진은 작성한 모든 줄을 읽지 않을 것이므로 문서를 쉽게 탐색할 수 있도록 만들어야 한다.

21장. 완전성을 넘어 강조하기

항상 말하려는 내용이 너무 많다. 본질에 중점을 두자.

22장. 다이어그램 기반 설계

그림 한 장으로 천 단어 이상을 말할 수 있을 뿐 아니라 실제로 더 나은 시스템을 설계하는 데 도움이 될 수 있다.

23장. 선 그리기

아키텍처에는 구성 요소의 목록뿐 아니라 서로 간의 관계도 포함돼야 한다. 따라서 선을 그려야 한다.

24장. 은행 강도 몽타주 그리기

기술 부문의 직원은 시스템을 가장 잘 알고 있지만 막상 이를 기반으로 좋은 그림을 그리는 것을 어려워하곤 한다. 은행 강도를 스케치하는 것으로 그들을 도울 수 있다.

25장. 소프트웨어는 협업이다

버전 관리/지속적 통합은 소프트웨어 개발만을 위한 것이 아니다. 이는 협업의 핵심 부분이 된다.

18

설명하기

독자를 위해 절벽 대신 경사로를 제공하자

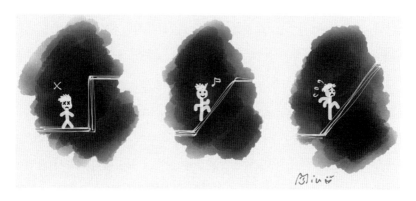

독자를 위해 절벽 대신 경사로를 제공하자 - 미우 쓰쓰이(Miu Tsutsui)

마틴 파울러는 스스로를 가리켜 '사물을 설명하는 데 능숙한 사람'이라고 소개한다. 이는 영국식으로 절제된 표현British Understatement™이 느껴지지만 IT에서 매우 중요하면서 희소한 기술을 강조하고 있기도 하다. 간혹 엔지니어들은 듣는 사람을 배려하지 않고 어렵게 설명하거나 이야기의 흐름상 꼭 필요하지 않음에도 기술 용어를 쏟아내곤 한다.

절벽이 아닌 경사로를 건설하라

한 아키텍트 팀이 고성능 컴퓨팅을 위한 새로운 하드웨어와 소프트웨어 스택을 기업의 운영위원회에서 발표했다. 이 자료에서는 워크로드 관리부터 스토리지 하드웨어에 걸쳐 모든 영역을 다루고 있었다. 또한 하둡 및 HDFS^{Hadoop Distributed File System}와 같은 수직 통합 스택과 함께 플랫폼 LSF^{Platform Load Sharing Facility}(https://oreil.ly/FQmQY)와 같은 독립형 워크로드 관리 솔루션의 비교 항목도 포함했다. 솔루션의 비교를 위한 슬라이드에 'POSIX 컴플라이언스^{compliance}'가 선택 기준의 하나로 튀어나왔다고 한다. 흐름상 이 내용은 적절하다고 할 수 있겠지만 파일 시스템에 대해 잘 모르는 사람에게 이것이 의미하는 바가 무엇인지, 왜 중요한지, 그로 인한 결과가 무엇인지 어떻게 설명할 것인가?

우리는 종종 이 분야의 학습 곡선이 경사가 가파른 것을 전제하곤 한다. 이는 초보자가 새로운 시스템이나 도구에 익숙해지거나 그들의 기초 지식을 강화하는 것이 어렵다는 것을 의미한다. 나는 청중으로서 참여한 경영진이 똑똑하다고 전제하는 경향이 있다(단순히 아부하고 정치를 잘하는 것만으로는 그렇게 높이 올라가지는 어렵기 때문에). 실제로 그들은 꽤나 가파른 학습의 경사로를 올라갈 수 있다. 그들이 할 수 없는 것은 많은 경우 수직 상태의 절벽을 오르는 것이다. 청중이 아직 익숙하지 않은 영역에서 결론을 도출할 수 있도록 논리적인 순서를 구축하는 것은 경사로는 가파를 수 있으나 실행 가능하게 만든다. 문맥을 벗어난 두문자어^{acronym} 또는 기술 용어로 하는 것은 청자에 대한 폭격이 될 수 있으며 학습에 있어 절벽을 만든다. 'POSIX 컴플라이언스'라는 용어는 그런 의미에서 대부분의 사람들에게 절벽이 될 수 있다.

POSIX가 파일 액세스를 위한 표준 프로그래밍 인터페이스라고 설명한다면 이를 경사로로 바꿀 수 있을 것이다. 이 인터페이스는 유닉스Unix 배포판에서 널리 사용되므로 여러 리눅스Linux 버전을 유지하는 경우 종속의 발생을 줄일 수 있다. 이 경사로를 통해 경영진은 단일 리눅스 배포판에서 인터페이스가 이미 표준화돼 있기 때문에 POSIX 규정 준수가 추가적으로 큰 가치를 가져오지는 않을 것으로 추론할 수 있다. 또한 이는 파일 시스템을 포함하는 하둡과 같은 수직 통합 시스템과는 관련이 없다.

몇 마디 말로 경사로를 건설하며 의사결정 과정에 전문성이 없는 사람을 참여시킬 수 있었다. 경사로는 관객을 POSIX 버전 및 리눅스 버전이 어떻다 하는 깊이까지는 안내하지 않았지만 제안된 범위 내에서 추론할 수 있는 모델을 제공한다.

가파른 경사로는 빠른 등반에 적합하지만 청중을 에베레스트 산의 정상까지 이끌고자 한다면 길고 지루한 과정이 될 것이다. 따라서 청중이 제시된 내용을 추론하려고 얼마나 높이 (또는 깊이) 움직여야 하는지 고려해야 한다. 따라서 용어를 정의할 때 문제의 맥락 안에서 용어를 정의하고 관련 속성을 강조하면서 상관없는 세부 사항은 생략하는 것이 좋다. 예를 들어 POSIX의 역사 또는 리눅스 스탠더드 베이스Linux Standard Base와 같은 의사결정에 직접적인 관계가 없는 세부 정보는 생략해야 할 것이다.

격차를 염두에 둘 것

경사로는 올라갈 수 있는 경사를 제공할 뿐만 아니라 논리 사이의 점프를 피해야 한다. 전문가들은 이들 요소에 대해서 스스로 자연스럽게 여기고 격차를 인식하지 못하는 경우가 많다. 이는 우리 뇌의 경이로운 특징의 하나로 결과적으로 주제에 친숙하지 않은 청중은 여기서 발생한 사소한 차이를 발견하고 추론의 끈을 놓칠 가능성이 있다. 이러한 효과를 지식의 저주^{curse of knowledge}라고 한다. 무언가를 알게 되면 다른 사람 또한 이를 이해하기 위한 배경을 갖고 있다고 상상하게 되는 것을 말하며 따라서 타인이 어떻게 이를 배우고 이해할지 상상하기 어려워진다.

네트워크 보안에 대한 논의 과정에서 한 아키텍트 팀은 신뢰할 수 없는 네트워크 영역에 존재하는 서버로부터 인터넷을 통해 신뢰할 수 있는 시스템으로의 직접적인 네트워크 경로를 제공하는 것을 피하고자 수신 및 발신 시 네트워크 트래픽에 대해 별도의 네트워크 인터페이스(NIC, Network Interface Card)가 필요하다는 요구 사항을 제안했다. 그들은 공급 업체로부터 제안받은 '3개의 NIC를 사용한 설계'가 요구 사항을 충족시킬 수 없음을 강조했다. 누군가에게 있어 이 제안의 의미는 전달되기 어려울 것이다. 3개의 네트워크 인터페이스를 가진 서버가 수신용과 발신용으로 하나씩, 2개의 인터페이스가 필요한 설계를 지원할 수 없는 이유는 무엇일까? 대답은 이러한 맥락에 익숙한 사람들에게는 명백할 것이다. 각 서버는 백업과 관리 작업을 위해 각각 하나씩의 추가 네트워크 인터페이스를 사용하므로 필요한 포트 수는 3개를 넘어 4개가 된다. 이러한 세부 사항을 건너뛰면 청중이 이 사실에 걸려 넘어질 만큼의 큰 간격이 생길 수 있다.

그들이 얼마나 큰 격차를 만들고 있는지는 발표자가 판단하기 어려운데 이를 지식의 저주라고 부른다. 위의 예에서 나타날 수 있는 문제는 다이어그램에 몇 개의 단어 또는 라벨을 추가한 선을 추가하는 것만으로도 인식의 간격을 메울 수 있을 것이다. 하지만 그렇다고 해서 간격 자체가 작다는 의미는 아니다. 좁았을 수도 있지만 생각보다 깊었을지도 모른다.

주제에 익숙하지 않은 사람에게 먼저 당신의 추론을 제시하고, 팝 퀴즈(21장)를 제안하는 것처럼 설명한 내용에 대해서 청자로 하여금 이번에는 발표자에게 다시 가르치도록 요청하는 것은 격차를 좁히는 데 큰 도움이 될 수 있다.

첫째, 언어 만들기

기술적인 대화를 준비할 때 나는 2단계 접근 방식을 사용한다. 이를 위해 먼저 제품 이름이나 두문자어 없이 평범한 어휘를 기반으로 기본 모델을 구축하기 시작한다. 이를 갖추면 청중은 문제 공간 안에서 추론하고 매개 변수 사이의 관련성을 식별할 수 있게 된다. 이 모델은 형식적으로 완벽할 필요는 없으며 설명되는 여러 요소를 연결하는 방법을 청중에게 알기 쉽게 제공하는 것으로 충분하다.

앞서 언급한 파일 시스템 예제에서 먼저 파일 액세스가 하드웨어(예: 디스크), 블록 스토리지(예: SAN, Storage Area Network)에서 파일 시스템에 이르는 계층화된 스택으로 구성되며 궁극적으로 애플리케이션을 호스팅하기 위한 운영체제를 설명할 것이다. 이 설명은 슬라이드의 절반도 차지하지 않으면서 계층화된 블록을 설명하는 그림에 잘 어울린다(그림 18-1 참조).

두 번째 단계로 이 어휘를 사용하면 하둡이 애플리케이션 계층에서 SAN이 영역을 포함한 로컬 파일 시스템 및 디스크에 걸쳐 통합한다는 것을 설명할 수 있게 된다. 이러한 구성은 저렴한 비용과 데이터의 지역성과 같은 이점이 존재하는 한편, 특정 프레임워크를 위한 애플리케이션을 빌드할 필요가 있다. 반대로, 고성능 컴퓨팅을 위한 독립형 파일 시스템(예: GPFS, General Parallel File System 또는 pNFS, Parallel Network File System)은 표준 파일 시스템 위에 구축되거나 POSIX와 같은 광범위한 API를 통해 독점 파일 시스템을 사용할 수 있도록 돕는 어댑터를 제공한다.

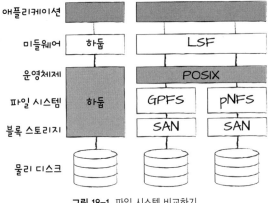

애플리케이션
미들웨어 ─ 하둡 ─ LSF
운영체제 ─ POSIX
파일 시스템 ─ 하둡 ─ GPFS ─ pNFS
블록 스토리지 ─ SAN ─ SAN
물리 디스크

그림 18-1. 파일 시스템 비교하기

하둡 스택이 횡으로 끝까지 도달하도록 하는 반면에 비교 대상이 되는 시스템은 POSIX 규정 준수를 포함한 이음새^{seam}를 제공하는데 이를 다 이어그램으로 설명하고 있다. 이제 청중은 POSIX 기능이 중요한 이유를 쉽게 이해할 수 있지만 HDFS에서는 이를 제공할 필요가 없다.

세부 수준의 일관성

추론의 범위를 뒷받침할 적절한 수준의 세부 정보가 어디까지인지 정하는 것은 어려운 일이다. 예를 들어 실제로는 다양한 버전과 구성 요소, 리눅스 스탠더드 베이스 등이 존재함에도 POSIX는 하나라고 전제했다. 대략의 세부 수준에서 선을 긋는 능력은 아키텍트에게 있어서 중요한 기술이다. 많은 개발자 또는 IT 전문가는 관련 없는 전문 용어로 청중의 인식 한계를 넘치게 하는 것을 좋아한다. 어떤 이들은 청중이 확실한 배경 지식을 갖고 있을 것이라 생각한 나머지 중요한 세부 사항을 생략하는 실수를 범하게 되고 이는 이해의 격차를 가져온다. 많은 경우에 중간 지역^{middle ground}이 발표자가 원하는 위치일 것이다.

지도에서 정확한 세부 수준에 대해서 선을 긋는 것은 발표자가 청중을 얼마나 파악하고 있는지에 달려 있다. 청중에 대한 이해가 엇갈리지 않게 하려면 적절한 각도의 경사로를 구축하는 것이 그 어느 때보다 중요해진다. 세부 사항에 익숙하지 않은 이들로 하여금 지루하지 않게 따라잡을 수 있도록 도울 수 있기 때문이다. 가장 좋은 형태는 발표자가 세부 사항을 특별히 전달하지 않았음에도 이미 주제에 익숙한 청중이 적절한 경사로를 구축하는 것이다. 이는 물론 달성하기 어렵지만 모든 아키텍트가 목표로 해야 할 골^{goal} 지점이기도 하다.

 가파르지만 논리적인 경사로를 구축하면 주제에 익숙하지 않은 사람들이 지루해하지 않으면서 속도를 낼 수 있다.

청중을 파악하고 있더라도 정확한 수준의 세부 정보를 얻을 수 있다는 것은 일반적으로 거짓일 확률이 높다. 그럼에도 일관된 세부 사항의 수준을 고수하는 것이 중요하다. 슬라이드 1에서 파일 시스템에 대해서 설명한 다음, 슬라이드 2에서 자기 디스크의 비트 인코딩에 대해 자세히 살펴본다면 청자를 지루하게 하거나 잃을 가능성이 높지 않을 것이다. 이와 같이 당면한 아키텍처 결정에 대한 추론을 위해 응집력을 유지할 수 있는 흐름을 찾고자 하는 노력이 필요하다.

알고리듬을 염두에 두고 있는 사람들이라면 이 문제를 그래프 분할 문제로 표현할 것이다. 주제는 에지^{edge}로 연결된 노드 그래프처럼 논리적으로 서로 연결된 많은 요소의 집합으로 구성된다. 당신의 임무는 절단되는 에지의 수(즉 논리적 연결)를 최소화하고 도출한 요소의 하위 집합만을 포함시키면서 그래프를 분할하는 것이다.

좋아하고 싶었지만 감히 허락되지 않았다

칼 발렌틴Karl Valentin의 유명한 인용문 'Mögen hätt' ich schon wollen, aber dürfen habe ich mich nicht getraut'의 안타까운 번역은 기술 문제를 설명하는 데 가장 큰 어려움을 상기시킨다. 많은 아키텍트는 청중이 그들의 설명을 결코 이해하지 못할 것임을 예상하고는 한다. 어떤 아키텍트들은 기술적인 세부 사항을 제시하면 관리자로서의 커리어에 부적합해 보일까 두려워하기도 한다. 나는 이러한 행동이 기회를 놓치는 것과 다르지 않다고 생각하며, 경영진과의 모든 상호 작용을 교육의 기회로 본다. 이는 또한 아키텍트 엘리베이터가 제대로 동작하게 하는 토대가 될 것이다.

> 고위 경영진과의 모든 상호 작용은 한편으로 좋은 교육의 기회이기도 하다. 꼭 활용하도록 하자.

어떤 이들은 여기서 한 단계 더 나아가 매니지먼트를 무작위의 전문 용어, 두문자어, 제품 이름 등과 혼동해 의사결정(때로는 공급업체 권장 사항만을 생각한다)에 잠재 고객이 불필요하게 의문을 제기하지 않도록 하는 것을 선호한다. 이는 일반적으로 승인 회의를 피드백을 수집할 수 있는 기회가 아닌 성가신 것으로 여기는 기술팀이 기술적인 주제와 관련해서 경영진의 불안감을 해소하고자 할 때 발생한다.

나는 그러한 행동에 대해 다소 비판적인 견해를 갖고 있으며 일반적으로 경영진에게 명확하게 이해하지 못한 것은 승인하지 않도록 조언한다. 무언가 쉽게 이해할 수 없는 것은 청중의 문제이기보다는 대부분 제안된 정보의 명확성이 부족하기 때문이다.

아키텍트로서 당신의 역할은 결정 또는 가정의 결과에 대해서 광범위한 이해를 구축하는 것에 있다. 이 역할이 수행되지 않는다면 큰 문제가 발생할 수 있음을 명심하자. 예를 들어 몇 년 후 IT 시스템이 더 이상 비즈니스 요구 사항을 충족할 수 없는 경우 이는 종종 제약 조건이나 잘못된 가정으로 인한 것이며 대부분의 경우 근원이 되는 문제는 이러한 원인들이 명확하게 소통을 통해 공유되지 않았기 때문이다. 의사결정 사항을 전달하고 각각의 트레이드 오프를 명확하게 설명할 수 있다면 당신과 비즈니스 모두를 보호하는 길에 한 걸음 다가설 수 있다.

19

아이들에게 해적선을
보여 주자

결과물이 사용된 부품보다 훨씬 충실한 이유

사람들은 바로 이것을 기대한다

레고^{LEGO} 상자의 겉면으로는 내부에 있는 각각의 블록이 무엇인지는 파악하기 어렵다. 대신 해적선처럼 눈길을 끄는 조립된 모형의 모습을 볼 수 있을 것이다. 더 많은 눈길을 잡아 두고자 모형을 거실 테이블 위에 두지 않고 절벽과 상어가 보이는 배경에 뒀다. 잭 스패로우^{Jack Sparrow} 선장은 이를 부러워할지도 모른다.

이 이야기가 시스템 아키텍처 그리고 설계 커뮤니케이션에 어떻게 연관돼 있을까? 슬프게도 기술적인 커뮤니케이션에서 이러한 문제가 자주 나타난다. 앞에서 이야기한 예와는 반대로 모든 개별 요소를 하나하나 나열하지만 해적선을 표시하는 것을 잊어버린다. 결과는 명확한 형태 또는 전체를 아우르는 가치를 포함하지 않은 수많은 상자(그리고 선, 23장 참조)로 나타난다.

이를 공정한 비교라고 할 수 있을까? 레고는 아이들에게 장난감을 판매하는 반면에 아키텍트는 구성 요소 간의 복잡한 상호 작용을 경영진과 다른 전문가에게 설명해야 한다. 또한 IT 전문가는 네트워크 세그먼트의 홍수로 인한 네트워크 중단과 같은 문제를 설명해야 한다. 이는 해적 활동보다 훨씬 재미없어 보인다. 비유가 유효하다고 가정하면 우리는 IT 아키텍처의 바람직한 프레젠테이션을 위해 해적선으로부터 많은 것을 배울 수 있을 것이다.

주의를 끌기

해적선 모형의 초기 목적은 아마도 모든 장난감 상자들 사이에서 관심을 끄는 데 있을 것이다. 아이들이 새롭고 눈에 띄는 장난감을 찾으려고 가게에 오는 사이에 수많은 회의 참석자는 당신의 콘텐츠를 듣고 싶어서가 아니라 단지 상사가 이를 위임했기 때문에 그곳에 있을지도 모른다. 따라서 그들의 관심을 끌고 스마트폰을 손에서 내려놓게 하려면 흥미진진한 무언가를 보여 줘야 한다.

안타깝게도 많은 프레젠테이션은 목차로 시작하는데 나는 이를 어리석은 결정이라고 생각한다. 첫째, 당연하게도 이는 흥미롭지 않다. 배가 아닌 설명서의 부품 목록과 비슷하다. 둘째, 목차의 목적은 독자가 책이나 잡지를 탐색할 수 있도록 인덱스를 제공하는 것에 있다. 따라서 청중이 전체 프레젠테이션을 살펴봐야 하는 상황에서는 처음에 목차를 보여 줄 필요가 없을 것이다.

청중이 갑자기 3장으로 건너뛸 수 없기 때문에 목차 페이지로 프레젠테이션을 시작하는 것은 추천하지 않는다. 이는 또한 시작을 지루하게 만든다. 스토리라인 (storyline)의 개요 설명부터 시작하는 영화를 본 적이 있는가?

아리스토텔레스의 '그들에게 말하려는 내용을 말하라'라는 옛 격언은 목차를 보여 주는 슬라이드로는 달성할 수 없을 것이다. 당신은 그들에게 해적선을 만드는 방법을 알려 줘야 한다.

호응을 이끌어 내기

아이들과 청중은 해적선을 보는 순간 표현하기 힘든 흥분을 느낄 것이다. 이 얼마나 멋진 일인가? 상어와 해적, 단검과 대포, 금으로 만들어진 상자 그리고 앵무새가 있다. 연극 대본을 읽는 것처럼 머릿속에서 이야기가 풀리는 것을 느낄 수 있다. PaaS, API 게이트웨이, 웹 애플리케이션, 방화벽, 빌드 파이프라인으로부터는 해적선보다 흥미롭지 않은 이야기가 태어나는 것일까? 자동화된 테스트와 빌드 파이프라인이 디지털 세계에서 빠른 속도에도 당신을 안전하게 지켜준다는 이야기다. 자동화된 배포는 제공 시점과 간격을 최적화하고 여기에 PaaS를 활용해 벤더 종속이라는 위험한 지역으로부터 뛰어내리는 동안 필요에 따라 우리가 타고 갈 차량을 확장하거나 축소할 수 있다. 해적 이야기만큼이나 흥미진진하지 않은가!

나는 IT 아키텍처가 사람들이 일반적으로 떠올리는 것보다 훨씬 더 흥미롭고 관심을 끌 수 있다고 확신한다. 2004년 친구인 유지Yuji와의 인터뷰 (https://oreil.ly/79lq9)에서 나는 소프트웨어 개발이 외부에 보이는 것보다 훨씬 더 흥미롭다고 말한 바 있다. 소프트웨어 개발을 레고의 부품 더미로 생각한다면 당신은 아마도 이 영역에서 해적선을 본 적이 없을 것이다. 소프트웨어와 아키텍처가 지루하다고 생각하는 사람들은 소프트웨어 설계와 아키텍처 사고의 내면을 보지 못한 사람들일 것이다. 또한 IT가 더 이상 목적을 달성하기 위한 수단이 아니라 비즈니스 혁신을 위한 동력이라는 사실을 아직 이해하지 못했을 것이다. 그들은 현실에서 우리가 흥미진진한 해적선을 만들고 있을 때 이를 무작위로 쌓아 놓은 레고 블록으로 여길 것이다!

목적에 집중할 것

자, 해적선 이야기로 돌아오자. 상자의 그림은 안에 들어 있는 블록들의 목적을 명확하게 보여 줌을 알 수 있다. 목적은 블록을 무작위로 쌓는 것이 아니라 응집력 있으며 균형 잡힌 솔루션을 구축하는 것에 있다. 이 경우 전체는 때로는 각 블록의 합보다 훨씬 더 많은 것을 내포한다. 시스템 설계도 이와 다르지 않다. 데이터베이스와 몇 대의 서버는 그것만으로 특별함을 느끼기 어렵지만 확장형으로 마스터가 존재하지 않는masterless NoSQL 데이터베이스는 매우 흥미롭다.

조립에 참여한 기술 부문의 직원은 그들이 구축한 솔루션의 목적에 주의를 기울이지 않고 해당 조각에 대한 인식에 머무는 경향이 있다. 그들은 솔루션의 유용성 그리고 전달하는 가치가 아닌, 수많은 조각을 조립하는 데 들어간 노력에 청중이 감사하기를 바란다. 나쁜 소식도 있는데 사실

누구도 당신이 얼마나 많은 일을 했는지에 관심이 없다. 사람들은 결과를 보고 싶어할 것이다.

해적선은 더 나은 결정으로 이끈다

해적선은 관심을 끌어모으는 이상의 일을 할 수 있다. 때로는 더 나은 결정을 내리는 도구가 될 수도 있다. 아키텍트 엘리베이터 워크숍 페이지에서(https://architectelevator.com/workshops/) 시스템 아키텍처를 그리는 연습이 가능하니 시험해 보자. 공통 아키텍처를 조금 다른 방식으로 설명하고자 참석자가 쉽게 다가갈 수 있는 애플리케이션 모니터링 시스템을 선택했다. 각 참석자 그룹마다 약 12장의 카드를 건네는데 각 카드에는 로그 집계기, 시계열 데이터베이스, 임계치, 경고 설정과 같은 공통의 모니터링 구성 요소가 포함돼 있으며 이러한 조각을 포함하는 아키텍처를 그려 달라고 요청한다.

대부분의 참석자는 구성 요소를 논리적 순서로 배치하는 다이어그램을 그릴 것이다. 예를 들어 그림 19-1과 같이 데이터 흐름별로 배치한다. 때로는 구성 요소가 데이터 수집, 데이터 처리, 사용자 인터페이스와 같은 주요 기능으로 한 번 더 그룹화된다. 이것이 일반적인 아키텍처 다이어그램의 모습이다.

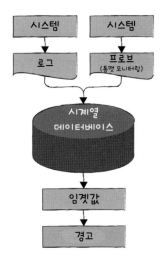

그림 19-1. 모니터링 시스템의 일반적인 아키텍처 도면

이러한 다이어그램을 살펴본 후 아마도 나는 '이 시스템은 어떤 목적으로 만들어졌나요?'라는 순수한 질문을 던질 것이다. 이에 대해 참석자들은 이상하다는 징후를 감지하고 누군가에게 경고의 메시지를 전할 것이다. 약간의 자극을 경험하고 숙고를 거쳐 아키텍트들은 더 큰 그림을 보기 시작한다. 시스템의 다운타임downtime을 최소화하고 이를 통해 가용성을 극대화하는 모니터링 시스템의 목적을 정확하게 식별해 낸다. 사실이 과정은 역으로 가정하면 쉽게 확인할 수 있다. 모니터링이 필요치 않은 유일한 경우는 시스템 가용성에 관심이 없는 경우다.

얼마 지나지 않아 참가자들은 원본 그림이 방정식의 절반만을 보여 주고 있다는 것을 깨닫게 된다. 모니터링 시스템은 감지된 문제를 분석하고 수정할 수 있는 경우에만 의미를 갖는다. 바로 이 통찰력을 바탕으로 해 적선을 보여 주고자 다이어그램을 확대하거나 일부 수정할 것이다. 이것이 그림 19-2에서 설명한 주요 목적에 해당한다.

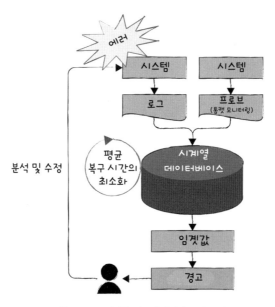

그림 19-2. 모니터링 시스템 해적선 보여 주기

이제 다이어그램 중앙에 오류에서 복구까지 걸리는 시간인 MTTR을 최소화한다는 목적을 집어넣는 것으로 해적선이라면 상어와 앵무새에 해당하는 항목을 추가할 수 있다. MTTR이 동그라미 전체를 표현하고 있으므로 중단을 감지하는 데, 그리고 이를 해결하는 데 얼마나 걸리는지 전체 사이클에 대해 생각할 수 있을 것이다.

완성된 모델을 통해 이러한 포인트를 분명히 제시하고 회사가 업그레이드된 모니터링 시스템에 투자해야 하는 데 대해 설득력 있는 이유를 찾을 수 있을 것이다. 더 나은 센서와 스마트한 분석을 통해 중단 감지 시간을 30분에서 몇 분으로 단축하는 모니터링 시스템에 투자하는 것은 충분히 좋은 선택이라고 생각할 수 있다. 그러나 중단을 해소하는 데 몇 시간이 걸리는 경우, 예를 들어 MTTR을 4.5시간에서 4.1시간으로 줄이는 데 50만 달러를 지출하는 것은 매력적인 제안 같지는 않다. 대신 문제가 되는 중단 자체를 해결하는 데 소요되는 시간을 줄이는 안을 생각해 볼 수 있다. 예를 들어 시스템 전반의 투명성을 높이거나 배포된 소프트웨어를 이전의 안정적인 버전으로 빠르게 롤백할 수 있는 더 높은 수준의 자동화(13장)를 통해 이를 달성할 수 있다. 이처럼 더 나은 그림을 그리는 것은 더 나은 결정을 내리는 데(22장) 도움이 됐음을 알 수 있다.

제품 상자

19장에서 설명한 해적선과 유사한 개념으로 루크 호만Luke Hohmann의 책에서 등장한 '혁신 게임innovation games' 중 하나인 제품 상자product box를 들 수 있다.[1] 이 게임은 참가자들에게 제품의 판매에 사용될 상자를 디자인하도록 한다. 잠재 구매자의 관심을 끌려고 상자에는 일반적인 용도와 함께 기능 자체보다도 사용을 통해 얻을 수 있는 이점을 강조하고 싶을 것이다.

 제품을 B2C로 고객에게 판매할 소비재로 가정해 보면 기술 기반의 기능 요소 대신에 사용을 통해 얻게 될 이점에 초점을 맞출 수 있다.

팀이 이를 성공적으로 수행했다면 그림 19–3과 같이 흥미진진한 해적선을 제품 상자에 장식할 수 있을 것이다.

---

1   Luke Hohmann, Innovation Games: Creating Breakthrough Products Through Collaborative Play (Boston: Addison–Wesley), 2007.

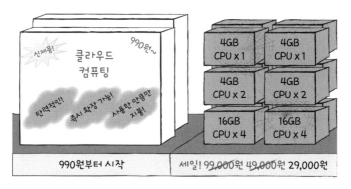

그림 19-3. 클라우드 컴퓨팅을 위한 제품 상자

해적선 설계하기

해적선을 그리는 것은 제품 및 엔지니어링 팀에 있어 새롭지만 때로는
불편한 작업이 될 것이다. 여기서 몇 가지 기술을 활용하면 초기 단계에
서 맞닥뜨릴 장애물을 극복할 수 있다.

콘텍스트를 보여 줄 것

레고 상자의 표지 이미지는 해적의 만^{pirate's bay}과 같은 맥락에서 해적선을
보여 준다. 마찬가지로 IT 시스템이 포함된 콘텍스트는 적어도 내부 설
계의 복잡성에 대해 서로 간의 관계를 갖는다. 시스템이 고립돼 있는 경
우는 거의 없으며, 시스템 간의 상호 작용은 단일 시스템의 내부보다 더
복잡하고 이해하기 어렵다. 따라서 자연 상태에 있는 시스템을 보여 줘
야 한다.

많은 아키텍처 방법론은 시스템 콘텍스트 다이어그램에서 시작된다. 이
경우 의도는 좋지만 특정 요소의 강조(21장) 없이 완전한 시스템 사양을

설명하는 것을 목표로 하기 때문에 제대로 활용하기 힘든 경우가 많다. 이러한 다이어그램은 끝없는 바다는 보여 줄 수 있지만 해적선을 보여 주지는 않는다.

내부 콘텐츠

레고 장난감은 정확한 부품 수와 각각의 부품의 모습도 소개하지만 이는 커버가 아닌 상자 안의 설명서에서 찾을 수 있다. 이처럼 기술 커뮤니케이션은 첫 페이지 또는 슬라이드에 해적선을 표시하고 블록에 대한 설명과 맞추는 방법에 대해서는 다음 페이지를 위해 남겨둬야 한다. 먼저 청중의 주의를 끌고 다음으로 세부 사항을 안내한다. 이와 반대로 이야기를 풀어 간다면 흥미진진한 부분이 나오기도 전에 모두 잠들지도 모른다.

청중을 고려할 것

레고가 연령대에 따라 다양한 제품 라인업을 갖고 있는 것처럼 해적선이 모든 IT 부문의 청중에게 어필할 수 있는 것은 아니다. 기술과는 거리가 먼 매니지먼트 수준에서는 몇 개 안 되는 레고 듀플로LEGO DUPLO 블록으로 만든 자그마한 오리를 보여 줘야 할 수도 있다.

감성에 호소하기

어떤 이들은 진지한 분위기의 회사에서 이뤄지는 토론에 감성이라는 요소는 어울리지 않는다고 느낄지도 모르겠다. 2,300년 전(그림 19-4)에 의사소통에 대해 훌륭한 조언을 해준 아리스토텔레스를 되돌아봐야 한다. 그는 좋은 주장은 논리, 사실, 그리고 정신, 신뢰, 권위, 애정, 감정을 통해 이뤄지는 추론에 근거한다고 결론 내린 바 있다. 대부분의 기술 프레젠테이션은 90%의 논리적인 내용, 9%의 공감과 신뢰, 1%의 감성에 호소하는 내용을 통해 전달된다. 그 시작점에서 약간의 감성적 접근을 통해서 보다 먼 거리를 움직일 수 있다. 당신은 콘텐츠가 표지 그림과 일치하는지만 확인하면 된다. 해적선이 흔들리거나 상자 안에 대포가 없음은 실망으로 이어질 수 있다.

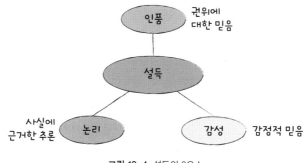

그림 19-4. 설득의 3요소

놀이는 일이다

장난감이라는 주제에 있어 대부분의 사람들은 해적선을 만드는 일을 놀이로 분류할 것이다. 이러한 작업은 일반적으로 일과는 반대편에 있는 것으로 여겨진다. 1980년대 영화 자료실에서 참고 자료를 하나 더 가져와 보면 '일만 가득하고 놀이가 없다면 잭Jack은 지루한 소년이 된다'는 사실을 떠올릴 수 있다. 영화 〈샤이닝The Shining〉에 등장한 작가 잭이 그러했던 것처럼 놀지 못함이 IT 아키텍트에게 영향을 주지 않기를 바란다. 그는 정신이상을 경험했고 가족을 죽이고자 했다. 이는 학습과 혁신을 억누르는 결과를 가져올 것이다.

우리가 아는 것들의 대부분은 학교 선생님이 아닌 놀이와 체험으로 배웠다. 안타깝게도 대부분의 사람들은 사회생활을 시작했을 때 이미 게임 방법을 잊어버렸거나 하지 말라고 들었을 것이다. 이것은 사회적 규범에 대한 강제와 함께 개개인이 항상 생산적이어야 한다는 압력으로부터 발생한다. 놀이에는 이러한 두려움, 의사결정의 압력이 존재하지 않는다. 따라서 새로운 것에 대해 열린 마음을 가질 수 있다.

 놀이는 곧 배우는 것을 의미하므로 급변하는 시대에서 아키텍트는 더 많은 놀이를 경험해야 한다.

놀이가 학습이라면 새로운 기술을 배우고 새로운 업무 방식에 적응해야 하는 급격한 변화의 시대에 놀이의 중요성을 강조해야 할 것이다. 나는 팀의 엔지니어와 아키텍트에게 놀이에 적극적으로 참여하도록 권하는 편이다. 재미있게도 레고는 경영진이 문제 해결에 활용할 수 있도록 시리어스 플레이Serious Play라는 놀이로 접근하는 방법론을 제공하고 있다. 그들 또한 해적선을 만들고 있을지도 모르겠다.

20

바쁜 사람을 위한 글쓰기

모든 사람이 단어 하나하나를 들여다볼 것이라고 기대하지 말 것

읽을 시간이 없다면 그림을 보자

대부분의 조직은 거의 손도 대지 않은 지루한 문서들로 가득하다. 그렇다고 문서화가 쓸모없다는 뜻은 아니다. 잘만 하면 동일한 페이지의 내용을 많은 잠재 고객에게 알리는 가장 좋은 수단이기도 하다. 어느새 간단하지만 정확한 기술 요소와 함께 의사결정을 설명하는 문서들이 저자의 아키텍처 팀의 트레이드마크가 돼 있었다.

20장의 제목은 바쁜 직장인을 위한 외국어 배우기같이 서점에서 쉽게 접할 수 있는 책 제목을 떠올린 것에 불과하지만, 한편으로 아키텍트들이 바쁜 청중들을 위해 글을 쓰고 있음과 동시에 이들이 바쁜 작가임을 나타내고자 했다.

글쓰기의 이점

안타깝게도 글을 쓰는 것은 읽는 것보다 훨씬 더 많은 노력이 필요하지만 그만큼 글쓰기는 말이나 슬라이드를 이용한 프레젠테이션과는 다른 확실한 이점을 갖고 있다. 따라서 이를 가볍게 보고 분량을 채우려고 날림으로 쓰는 것은 좋지 않다.

전파, 확장된다

한 공간에 사람을 모으지 않고도 많은 청중에게 연설하는 효과를 거둘 수 있다(팟캐스트를 통해서도 가능).

빠르다

사람은 듣는 것보다 읽어서 처리하는 속도가 2~3배 더 빠르다.

검색할 수 있다

읽고 싶은 것을 빠르게 찾을 수 있다.

편집 및 버전 관리가 가능하다

모든 사람이 동일한 버전의 콘텐츠를 보도록 할 수 있다.

따라서 청중이 많거나 중요한 상대일수록 글을 쓰는 것은 효과가 있다.

사실 가장 큰 이점으로 '글쓰기는 우리의 생각이 얼마나 엉성한지 우리에게 알려 주는 자연스러운 방법'이라고 말한 리처드 긴던Richard Guindon의 통찰을 들 수 있다. 이를 통해 알 수 있듯이 글을 쓰는 것은 가치 있는 연습이 된다. 생각을 정리해야 하며 스토리라인의 일관성을 지키면서 넣을 수 있어야 하기 때문이다. 대부분의 슬라이드 덱slide deck과는 달리 잘 작성된 문서는 완결된 소스를 갖고 있으므로 출처 및 상세에 대한 추가 소개 없이 널리 배포할 수 있다는 것도 장점이다.

품질 대 영향

글쓰기의 문제는 사람들이 당신의 말을 듣도록 어느 정도는 강제할 수 있지만 누군가에게 텍스트를 읽도록 하는 것은 훨씬 더 어렵다는 것에 있다. 나는 작가로서 글쓰기를 하는 멤버들에게 독자는 페이지를 넘길 필요가 없으며 한 페이지짜리 내용을 보고 결정하게 하는 것이 중요함을 상기시킨다.

글의 주제가 충분히 흥미로우면서 이를 읽게 될 독자층과 관련이 있다고 가정하고, 나는 글의 품질과 관심 사이의 비선형 관계를 반복해서 관찰한 바 있는데 이는 기술 문서의 영향력에 대한 좋은 지표가 될 수 있었다. 만약 문서가 품질에 있어서 최소한의 기준을 충족하지 못한다면(예: 장황함, 잘못된 구성을 포함하고 있음, 오타가 많음 또는 시인성이 떨어지는 글꼴을 사용하는 등) 사람들은 거의 전혀 읽지 않을 것이고 따라서 영향 또한 제로에 수렴할 것이다. 나는 이를 쓰레기통 구역trash-bin zone이라고 부르는데 독자들의 반응을 따서 이름 붙였다. 이러한 스펙트럼의 반대편 끝에서는 문서가 금도금 영역gold-plating zone에 접근함에 따라 품질 개선으로 인해 따라오는 영향력의 향상이 극적으로 줄어든다.

따라서 글의 품질을 가장 효율이 좋은 스위트 스폿sweet spot으로 끌어 올린 뒤 글을 더 다듬는 대신 내용에 집중하기를 바란다. 스위트 스폿은 주제와 청중에 따라 다르지만 쓰레기통 영역은 대부분의 엔지니어가 생각하는 것보다 더 넓기에 이를 넘어서 스위트 스폿이라고 판단되는 지점까지 이동시키는 것이 중요하다. 주로 큰 영향력을 가진 사람(가장 중요한 독자)은 매우 바쁠 것이며 따라서 여러 페이지에 걸친 내용을 피하는 경향이 있다. 고액을 지불한 컨설팅 회사 등의 문서가 아니라면 다른 사람이 읽게 만들 확률이 높다.

 한 고위 경영진은 표지의 내용에 스펠링이 틀린 문서를 발견하고 읽는 것을 거부했었는데 이는 옳은 행동이었다고 생각한다.

이처럼 시간과 참을성이 부족한 독자들에게 표현의 명료성은 필수 사항이 된다. 부족하다면 당신의 문서는 순식간에 쓰레기통으로 들어갈지도 모른다. 노골적인 오타 또는 문법의 문제는 파리가 빠진 스프와도 같다. 맛은 같겠지만 고객은 재방문하지 않을 것임을 상상할 수 있다.

손안에 머무는 시간 – 첫인상이 중요하다

바비 울프Bobby Woolf와 함께 『기업 통합 패턴Enterprise Integration Patterns』(에이콘, 2014)을 쓰고 있을 때 출판사는 잠재 구매자가 책장에서 책을 꺼내어 앞과 뒤표지, 목차를 빠르게 살펴보는 시간, 즉 손안에 머무는 순간의 중요성을 강조했다. 독자는 752페이지의 독창적이고 뛰어난 결론을 우연히 발견했을 때가 아니라 책을 처음 꺼내 들고 있는 이 순간에 구매 결정을 내릴 것이다. 이것은 그 책에 수많은 다이어그램을 집어넣은 이유 중 하나이기도 하다. 거의 모든 페이지에 아이콘, 패턴 스케치, 스크린샷 또는 총 350개에 달하는 UML 다이어그램과 같은 그래픽 요소가 포함돼 있다. 당시 우리는 잠재 독자들에게 이 책이 학술 목적의 책이 아니며 실용적이면서도 접근하기 쉬운 책이라는 메시지를 보내고 싶었다. 기술 문서도 다르지 않다. 깔끔한 레이아웃을 사용하고 표현력을 발휘한 다이어그램을 삽입하며 무엇보다도 간결함과 함께 요점을 나타내자!

용지를 낭비하지 않으면서도 짧은 문서가 독자에게 편의를 제공하는지 평가하고자 그림 20-1에서처럼 모든 페이지가 화면에 표시되도록 위지위그^WYSIWYG 편집기를 축소했다. 이로 인해 더 이상 텍스트를 읽을 수 없게 됐지만 제목, 다이어그램, 전체적인 흐름을 볼 수 있다. 단락과 절의 길이를 확인하는 것 또한 독자가 읽을 가치가 있는지 여부를 결정하는 기준이 된다. 끝없이 나열된 글 머리 기호, 부피가 큰 문단이나 거대한 절이 보이면 문서는 중력에 따르듯 잠재적 독자의 손을 떠나 재활용 쓰레기통으로 순간 이동할 것이다.

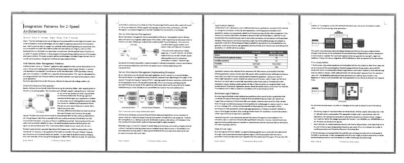

그림 20-1. 기술 문서 축소하기

글쓰기의 저주: 선형성

텍스트는 선형적으로 이뤄진다. 한 단어는 다른 단어의 뒤에 한 단락은 이전 단락의 뒤에 온다. 그러나 기술에 관한 주제는 대부분의 경우 1차원을 넘어선다. 따라서 기술 문서 작성(또는 말하기)에서는 복잡한 주제 공간을 선형의 스토리라인으로 매핑하는 것이 과제가 될 것이다. 그런 의미에서 알고리듬에 비유하면 글쓰기는 그래프 탐색 문제를 코딩하는 것과 비슷하다. 너비 우선 또는 깊이 우선 탐색의 순회 방법을 떠올려 보자. 너비 우선의 경우 모든 주제를 높은 수준에서 다루고 점차 세부 사항으로 내려가는 것을 의미한다. 깊이 우선은 다음 주제로 이동하기 전에 각각의 주제를 자세히 다룬다.

잘 조직된 논리적 구조는 이러한 한계를 극복하는 데 도움이 될 수 있다. 다수의 루프를 포함한 복잡한 그래프보다는 트리를 횡단하는 것이 더 쉽다. 바바라 민토Barbara Minto는 자신의 저서 『바바라 민토, 논리의 기술The Pyramid Principle』(더난출판사, 2019)에서 이러한 접근 방식의 본질을 소개했다. 이 책에서 언급한 피라미드라는 콘텍스트는 콘텐츠의 계층을 IT의 피라미드(28장)가 아닌 나무를 통해 나타내고 있다.

좋은 문서는 영화 〈슈렉〉과 같다

대부분의 애니메이션 영화는 다양한 관객, 즉 가족들과 영화를 보려고 돈을 내고 2시간을 보내는 어른들 그리고 캐릭터를 사랑하는 아이들을 즐겁게 할 수 있어야 한다. 〈슈렉Shrek〉과 같이 좋은 애니메이션은 어린이는 물론 성인을 위한 유머를 포함시키는 것으로 청중을 모두 만족시킨다. 관객들은 서로 다른 장면을 보고 웃을지 모르지만 대부분의 경우 서로 방해한다는 인상을 받지는 않을 것이다.

다양한 청중을 대상으로 하는 기술 문서 또한 동일한 결과를 목표로 해야 한다. 중요한 결정 사항과 함께 권장 사항을 강조하면서 기술적인 세부 내용을 전달해야 하므로 서로 다른 수준에서 의미를 찾을 수 있어야 한다. 다음의 몇 가지 간단한 팁을 활용하면 〈슈렉〉을 보는 것처럼 문서를 읽는 데 도움을 받을 수 있을 것이다.

제목을 스토리텔링storytelling하기

이것은 문서의 개요executive summary 페이지를 대체한다. 독자는 제목을 읽는 것만으로 문서의 요점을 이해할 수 있어야 한다. 소개 또는 결론과 같은 제목은 이야기를 전달할 수 없으며 짧은 문서에서 의미를 갖기 어렵다.

강조 다이어그램anchor diagram

중요한 절을 강조하도록 한다. 종이를 넘기는 독자는 이러한 다이어그램에서 멈출 확률이 높으므로 전략적으로 배치하는 것이 좋다.

사이드바sidebar

이들은 다른 글꼴이나 색상으로 구성된 짧은 절로서 독자로 하여금 생각의 흐름을 유지하면서 추가 세부 사항을 제공하는 목적을 갖는다.

이러한 팁을 잘 활용한다면 경영진은 제목을 읽고 다음으로 다이어그램을 확인할 것이며 1~2분(그림 20-2)이면 문서의 핵심을 파악할 수 있다. 문서를 읽는 동안 대부분의 독자는 말풍선을 건너뛰는 반면 전문가는 말풍선에서 강조하는 세부 사항에 특히 주의를 기울일 것이다. 이렇게 하

면 독자에게 문서를 통해 서로 다른 접근 경로를 제공함으로써 선형성의
저주를 조금이나마 풀 수 있을 것이다.

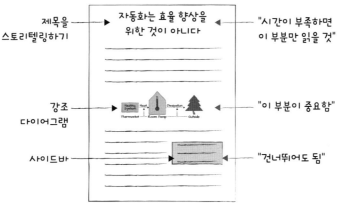

그림 20-2. 선형성 저주 풀기

독자를 위해 더 쉽게 만들기

긍정적인 첫인상을 받고 나서 독자들은 문서를 읽기 시작할 것이다. 기술 문서 작성에 대한 조언을 얻고자 슬프게도 절판된 것으로 보이지만 참고 서적으로 널리 사용되는 『Technical Writing and Professional Communication』[1]을 추천한다. 이력서와 같은 다양한 유형의 문서를 작성하는 것을 포함해 700페이지 분량의 책에서 다양한 글쓰기를 접할 수 있을 것이다. 나는 책의 마지막 부분에서 소개하는 병렬 규칙과 단락 구조에 대한 절이 가장 유용하다고 생각한다. 병렬 처리 절에서는 목차에 포함된 모든 항목의 내용이 동일한 문법 구조를 따르도록 요구한다. 예

---

1   Leslie A. Olsen and Thomas N. Huckin, Technical Writing and Professional Communication, 2nd ed. (New York: McGraw-Hill, 1991).

를 들면 모든 문장을 동사 또는 형용사로 시작하는 것이 그것이다. 다음의 예시에서 왼쪽 열이 일반적인 형태, 오른쪽 열은 보다 나은 접근 방식을 나타낸다.

다음과 같은 이유로 시스템 A가 선호된다.	다음과 같은 이유로 시스템 A가 선호된다.
• 빠르다	• 성능
• 유연한	• 유연성
• 비용 절감을 원한다	• 경제성
• 안정적인	• 안정성

일관성 없는 글은 메시지 자체보다 텍스트의 의미를 받아들이는 데 독자의 뇌세포를 혹사시킨다. 글에서 노이즈를 제거하면 이해하는 과정에서 부딪히는 마찰이 줄어들고 이는 독자가 콘텐츠에 집중할 수 있게 한다. 병렬화는 목차뿐 아니라 문장에서도 유용하게 활용할 수 있는데 비유 또는 대조 기법을 사용하고자 할 때를 예로 들 수 있겠다.

각 단락은 하나의 주제에 초점을 맞추고 가능한 한 앞부분에서 주제를 소개해야 한다. 독자는 단락에 관한 그림을 처음 마주친 몇 단어로부터 수집할 수 있다. 그들은 또한 내가 중반이 지나서야 정작 중요한 이야기를 시작하지 않음에 안심할 것이다. 따라서 좋은 단락을 만드는 방법을 이미 알고 있다면 이번 단락은 건너뛸 수 있을 것이다. 그렇기 때문에 '특정 상황에서 특별한 주의를 기울여야 한다는 점을 명심해야 한다. 이때 주의해야 할 포인트는…'라는 형태로 시작하는 단락은 독자를 고려하지 않은 구성임을 알 수 있다.

리스트, 셋, 널 포인터, 심벌 테이블

대부분의 프로그래밍 언어는 집합(예: 정렬되지 않은 요소의 묶음)은 지원하지만 책(및 연설)이라는 데이터 타입은 지원하지 않는다. 또한 모든 목록은 순서를 가진다. 순서가 적용되는 것은 피할 수 없으므로 대부분의 경우 이를 지정하는 것이 좋다. 이때 유효한 옵션은 시간(시간 순서), 구조(관계), 순위(중요도)를 들 수 있다. '알파벳 순서대로' 또는 '연속으로'라는 선택지는 의미를 갖기 어렵다.

 '어떤 기준으로 정렬했나요?' 나는 목록이나 그룹이 포함된 문서를 검토할 때 항상 이렇게 묻곤 한다.

독립형 참조[stand-alone reference]로 this라는 단어를 느슨하게 사용하는 것 또한 내 버릇이다. 예를 들어 'this'가 실제로 무엇을 의미하는지 명확하지 않은 상태에서 'this is a problem'이라고 언급한다. 제프 울먼[Jeff Ullman]은 다음과 같이 '비참조형 this'를 명확한 글쓰기를 달성하기 위한 장애물 중하나로 언급한 바 있다.[2]

> sproggle을 왼쪽으로 돌리면 막히고 glorp가 움직일 수 없게 된다. 이것이 우리가 bar를 foo하는 이유다.

glorp가 움직이지 않거나 sproggle이 막혀 있기 때문에 우리는 bar를 foo하는 것일까? 프로그래머는 포인터와 널 포인터 예외의 위험은 잘 이해하지만 글쓰기에는 그만큼의 엄격함을 요구하지 않는 것 같다. 독자가 스택을 추적[stack trace]하지 않기 때문일 수도 있겠다.

---

2 Jeff Ullman, 'Viewpoint: Advising students for success,' Communications of the ACM 52, No. 3 (March 2009).

민토^{Minto}가 준 또 다른 조언을 살펴보자.

> 독자에게 자신이 모르는 것을 전해주고자 이를 언급하면 자동적으로 그의
> 머릿속에 논리에 기반한(logical) 질문이 떠오를 것이다. 다음으로 작가는
> 그 질문에 답해야 할 것이다. 따라서 지속적으로 독자의 집중을 확실히 유
> 도하려면 당신이 답할 준비가 되기 전에는 독자가 머릿속에 질문을 떠올릴
> 상황을 만들지 않는 것이 중요하다.

소프트웨어 엔지니어를 위해 쉽게 설명하면 다음과 같다. 글을 작성할
때 독자가 단일 패스의 컴파일 알고리듬을 사용하고 있으며 완전한 심벌
테이블에 액세스할 권한이 없다고 가정한다. 즉 전방 참조$^{forward\ references}$
는 허용되지 않는다. 이미 소개된 용어와 개념만을 참조할 수 있다. 알고
리듬을 염두에 두고 있는 경우 주제 그래프에서 토폴로지 정렬을 수행해
야 할 것이다. 여기에 원형이 존재한다면 어떨까? 청중과 함께 당신에게
도 스택 오버플로가 발생할 것이다.

슬프게도 기술 문서에 요구하는 수준이 높지 않기 때문에 여기서 언급한
조언을 따른다면 문서의 80퍼센트 이상을 대체할 수 있을 것이다.

 첫 번째 슬라이드에 언급된 내부 프레젠테이션 내용이 'ABCD 기술만이 실행 가능
한 솔루션으로 입증됐다'였다. 이 페이지에 대한 증거를 요구하자 치밀한 검토를
위한 시간과 비용이 부족했다는 이유로 아무런 데이터도 존재하지 않았다고 하자.
이는 단순히 표현 방식의 문제가 아니라 치명적인 결함임을 알 수 있다. 또한 이로
인해 독자는 1페이지를 신뢰할 수 없게 될 것이고 다음 페이지를 보고자 하는 마음
이 가실 것이다.

마지막으로 근거 없는 주장을 피해야 한다. 나는 이러한 현상을 모래시
계 프레젠테이션이라고 부른다. 이 유형은 많은 유행어^{buzzwords}와 약속으
로 시작해서 내용에 이르러서 점점 좁아지며 이를 수행하기 위한 자금과
인적 자원에 대한 대담한 요청으로 끝을 맺는다.

In der Küze liegt die Wüze[3]

기술 문서에 있어서의 글쓰기에서 독자들은 당신의 문학적 창의성을 기대하기 보다는 당신이 말하는 것을 이해할 수 있기를 바란다. 따라서 단어 수는 적을수록 좋다. 워커 로이스[Walker Royce][4]는 어떤 단어를 쓸지에 대해 고찰하는 데에 책의 많은 부분을 할애했지만 글의 간결성에 대한 그의 조언은 도움이 된다. 진서[Zinsser][5]는 '추가할 수 있다', '지적해야 한다', 또는 '흥미로운 일이다'라는 문장의 사용법에 대해 다음과 같이 인용했다.

> 추가할 수 있으면 추가하시오. 지적해야 한다면 지적하시오. 흥미로운 일이라면 흥미롭게 만드시오.

로이스는 또한 장황한 표현이나 큰 단어를 하나의 단순한 단어로 대체하는 방법에 대해 다양한 구체적인 제안을 통해 노이즈를 줄일 뿐 아니라 비원어민에게 도움을 주고자 했다.

단어를 문장으로 적절하게 구성하는 것에 대해 어려움을 겪고 있다면 어렵지만 이를 현학적인 접근과 함께 보다 직접적으로 풀어 낸 바준[Barzun]의 『Simple & Direct』[6]를 추천하고 싶다.

내가 속한 팀의 내부 편집 주기는 추가 자료와 세부 사항을 포함시켰음에도 단어 수를 20~30% 줄일 수 있었다. 초보 저자에게 이는 충격적인 것일 수 있겠지만 '더 이상 추가할 것이 없을 때가 아니라 뺄 것이 없을 때 완벽함이 성취된다'는 생텍쥐페리[Saint-Exupery]의 격언은 특히 기술 문서

---

3   Literally, 'brevity gives spice,' ironically translating into 'short and sweet.'

4   Walker Royce, Eureka!: Discover and Enjoy the Hidden Power of the English Language (New York: Morgan James Publishing, 2011).

5   『글쓰기 생각쓰기(On Writing Well: The Classic Guide to Writing Nonfiction)』(돌베개, 2007).

6   Jacques Barzun, Simple & Direct (New York: Harper Perennial, 2001).

(그리고 좋은 코드)에 적용할 수 있다. 나는 실제로 20장을 위에서 소개한 방법을 통해 15% 정도 줄였다.

이러한 유형의 어찌 보면 무자비한(?) 편집이 처음으로 전문 편집자에 의해 내게 주어졌을 때 문서가 더 이상 '내 것처럼' 읽히지 않는다고 느꼈다. 이후 수년에 걸쳐 선명함과 정확함이 이와 같은 기술 문서를 만드는 좋은 방법이라는 사실을 이해하고 익숙해질 수 있었다. 이 책과 같이 보다 길고 개인적인 작품은 독자가 많은 페이지를 읽는 동안에도 주의를 집중할 수 있도록 약간의 느슨함을 허용한다.

단위 테스트 기술 문서

기술 문서를 개선하기 위한 가장 효과적인 수단은 작가 워크숍을 개최하는 것이다.[7] 이러한 워크숍은 참석자들이 자신이 읽은 문서에 대해 토론하는 것을 유도하며, 이때 저자는 들을 수는 있지만 말하는 것은 허용되지 않는다. 이러한 설정은 문서를 읽고 이해하려는 사람을 시뮬레이션할 수 있도록 돕는다. 저자는 실제로 문서가 배포됐을 때를 가정하면 자신의 문서에서 튀어나와 각각의 독자에게 문서가 진정으로 의미하는 바를 설명할 수 없으므로 워크숍에서도 침묵을 유지해야 한다. 문서는 독립적으로 의미를 전달할 수 있어야 한다. 작가 워크숍은 시간이 많이 소요되기 때문에 문서의 초기 검토를 거친 후에 적용하는 것이 가장 좋다.

7　Richard P. Gabriel, Writers' Workshops & the Work of Making Things: Patterns, Poetry… (Upper Saddle River, NJ: Pearson Education, 2002).

기술 메모

문서가 모든 것을 포함할 필요는 없다. 기술 문서에서 백과사전을 요구하는 사람이 있을까? 20년쯤 전에 워드 커닝엄Ward Cunningham은 시스템의 특정 측면을 설명하기 위한 기술 메모의 개념을 에피소드 패턴 언어로 정의한 바 있다.[8]

> 개발 중인 프로그램에서 쉽게 표현할 수 없는 주제를 정리하고자 형식을 갖춰 잘 정리된 일련의 기술 메모를 유지하고 관리한다. 하나의 주제에 각각의 메모를 배치한다. 기존의 포괄적인 설계 문서는 일부 고립돼 연관 없이 모든 설명이 필요한 영역을 제외하고는 빛을 보기 어렵다. 기술 메모를 통해서 각각의 포인트에 집중하고 나머지는 잊어버리도록 하자.

일반적으로 기술 메모를 작성하는 것이 평범한 문서를 대량으로 작성하는 것보다 유용하지만 반드시 수월한 것은 아니다. 이 가치 있는 아이디어가 잘못 적용된 고전적인 예로서 무작위로 작성되고 대부분 기간이 지나 유효하지 않으며 일관성 없는 문서로 가득 찬 프로젝트 위키를 들 수 있다. 이것은 도구의 잘못이 아니다(위키는 워드가 발명한 것도 아니다). 오히려 완전성(21장)에 대한 강조가 부족함에서 오는 문제에 가깝다.

펜은 칼보다 강하지만 기업 내의 정치보다 만능인 것은 아니다

고품질의 보고서를 작성하면 때로는 예상치 못한 조직의 역풍을 경험할지도 모른다. 완벽이라는 단어는 실력이 없는 작가나 팀의 작업 내용에

---

8   John Vlissides, James O. Coplien, and Norman L. Kerth, Pattern Languages of Program Design 2 (Reading, MA: Addison-Wesley, 1996).

대해서 공유할 생각이 없는 이들에게 부정적인 의미로 사용될 수 있다. 아이러니하게도 이들은 화려한 공급 업체의 프레젠테이션을 선호하는 부서일지도 모른다.

어떤 팀은 애자일 접근 방식을 통해 문서를 만들고 관리할 필요가 없다고 주장한다. 애자일 소프트웨어 개발은 읽을 가치가 있는 코드를 남기는 데 중점을 두지만 다년간의 IT 전략 계획은 코드만으로는 나타나지 않을 것이다. 좋은 문서는 좋은 코드보다 훨씬 더 찾기 어려운 것 같다.

어떤 이들은 각 청중에 맞게 스토리를 조정하는 것을 선호하기 때문에 명확하면서 독립적인 문서를 작성하는 데 부정적인 반응을 보인다. 당연히 이러한 접근 방식으로는 확장하기(30장) 어렵다.

일반적으로 좋은 글을 내놓지 못하는 조직에서 좋은 문서를 작성하면 눈에 띄는 효과를 얻을 수 있지만 때로는 정치 시스템을 흔들 수도 있다.

 내가 처음으로 디지털 생태계에 대한 지침서를 고위 경영진에게 보냈을 때의 일이다. 어떤 직원이 문서를 보내기 전에 그녀와 조율하지 않았다고 내 상사와 상사의 상사 둘에게 항의한 적이 있다.

커뮤니케이션은 강력한 도구이며 그렇기 때문에 조직의 일부 멤버들은 이를 자신의 제어권 안에 놓고자 싸울 것이다. 그러므로 목표가 무엇인지 현명하게 선택하기 바란다.

21

완전성을 넘어 강조하기

나무가 아니라 숲을 보여 줄 것

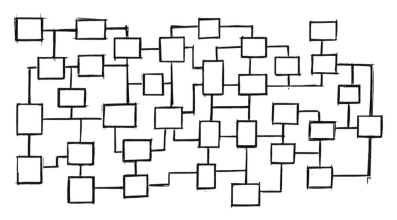

이 데이터베이스 스키마에서 성능 문제가 일어날 지점을 특정할 수 있을까?

다이어그램을 공유했을 때 '시스템 ABC가 빠져 있다'와 같은 피드백을 받을 수 있다. 반응의 의도 자체는 좋을지 모르나 완성도가 아키텍처 다이어그램의 목표가 돼서는 안 된다. 반대로 적절한 범위에 대한 묘사가 필요하다. 그렇다면 올바른 범위는 무엇일까? 의미를 가질 수 있을 만큼 크고, 이해할 수 있을 만큼 작으며, 합리적으로 받아들일 수 있을 만큼 연관성을 갖는 것이다.

대규모 조직에서는 환경의 규모와 그 복잡성에 의해 극복해야 할 위험이 끊임없이 나타나기 마련이다. 따라서 범위를 특정하고자 눈가리개를 하는 것은 허용될 뿐 아니라 권장 사항으로 볼 수 있겠다.

다이어그램은 모델이다

아키텍처 다이어그램을 논의하기 전에 이를 그리는 목적에 대해 스스로 떠올려 보는 것이 좋다. 아키텍처 다이어그램은 현실의 모델이다(22장). 우리가 일상생활에서 사용하는 가장 일반적인 현실 모델은 지도일 것이다. 지도는 우리가 어디로 어떻게 가는지를 결정하는 데 도움을 준다. 이를 위해 지도는 특정한 범위와 함께 이에 대한 강조를 수행한다. 예를 들어 시카고 도심의 절반만 보여 주는 지도는 어색할지도 모른다. 미시간 호수 전체를 보여 주는 지도를 만드는 것 또한 그다지 유용하지 않을 것이다. 지도 디자이너는 지도의 의도된 목적에 따라 의식적인 경계와 함께 세부 수준을 선택하게 된다.

지도건 아키텍처 다이어그램이건 모델은 옳고 그름에 관해서 설명하지 않는다. 어떤 의미로 이들이 현실과 정확히 같다고 할 수 없고 따라서 모두 틀렸다(6장)고 할 수 있다. 윌리엄 켄트[William Kent]의 저서 『Data and Reality』[1]의 첫 단락에서 '강에는 점선이 없으며 고속도로는 빨간색으로 칠해져 있지 않다'라는 말을 통해서 이를 상기시킨다.

모델을 올바르게 만드는 대신 모델이 유용한지를 생각해 봐야 한다. 하지만 이 질문에 답하려면 먼저 모델의 용도 또는 목적이 무엇인지 알아

---

1   William Kent, Data and Reality: A Timeless Perspective on Perceiving and Managing Information in Our Imprecise World, 3rd ed. (Westfield, NJ: Technics Publications, LLC, 2012).

야 할 것이다. 모델을 유용하게 만들어 가려면 질문에 답하거나 보다 나은 결정을 내리기 위한 도움이 필요하다. 그렇지 않으면 다이어그램은 단지 예술작품일 뿐이다. 내가 지금까지 수천 개의 아키텍처 다이어그램을 살펴본 바에 따르면 대부분의 아키텍트는 뛰어난 재능을 가진 예술가는 아니라고 생각한다.

따라서 특정 다이어그램을 그리거나 프레젠테이션 슬라이드를 디자인하기 전에 먼저 대답할 질문을 결정해야 한다. 세계지도(16장)를 작성하려면 광범위한 '국가 또는 지역의 배치'가 필요하겠지만 이는 아키텍처 다이어그램으로서는 그다지 유용하지 않을 것이다. 이렇게 생각해 보자. 관광청에서 제공하는 지도는 대륙 전체가 아니라 관광객들이 가고자 하는 해변과 야자수를 소개할 것이다.

> 모든 모델은 잘못됐다고 할 수 있지만 그중 일부는 유용하다. 이를 확인하려면 먼저 어떤 질문에 답변할 것인지를 정해야 한다.

다이어그램의 범위와 경계를 결정할 때 항상 선험적으로 이를 알 수 있는 것은 아니다. 때로는 다이어그램을 2개로 분할할지를 결정하려면 눈앞에 분할할 다이어그램이 있어야 할 것이다. 따라서 이 부분의 판단과 작업은 거의 항상 반복적이다.

5초 테스트

아키텍처 다이어그램과 슬라이드는 특정 요점을 파악하기 쉽게 하기 위한 목적으로 설계됐으므로 이를 살리기 위해서도 강조를 활용해야 한다. 이것은 보다 포괄적인 것을 목표로 하는 각종 참고 서적이나 매뉴얼과는 구별된다. 그럼에도 너무 많은 양의 슬라이드는 실제로 집중해야 할 부분을 제시하지 못한 채 현실에 대한 근사치로 큰 그림을 전달하고자 한다.

지나치게 노이즈가 많은 슬라이드를 만나면 엄격하지만 유용한 5초 룰을 적용하려고 하는 편인데 음식과 관련된 그것과는 관련이 없음에 유의하자.[2]

나는 청중에게 5초 동안 슬라이드를 보여 준 뒤 그들이 본 것을 설명하도록 요청한다. 대부분의 경우 이에 대한 답변은 헤드라인에 해당하는 몇몇 단어와 '노란색 상자 2개와 파란색 원통 1개'와 같은 문장으로 돌아온다. 공유 데이터베이스 패턴(https://oreil.ly/VQ20P)을 전달하고자 하는 경우 개념의 전달 자체는 성공했을 가능성이 높지만 대부분의 작성자는 어렵게 준비한 콘텐츠가 이렇게 극단적으로 단순화된 것을 듣고 실망할 것이다.

이 테스트를 통과하지 못한 슬라이드는 화면에 표시되는 시점에 청중을 혼란스럽게 할 수 있다. 그들의 눈은 화면을 쫓아가며 무엇이 중요하고 그 의미가 무엇인지 파악하려고 할 것이다. 그동안 청중은 시각적으로 바쁘기 때문에 콘텐츠에 대한 설명은 놓치기 쉽다. 물론 실제 슬라이드는 5초 이상 표시되겠지만 앞에서 이야기한 첫인상은 전달하고자 하는 모든 슬라이드에 대해 중요하게 작용한다.

 한 가지 더 유용한 기법은 슬라이드를 넘기기 전에 다음 페이지의 내용을 구두로 짧게 소개하는 것이다. 청중은 새로운 화면에 진입하는 시점에 언급한 내용을 되새기며 약간의 긴장감을 조성하기 때문에 설명을 받아들일 가능성이 더 높아진다. 물론 다음 슬라이드에서 이야기할 내용에 대해서 화두를 던지려면 발표자가 다음에 올 내용을 파악하고 있어야 한다.

---

2   Wikipedia, 'Five-Second Rule,' https://oreil.ly/1Z397.

어떤 조직에서는 문서처럼 읽기 위한 목적의 슬라이드를 만들기도 하는데 이는 유인물로도 읽을 수 있게 됨을 뜻한다. 가르 레이놀즈Garr Reynolds[3]가 만든 용어로 슬라이드와 도큐먼트를 합친 슬라이드먼트slideument는 좋은 프레젠테이션이 되기 어려우며 슬라이드 안에 너무 많은 내용을 집어넣어서 5초 테스트를 통과하지 못할 것이다. 안타깝게도 그들 대부분은 명확한 구조와 스토리라인의 부재로 인해 의미 있는 문서가 되기 힘들다. 재미있게도 마틴 파울러는 프레젠테이션 툴을 사용해서 작성한 문서를 사용하는 사용 예use case를 생각해 냈고 이를 통해 인포데크Infodeck[4]라는 개념을 만들었다. 이는 낸시 두아르테Nancy Duarte의 슬라이드독스SlideDocs[5]와 유사한 접근 방식을 보인다. 이들은 모두 화면에 띄워서 발표 자료로 사용되기보다 문서로서 읽는 데 유용한 커뮤니케이션 매체가 될 수 있다.

팝 퀴즈

나는 많은 아키텍처 리뷰와 의사결정을 위한 위원회에 참여해 왔다. 이러한 위원회는 의사결정권자와 지식 보유자(1장)가 분리된 경우가 많지만 대부분의 큰 조직은 기술에 기반한 환경을 조화시키고 수많은 기능 사일로functional silo에 대한 이해를 얻으려고 이들에게 의존하고 있다. 이러한 회의의 주제는 본질적으로 기술에 치우칠 수 있기 때문에 청중이 제대로 따라가기 어려운 경우가 많다.

---

3   Garr Reynolds, 'Slideuments and the Catch-22 for Conference Speakers,' Presentation Zen (blog), April 5, 2006, https://oreil.ly/yw45r.

4   Martin Fowler, 'Infodeck,' MartinFowler.com, Nov. 16, 2012, https://oreil.ly/yvgTq.

5   Nancy Duarte, 'PowerPoint Presentations vs. Slidedocs,' Duarte.com, https://oreil.ly/MjKny.

프레젠테이션에서의 팝 퀴즈는 프레젠테이션의 페이지를 비워 놓고 청중이 보고 이해한 내용을 설명하도록 하는 것으로 진행된다. 사실 이는 청중이 아닌 발표자를 위한 테스트라고 할 수 있다.

내용을 이해했는지 확인하려고 발표자는 슬라이드를 중지한 뒤 화면을 비우고(파워포인트에서 'B'를 치면 이 작업을 수행함) 청중에게 지금까지 이야기한 내용을 요약해서 설명하도록 하는 팝업 퀴즈[6]를 시작한다. 안타깝게도 이 퀴즈는 잘 정리된 요약보다는 긴장된 얼굴과 웃음, 당황해서 바닥을 쳐다보거나 황급히 이메일을 확인하는 결과를 낳기도 한다. 그 결과 발표자에게 모든 청중을 위해서 발표의 핵심 내용을 간략하게 요약해 달라고 요청할 수 있을 것이다. 청중에게 이것이 청중이 아닌 발표자를 위한 테스트임을 밝히는 것이 유용할 것이다.

간단한 언어

팝 퀴즈에서는 스스로를 배제하지 않는다. 화자가 말한 것을 다시 떠올려 언급할 때 나는 종종 의도적으로 간단한 언어를 사용해서 본질을 잡아내고자 한다.

 신뢰할 수 없는 네트워크 영역의 보안 아키텍처에 대한 프레젠테이션에서 다소 복잡한 슬라이드 몇 장을 보고 난 뒤에 다음과 같이 발표 내용을 요약했다. '검은 상단에서 시작된 검은 선이 바닥을 관통하는 것이 걱정인가요?' 그는 그렇다는 답변이 울려퍼지자 이를 통해 내가 내용을 올바르게 요약했음을 알 수 있었고, 발표자가 요점을 더 잘 전달하기 위한 통찰력이 부족했음을 확인할 수 있었다.

이러한 요점을 확인하는 기술은 지나치게 단순해 보일 수 있으나 제시된

---

6 팝 퀴즈는 사전 설명 없이 진행되는 짧은 테스트다. 예고 없이 진행되는 만큼 학생들에게 인기가 없음은 말할 필요도 없겠다.

모델(예: 인터넷에서 신뢰할 수 있는 네트워크로의 네트워크 경로를 나타내는 수직선)과 문제 설명(직접 경로는 보안 위험을 야기할 수 있다) 사이에 확실한 연결 고리가 있는지 확인하는 방법이 될 수 있다. 가능한 한 모든 노이즈를 제거하고 '검은 선' 한 단어로 이를 줄이면 메시지가 보다 선명해질 것이다.

다이어그램 기초

유용한 아키텍처 다이어그램의 가장 큰 적은 의외로 구성 요소 배치와 설정에 대한 것으로 사용자의 잘못된 선택으로 비지오^{Visio}의 기본 10포인트 글꼴 크기와 가느다란 선을 사용하는 것에 있다. 이는 청중의 생각을 멈추고자 끝없는 글 머리 기호를 줄세우는 파워포인트의 자동 조정 기능과 다르지 않다. 사실 이러한 도구에 책임이 있는 것은 아니지만 공학 부문의 도면에 맞게 조정됐을 비지오의 기본 설정은 사용자를 유혹하며 그 결과로 발표회장의 화면에 표시하거나 화면을 공유하는 데에 어울리지 않는 개체를 만들도록 유도할 것이다.

따라서 명확한 메시지를 전달할 수 있는 다이어그램을 만들기 위한 내 조언은 다음과 같은 기초적인 기술에서 시작한다.

개미 글꼴을 피할 것

읽을 수 없는 텍스트는 가치를 갖기 힘들기 때문에 '당신이 이것을 읽을 수 없음을 알고 있다'를 슬라이드 소개 문구로 생각하지 않는 한 개미 글꼴[7]을 사용해서는 안 된다. 적절한 크기와 대비되는 색상의 산세리프$^{sans-}$

---

7   Neal Ford, Matthew McCullough, and Nathaniel Schutta, Presentation Patterns: Techniques for Crafting Better Presentations (Boston: Addison-Wesley Professional, 2012).

serif 글꼴을 사용하는 것은 모든 프레젠테이션에서 높이 평가될 일이다. 그림 21-1과 같이 작은 글꼴을 더 큰 글꼴과 함께 사용됐어야 할 큼직한 상자에 50%의 빈 공간과 함께 집어넣은 슬라이드를 본 횟수는 셀 수 없을 만큼 많다. 아키텍처 다이어그램은 미니멀리즘을 실현하기 위한 장소가 아니다.

그림 21-1. 사용 가능한 공간을 활용해서 텍스트를 쉽게 읽을 수 있도록 할 것

대부분의 도구에서는 선 너비와 글꼴 크기에 대한 기본값을 설정할 수 있을 것이다. 이를 활용하자. 또한 주기적으로 화면의 다이어그램을 25%로 축소해 보고 여전히 읽을 수 있는지 확인해 보자.

신호에 대한 노이즈 비율의 최대화

의미 없이 구성 요소를 늘리는 것은 산만함을 가져올 수 있다. 따라서 시각적 노이즈를 줄이는 것이 중요하다. 예를 들면 항목을 적절하게 정렬하고 일관된 형태와 모양(그림 21-2 참조)을 사용하는 것이 그것이다. 둥근 모서리, 그림자 등과 같이 장식이 너무 많으면 전달하려는 핵심 메시지에 집중하기 어려워질 수 있다. 만약 상황이 다르게 보인다면 23장에서 설명하고 있는 것처럼 각각 의미를 갖는지 확인해 보자.

그림 21-2. 동일한 것은 같은 모양으로 표현하기

낸시 두아르테의 책 『slide:ology』[8]에서 이들의 배치, 시각적 레이아웃, 강조에 대한 조언을 얻을 수 있다.

포인트를 가리킬 것

프레젠테이션 도구에서 가장 자주 사용하는 기능 중 하나는 화살촉의 크기를 키우는 것이다. 의미를 표현하기(23장) 위해 방향을 가리키는 화살표를 사용하는 경우 그림 21-3에서 설명하는 것처럼 이를 쉽게 인식할 수 있어야 한다. 또한 다이어그램을 이해하는 데 화살의 방향이 중요하지 않은 경우 화살촉을 생략해 노이즈를 줄이도록 한다.

그림 21-3. 방향이 중요한 경우에는 화살촉을 눈에 들어올 만큼 키우자

만약 당신이 사용하는 도구로 표현이 어렵다면 형편없는 다이어그램에 대한 변명이 되지 않도록 선 위에 삼각형을 배치하자. 도구에 책임을 미루는 것은 마치 요리사가 농부가 재배한 토마토가 맛이 없었기 때문에 요리가 맛이 없다고 말하는 것과 비슷하다. 동의하기 어렵겠지만 이를 인정하고 유념해야 할 것이다.

범례는 곧 위기를 뜻한다

엑셀Excel의 원형 그래프와 차트 내보내기는 표준 기능이지만 시각적 범례를 활용하고 싶다면 다이어그램의 패턴이나 색상을 다이어그램 아래 또는 옆의 레이블label과 연결해야 한다. 그림 21-4에 표시된 것처럼 데

---

8   Nancy Duarte, slide:ology: The Art and Science of Creating Great Presentations (Sebastopol, CA: O'Reilly Media, 2008).

이터가 있는 위치에 레이블을 지정하면 훨씬 이해가 빠를 것이다.

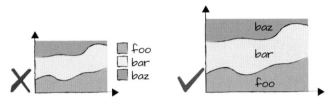

그림 21-4. 독자가 범례를 읽도록 만드는 것 대신에 데이터에 레이블을 지정할 것

그러므로 불가피한 경우에만 범례를 사용하는 습관을 들이자. 대부분의 경우 흩어져 있는 것을 한데 모으거나 상자의 크기를 늘리는 작업을 통해 레이블을 원하는 위치에 둘 수 있다. 크기 조정과 레이블 지정을 더 잘 해내기 위해 누적 막대 그래프를 다시 그렸다. 단 5분의 투자로 데이터를 읽는 데 시간과 노력을 기울이는 경영진의 시간을 절약할 수 있었다.

레이어를 시각적으로

앞에서 살펴본 것처럼 좋은 문서는 영화 〈슈렉〉(20장)을 보는 것과 같다. 시스템의 특정 동작(10장)으로 이어지는 복잡한 상호관계를 설명하는 다이어그램도 다르지 않다. 그럼에도 아마도 처음에 설계했을 명확한 고수준 구조에 이후에 드러나면서 큰 그림을 방해하지 않는 추가 세부 사항으로 보강해 5초 테스트를 통과할 필요가 있다. 그림 21-5는 먼저, 시스템이 2개의 동일한 영역으로 구성돼 있음을 보여 준다. 그 후 확대를 통해 각 영역이 내부적으로 어떻게 구성돼 있는지 확인할 수 있다.

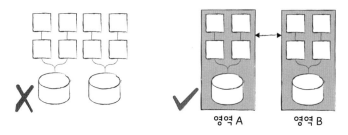

그림 21-5. 다이어그램에 명확한 상위 수준의 설계를 제공하기

나는 이처럼 시각 효과에 대한 강한 방향성을 가져왔으며 이를 기반으로 빌드 슬라이드를 활용해 왔다. 다음 내용을 추가하기 전에 발표자가 앞의 내용을 먼저 잘 활용할 수 있도록 최적화된 빌드 슬라이드 유형을 찾는다. 이 작업을 수행하고자 회전, 구겨지기, 페이드 전환 중 하나를 선택하려는 유혹을 피하면서 새로운 요소를 가능한 간단하게 표현하자.

여기에 다이어그램을 완벽하게 겹쳐 놓으면 시각적 요소가 단계적으로 드러날 것이다. 매번 단계적으로 다이어그램을 구성하기 힘들다면 증분 표현을 위해 레이어를 나눈 빌드 슬라이드incremental build slide가 합리적인 대안이 될 것이다.

각 요소의 스타일

대부분의 아키텍트는 시간이 지남에 따라 자신만의 시각화 스타일을 개발하고 이를 자신의 브랜드를 만들기 위한 도구로 활용할 수 있게 된다. 내 기술 문서와 다이어그램의 대부분은 일관성을 가진 색상 세트와 함께 큰 글자를 이용해서 대담한, 거의 만화 같은 스타일 덕분에 쉽게 인지할 수 있다.

또한 내 다이어그램에는 거의 항상 선(23 장)이 존재하지만 이를 두 가지, 최대 세 가지 정도로 유지한다. 또한 선으로 묘사하는 각 유형의 관계는 직관적이어야 한다는 전제를 깔아 둔다. 예를 들어『기업 통합 패턴』(에이콘, 2014)의 제어 버스 패턴을 나타내는 그림 21-6에 설명된 것처럼 넓은 회색 화살표는 데이터 흐름을 나타내는 반면, 제어 흐름은 가느다란 검은색 선으로 표시하고 있다.

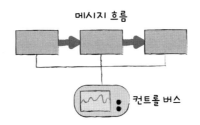

그림 21-6. 이 제어 버스 패턴은 라인의 의미 또한 설명하고 있다

선의 두께를 통해 많은 양의 데이터가 시스템의 데이터 흐름 영역을 통해 지나가고 제어 흐름은 훨씬 가늘지만 중요함을 나타내고 있다. 글쓰기에 대한 조언에서 차용한 최고의 시각적 스타일은 '전달하고자 하는 생각만 유지하는[9]' 것이다.

이야기 만들기

슬라이드 또는 문서 단락을 준비할 때 제목은 명확하면서 내용에 집중한 구문으로 설정한다. 대부분의 경우 제목만으로 이야기의 본질을 알려 주게 되므로 나는 완전한 문장으로 만들어진 제목을 선호한다. 이러한 접

---

9   Barzun, Simple & Direct.

근 방식을 사용하면 각 슬라이드 또는 단락이 각각 하나의 이야기 주제에 초점을 맞출 수 있게 된다.

다만, 아키텍트 엘리베이터(1장)와 같이 단일 단어 또는 짧은 문구로 구성된 제목을 사용하는 다양한 청중을 대상으로 한 기조 연설은 예외로 한다. 이러한 짧은 제목은 발표자인 내게 시각적인 도움을 주는 단순한 영상과 잘 맞물려서 청중의 관심을 끌고 시각적인 은유를 통해 내용을 기억할 수 있도록 도와줄 것이다.

그러나 검토 또는 의사결정 세션을 위해 준비한 기술 프레젠테이션의 경우에는 동의하는가 아닌가에 대한 명확한 답변이 요구된다. 이러한 진술은 바쁜 사람들을 위한 글쓰기(20장)의 스토리텔링을 위한 제목과 마찬가지로 완전한 문장을 사용하는 편이 훨씬 더 잘 표현할 수 있다. 이 경우 '상태 비저장 서비스와 탄력적 확장을 지원하는 자동화'가 '서버 아키텍처'보다 더 나은 제목이 될 것이다.

확실히 피하고 싶은 것은 '서버 인프라 및 애플리케이션 아키텍처 개요 다이어그램(단순화를 위해 요약)'과 같이 독자를 혼란스럽게 하지만 어떠한 형태의 설명도 하지 않는 장황한 문구 또는 절름발이 형태의 문장을 들 수 있다. 이보다 더한 것도 경험해 온 나를 믿어 주기 바란다.

슬라이드 20장, 이야기 1개

프레젠테이션을 구성할 때 수많은 기술 프레젠테이션에서 슬라이드당 하나의 스토리를 전달하고자 한다. 슬라이드당 하나의 메시지에 초점을 맞추는 것이 좋지만 그림 21-7의 하단에 나와 있는 것처럼 이들 메시지 시퀀스는 모두 일관된 이야기를 전달해야 한다. 재미있게도 이는 모든 슬라이드 제목을 사이드 바에 표시하는 파워포인트의 개요 보기를 사용하면 쉽게 확인할 수 있다.

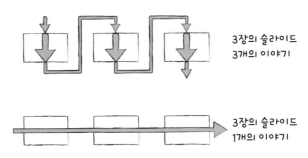

그림 21-7. 전체 슬라이드를 통해 하나의 스토리를 전달하는 것으로 흐름을 이어가고 시간을 절약할 수 있다

이러한 일관성을 만들어 가다 보면 논리적인 흐름과 함께 단일 스토리라인이 만들어질 뿐 아니라 프레젠테이션에 필요한 시간도 큰 폭으로 단축할 수 있다. 각 슬라이드가 새로운 이야기를 들려준다면 발표자는 각 슬라이드를보고 소개하는 데 30초 정도 소요될 것이다. 여기에 프레젠테이션의 보편적인 페이지 수인 20~30개의 슬라이드를 곱해 보면 스토리라인이 연결돼 있다는 가정하에 15분을 절약할 수 있음을 알 수 있다. 그래서 나는 누군가 자신의 콘텐츠를 발표할 시간이 충분하지 않다고 걱정하고 있다면 스토리 하나를 설명하고 있는지 확인하도록 조언한다.

이야기를 전달하기에 좋은 슬라이드 덱 모음을 보려면 https://speaker deck.com을 방문해 보자.

그 자체로 혼란스러운 것은 없다

복잡한 주제를 설명하는 데 필요한 문서와 시각 자료를 만드는 모든 이에게 마지막으로 건네고 싶은 조언은 다음과 같다. 내용은 복잡할 수 있지만 이것이 혼란스러운 내용이 될지 여부는 당신에게 달려 있다.

22

다이어그램 기반 설계

그림으로 속이는 것은 글로 속이는 것보다 훨씬 더 어렵다

다이어그램으로 설계하기

몇 년 전 크레스트 부트^{Crested Butte} 엔터프라이즈 아키텍처 서밋은 외딴 마을에 괴짜 집단을 보내는 것이 창의적인 결과로 이어질 수 있음을 다시한번 증명했다. 내가 속한 조직의 경우 결과는 활동 주도 개발^{ADD, Activity-Driven Development}에서 시작해 무결점 개발^{ZDD, Zero-Defect Development}로 이어지는 26가지 개발 전략에 대한 목록이었다. 도메인 기반 설계^{DDD, Domain-}

Driven Design는 에릭 에반스^{Eric Evans}의 책 『도메인 주도 설계^{Domain-Driven Design}』(위키북스, 2011)를 기반으로 했다. 다른 의미를 가진 'DDD'가 떠올랐는데 바로 이것이 다이어그램 중심 설계^{diagram-driven design}였고 이 아이디어 뒤에는 진지한 구상이 존재함을 알 수 있었다.

프레젠테이션 기술: 모순 그 이상

내가 구글재팬에서 일하는 동안 『프레젠테이션 젠^{Presentation Zen}』(에이콘, 2008)과 같은 책에서 힌트를 얻어 시각적인 효과를 활용해 아이디어를 보다 잘 전달하기 위한 엔지니어를 대상으로 한 프레젠테이션 기술에 대한 클래스를 만들고 가르친 바 있다. 내 조언에 따라 자신감 넘치는 매니저를 위한 고해상도 아이콘, 실제 축적된 상황을 나타내기 위한 연료 게이지, 어디에도 맞지 않는 신발 등을 제공해 왔다. 이러한 멋진 시각화 옵션은 청중의 주의를 끄는 효과가 있을 수 있겠으나 울림을 주는 목소리나 스티브 잡스^{Steve Jobs} 같은 손동작(터틀넥은 옵션)이 청중으로 하여금 멀티 클라우드 전략이 시스템 아키텍처 복잡성을 증가시키는 이유를 이해하게끔 돕지는 못할 것이다.

분명 기술 프레젠테이션에서는 이를 대신할 뭔가가 필요하다. 당신의 팀은 어떤 대안을 갖고 있는가? 무엇이 다를까? 어떤 설계 원칙을 선택하게 됐는가? 시스템의 주요 구성 요소는 무엇이며 어떻게 상호 작용(23장)하는가? 성능 병목 현상을 어떻게 추적했으며 그로부터 무엇을 배울 수 있었는가? 『프레젠테이션 젠』의 저자인 가르 레이놀즈가 자신의 책을 소개하려고 구글에 방문했을 때 그는 기술 토론에서 때로는 상세한 다이어그램이나 소스 코드 토막^{snippet}이 필요하다는 것을 인정했다. 그는 이를 청중이 쉽게 읽고 소화할 수 있도록 프레젠테이션 대신 유인물로 형태로 제공할 것을 제안했다. 그러나 내가 보는 대부분의 기술 프레젠테이션을 떠올려 보면 기술적인 개념을 자세히 설명하기 위한 소스 코드나 다이어그램이 포함돼 있으므로 이를 효과적으로 전달하기 위한 다른 방법이 필요하다고 생각했다.

에드워드 투프테[Ed Tufte]는 우주 왕복선 컬럼비아호의 재난[1]을 초래한 것이 프레젠테이션의 잘못된 슬라이드상의 강조와 글꼴 크기에 기인한 것일 수 있다고 비난한 바 있다(당시 재진입 방식을 판단하는 자료가 된 슬라이드를 보면 이 접근은 합당해 보인다). 이는 '파워포인트에 의한 죽음[Death by PowerPoint]'이라는 제목으로 2000년에 딜버트 연재 만화로 언급됨으로써 지워지지 않는 사실이 됐다. 특히 대량의 텍스트를 포함한 경우 슬라이드를 통한 전달은 더 어려워진다. 따라서 기술 개념에 대한 주요 커뮤니케이션 수단으로 다이어그램을 사용할 수 있다.

디자인 기법으로서의 다이어그램

크레스트 부트 이야기로 돌아온 내 팀은 목록을 읽어 내려가며 이들이 실제로 의미 있는 결과를 가져올 것인지 생각해 봤다. 재미있게도 팀은 다이어그램을 그리는 방법을 논의하는 동안 불필요한 세부 사항은 생략하면서 설계 의사결정(8장)의 본질은 강조하는 일관된 시각적 효과의 중요성에 의견을 같이했다. 이 토론을 통해 좋은 그림을 그리려면 먼저 좋은 설계가 먼저라는 것을 알 수 있었다. 현실이 엉망이라면 이를 설명하

---

1   Edward Tufte, 'PowerPoint Does Rocket Science: and Better Techniques for Technical Reports,' Edward-Tufte.com, https://oreil.ly/kDihX.

는 과정에서 질서를 부여하기는 어려운 일이다. 이 생각에서 한 단계 더 나아가서 일반적으로 좋은 다이어그램이 좋은 시스템 설계에 기여한다는 것을 깨달았다. 즉 다이어그램 중심의 디자인을 현실에서 활용 가능함을 알 수 있었다.

다이어그램 기반 디자인을 이야기하는 것이 UML^{Unified Modeling Language} 다이어그램에서 코드를 생성한다는 것을 암시하는 것은 아니다. 나는 마틴 파울러의 'UML로 스케치하기'[2] 캠프에 이에 대한 근간을 두고 있는데 UML은 프로그래밍 언어나 사양이 아닌 인간의 이해를 돕기 위한 그림이다. 이에 대해 동의하지 않는 사람이 있다면 UML의 공동 제작자인 그레디 부치^{Grady Booch}를 언급한다. 그는 'UML이 프로그래밍 언어가 되는 것을 의도한 적은 없다'[3]라고 말한 바 있다. 대신 주요 개념을 전달하는 그림, 즉 관련성이 떨어지는 세부 사항에 얽매이지 않는 큰 그림을 이야기하려고 만들어졌다.

다이어그램으로 디자인하기

다이어그램을 사용한 디자인의 좋은 예로 2003년 바비 울프와 내가 공동 저술한 『기업 통합 패턴』을 들 수 있겠다. 이 책에서는 텍스트 형식과 아이콘 세트로 표현되는 비동기 메시징 솔루션을 디자인하기 위한 패턴 언어를 정의한다. 일관된 시각적 스타일과 메시징 솔루션의 간단한 모델을 통해 그림 22-1에서 볼 수 있듯이 시각적 언어를 디자인 도구로 활용할 수 있다.

---

2   Martin Fowler, 'UML as Sketch,' MartinFowler.com, https://oreil.ly/WLUgR.

3   Mark Collins-Cope, 'Interview with Grady Booch,' Objective View Magazine, Issue 12, Sept. 12, 2014, https://oreil.ly/HGc5j.

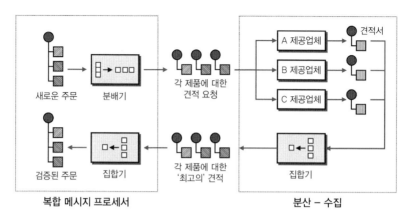

그림 22-1. 기업 통합 패턴 설계하기

즉 다이어그램은 단순한 그림이 아니라 디자인을 검증하는 데 도움을 줄 것이다. 예를 들어 시각적 언어를 통해 메시지를 분할하거나 배포할 때마다 이를 다시 결합해야 함을 알려 준다. 또한 요소가 논리적으로 그룹화돼 있는지를 검증한다.

다이어그램 기반 설계의 좋은 예로 들 수 있는 것이 거리(수직)와 시간(수평)을 나타내는 두 축을 따라 열차의 경로를 표현하는 열차 일정표를 들 수 있다. 기차가 빨리 움직일수록 표 안의 선은 더 가파르게 떨어진다. 이러한 차트의 선은 반대 방향으로 달리는 열차가 서로 지나가는 지점과 교차한다(그림 22-2 참조). 단일 선로 철도에서는 2개의 선로와 플랫폼이 있는 역에서 이러한 현상이 발생하는지 확인해야 할 것이다. 이처럼 기차 시간표를 시각적으로 배치하는 것은 설계에 큰 도움이 된다.

이 그림의 역사는 에티엔-줄스 마리Étienne-Jules Marey와 그의 저서 『그래픽의 표현 방식La Méthode Graphique』(1878)로 거슬러 올라간다. 또한 에드워드 투프테Edward R. Tufte의 『The Visual Display of Quantitative Informa tion』[4]에서도 나타난다. 이는 아마도 차트와 다이어그램에 대한 표준의 하나일 것이다.

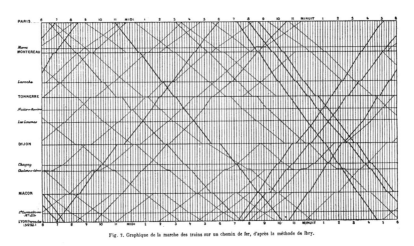

Fig. 7. Graphique de la marche des trains sur un chemin de fer, d'après la méthode de Ibry.

그림 22-2. 기차 일정을 시각적으로 디자인하기

다이어그램 기반 설계 기법

다이어그램을 작성하는 것을 디자인 기술로서 받아들였다면 다음 절에서 소개할 좋은 시각적 디자인과 우수한 시스템 설계 사이에서 몇 가지 연결점을 찾을 수 있을 것이다.

시각적 어휘와 관점을 확립하기

좋은 다이어그램은 일관된 시각적 언어를 사용한다. 상자는 무언가(예: 구성 요소, 클래스, 프로세스 등)를 의미하고 실선은 다른 무언가(빌드 종속성,

---

4   Edward R. Tufte, The Visual Display of Quantitative Information (Cheshire, CT: Graphics Press, 2001).

데이터 흐름 또는 HTTP 요청 등)를 의미하며 점선은 그 외의 무언가를 의미할 것이다. 실은 그게 아니라 메타 오브젝트 퍼실리티(모델 정보에 대한 접근 구조 정의)나 정확성이 입증된 의미론은 필요치 않지만 어떤 요소 또는 관계를 어떻게 묘사하고 있는지는 알고 있어야 한다. 이 시각적 어휘를 선택하는 것은 소스 코드의 종속성, 런타임 종속성, 호출 트리 또는 시스템에 대한 프로세스 할당과 같이 아키텍처 관점과 중점을 두고자 하는 포인트를 정의하는 데 의미를 갖는다.

좋은 디자인은 종종 추상화 단계에서 생각하는 능력과 관련이 있다. 다이어그램은 시각적 추상화이며 이 단계에서 중요한 도구가 될 수 있다.

추상화 수준을 제한할 것

기술 문서에서 가장 자주 접하는 문제 중 하나는 서로 다른 수준의 추상화가 혼재돼 있다는 것이다(소스 코드에서도 동일한 문제를 찾을 수 있다). 예를 들어 구성 데이터가 시스템 동작에 영향을 미치는 방식을 다음과 같이 설명할 수 있다.

> 시스템 구성은 '시간 여행(timetravel)' 항목을 true 또는 false로 설정할 수 있는 XML 파일에 저장된다. 파일은 로컬 파일 시스템이나 네트워크를 거쳐 읽을 수 있지만 이를 위해서는 NFS 액세스가 요구되거나 Samba가 설치돼 있어야 한다. SAX 파서를 사용해 전체 DOM 트리를 메모리에 빌드하지 않는다. 이러한 설정을 읽기 위한 'Config' 클래스는 싱글톤 패턴을 따르는데 그 이유는…

이 몇 문장 안에서 파일 형식, 프로젝트 설계 의사결정, 구현 세부 사항, 성능 최적화 등을 배우게 될 것이다. 사실 독자 한 명 한 명이 이러한 사실에 관심을 가질 것 같지는 않아 보인다.

그럼 이제 이 단락이 의미하는 그림을 그려 보자! 이러한 모든 개념을 종이 한 장에 담아 내는 것은 거의 불가능할 것이다.

따라서 다이어그램을 그린다면 한 번에 하나의 수준의 추상화를 고려해서 생각을 정리해야 한다. 그림을 그리는 것이 자동으로 추상화 단계가 혼재하는 문제를 사라지게 하지는 않을 것이다. 또한 다이어그램은 멀찍이 떨어져서 본다면 그럭저럭 나쁘지 않아 보일지도 모르는 앞의 단락보다 문제를 한 층 더 겉으로 드러낼 것이다. '종이는 인내심Papier ist geduldig'이라는 독일 속담이 있다. 즉 종이에 어떤 쓰레기를 적어 내려가더라도 크게 반발하지는 않지만, 다이어그램은 참을성이 좀 더 떨어진다. 아키텍처 다이어그램을 현대 미술에 비교한다면 폴록Paul Jackson Pollock이 아닌 몬드리안Piet Mondrian에 가깝다고 할 수 있겠다.

본질을 최소화하기

모든 단일 테이블을 그려 넣은 광고 게시판 크기의 데이터베이스 스키마 포스터는 단일 수준의 추상화를 유지하지만 어느 것도 강조(21장)하지 않고 현실을 있는 그대로 전달하기 때문에 여전히 쓸모없어 보인다. 이를 프레젠테이션 슬라이드에 들어가도록 크기를 줄여 보면 추상 미술처럼 보이기 시작할 것이다. 이는 아키텍처 문서보다는 미술관에 더 잘 어울린다.

따라서 중요하지 않은 세부 사항은 생략하고 가장 강조하고 싶은 것, 주제와의 관련성이 높은 것에 집중하자! 시스템 설계도 마찬가지다. 예를 들어 시스템 은유(24장)를 정의해 먼저 시스템이 어떤 종류의 것인지 아는 것이 중요하다.

균형과 조화 찾기

추상화 수준과 범위를 제한한다고 유용한 다이어그램임을 보장할 수 있는 것은 아니다. 좋은 다이어그램은 논리적으로 그룹화되고 관계가 명확하며 전체적인 균형과 조화가 나타나도록 중요한 엔티티를 배치해야 한다. 이러한 균형이 다이어그램에 나타나지 않는다면 시스템에 균형이 없는 것일 수 있다.

 나는 한때 수많은 클래스 사이의 관계가 엉망진창으로 얽혀 있는 비교적 작은 코드 모듈을 검토한 바 있다. 개발자와 내가 이 모듈을 문서화하고자 했을 때 우리는 무슨 일이 일어나고 있는지 그리기 위한 적절한 방법을 찾지 못했다. 수많은 그림을 그리고 지우는 작업을 반복한 후에 데이터 처리 파이프라인과 유사한 그림을 그릴 수 있었다. 우리는 이 새로운 시스템 은유와 일치하도록 얽혀 있는 코드를 리팩토링했다. 그 결과 다이어그램 기반 디자인을 통해서 코드의 구조와 테스트 가능성이 크게 향상됐다!

균형 잡힌 다이어그램은 좋은 시스템 설계에 도움이 되는 결합, 응집력, 높은 수준의 구조와 개념을 보여 줄 수 있다.

불확실성의 정도를 표시할 것

코드 조각을 보면 언제 어떤 작업이 수행됐는지 파악할 수는 있지만 작업이 수행된 이유를 이해하기는 훨씬 더 어렵다. 당시에 어떤 결정이 내려졌고 무슨 일이 일어났는지 이해하는 것은 훨씬 더 어려울 수 있다.

그러므로 다이어그램을 만들 때 이러한 뉘앙스를 표현할 수 있는 도구를 사용하는 것이 좋다. 예를 들어 손으로 그린 스케치를 사용해 디자인이 토론의 기반에 해당함을 전달할 수 있다. 모든 세부 사항의 중요성을 전달하려면 건축 도면 및 청사진과 유사한 시각적 스타일을 사용할 수 있다. 에릭 에반스를 비롯한 수많은 저자의 책에서 이 기술을 활용하고 있다. 이것이 이 책에서 스케치를 사용하는 이유이기도 한데 구체적인 도구와 프로세스가 아니라 아키텍처 접근 방식과 사고 방식을 논의하고 있기 때문이다.

그림을 그릴 때는 정밀도^{precision} 대 정확도^{accuracy} 딜레마를 고려하자. '다음 주 온도는 대략 15.235도가 될 것이다'는 정밀하지만 정확하지 않기 때문에 의미가 없다. 정확하지 않다는 것을 알고 있다면 정밀함을 살리는 형태의 슬라이드는 만들지 않는 것이 좋다.

다이어그램은 예술이다

다이어그램은 그것이 비록 작은 작품일지라도 아름다울 수 있다(그래야 한다). 나는 시스템 디자인이 예술 및 (비기술적인) 디자인과 밀접한 관계가 있다고 굳게 믿고 있다. 시각이나 기술 디자인은 모두 빈 석판과 함께 사실상 무한한 가능성으로 시작된다. 의사결정은 때로는 충돌하는 수많은 힘의 영향을 받게 된다. 좋은 디자인은 이러한 힘의 균형을 맞추고 아름다움을 얻을 수 있는 기능적 솔루션을 만드는 것을 뜻한다. 이를 통해 훌륭한 (소프트웨어) 디자이너와 아키텍트 친구들이 예술적 맥락에 관심을 갖고 있는 이유를 설명할 수 있다.

완벽한 해결책은 없다

모든 다이어그램이 디자인 기술로서 유용한 것은 아니다. 어지러운 그림을 그린다고 잘못된 디자인이 더 나아지지는 않을 것이다. 실제 시스템 구축과는 거의 연관이 없는 아름다운 마키텍처^{marchitecture} 다이어그램[5]도 그 가치는 제한적이다. 그러나 기술 토론에서 좋은 다이어그램을 그리는 것이 대화와 그에 따른 설계 의사결정의 질을 향상시키는 많은 사례를 목격했다. 좋은 다이어그램을 그릴 수 없는 것은 (기술 부족으로 인한 것이 아닐 경우) 실제 시스템 구조가 적절하지 않기 때문일 수 있다.

---

5   Marchitecture는 건축으로 위장한 마케팅 목적의 사진을 나타낸다.

23

선 그리기

선이 없는 아키텍처는 아키텍처라고 할 수 없다

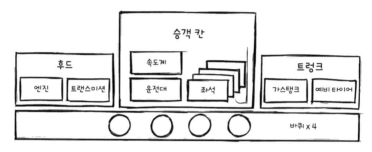

자동차의 기능적 아키텍처

위의 스케치는 자동차의 아키텍처를 묘사하고 있다. 각각의 관계를 포함한 모든 중요한 구성 요소를 나타내고 있다. 엔진은 차체 내부에 위치해 있으며 조수석은 운전대 가까이에 적절하게 두고 바퀴는 차체 바닥에 근사하게 조립돼 있음을 알 수 있다. 이 다이어그램은 아키텍처 정의의 대부분을 충족하는 것으로 보인다(내가 선호하는 의사결정(8장)을 위한 요소는 제외하고).

그러나 이 그림에 자동차가 어떻게 작동하는지 이해하는 데 도움이 되는 것은 사실 거의 없다. 엔진에서 멀리 떨어져 있다는 이유로 연료 탱크를 삭제해도 괜찮을까? 엔진과 변속기가 우연히 후드 아래에 나란히 배치돼 있는 것인가 아니면 둘 사이에 특별한 관계가 있는가? 자동차는 정확히 바퀴 4개가 필요한가 아니면 3개로도 문제없는가? 단계에 따라 자동차를 만들어야 한다면 어떤 부분부터 조립을 시작하는 것이 합리적일까? 좌석부터 시작하는 것은 단계상 좋은 출발이라고 할 수 있을까? 좋은 차와 나쁜 차를 어떻게 구별할 수 있을까? 대부분의 자동차에서 나타나는 공통적인 측면(예: 바퀴가 하단에 있음)과 다양하게 나타날 수 있는 측면(포르쉐911, 폭스바겐 비틀 또는 드로리안의 차주라면 엔진이 후드 아래에 있지 않음을 지적할 수 있다)에는 어떤 것이 있을까?

앞에서 살펴본 그림은 이러한 질문에 대답할 수 없을 것이다. 구성 요소의 위치를 나타내고 있으나 전체 시스템인 자동차에서의 관계나 기능에 대해서 전달하지는 않고 있다. 그림이 사실적으로 묘사돼 정확하고 상세하다고 하더라도 설명하는 시스템, 특히 동작에 대해서는 많은 정보를 전달하기 어렵다. 따라서 이는 다이어그램 기반 디자인(22장)의 좋은 예가 아닐 수 있다.

선을 볼 것

앞의 그림에서 누락된 중요한 요소는 구성 요소를 연결하는 선이다. 선이 없으면 요소 간의 다양한 관계를 표현하기 매우 어려워진다. 이 선은 매우 중요해서 상자, 레이블, 선이 켄트 벡Kent Beck의 반농담식의 은하계 모델링 언어[1]를 구성하기에 충분할 것이다. 만약 선이 없다면 많은 모델링 언어는 살아남기 힘들어질 것이다. 또한 이전에 언급한 것처럼 '선은 상자보다 더 흥미롭다'는 사실을 잊어서는 안 된다. 일반적으로 요소들

---

[1] 'Galactic Modeling Language,' Wikiwikiweb, https://oreil.ly/XT4lF.

은 어디에서 잘못되는가? 잘 테스트된 두 구성 요소 간의 통합이 그 지점이다. 강하거나 느슨한 결합을 달성하려면 어디에 중점을 둬야 할까? 상자와 상자 사이가 그것이다. 거대한 진흙 공[2]으로부터 잘 구조화된 아키텍처 영역을 어떻게 떼어 낼 수 있을까? 공 안에 포함된 선을 봐야 할 것이다.

선의 중요성은 그림 23-1에 설명하는 간단한 예를 통해서 쉽게 이해할 수 있다.

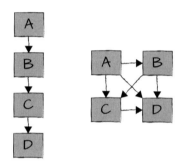

그림 23-1. 선이 없으면 아키텍처 다이어그램은 의미가 없다.

왼쪽의 시스템과 오른쪽의 시스템은 동일한 구성 요소인 A, B, C, D로 구성된다. 두 시스템의 속성과 동작이 다를까? 왼쪽의 시스템에는 깔끔하고 계층화된 아키텍처가 있어 명확한 종속성을 제공하며 따라서 구성 요소를 다른 것으로 쉽게 교체할 수 있을 것이다. 또한 메시지 또는 명령이 각 구성 요소를 순서대로 이동해야 하므로 이에 따라 소요 시간이 길어질 수 있음을 알 수 있다. 또한 각 구성 요소는 단일 실패 지점이 될 수 있다. C가 실패하면 체인이 끊어지고 시스템이 작동할 수 없게 될 것이다.

---

2 Neal Harrison, Brian Foote, and Hans Rohnert, Pattern Languages of Program Design (Boston: Addison-Wesley, 1999).

오른쪽의 시스템은 이와는 거의 정반대의 속성을 갖고 있다. 상호의존성은 약간 복잡해졌고 이로 인해 구성 요소를 교체하기가 어려워짐을 알 수 있다. 그러나 시스템은 더 짧은 통신 경로를 제공하며 더 탄력적이다. C가 실패해도 A는 여전히 D와 대화할 수 있다.

자, 이번에는 이 다이어그램에 선이 없다고 상상해 보자. 시스템이 앞의 그림의 왼쪽에 있는 것과 같은 형태인지 오른쪽에 있는 시스템과 같은지 알 수 없어지고 따라서 아키텍처 다이어그램이 의미를 갖기 어렵다. 구성 요소 사이를 연결하는 선이 없는 아키텍처 다이어그램이 아키텍처의 의미를 제대로 묘사할 수 있는지에 대해서 회의적이다. 불행히도 많은 다이어그램이 이 기본적인 테스트를 통과하지 못한다.

> 나는 선이 존재하지 않는 아키텍처 다이어그램을 보면 그것이 시스템의 동작을 전달하지 않을 것이기 때문에 이를 의미 있는 그림으로 받아들이지 않는다.

메타모델

앞에서 살펴본 자동차 다이어그램이 어떠한 관계도 보여 주지 않는다고 한다면 이는 사실이 아니다. 이 그림에는 구성 요소 간의 두 가지 기본적인 관계가 포함돼 있다.

포함containment

한 상자는 다른 상자로 둘러싸여 있다.

거리proximity

어떤 상자들은 서로 가깝지만 어떤 상자는 더 멀리 떨어져 있다.

포함 관계는 이 도면에서 실제적인 의미론에 해당한다. 좌석은 승객 셀^cell 내부에 포함돼 있으며 후드(더 정확하게 말하면 엔진 칸)는 엔진과 변속기를 수용한다. 엔진과 트랜스미션도 나란히 있어 근접성의 제공을 통해서 관계를 공유하고 있음을 강조하고 있다. 그러나 이 그림의 근접 의미 체계는 상대적으로 약하다고 할 수 있다. 연료 탱크와 스페어 타이어도 나란히 있지만 기능적인 관계로 보면 의미를 갖기 어렵다. 다이어그램에서 실제 근접성에 대한 모호하게 표현하면 이는 기능적 관계를 표현하기 어렵게 하며 논리적 또는 물리적 추상화가 혼재된 형태로 보일 수 있다.

나는 때때로 구성 요소 간의 관계를 포함 관계로 제한하는 다이어그램에 도전해 보기도 했다. 그러나 결과적으로 이러한 다이어그램은 앞서 살펴본 자동차 예제에서 볼 수 있듯이 시스템을 이해하기 어렵게 만든다. 시스템에 대한 추론은 (아키텍처) 다이어그램을 그리는 주요 목적 중 하나이므로 더 좋은 방법을 찾아야 할 것이다.

일반적으로 포함 관계와 근접성을 기반으로 하는 다이어그램은 들여쓰기된 글머리 기호 목록만큼 쉽게 표현될 수 있다. 하위의 글머리 기호는 상위의 글머리 기호 내용에 포함될 것이며 같은 레벨의 글머리 기호는 서로 동등함을 나타낸다. 이 예에서는 다음과 같은 목록을 표시할 수 있을 것이다(글머리 기호로 인한 죽음을 피하려고 일부만 표시한다).

- 후드
  - 엔진
  - 트랜스미션
- 승객 칸
  - 속도계
  - 운전대

- 4개의 시트

이 경우 그림에는 대량의 단어를 포함시킬 필요가 없다. 목록과 그림의 두 가지 차이는 동일한 트리 구조를 다른 방식으로 나타냈을 뿐이다. 그리고 사람들은 의도적인 프로그래밍이 어렵다고 말한다.[3] 목록보다 그림이 더 좋은 방법일 수 있음을 이해하고 있더라도 두 표현 각각의 장점과 단점을 알고 있어야 할 것이다. 그림은 텍스트 목록에는 표시되지 않을 상자의 크기와 모양을 나타낼 수 있지만 예제에서 살펴본 이들의 크기와 모양의 의미 체계는 불분명하다. 여기서 모든 구성 요소는 사각형이지만 바퀴는 원이었다. 이것이 현실에 대한 대략적인 근사치일 수 있지만 시스템에 대한 정확한 정보를 기반으로 했다고는 판단하기 어렵다.

의미론의 의미론

처음으로 'UML 시퀀스 다이어그램은 약한 의미 체계를 갖는다'는 말을 들었을 때 이 다소 학술적인 설명이 프로그래머로서의 내게 어떤 의미를 갖는지 알 수 없었다. 짧게 대답하자면 이는 '네, 그렇습니다'가 될 것이다. UML2 이전의 시퀀스 다이어그램은 동시성을 허용하지만 개체 간의 상호 작용 시퀀스를 하나만 묘사하고 있었다. 루프[loop](반복적인 상호 작용) 또는 브랜치[branch](선택하기)와 같은 상호 작용 시퀀스의 전체 집합을 표현할 수 없었다. 루프와 브랜치는 가장 기본적인 제어 흐름 구조 중 일부이기 때문에 시퀀스 다이어그램이 갖는 약한 의미 체계는 사양으로는 쓸모가 없게 됐다. UML2는 이러한 의미 체계를 향상시켰지만 한편으로 가독성을 크게 떨어뜨리기도 했다.

3　'Intentional Programming,' Wikiwikiweb, https://oreil.ly/5bGf-.

다이어그램의 의미에 대해 왜 그렇게 신경을 쓰는 것일까? 디자인 다이어그램 또는 건축 도면의 목적은 보는 사람에게 시스템에 대해서 특히 동작을 이해할 수 있도록 하는 것에 있다. 도면은 모델이므로 정의상 잘못됐다고 할 수 있다(6장). 그러나 한편으로 이는 유용하게 활용될 수 있다. 예를 들어 시청자가 시스템에 대해 추론할 수 있게 한다. 상자 및 선과 같은 시각적 요소는 추상 모델의 개념에 깔끔하게 매핑돼야 이를 본 시청자가 머릿속에 모델을 만들 수 있다. 시청자가 그림의 의미를 파악하려면 시각적 요소에 의미가 필요하다. 의미론은 의미에 대한 연구를 뜻한다.

요소-관계-행동

선이 없으면 시스템의 동작을 이해할 수 없다. 조리법을 설명하지 않고 레시피를 나열하는 것과 다르지 않다. 맛있는 음식이 완성될지 여부는 많은 경우 조리 방법이 좌우한다. 감자는 감자 튀김, 그라탕, 삶은 감자, 으깬 감자, 구운 감자, 튀긴 감자, 해시 브라운 등 조리 방법에 따라 다양한 결과로 나타날 수 있다. 따라서 의미 있는 아키텍처 다이어그램은 구성 요소 간의 관계를 설명하고, 이러한 관계에 대한 의미를 제공해야 한다.

전기 회로도는 구성 요소 간의 연결에 의존하는 시스템 동작의 표준 예를 제공한다. 아날로그 회로에서 가장 다양한 용도로 쓰이는 것 중 하나가 연산 증폭기op-amp, operational amplifier다. 레지스터 몇 개와 커패시터 한두 개가 결합된 이 소자는 비교기, 증폭기, 반전 증폭기, 미분기, 필터, 발진기, 신호 발생기 등의 다양한 역할을 수행할 수 있다. 이렇게 다양한 시스템의 동작은 요소의 목록이 아니라 연결 방식에 의존한다. IT 세계에서 데이터베이스는 캐시, 원장 및 파일 저장소, 데이터 저장소, 콘텐츠

저장소, 대기열, 구성의 입력 장소 등 다양한 역할을 수행할 수 있다. 데이터베이스가 주변 요소에 연결되는 방식은 연산 증폭기와 마찬가지로 다양하며 중요한 포인트가 된다.

아키텍처 다이어그램

만약 이것이 자동차의 스케치에 대해 설명 가능한 한계라고 생각한다면 선이 없는 수많은 아키텍처 다이어그램을 보게 될 것이다. 이러한 다이어그램은 일부 상자가 서로 옆에 있음을 표현하기 때문에 근접성을 묘사하지만 이러한 의미론이 실제 사실과 연관돼 있는지 여부는 명확하지 않다. 운이 좋으면 근접성은 위에서 아래로 겹쳐지는 형태를 나타내며 이는 '위쪽'에 있는 것으로부터 '아래쪽'에 있는 요소에 대한 종속성을 가짐을 의미한다. 최악의 경우 근접성은 저자가 상자를 그린 순서로 정의되기도 한다.

이른바 '역량capability 다이어그램' 또는 '기능적 아키텍처'는 특히 선이 존재하지 않을 가능성이 높다. 이러한 다이어그램은 특정한 비즈니스 기능을 수행하는 데 필요한 역량을 나열하는 경향이 있다. 예를 들어 고객 관계를 관리하려면 고객 채널, 캠페인 관리, 대시 보드 등 다양한 요소가 필요할 것이다. 기능 집합은 필요한 것의 목록을 형성하지만 이는 집의 창문, 문, 지붕을 나열하는 것보다 아키텍처로부터는 더 먼 이야기가 될 것이다. 따라서 나는 이러한 입력이 텍스트 목록으로 표시되는 것을 선호하며 먼저 텍스트로 나타내면 이러한 구분을 명확하게 할 수 있다. 상자 안에 텍스트를 집어넣었다고 해서 아키텍처를 구성했다고 말하지는 않는다.

UML

선에 대해 이야기하자면 UML이 가진 아름다운 선 스타일을 들고 싶다. 클래스 다이어그램에서 클래스(상자)는 연관 관계(단순한 선), 집합 관계(속이 빈 다이아몬드, 선의 한쪽만 도형을 배치함), 종속 관계(속을 채운 다이아몬드), 또는 일반화 관계(삼각형) 등을 통해 연결할 수 있다. 또한 탐색 가능성은 열린 화살표로 표시되고, 종속성은 파선으로 표시할 수 있다. 여기에 더해, 예를 들어 바퀴가 4~8개이지만 엔진은 하나인 트럭과 같은 다중성을 관계에 추가할 수 있다. 사실 UML 클래스 다이어그램은 마틴 파울러가 정의한 책 『UML의 정수^{UML Distilled}』(홍릉과학출판사, 2005) 안에서도 수많은 종류의 관계에 대한 토론을 2장에 걸쳐 설명할 만큼 다양한 관계를 표현할 수 있다.

이미 이처럼 풍부한 시각적 어휘가 있는데 이를 직접 정의할 필요가 있을까? UML 표기법의 문제점은 실제로 책 『UML의 정수』를 읽었거나 UML 사양을 숙지하고 나서야 클래스 간의 관계에 대한 의미 체계의 뉘앙스를 이해할 수 있다는 것이다. 그렇기 때문에 이러한 다이어그램은 다양한 청중을 대상으로 할 때는 유용하지 않다. 실선 다이아몬드와 빈 다이아몬드, 또는 실선과 점선의 시각적 표현은 그렇게 직관적이지 않을 것이다. 여기에서 포함 관계가 잘 작동한다. 범례를 추가하지 않고도 다른 상자 안의 상자를 보면 이들의 관계를 쉽게 이해할 수 있을 것이다.

극단으로 가는 것에 주의할 것

흔히 그렇듯이 나쁜 사례의 정반대에 위치하는 것도 문제가 될 소지가 있다. 요소의 모양, 크기, 색상, 테두리 너비가 다른 다이어그램을 봤다고 하자. 연결선에는 실선 화살표, 열린 화살표, 화살표 없음, 점선, 대시 기호와 다른 색상의 활용이 눈에 띈다. 이러한 경우는 시각적 변형이 의미 없이 단순히 노이즈로 동작하는 것에 기인하거나 너무 다양하고 복잡한 메타모델metamodel로 인해 다이어그램의 장점을 살리는 전달 방법이 아닐 수 있다. 일반적으로 내가 적용하는 규칙은 다이어그램의 모든 시각적 변형은 의미를 가져야 한다는 것이다. 그렇지 않은 경우 시각적 노이즈를 줄이고자 분산을 제거해야 할 것이다. 이는 시청자의 주의를 산만하게 할 뿐이며 때로는 시청자가 이 노이즈를 의도치 않은 의미로 해석하는 더 나쁜 상황을 초래하게 될 수도 있다. 시청자의 머릿속을 들여다볼 수 없기에 이런 오해는 깨닫기 어렵다. 요컨대 모든 상자를 같은 크기로 만드는 것이 예술적인 재능을 억누르지는 않으며 이보다 중요한 것은 다이어그램 뒤에 숨겨진 모델이 모든 상자가 동일한 속성을 갖는다는 것을 보는 사람이 이해할 수 있게 하는 것이다. 또한 이는 구성 요소 사이의 관계를 나타내는 선에 주의를 기울이게 하는 데 도움이 된다.

차트 및 다이어그램에 대한 표준을 제시하는 책으로는 에드워드 투프테의 『The Visual Display of Quantitative Information』[4]과 함께 그의 후속작들을 추천한다. 이 책에서는 숫자 정보의 표현 방식에 초점을 맞추고 있지만 이후의 책에서는 복잡한 개념을 명확하고 이해하기 쉬운 다이어그램으로 패키지화하기 위한 다양한 예를 포함해 넓은 측면의 표현 방식을 다룬다.

---

4   Edward R. Tufte, The Visual Display of Quantitative Information (Cheshire, CT: Graphics Press, 2001).

24

은행 강도 몽타주 그리기

몽타주 담당 수사관

어떻게 생겼는지 알겠어!

대형 IT 조직의 아키텍트와 같이 복잡하고 까다로운 업무를 수행해야 하
는 경우 즐길 수 있는 일을 더 많이 하고 그렇지 않은 일의 비중은 줄이
는 것이 건강한 습관이 된다. 물론 이를 위해서는 진정으로 즐기는(그리고
진정으로 경멸하는) 것이 무엇인지 알아야 할 것이다. 이는 특히 좌뇌를 주

로 사용하는 IT 아키텍트에게는 생각보다 어려울 수 있는 작업이다. 후자는 일반적으로 더 쉽게 대답할 수 있는데 내 경우는 조직에서 가장 많은 급여를 받는 사람의 독백으로 끝나는 목적 없는 오전 8시 회의가 그것이다. 전자는 일반적으로 좀 더 많은 고찰이 필요하다. 최근 수년간을 돌아보면 내가 가장 좋아하는 작업 중 하나는 시스템 담당자 또는 솔루션 아키텍트가 이야기하는 단편적인 시스템 설명을 듣고 일관된 그림을 그리는 것임을 깨달았다. 가장 만족스러운 순간은 그들이 스스로 그림을 그리지 않고도 '정확하게 표현했다'고 외칠 때다. 이 연습은 아직 문서화되지 않은 시스템의 세부 정보를 알 수 있는 좋은 기회이기도 하다.

어떤 이에게 시스템을 설명해 달라고 부탁하는 것은 때로는 컨설턴트(38장)가 당신의 시계를 빌려서 다시 지금이 몇 시인지 알려 주는(그리고 많은 비용을 청구하는) 오래된 농담을 떠올릴지도 모르겠다. 하지만 풍부한 표현력이 담긴 아키텍처 다이어그램을 그리는 것은 시계를 보고 시간을 아는 것보다 조금 더 복잡하다. 이는 사람들의 지식을 추출해 그들이 스스로 만들 수 없었던 방식의 결과물을 제시한다.

시스템을 구축할 수 있다는 것이 그 사람이 직관적인 방식으로 시스템을 표현하는 재능이 있다는 것을 의미하지는 않는다. 따라서 이러한 사람이 자신의 시스템에 대한 그림을 그리는 데 도움을 주는 것은 그 자체로 매우 가치가 있다. 나는 이 작업을 몽타주 담당 수사관의 작업에 비유하곤 한다.

범인을 본 모든 사람

은행 강도를 본 사람들에게 그림을 그려 달라고 요청하면 많은 경우 막대 모양의 조합으로 이뤄진 그림 또는 거칠고 알아보기 힘든 스케치로 끝날 것이다. 증인이 그 사람에 대해 직접 설명해 준다고 하더라도 특별히 유용할 것은 없다. 무언가를 알고 이를 명료하게 글로 표현하고 그릴 수 있다는 세 가지 확연히 다른 기술이다.

그렇기 때문에 특히 보안 카메라로 정확한 영상을 얻을 수 없는 경우 이를 표현하는 것을 전문으로 하는 몽타주 담당 수사관을 데려온다. 몽타주 담당 수사관은 증인들과 인터뷰를 진행하고 '용의자가 키가 큰 편이었나요?'처럼 쉽게 대답할 수 있을 만한 일련의 질문을 한다. 설명을 바탕으로 그들은 그림을 그릴 것이며 증인의 이 과정에서 증인들의 피드백을 반영한다. '그는 키가 큰 편이었어요'와 같이 사소한 인상착의를 전해준 목격자들은 마지막에 '맞아요. 그렇게 생겼어요!'라고 확인해 줄 것이다.

몽타주 담당 수사관

몽타주 담당 수사관은 미술과 인체 해부학 분야의 배경 지식을 가진 상당히 전문적인 직업이다. 예를 들어 이들은 용의자의 외모를 표현하는데 영향을 주는 치아 및 뼈 구조를 이해하기 위한 학습을 하게 된다. 이는 건축 분야의 예술가의 경우도 마찬가지다. 이를 수행하려면 최소한의 예술적 기술이 필요한데 아마도 몽타주 담당 수사관 수준까지는 아니더라도 건축 설계 개념을 표현할 수 있는 모델과 시각적 어휘를 갖고 있어야 한다.

흥미롭게도 몽타주 담당 수사관은 문제를 분석하고 나면 잘 알려진 '패턴'을 기반으로 작업을 수행한다. 처음에 '그 사람에 대해 이야기해 주세요' 같은 넓은 범위의 질문을 한 후 이들은 코, 눈 또는 머리카락과 같이 전형적인 패턴을 정의한다. 여기서 과장이 들어가게 되면 그들은 용의자가 2개의 귀, 2개의 눈, 1개의 코를 갖고 있다는 것을 발견하지 못할 수도 있다(이 부분이 잘못됐다면 확실히 바로잡을 만한 가치가 있다). 하지만 그들은 우리가 무언가가 아키텍처인지(8장)를 설명할 때처럼 특징을 구별하며 정의하는 방향으로 움직인다. IT의 세계에서 우리도 또한 이들과 같은 역할을 해나갈 것이다. 예를 들어 데이터 스토리지를 살펴볼 때 RDBMS를 사용하는지 아니면 NoSQL DB인지 또는 두 가지의 조합인지 캐싱이나 복제 기능을 사용하는지 묻는다.

아키텍처 스케치하기

'아키텍처를 그리는 예술가'의 역할을 맡을 때 나는 두 가지 접근 방식을 결합해 이를 수행하곤 한다.

시스템 은유

먼저 핵심 결정 사항(8장)을 반영하고자 주목할 만한 기능 정의를 찾는다. 고객 정보 포털 페이지처럼 고객이 등록된 정보를 검토할 수 있는 멋진 웹 사이트인가? 또는 새로운 판매 채널이나 크로스 채널 전략을 뒷받침하기 위한 서비스 채널인가? 대량의 트래픽을 처리하도록 설계됐는가 아니면 트래픽은 거의 발생하지 않지만 빠른 진화를 요구하는 환경인가? 또는 새로운 기술을 테스트하고자 하는 니즈needs가 중요하고 이용자에 대한 고려는 부차적인 경우인가? 이러한 프레임을 먼저 설정한 다음 세부 사항을 채우기 시작할 것이다.

나는 시스템이 어떤 종류의 사물인지를 설명하는 시스템 은유system metaphor에 대해 켄트 벡이 제시한 개념을 선호한다. 켄트는 저서 『익스트림 프로그래밍Extreme Programming Explained』(인사이트, 2006)에서는 이를 다음과 같이 소개한다.

> 비즈니스와 기술 담당자가 쉽게 공유할 수 있고 일관된 스토리를 제공하기 위한 아키텍처의 목표를 강조해야 한다. 은유를 사용함으로써 우리는 의사소통에 도움을 주는 아키텍처를 얻을 수 있다.

이 책에서 켄트는 또한 '아키텍처는 일반적인 소프트웨어 프로젝트에서만이 아니라 익스트림 프로그래밍XP, Extreme Programming 프로젝트에서도 중요하게 다뤄야 한다'라고 언급하고 있는데 이는 애자일 프로젝트를 수행하고 있다는 이유로 아키텍처를 기피하는(31장) 사람들도 염두에 둬야 할 부분이다.

다이어그램 기반 디자인(22장)과 마찬가지로 아키텍처 스케치 또한 유용한 디자인 기술이 될 수 있다. 그림이 의미가 없는 경우(그리고 아키텍처 스케치 아티스트가 재능이 있는 경우) 아키텍처는 일관성이 없거나 잘못됐을 수 있다.

관점

시스템의 본질에 대한 대략의 아이디어를 얻으면 다음으로 나는 이 아이디어에서 은유를 통해 어떠한 측면을 나타낼지 결정한다. 여기에서 아키텍처 스케치를 수행하는 것은 아키텍처 분석을 수행하는 것과는 다르다. 분석은 일반적으로 C4(https://c4model.com/) 또는 arc42(http://arc42. org/)와 같은 방법론에 의해 정의된 어느 정도 고정되고 구조화된 집합으로 아키텍트를 안내할 것이다. 이는 누락된 관점이나 빈틈을 발견하는 '체크리스트'로 활용할 수 있다. 반면에 몽타주 담당 수사관은 사람의 바지 마감(접어 올렸는지 그대로 뒀는지와 같은)의 세부 사항을 묘사하는 것이 아니라 용의자의 눈에 띄는 특징을 강조하고자 할 것이다. 이는 아키텍처 스케치 아티스트 또한 마찬가지일 것이다.

고정된 관점을 따르게 되면 템플릿의 모든 섹션을 채울 수 있겠지만 강조(21장)를 누락시키거나 프로세스의 중요 포인트를 생략한 그리기 연습이 될 위험이 존재한다. 따라서 닉 로잔스키^{Nick Rozanski}와 오언 우즈^{Eoin Woods}의 『소프트웨어 시스템 아키텍처^{Software Systems Architecture}』(에이콘, 2015)에서 설명하고 있는 관점은 고정된 표기법을 규정하지 않으며 우려되는 사항과 빠지기 쉬운 함정을 강조하기 때문에 보다 유용하다고 할 수 있다. 닉과 오언은 또한 전체 범위에서 관점을 분리하고자 한다. 아키텍처를 스케치할 때 여러 관점에 걸쳐 존재하는 성능이나 보안과 같은 특정 부문에 관심을 가질 수 있다. 예를 들면 배포 또는 기능 뷰가 그러하다.

시각 자료

아티스트들은 자신만의 스타일을 갖고 있을 것이며 그려내는 아키텍처 스케치도 서로 다를 것이다. 나는 시스템 사양(코드 안에 존재하는)을 만들지 않고 사람이 시스템에 대해 추론할 수 있도록 더 나은 수단을 제공하고자 하기 때문에 모든 시스템 문서를 하나의 표기법으로 이어 붙이는 것은 선호하지 않는다. 표기법의 모든 시각적 특징은 우리가 분석하는 맥락이나 관점에서 어떤 의미를 갖는지가 중요하다. 그렇지 않으면 이들은 노이즈에 불과하다. 물론 다이어그램은 구성 요소뿐 아니라 그 사이에 존재하는 관계(23장)도 나타내야 한다.

최고의 다이어그램은 표현력이 풍부하면서 표기법 자체가 직관적이거나 간단한 예를 통해 표기법을 이해하고 배운 내용을 다이어그램의 복잡한 측면에 적용할 수 있도록 할 것이므로 범례가 필요치 않다. 이것이 사용자 인터페이스가 동작하는 방식이다. 어떤 사용자도 긴 매뉴얼을 읽고 싶어하지 않지만 그들이 무엇을 보고 이해하는지를 활용해서 모델을 구축하고, 더 복잡한 기능이 어떻게 작동해야 할지 구상하는 데 사용한다. 다이어그램을 UI로 생각하지 않는 이유는 무엇일까? 상호 작용이 부족하다고 생각했다면 정답이다. 또한 사용자가 UI를 탐색하듯 일반적으로 그보다 복잡한 다이어그램을 탐색하는 것이 요구될 것이다.

아키텍처 요법

그래디 부치Grady Booch는 건축과 가족 치료[1]를 위한 팀 사이의 비유를 그렸다. 여기서 그는 아이들에게 동적 가족화KFD, Kinetic Family Drawing라고 불리는 기법으로 가족의 그림을 그릴 것을 요청했다. 이 그림은 치료사에게 근접성, 상하 관계 또는 행동 패턴과 같은 가족 관계에 대한 통찰력을 제공한다. 나는 개발팀에서의 경험을 갖고 있기에 그들이 그린 그림을 무의미하거나 불완전하다고 버리지 말고 분석을 통해서 팀의 사고와 계층 구조에 대한 통찰력을 얻어야 함을 알고 있다. 혹시 그 정중앙에 데이터베이스가 그려져 있는가? 아마도 데이터베이스 스키마 디자이너가 개발팀에게 지시했을 수도 있다(나는 이러한 경우를 경험한 적이 있다). 상자는 많지만 줄은 없는가? 아마도 그 팀은 구조적 문제에 초점을 맞추고 시스템이 어떻게 동작하는지에 대해서는 상대적으로 우선순위를 낮추고 있을지도 모른다. 이러한 경우는 아키텍트가 코드와 운영 측면에서 멀리 떨어져 있는 경우에 발생하기 쉽다.

---

1   Grady Booch, 'Draw Me a Picture,' IEEE Software 28, no. 1 (Jan./Feb. 2011).

틀렸어! 다시 해!

누군가를 위해 아키텍처를 스케치할 때 흔히 발생하는 상황으로 '이건 틀렸어!'라고 말하는 경우가 있다. 사실 이는 좋은 현상이다. 아키텍트가 본인과 상대 조직의 이해 사이의 불일치를 발견했음을 의미한다. 아마도 그려 보지 않았다면 결코 깨닫지 못했을 것이다. 또한 당신이 다이어그램의 다음 소비자를 위한 합리적인 대리인이라고 가정한다면 그들이 같은 착각을 하게 되는 상황으로부터 구할 수 있음을 의미한다. 따라서 아키텍처를 스케치하는 것은 대부분의 경우 반복적인 프로세스를 수반한다. 그러므로 지우개를 옆에 두자.

25

소프트웨어는 협업이다

깃(Git)을 활용하고 있는가?

좋은 아침 피터, 무슨 문제라도 있나?

이제까지 IT 아키텍처와 고전적인 건축 아키텍처의 차이점에 대해 비유를 통해 여러 번(올바른 방식으로) 언급해 왔다. 예를 들어 건물은 시간이 지남에 따라 (매우 느리게[1]) 진화하는 특징을 가지며 작은 비용으로 높은 변화율을 달성하는 것은 오프라인 개체에는 기대하기 어려운 일이다. 한편으로 소프트웨어 개발에만 국한되지 않고도 가능한 많은 일들이 존재한다.

소프트웨어가 컴퓨터 전용이라고 누가 말했는가?

기업은 전략 수립, 일정과 설계 문서 또는 상태 보고서(30장) 등 문서를 작성하고 수정 및 공유하는 데 상당한 노력을 기울인다. 일반적으로 이러한 문서들은 여러 이해관계자의 참여가 필요하며 공개할 때까지 반복적인 품질 검사를 거치게 된다. 이러한 결과물은 실제로 소프트웨어의 한 형태로 볼 수 있다. 이들은 때로는 종이에 인쇄될 수 있지만 하드웨어는 아니다(디지털 트랜스포메이션에 대한 대형 슬라이드 사본을 25회 인쇄하는 것을 목격하는 것은 기분 좋은 일은 아니겠지만).

따라서 문서가 실제로 소프트웨어로서 동작해야 하는 경우 협업과 커뮤니케이션을 최적화하면서 가속시키려면 소프트웨어 제공 팀, 특히 널리 분산돼 있을 오픈 소스 팀이 어떻게 동작하는지 살펴보면 배울 점을 찾을 수 있을 것이다.

---

1   Stewart Brand, How Buildings Learn: What Happens After They're Built (New York: Penguin Books, 1995).

버전 관리

죽은 개발자의 차디찬 손에서조차 빼낼 수 없는 한 가지 도구를 꼽자면 버전 관리(14장)를 들 수 있다. 버전 관리는 개발자가 잘못된 방향으로 나아갈 경우 이를 신속하게 되돌릴 수 있게 해 확신을 주는 안전 장치로 동작한다. 요즘 가장 인기 있는 버전 관리 도구 중 하나로 깃Git을 들 수 있다. 이 소프트웨어 모델은 익숙해지는 데까지는 다소의 시간을 요구하지만 일단 한번 적응하고 나면 이전으로는 돌아갈 맘이 나지 않을 것이다.

나는 이 책을 쓸 때 내용을 먼저 마크다운Markdown[2] 텍스트 형식으로 작성했다. 이때 버전 관리를 위해서 깃을 사용하고 게시용의 파일 동기화에는 드롭박스Dropbox를 썼다. 책이 출판된 후에는 백로그backlog에 추가 챕터에 대한 아이디어를 보관하고 있다. 이 장이 아직 완료되지 않았으며 곧 게시될 시기는 아니었기에 나는 이러한 사용 예에 대한 생각을 멈추고 마이크로소프트 워드로 돌아왔다.

사용 예를 고민하느라 진행 속도가 느려진 것을 깨달았다. 자, 그럼 이 단락을 제거해서 사용 예를 추가하지 않는 방향으로 다시 작성해야 할까? 또는 나중에 마음이 바뀌어 이 내용을 계속 유지하고 추가해 가고 싶다면 어떻게 하는 것이 좋을까? 아마도 사본을 만들어 어딘가 찾기 쉬운 곳에 주차park시키는 것이 좋을 것이다. 이때 최신 버전은 어디에 보관했는가? 대신에 변경 내용 추적 기능을 사용하는 것이 좋을까? 텍스트 파일의 버전 관리 작업을 할 때 위에서 언급한 사용 예를 따르고 있으므로 언제든지 이전 버전으로 되돌릴 수 있고 이를 수행하는 데는 1초도 채 걸리지 않을 것이다. 또한 시간 경과에 따른 모든 변경 사항을 볼 수

---

2   HTML을 몰라도 웹 페이지를 작성할 수 있게 해주는 간단한 텍스트 기반 언어.

있으므로 진행 상황을 쉽게 추적할 수 있다.

물론 작성한 워드 문서를 깃 또는 마이크로소프트 셰어포인트^{Microsoft} SharePoint와 같은 문서 관리 시스템에 체크인 할 수 있다. 그러나 이 경우, 두 가지 중요한 요소를 놓치게 된다. 첫째, 워드 파일 간의 버전 비교가 단순 텍스트 파일보다 훨씬 어렵다는 것이다. 워드의 검토 모드는 기록을 추적할 수 있게 도와주지만 문서를 반복적으로 수정 및 추가하는 것보다 사소한 수정과 변경에 적합하다. 더 중요한 것은 책을 제작하기 위한 빌드 툴 체인이 마크다운 파일과 함께 동작하므로 지속적 통합의 이점을 누리지 못할 것이다. 즉 변경할 때마다 책의 미리보기 사본을 만드는 형태로 동작하게 될 것이며 이는 버전 관리의 장점을 최대화하기 힘든 원인이 된다.

아마도 내가 속한 회사의 파일 서버를 살펴본 사람은 버전 관리를 선호하는 사람이 한 명이 아님을 알고 있을 것이다. 당시 버전 번호로 이뤄진 접미사, 날짜 접두사(쉽게 정렬하기 위함), 마지막 작성자의 이니셜 태그를 포함한 파일명을 가진 동일한 문서의 20가지 사본을 찾을 수 있었다. 누군가 올바른 아이디어를 갖고 있었던 것 같지만 이러한 사실이 구현 단계에서 우연히 발견됐다.

진실의 단일 소스

모든 팀원이 동일한 버전을 보는 경우 버전 관리는 강력한 도구가 된다. 로컬 드라이브에 보관된 문서를 이메일로 전송한다는 것은 각각의 멤버가 자신만의 진실의 원천을 갖고 있음을 의미한다. 이는 최상의 경우 마찰^{friction}을 일으킬 수 있으며 최악의 경우 정보 손실로 이어질 것이다. 따라서 버전 관리 방식은 팀 구성원 안에서 조정돼야 한다.

내가 목격한 공동 작업 패턴에서 가장 혁신적인 변화는 2006년경 구글독스Google Docs(당시 '라이틀리Writely'라고 불림)의 출현이었다. 7년 동안 구글쿨에이드Google Kool-Aid를 마셔 와서 현혹된 것은 아니다. 구글독스는 여러 사용자가 동일한 문서를 동시에 편집할 수 있는 브라우저 기반의 문서 편집 모델을 대중화하는 데 기여했다. 재미있게도 구글 문서 도구가 사내 평가(37장)를 위해 구글 내부에서 처음 사용할 수 있게 됐을 당시의 기능 성숙도는 1989년의 마이크로소프트 워드Microsoft Word 5.0과 비슷한 수준이었다. 2개의 글 머리 기호를 같은 크기로 맞추기도 어려웠다.

그러나 공유 문서에서 실시간으로 공동 작업이 가능하다는 것은 사람들이 작업하는 방식을 근본적으로 바꾸는 계기가 됐다. 여러 버전의 문서를 유지 및 관리하고 메일을 보내고, 키워드를 찾고 문서를 병합하는 데 시간을 낭비하지 않아도 되도록 도왔다. 팀이 공유 중인 하나의 결과를 위해 일한다는 것을 투명하게 볼 수 있게 됐기에 대부분의 '내가 만든 버전 대 상대방이 만든 버전'에 대한 소모적인 토론이 사라졌다. 또한 쉽고 자연스럽게 공동 작업자를 추가할 수 있게 됐다. 작성한 워드나 파워포인트 문서를 전자 메일로 공유하는 작업을 다시 수행하는 이전의 상황은 실망스러운 경험이었을 것이다.

트렁크 기반 개발

대부분의 버전 관리 도구에서는 브랜치branch 추가를 허용하고 있다. 브랜치는 코드베이스의 별도 버전으로 일반적으로는 아직 릴리스할 준비가 끝나지 않은 기능을 개발하는 과정에서 사용된다. 브랜치의 가장 큰 장점은 이 위에서 작업하는 사람이 다른 작업에 대해 걱정할 필요 없이 수많은 변경 작업을 수행할 수 있다는 것이다. 다만 이러한 자유는 대부분의 경우 짧은 수명을 갖는다. 조만간 브랜치는 나무 형태의 버전 관리 방식에 따라 트렁크^{trunk}라고 하는 신뢰할 수 있는 버전으로 다시 병합돼야 한다.

불행히도 한 사람이 브랜치에서 일하는 동안 시간이 멈춘 것은 아니었다. 문서나 소스 코드에는 많은 변경 사항이 발생했을 것이다. 결과적으로 병합은 불쾌하며 때로는 비효율적인 작업이 될 수 있다. 누군가가 방금 다시 작성한 단락을 복사하거나 편집한 것에 의해 비효율이 발생했을 지도 모른다. 이것은 노력의 낭비에 가깝다! 또한 브랜치에서 작업하는 동안에는 다른 멤버는 여러분이 한 일에 대한 혜택을 받을 수 없을 것이다. 각각의 브랜치명이 로컬에 저장된 문서의 버전을 상기시켜 주는 모양이라면 아마도 무언가 작업을 하고 있을 것이다. 각각의 멤버가 자신의 브랜치에서 작업하는 버전 관리 활용은 협업 측면에서 크게 도움이 되지 않는다.

결과적으로 많은 사람들은 트렁크 기반 개발[3] 즉 모든 변경 사항이 코드 베이스 또는 문서의 신뢰할 수 있는 단일 버전으로 이동하도록 하는 접근 방식을 선호한다. 당연히 이 방식을 사용하면 서로 다른 작성자의 버전 간에 충돌이 발생하지 않게 된다.

그렇다면 어떻게 미완성 상태의 작업을 문서의 메인 버전에 넣을 수 있을까? 이를 위한 몇 가지 옵션이 있다.

---

3   Paul Hammant et al., 'Trunk Based Development,' https://trunkbaseddevelopment.com

- 가장 분명하지만 가장 채택 빈도가 낮은 솔루션은 하나의 큰 변경 사항을 일련의 작은 작업(30장)으로 나누는 것이다.
- 소프트웨어 팀은 기능 토글feature toggle을 사용해 기능을 활성화 또는 비활성화하는 옵션을 제공해 코드를 시스템에 통합할 수 있도록 하며 이 경우 아직 사용자는 이러한 기능을 사용할 수 없다. 프레젠테이션에 해당하는 것은 숨겨진 슬라이드다. 이 슬라이드들이 청중에게 표시되지 않을 것임을 알고 있는 작성자들은 편하게 작업할 수 있다.
- 하루만 지속되는 매우 짧은 분기를 만드는 것도 괜찮은데 이들은 트렁크 기반 모델을 깨뜨리지 않을 것이다. 이를 활용해서 퇴근하기 전에 수정하고 병합하는 작업을 반복할 수 있다.

트렁크에 코드가 있다고 해서 즉시 프로덕션 환경으로 릴리스되는 것은 아니다. 많은 팀이 추가 검토와 테스트를 위한 별도의 릴리스 브랜치를 활용하고 있다. 문서 및 프레젠테이션에 해당하는 조치는 이후에 진행될 배포를 위해 문제없는 상태known-good-state에서 PDF를 자르는 것이다.

항상 배송할 준비가 돼 있어야 한다

슬라이드 덱에서 공동 작업을 수행할 때 일반적으로는 여러 작성자가 각각 담당한 파트를 제공하고 전체적인 흐름과 함께 좋은 결과물로 판단되며 회사의 스타일 지침을 충족할 때까지 반복 과정을 거쳐 검토하게 된다. 여기서 핵심이 되는 질문은 좋다는 기준이 언제 '충분히 좋다'고 판단할 것인가다. 내게 있어서 프레젠테이션의 가장 중요한 요소는 핵심이 되는 메시지와 잘 짜여진 스토리라인이다(20장). 사실 슬라이드상의 모든 상자를 힘들게 정렬하고 그래픽을 회사 지침에 맞춘 색상 팔레트로 변환하기 전에 두 가지 모두 잘 수행할 수 있다. 탄탄한 스토리라인과 심플한 그래픽을 포함한 프레젠테이션은 멋진 스톡stock 사진을 집어넣은 만들다만 프레젠테이션보다 훨씬 큰 영향력을 가질 수 있으므로 먼저 이러한 측면을 고려해서 작업하는 것이 좋다.

슬라이드 작업을 할 때에도 필요한 경우 항상 릴리스가 가능한 소프트웨어를 보유하는 것을 목표로 하는 애자일 개발 및 데브옵스DevOps와 같은 최신 소프트웨어 개발 기술로부터 깨달음을 얻을 수 있다.

 나는 가끔 팀 멤버들에게 '한 시간 안에 발표를 해야 한다면 어떻게 해야 할까?'라고 묻곤 한다. 핵심 스토리라인과 이를 뒷받침하기 위한 필수 슬라이드를 갖고 있는가? 이 시점에서 답할 수 있다면 최소한의 스트레스로 슬라이드를 다듬고 개선할 수 있을 것이다.

항상 배송할 준비가 돼 있다는 것은 반복 작업과 점진적 작업의 차이를 강조한다.[4] 많은 사람이 슬라이드를 점진적으로 만들기 때문에 시간이 절반 정도 경과한 상태라면 절반의 슬라이드 덱만 갖고 있을 것이다. 이는 물론 아직 발표할 준비가 되지 않았다는 것이다. 데브옵스 사고방식을 따르면 이를 반복적으로 작업하도록 제안한다. 즉 필요한 경우 바로 공유할 수 있는 대략의 전체 스토리를 포함한 버전이 존재한다(그림 25-1 참조).

---

4   Jeff Patton, 'Don't Know What I Want, But I Know How to Get It,' Jeff Patton and Associates website, https://oreil.ly/biPNX.

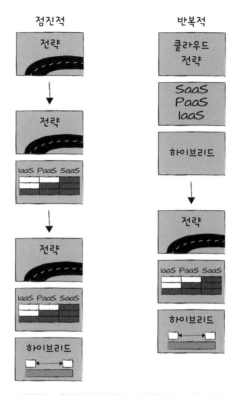

그림 25-1. 점진적 프레젠테이션 작성하기 대 반복적 프레젠테이션 작성하기

스타일 대 실체

어떤 사람들은 스토리라인이 합격점이라도 거친 포장에 담아 제시하면 '준비 부족'이나 '전문적이지 않음'과 다르지 않다고 반박할지도 모른다. 나는 좋은 디자인의 열렬한 팬이기 때문에 발표하는 동안 깔끔하면서 전문적인 모습을 보여 주기 위한 작업에 상당한 시간을 할애한다. 그러나 충실한 메시지와 보기 좋은 그림 중에서 선택해야 한다면 나는 아티스트가 아닌 아키텍트이기 때문에 메시지를 선택할 것이다. 이는 문서보다

소프트웨어를 실행하는 데 집중하는 애자일 선언문의 내용과도 맞닿아 있다. 문서화는 중요하지만 둘 중 하나만 가질 수 있는 경우라면 실행 중인 소프트웨어를 선택하는 것이 좋다.

마크다운 또는 심플한 협업 도구를 활용해서 작업할 때도 동일한 논쟁이 발생하곤 한다. 이러한 도구들은 전자출판^{desktop-publishing} 도구, 또는 워드프로세싱 도구만큼 완전한 기능을 제공하지는 않기 때문에 콘텐츠보다 시각적인 부분에 집중하는 데 익숙한 팀이라면 때때로 요구 사항을 충족하는 데 정확히 필요한 것이 무엇인지 깨닫지 못하는 경우가 생긴다.

투명도

많은 소프트웨어 프로젝트에서 프로젝트의 현재 빌드 상태를 보여 주는 모니터 그리고 빛나는 구 모양의 아이콘을 볼 수 있다. 슬쩍 보는 것만으로 몇 번의 빌드가 완료됐는지, 얼마나 많은 빌드가 녹색(오류 없음)인지, 얼마나 많은 빌드가 빨간색인지 확인할 수 있을 것이다. 이러한 프로젝트는 완전히 투명한 상태로 프로젝트 외부의 신뢰와 내부의 동기 부여를 만들어 낸다. 또한 이러한 방법으로 모든 프로젝트에 동일한 수준의 투명성을 적용할 수도 있다. 예를 들어 시계열 표현을 통한 이전의 데이터 센터로부터 마이그레이션된 서버의 수 또는 IT 보안 지침을 준수하고 있는 시스템 수를 보여 주는 것을 예로 들 수 있겠다.

 이전 팀에는 소스 코드 저장소에 대한 총 푸시 횟수를 표시하는 빛나는 LED 디스플레이가 있었다. 훌륭하게 공유와 대화의 소재로서의 역할을 수행했을 뿐 아니라 4자리 표시로는 부족해졌을 때 축하 행사로 이어지는 일도 있었다.

기업 환경에서 이러한 투명성을 추구할 때 두 가지 장애물에 직면할 가능성이 있다. 첫째, 프로젝트 관리자는 메시지를 널리 공유하기보다는 상태 공유를 위한 회의에서 이들을 신중하게 '마사지'하는 것을 선호한다. 둘째, 생각보다 많은 팀이 이와 관련한 데이터를 쌓고 있지 않다. 전자는 성가시다고 말할 수 있는 반면에 후자는 보다 나쁜 경우다. 이처럼 중요한 지표가 손끝에 닿지 않는데 프로젝트를 어떻게 조정하고 개선할 것인가?

짝 이루기

현대적인 소프트웨어 제공에 있어서 가장 큰 논쟁거리 중 하나가 페어^{pair} 프로그래밍이다. 슬라이드 또는 문서를 작성할 때 수정된 문서와 주석을 이메일로 주고받는 것보다 더욱 생산적인 공동 작업 방식을 찾을 수 있을 것이다.

 검토 회의, 작업 할당, 때때로 논의된 내용을 오해해서 변경하는 등 몇 주에서 몇 달에 걸쳐 다시 소집하고 이들을 바로잡는 사이에 슬라이드 검토 주기 또한 바뀌는 것을 봐 왔다. 모든 멤버가 한 방에서 슬라이드를 함께 개발했다면 몇 시간 만에 작업을 완료할 수 있었을지도 모른다.

슬라이드 덱의 페어링('페어 파워 포인트'라고 부른다)은 긴 검토 및 편집 주기를 절약하고 많은 경우 더 나은 결과를 가져온다.

저항

물론 저항은 항상 존재한다. 만약 〈스타워즈〉에 레지스탕스가 등장하지 않았다면 9회 분량의 스토리라인을 가질 수 없었을 것이다. 투명성에 대해 정치적인 동기를 가진 의견 외에도 어떤 이들은 마크다운과 같은 텍스트 형식으로 작업하는 것에 대해서 너무 기술적이라고 생각할 수 있다.

 나는 한때 대기업의 디지털 혁신 부서로부터 '마크다운이 너무 기술적이다'라는 이유로 불만을 들은 적이 있다. 이를 접한 내 첫 반응은 그들에게 있어 마크다운이 해시 마크인지 아니면 그들을 함정에 빠뜨리는 존재인지 질문하는 것이었다.

더 심각한 것은 깃^{Git}과 같은 버전 관리 시스템으로 작업하는 것이 모든 사람의 취향에 맞는 것은 아니며 학습 곡선을 수반한다는 것에 있다.

 내가 깃을 사용한 초기에 새 파일을 준비하는 것을 깜빡한 적이 있다. 이전 브랜치를 체크 아웃했을 때 파일이 여전히 작업 디렉터리에 남아 있었기 때문에 (깃에서 제어하지 않음) 이를 삭제해야 한다고 판단했다. 다음으로 원래 브랜치로 되돌렸을 때 파일이 돌아오지 않는다는 사실에 놀랐다. 하드 드라이브 백업에 감사한다.

사람들에게 버전 관리를 받아들이게 하려면 먼저 버전 관리 시스템의 개념을 가르치는 것이 중요하다. 즉 실제 작업 시나리오의 맥락에서 커밋과 브랜치 등을 이해하도록 해야 한다. 이 과정을 통해서 깃의 독특한 모델에 익숙해지는 것이 더 쉬워질 수 있다. 이 장애물을 지나고 나서도 사람들은 여전히 안전벨트 없이 운전하는 것처럼 버전 관리 없이 작업하는 것을 고려할 것이다.

4부

조직

엔터프라이즈 아키텍트는 기술과 비즈니스 세계가 교차하는 위치에 살고 있다. 실제로 이 두 가지가 원활하게 동작하도록 하는 것은 아키텍트에게 기대하는 주요 역할(4장) 중 하나다. 따라서 좋은 아키텍트는 시스템 구성 요소 간의 상호 작용뿐 아니라 조직이라는 이름의 대규모 동적 시스템의 상호 작용 또한 이해해야 한다.

조직 아키텍처: 정적 뷰

조직도는 가장 일반적인 방식으로 조직의 구조를 묘사하는 방법이다. 이 차트는 누가 누구에게 보고하는지 보고 라인을 나타내며, CEO와 개인의 거리를 기준으로 각 역할의 중요성을 측정할 수 있다. 일반적인 컴퓨터 과학 역할론에서 이를 만약 0부터 계산한다면 나는 그룹 CEO, 부서별 CEO 그리고 그 사이에 위치한 COO보다 2~3단계 낮은 레벨에 위치하고 있을 것이다. 대규모 조직의 아키텍트에게 이는 전혀 나쁜 위치가 아니다. 많은 이가 레벨 6 또는 7에 위치해 있는 자신을 발견할 수 있을 것이다.

다행히 조직도는 선을 통해 관계를 표현하고 있으므로 아키텍처 다이어그램(23장) 검토를 통과할 수 있을 것이다. 컴퓨터 과학 분야의 교육을 받은 이들은 조직도를 하나의 루트 항목(수학은 트리를 방향이 없다고 간주하는데 이러한 접근 또한 괜찮다)을 지닌 비순환적으로 연결된 그래프인 트리 형태로 인식할 수 있다. 사실 이 그림 또한 필요한 일부만을 나타낸다. 정적 구조를 묘사하고 있음으로 인해 각각의 멤버들이 비즈니스를 수행하고자 상호 작용하는 방식에 대해서는 파악하기 어렵기 때문이다.

조직 아키텍처: 동적 보기

조직도에서는 엔지니어링, 제조, 마케팅, 재무 부서를 조직 피라미드의 별개의 축으로 묘사한다. 여기서 엔지니어링 부서는 보다 쉽고 안정적으로 제조 가능하며 고객에게 마케팅을 통해서 이익을 남겨 판매할 수 있는 제품을 설계해야 할 것이다. 사실 조직이 얼마나 잘 동작하는지가 조직의 구조에 의해 정의되는 경우가 거의 없다고 볼 수 있다. 대부분의 조직에서 이는 앞서 언급한 기능과 함께 요구되는 상호 작용의 방식에 따라 결정된다. 개발 주기가 얼마나 느리거나 빠른지, 워터폴Waterfall 또는 애자일 모델에서 작동하는지 등을 들 수 있다. 재미있게도 여기서 조직도에 표시되지 않은 고객을 확인할 수 있는데 이들과 접촉하거나 이야기하는 사람은 누구인가?

멤버들은 때로는 조직 피라미드의 경계를 넘어 문제를 해결하려고 서로 대화할 것이다. 그렇지 않으면 관리자로부터 커뮤니케이션 병목 현상이 발생할 수 있기에 이는 좋은 현상이라고 할 수 있다. 대부분의 경우 조직도는 조직의 제어 흐름을 보여 준다. 예를 들어 예산 승인의 흐름을 보여주는 반면에 데이터의 흐름은 이보다 훨씬 더 개방적이며 동적으로 움직인다. 아이러니하게도 멤버들이 실제로 서로 어떻게 상호 작용을 통해 작업하는지는 다이어그램에 거의 묘사되지 않는다. 그 이유 중 일부는 이러한 데이터를 수집하기 어렵기 때문일 수 있다. 상호 작용과 같은 구조 외의 부분은 조직도 피라미드만큼 깔끔하게 파악하기 어렵다.

사람들이 전자적으로 서로 조정하고 커뮤니케이션을 수행할 때 실제로 동적인 조직 구조를 보다 쉽게 관찰할 수 있다. 예를 들어 개발자가 버전 관리 시스템을 통해 공동 작업하는 경우 코드 리뷰 또는 체크인 승인 과정을 분석하는 것으로 실제로 어떻게 공동 작업이 발생하는지 확인할 수 있을 것이다. 구글에는 어떤 사람이 멤버의 근처에 앉아 있는지 보기 위한 또 다른 흥미로운 시스템을 갖고 있다. 상호 작용과 협업은 여전히 멤버 간의 짧은 대화를 기반으로 하기 때문에 물리적인 근접성은 조직도에서 나타나는 구조보다 협업 패턴을 보다 정확하게 예측할 수 있다.

매트릭스

대규모 조직에 속한 멤버들은 프로젝트 또는 프로그램 매니저에 대한 '점선'과 부서 또는 라인 매니저에 대한 '실선' 등 여러 가지 보고 라인을 갖는다. 이러한 배열은 종종 사람들이 프로젝트에 수평으로, 매니저에게는 수직으로 보고하는 이른바 매트릭스^{matrix} 조직의 일부를 의미한다. 아니면 혹시 반대인 건 아닐까? 이 대목이 조금 혼란스러울 수 있지만 당신은 혼자가 아님을 기억하자. 고성능의 서비스 및 제품 제공 조직은 일반적으로 이러한 준비 과정을 피하고 멤버들이 단일 프로젝트에 완전히 할당되고 그에 따른 책임을 지도록 한다. 나는 종종 프로젝트에 참여하는 모든 사람이 구명 조끼 없이 조직의 다른 파트로부터의 구조 라인 또한 갖지 않은 채로 같은 배에 타 주기를 바란다. 팀은 성공을 공유할 필요가 있으며 이는 실패하는 경우에도 마찬가지다. 걱정할 필요는 없다. 배에 타고 있는 멤버들은 하나같이 수영을 할 줄 안다.

시스템으로서의 조직

아키텍트로서 우리는 시스템을 설계하는 방법을 잘 알고 있다. 예를 들면 수평 확장이나 느슨한 결합, 캐싱을 적용할 때가 그 근거가 된다. 우리는 또한 시스템적 사고(9장)를 통해서 알고 있을 내용, 긍정적 또는 부정적 피드백 루프에 의해 구동되는 시스템 요소와 전체 시스템 동작 사이의 관계에 대해 추론하는 방법을 살펴본 바 있다. 그러나 우리는 종종 이러한 합리적 사고를 조직에 적용하는 것을 주저한다. 조직은 인간의 얼굴을 갖고 있기에 동료를 일부 시스템 아키텍처의 상자와 선(23장)으로 격하시킨다면 기분 나쁘다는 반응이 나올 수 있다.

그러나 개인으로 구성돼 있더라도 대규모 조직은 기술적 시스템을 포함해 훨씬 더 복잡한 시스템처럼 작동한다. 따라서 아키텍트로서 아키텍처 기반의 사고방식과 합리적 시스템을 대형 조직에 적용함을 통해서 이를 보다 깊이 이해하고 영향력을 행사할 수 있게 된다. 이는 리버스 엔지니어링이나 디버깅, 리팩토링과 일부 비슷한 점을 갖는다.

사람으로서의 조직

모든 합리적인 추론은 뒤로하고 조직은 개인으로 구성된다. 또한 그들 중 많은 사람에게 일은 그들의 삶의 작은 부분에 불과하다는 사실을 잊지 말아야 한다. 그들은 돌볼 가족이 있으며, 지불해야 할 청구서가 있고, 병원 갈 일정을 잡아야 하며, 집 수리를 하거나 어젯밤 술자리에서의 숙취가 아직 남아 있을지 모른다. 조직을 이해한다는 것은 조직에 속한 이들의 감정과 동기를 이해하는 데 달려 있다. 이것은 좌뇌형인 아키텍트에게는 도전이 될 수 있겠지만 또한 요구되는 역할이기도 하다. 이 과정을 유연하게 헤쳐 나가고자 두뇌를 위한 스트레칭을 검토해 보자.

대규모 조직에서 항해하기

조직을 다루는 것은 아키텍트에게 어려울 수 있는 일이다. 그러나 아키텍트 시스템의 맥락을 통해서 잘 알려진 수많은 개념을 조직에 대한 이해에도 적용할 수 있다.

26장. 리버스 엔지니어링 조직

지속적인 변화를 가져오려면 조직이 기존의 관습을 잊도록 도와야 한다.

27장. 통제는 환상이다

지휘와 통제 구조는 일방향 통행로가 아니다.

28장. 그들은 더 이상 그렇게 만들지 않는다

피라미드 구조는 4,500년 전 이미 유행이 끝났지만 IT 분야에서는 여전히 널리 사용되고 있다.

29장. 암시장은 효율적이지 않다

마찰이 많은 조직은 위험한 암시장^{black market}을 만들어 낸다.

30장. 조직 확장하기

분산 시스템에 대한 설계 경험은 조직에도 적용할 수 있다.

31장. 느린 혼돈은 질서가 없다

느리게 움직이는 것들은 실제로는 혼돈일지라도 잘 조화돼 움직이는 것처럼 보일 수 있다.

32장. 인셉션을 통한 거버넌스

법령에 기반한 거버넌스는 아이디어를 키우는 것을 통해서 더 어렵지만 좋은 결과를 가져온다.

26

리버스 엔지니어링 조직

학습하는 것은 어렵지만 이를 잊는 것은 더 어렵다

조직에 탐지기 연결하기

시스템의 이미 운영 중인 동작을 변경하려면 시스템 자체(10장)를 변경해야 한다. 조직 시스템의 경우 체계적인 행동은 주로 조직의 문화에 의해 유도된다. 이 문화의 상당 부분은 조직 구성원이 공유하는 신념에서 비롯된다. 따라서 조직의 관찰된 행동을 영구적으로 변경하고자 한다면 이러한 신념이 무엇인지 식별하고 변경해야 한다.

안타깝게도 이러한 조직 내에 공유되고 있는 신념은 어디에도 기록되지 않는 것이 보통이다. 조직의 신념에 대한 동기 부여용 포스터는 존재하지 않는다. 또한 대부분의 사람은 자신이 이를 갖고 있다는 사실조차 인식하지 못한다. 따라서 이때는 잘 연마된 엔지니어링 기술 중의 하나인 리버스 엔지니어링reverse engineering을 적용해야 한다.

IT 슬로건 해부하기

조직의 숨겨진 믿음을 리버스 엔지니어링하기 위한 좋은 출발점으로 인기 있는 슬로건을 들 수 있다. IT 분야에서 일해 본 적이 있는 사람이라면 누구나 '실행 중인 시스템은 손대지 말 것'(12장)이라는 말을 들어 본 적이 있을 것이다. 사람들이 실행 중인 시스템을 만지고 싶어하지 않는 이유는 무엇일까? 이는 분명 변화가 위험하다고 믿기 때문일 것이다. 이러한 생각은 만지면 깨질 수 있다는 걱정에서 시작된다. 더 깊이 들어가면 부서진 물건을 고치는 것이 번거롭다고 생각할 수 있으므로 처음부터 깨뜨리지 않는 것이 좋을 것이다.

 잘 알려진 IT 부문의 슬로건 '실행 중인 시스템을 건드리지 마시오'는 변화는 위험을 가져온다는 믿음을 반영하고 있다. 이보다 더 나쁜 것은 아무것도 변경하지 않으면 위험은 발생하지 않을 것이라고 믿는 것이다.

여기서 중요한 것은 이 간단한 슬로건 뒤에 시스템을 건드리지 않으면 모든 것이 괜찮을 것이라는 추가적인 가정이 존재한다는 것이다. 변화가 없음은 위험이 없음을 의미한다는 이런 믿음은 보는 이를 걱정스럽게 한다. 첫째, 운영 관점에서 유지 관리되지 않는 시스템은 부패하기 마련인데, 예를 들어 보안 위험을 초래하는 오래된 라이브러리 및 운영체제를 사용하는 것이 그것이다. 또한 지속적으로 진화하는 디지털 세계에서의 정체는 퇴보와 같다. 경쟁 업체는 빈번한 업데이트와 기능 개선을 통해 앞서 나가고 있다. 궁극적으로 코닥Kodak, 블록버스터Blockbuster 또는 블랙베리BlackBerry의 사례를 생각해 보면 변화하지 않는 것은 조직에 치명적일 수 있음을 알 수 있을 것이다.

둘째, 단순한 슬로건이 어떻게 자기 만족을 위한 예언이 될 수 있는지 인식하게 될 것이다. 시스템을 오랫동안 변경하지 않으면 변경 위험이 증가한다. 중요한 세부 사항은 오랫동안 잊혀 갈 것이며 문서화되지 않은 수동 작업은 문제를 발생시킬 가능성을 높인다. 이러한 경험은 믿음을 보다 확실하게 하고 믿음을 부추길 것이다.

알려지지 않은 신념

하지만 모든 조직의 신념이 슬로건으로 나타나는 것은 아니다. 대부분의 경우 사람들은 자신이 가진 가정이 뭔가로부터 도전을 받는 상황에 놓일 때까지는 스스로 어떤 신념을 갖고 있다는 사실조차 인식하지 못할 수 있다. 나는 뮌헨 맥주 축제에서 이러한 경험을 한 적이 있다.

잘 알려진 뮌헨의 옥토버페스트Oktoberfest와 같이 맥주 축제인 스타크비어 페스트Starkbier Fest('강력한 맥주 축제')가 봄에 열린다. 이름에서 알 수 있듯이 이 축제는 1리터 용기에 옥토버페스트보다 알코올 함량이 약 50% 높은 맥주를 제공한다. 말할 필요도 없이 이 축제에서 즐기는 맥주 한두 잔은 집으로 가는 길을 힘겹게 만들 수 있다. 내 동료가 화창한 날씨를 즐기고자 컨버터블을 타고 페스티벌에 참가했다고 말했을 때 놀라지 않을 수 없었다. 당시 나는 바로 '차를 몰고 거길 가다니 정신이 나간 거 아니야?'라고 반응했다. 그는 차분하게 '아니, 차는 여기 두고 갔지'라고 말했다.

> 대부분의 사람들은 자신을 확실히 이해하고 있지 않기에 이들에게 자신의 신
> 념이 무엇인지 물어보더라도 답을 얻기는 어려울 것이다.

나는 그 말을 듣고 스스로 '늙었구나'라고 느꼈을 뿐 아니라 자신이 자동차에 대한 근본적인 믿음을 갖고 있음을 깨달았다. 만약 당신이 어딘가로 차를 운전해서 간다면 당신은 돌아올 때도(바라건대) 같은 차를 타고 올 것이다. 그렇지 않다면 다음 날 다른 곳으로 이동하기가 불편할 것이다. 자 그렇다면 내가 빠졌던, 그리고 과거에는 유용했을 이 가정을 깨뜨린 것은 무엇일까? 카 셰어링car sharing − 집 근처에서 자동차를 픽업하고, 분 단위로 렌트하며, 목적지에 두고 떠나는 것으로 종료되는 서비스다. 유비쿼터스 스마트폰, GPS, 텔레매틱스와 그 외의 다양한 기능이 나오지 않았다면 내 가정은 당연한 것이었을 것이며 틀릴 가능성 또한 거의 없었을 것이다. 그러나 지금은 그 가정은 생각을 제한하는 원인이 된다.

대부분의 사람은 자신이 갖고 있는 이러한 가정을 인식하지 못하기 때문에 자신의 신념이 무엇인지 물어보는 것 또한 의미를 갖기 어렵다. 만약 누군가가 당시의 내게 자동차에 대한 신념에 대해 물었다면 그에게 자동차 보험과 기름을 채운 연료통을 갖고 있어야 한다고 대답했을 것이다.

신념은 그것이 틀렸음을 입증할 때까지 입증된다

사람들은 때로는 살아 있는 증거 또는 직접적인 경험을 가짐으로써 신념을 유지한다. 그러나 환경의 변화에 따라 그들의 믿음이 더 이상 적용되지 않을 때 과거의 경험은 변화를 꺼리게 하는 원인이 된다.

난로를 만지는 것이 나쁜 일이라고 들어온 아이들을 떠올려 보자. 일부는 고통스러운 경험을 통해 이를 배웠고 다른 일부는 반복된 설명을 통

해 이를 배웠을 것이다. 그들 중 일부는 이를 힘들고 고통스러운 과정을 통해 배웠고 다른 일부는 반복해서 들어왔을 것이다. 따라서 그들은 사고를 예방하는 데 유용한 믿음을 받아들였을 것이다. 인덕션 레인지의 발명은 아이들의 믿음을 쓸모없는 것으로 만들었을지 모르겠다. 인덕션 레인지는 전자기장을 통해 직접 냄비를 가열하여 레인지의 표면을 비교적 시원하게 유지할 수 있다. 하지만 아이들은 이 새로운 도구를 만지는 것을 꺼릴 것이다. 가장 좋은 방법은 이 도구를 직접 만져서 변화를 보여주는 것이다.

 대부분의 사람들은 스스로의 믿음에 대해서 생생한 증거를 갖고 있기 때문에 틀렸다고 말하는 것만으로는 이들을 납득시킬 수 없다.

이는 IT에서도 다르지 않다. 대부분의 IT 담당자는 누군가가 실행 중인 시스템을 건드렸고 이로 인해 시스템에 문제를 일으켰으며 운영팀이 48시간에 걸쳐 시스템을 이전 상태로 돌려 놓고 재실행해야 하는 상황을 설명할 수 있다. 이 경우에도 단순히 사람들에게 그들이 틀렸다거나 모든 것이 빗나갔다고 말하는 것으로는 납득시킬 수 있을 것 같지 않다. TDD, IaC, Git, Spinnaker와 같은 유행어와 약어를 토해내 변화가 위험하지 않다는 것을 그들에게 납득시키고자 하는 것은 것은 패러데이의 법칙Faraday's law을 인용해 유도 스토브를 만져도 안전하다고 아이들에게 설명하는 것과 다르지 않다. 그 대신 배포 자동화, 버전 제어, 자동화된 테스트와 같은 데브옵스의 원칙을 설명하는 것으로 시작할 수 있다. 또한 변경하는 범위를 줄이는 것으로 위험 또한 줄어들 수 있다. 이보다 더 좋은 방법은 실제로 제공되는 소프트웨어 프로젝트를 통해 효과를 입증하는 것이다.

오래된 습관을 잊어버리기

조직에 변화를 가져올 수 있다면 기존 문화의 일부인 확고한 믿음을 넘어설 수 있다. 예를 들어 변화를 위험과 동일시하는 사람에게 지속적 배포가 유효함을 납득시키는 것은 상당히 어려운 일이다. 따라서 우리는 지속적인 변화가 일어나기 전에 미리 조직이 오래된 습관을 잊을 수 있도록 도와야 한다. 새로운 것을 배우는 것은 쉬운 일이 아니지만 오래된 습관, 특히 여러 번 도움이 됐던 습관을 잊는 것은 훨씬 더 어려운 일이다.[1] 기존의 믿음을 대체하려면 다시 프로그래밍을 시작하기 전에 먼저 뇌의 메모리 슬롯을 확보해야 하는 것으로 보인다.

일반적인 IT 부문의 믿음

기존의 믿음을 리버스 엔지니어링하고자 할 때 한 가지 희망을 가질 수 있다. 이는 많은 IT 조직이 동일한 학습 또는 기폭제(6장)를 기반으로 하기 때문에 그들의 믿음에는 비슷한 구석이 있다는 것이다. 따라서 다음의 믿음 목록을 참고하면 보다 유리한 위치에서 출발할 수 있을 것이다.

속도와 품질은 반비례한다('빠르면 지저분하다')

이른바 프로젝트 관리의 삼각형은 시간과 리소스 사이에 단순한 관계를 표현하기 때문에 IT 관리에 있어서 가장 인기 있으면서 위험한 도구 중 하나라고 할 수 있다. 예를 들어 두 배의 사람들이 절반의 시간에 동일한 작업을 수행할 수 있음을 가정하는 것이다. 더 위험한 경우는 품질을 저하시키는 것으로 수행 속도가 더 빨라질 수 있다고 가정하는 것이다.

---

1   Barry O'Reilly, Unlearn: Let Go of Past Success to Achieve Extraordinary Results (New York: McGraw-Hill, 2018).

이러한 삼각형은 단순하고 물리적인 작업에는 적용할 수 있지만 반대의 경우가 종종 발생하는 소프트웨어 제공 단계에서는 동작하지 않는다. 그 예로 개발자가 소프트웨어 프로젝트를 아무도 모르게 방해하고자 한다면 찾기 어려운 버그를 심어 놓는 것이 적절한 방법이 될 수 있다. 그렇다면 품질을 낮추는 것으로 어떻게 속도를 높일 수 있을까?

최근의 개발자는 소프트웨어 개발에서는 반대 효과가 발생할 수 있음을 알고 있다. 따라서 자동화를 통해 속도를 높이고 품질(40장)과 반복성을 함께 향상시킨다.

품질은 추후에 추가할 수 있다

예전의 소프트웨어 프로젝트는 품질 보증 단계인 QA^{Quality Assurance}를 거쳐 완료되며 이 단계는 결과물의 품질을 확인하는 테스터 팀에 의해 수행된다. 이러한 일반적인 접근 방식의 뒤편에는 추후 제품의 품질을 높일 수 있다는 근본적인 믿음이 존재한다. 품질이 낮은 결과물이 QA에 들어가고 나면 개선된 품질을 기대할 수 있다.

버그 찾기와 이에 대한 재작업은 소프트웨어의 일부 측면을 개선할 수 있겠지만 구조 또는 테스트 가능성과 같은 소프트웨어 시스템 자체의 내부 품질에 대한 근본적인 결함을 해결할 수는 없다. 따라서 이들은 처음부터 내장돼 있어야 한다. 시프트–레프트^{shift-left} 테스팅[2]과 같은 방법이 이러한 접근 방식을 따른다.

이 믿음은 이전에 설명한 믿음과 서로 관계성을 갖는다. 마지막에 품질을 높일 수 있다는 가정하에 작업하는 경우 일정을 압축하면 할수록 (수

---

2   Wikipedia, 'Shift–Left Testing,' https://oreil.ly/iotex.

동) QA 활동이 줄어들고 실제로 품질의 저하가 나타난다.

모든 문제는 더 많은 사람 또는 돈으로 해결할 수 있다

또한 범위-리소스-시간 삼각형에 따라 일부 조직에서는 더 많은 사람의 참여를 통해 정해진 범위 안에서 시간을 단축할 것이라고 가정한다.

 일반적으로 은행의 프로젝트 관리자가 3개월 내에 프로젝트를 완료할 수 없다고 비즈니스 부문에 전하면 '돈을 얼마나 많이 들이면 가능한가요?'라고 되묻는 경우를 상상할 수 있다.

프레드 브룩스Fred Brooks는 이미 40년 전에[3] 사람을 추가하려면 그들이 적응하기 위한 온 보딩 기간이 필요하고 커뮤니케이션 오버헤드가 증가하므로 이에 따라서 프로젝트의 진행 속도는 느려진다고 문서화한 바 있다. 또한 대규모 프로젝트는 과도한 복잡성으로 인해 진행이 중단되는 경우가 발생할 수 있다. 여기에 더 많은 리소스를 추가하면 복잡성이 증가하고 이로 인해 문제는 더 악화될 수 있을 것이다.

따라서 프로젝트 속도를 높이고자 한다면 리소스를 추가하는 대신에 마찰을 줄이는 방법을 찾아야 한다. 이는 자동차(또는 조직)의 핸드 브레이크가 걸려 있으면 가속 페달을 더 세게 밟기보다는 먼저 브레이크를 해제하는 것이 좋음과 같다.

검증된 프로세스를 따르면 좋은 결과를 얻을 수 있다

조직 업무 방식의 상당 수는 위험을 줄이고 지출을 통제하며 고품질의 결과물을 보장하는 것을 목표로 하는 잘 정의된 프로세스로 만들어진다.

---

3   Fredrick P. Brooks, The Mythical Man-Month: Essays on Software Engineering, Anniversary Edition
    (Bos-ton: Addison-Wesley Professional, 1995).

많은 대규모 조직에는 이러한 프로세스를 정의하고 업데이트하는 작업을 담당하는 부서가 존재한다.

승인 또는 예산 검토와 같은 대부분의 프로세스가 잘 정의돼 있다는 것은 프로세스를 잘 따르고 있음을 내포한다. 누군가가 체크 박스를 선택하거나 작업을 완료하는 것을 통해 지출을 줄이거나 아키텍처 규정의 준수를 보장하는 것과 같이 원하는 결과를 실제로 달성하기 위한 큰 도약을 가져올 수 있다. 특히 프로세스가 번거로울 경우 사람들은 프로세스의 의도에 맞게 행동하지 않고 최소한의 프로세스 수행만을 하고자 하는 경향이 있어 암시장(29장)이 번성할 수 있다. 따라서 일부 조직은 프로젝트와 구현한 내용을 조사해 프로세스 준수에 대한 정책과 감사를 수행하고 이를 통해서 '잡을 수 있으면 잡아 봐catch me if you can'와 같은 게임이 가능한 상태인지 확인한다.

프로세스와 체크리스트를 통해 바람직한 결과를 얻으려는 시도는 일반적으로 투명성의 부족으로 인해 발생한다. 프로젝트에서 어떤 작업을 수행하는지 또는 어떤 종류의 코드를 개발하는지 알 수 없는 경우에 다음으로 할 수 있는 일은 특정 프로세스를 정하고 이를 따르도록 하는 것이다. 중앙의 코드 리포지토리code repository, 자동화된 코드 품질 검사, 자동화된 정책 검사기와 클라우드 런타임cloud runtime과 같은 최신의 개발 및 배포 방식은 더 높은 수준의 투명성을 제공하면서 더 효과적인 규정 준수 방식을 제공한다.

늦은 변경은 비용이 많이 들거나 불가능하다

일반적인 IT 프로젝트에 향후 5년 동안 사용 가능한 사례 또는 시나리오를 기반으로 하는 길고 긴 요구 사항 리스트가 존재하는 이유가 궁금한

가? 이는 단순한 믿음을 기반으로 하고 있다. 기업은 늦은 변경이 비용이 많이 들거나 때로는 불가능하다는 사실을 알게 됐다.

 오래전 농담을 인용하자면 IT 부문은 약속한 것의 절반만 제공할 것이므로 비즈니스 부문은 적절한 절반을 얻으려고 애초에 두 배 더 많은 것을 요구한다.

이러한 믿음은 흔히 IT서비스 업체가 늦은 변경에 대해서 큰 금액을 청구하는 관행에서 비롯된다. 그들은 프로젝트의 초기 입찰 단계에서 적극적으로 경쟁하기 때문에 고객에게 있어서 대안이 많지 않은 프로젝트를 납득시키며 실행 중 발생한 변경 사항에 대해 천문학적인 금액을 청구하는 것으로 이를 보상하고자 한다. 예산 승인을 받았으나 제대로 된 설계가 이뤄지지 않은 내부 프로젝트 또한 추후에는 변경이 어렵기 때문에 이러한 믿음을 재확인할 수 있었을 것이다.

이러한 늦은 변경을 환영하는 것은 애자일 개발의 핵심이며 기업이 가진 일반적인 믿음을 무너뜨릴 수 있다. 메리 포펜딕$^{Mary\ Poppendieck}$이 언급한 '요구 사항의 늦은 변경은 경쟁 우위'라는 말이 이를 잘 설명하고 있다.

민첩성은 규정에 반비례한다

애자일 개발은 프로젝트 중 발생하는 변화를 환영하기 때문에 때때로 안정적인 프로세스와 반대되는 것으로 인식되고는 한다. 결국 변화와 안정성은 서로 반대라고 할 수 있다. 이 논리에 따라 일부 조직은 엄격한 조정과 제어를 위한 메커니즘이 없으면 상황이 혼란에 빠질 것이라고 믿는다.

그러나 이 경우 그 믿음의 반대가 사실이다. 애자일 개발은 속도와 규정의 부족이 혼합되지 않으며(31장) 실제로는 여러 가지 규정에 의해 정의된 프로세스다. 애자일 방법론은 초기에 가치를 제공하는 데 우선순위를 두고 기존의 프로젝트 방법론에서 누락되기 쉬운 부분인 정기적인 ㈜계획과 진행 상황 및 품질 추적을 엄격하게 준수하는 활동을 통해 속도를 유지한다.

예상치 못한 것은 원하지 않는 것이다

전통적인 조직은 계획을 작성하는 데 많은 시간을 소비한 후 계획에 따라 일이 진행되기를 기대한다. 계획에서 벗어나거나 예상치 못한 결과는 바람직하지 않은 것이며 실패로 인식된다.

그러나 현실에서는 예상치 못한 일이 발생하면 그때부터 가장 많은 학습이 이뤄진다. 예상치 못한 상황에서 잘못된 가정을 했다거나 시스템에 오류가 숨겨져 있음을 알 수 있기 때문이다. 따라서 성공적인 비즈니스는 일반적으로 가설을 확인하기 위한 실험을 하는 경향이 있다. 결과가 어느 쪽이든 이 과정은 학습을 의미하며 따라서 실패가 아니다. 즉 학습량이 적은 기존의 기업은 끊임없이 변화하는 세상에서 경쟁력을 갖기 어렵다.

기업은 이러한 편차를 피하기보다는 빠르면서 저렴한 비용으로 테스트할 수 있다는 소중한 가설을 인지해야 할 것이다. 따라서 실험 비용을 최소화하는 것이 편차를 최소화하는 것보다 더 나은 목표가 된다.

조직 재프로그래밍

기존의 믿음이 조직의 혁신 능력에 얼마나 강한 영향을 미치는지 고려할 때 이를 식별하고 변경하는 데 가장 적합한 방법은 무엇일까? 이를 위한 마법의 3단계 레시피 같은 것은 없겠지만 몇 가지 동작을 결합하면 이를 해결할 수 있다.

주의 깊게 관찰하기

대부분의 사람은 자신을 완전히 이해하지 못하기 때문에 이들에게 자신의 믿음에 대해 물어보는 것은 좋은 방법이 아니다. 대신 사람들이 어떻게 행동하는지 관찰하고 이로부터 비정상적이거나 예상치 못한 결정 사항을 찾는다. 다음으로 어떤 믿음이 그러한 결정을 합리적으로 보이게 만드는 것인지 생각해 보자.

질문하기

사람들의 행동을 유도하는 요소가 무엇인지 밝히고자 왜 그러한 선택을 했는지 질문하자(7장).

주의 깊게 설명하기

먼저 과거에 경험한 그들의 믿음의 유용성을 인정하고 그 이후로 무엇이 바뀌었는지 설명한다.

새로운 믿음 정의하기

사람들에게 무언가를 잊는다는 것은 쉽지 않은 일이므로 기존의 믿음을 대체할 수 있는 새로운 믿음을 확립하자.

인내심 갖기

변화에는 시간이 걸린다(5부).

당신의 목표는 모든 사람의 믿음을 뒤집는 것이 아니라 가져오고자 하는 변화를 방해하는 믿음을 확인하고 이를 제거하는 것이다. 너무 많은 믿음을 되돌리고자 하는 것은 사람들을 불안하고 혼란스럽게 만들 것이다.

이어져 내려온 믿음

대부분의 믿음은 실제 경험에서 비롯되는 반면, 일부는 세대를 거쳐 전해진다. 자신의 생명을 앗아가는 믿음에 대한 고전적인(확인되지 않았지만) 이야기가 있다. 자, 원숭이 우리 안에 바나나가 매달려 있다. 어떤 원숭이가 이들을 유혹하는 바나나를 손에 넣고자 하면 나머지 모든 원숭이에게 그들이 싫어하는 찬물을 뿌릴 것이다. 이제 원숭이 중의 한 마리가 새 원숭이로 대체됐다. 새로운 원숭이가 바나나를 붙잡고자 한다면 무슨 일이 일어날지 다른 원숭이들은 이미 알고 있기 때문에 새로운 원숭이가 다가가지 못하게 말릴 것이다. 기존의 원숭이가 한 마리씩 모두 교체되고 새로운 원숭이들 모두 물벼락을 맞은 적이 없음에도 '바나나를 만지지 말 것'이라는 사례는 유지될 것이다.

이 이야기는 실제로 수행된 실험이 아니며 과학적 증거를 기반으로 하지 않았다. 하지만 인간의 기본적인 행동 양식은 기술적 진보에도 불구하고 영장류가 바나나를 대하는 태도에서 크게 진화하지 않았다.

27

통제는 환상이다

정확히 당신이 듣고 싶은 말을 들었을 때

누가 상황을 통제하고 있는가?

나는 아시아권에서 일하면서 발표하기 전에 몇몇 개인적인 정보를 공유하는 데 익숙해졌다. 나는 이러한 아이디어가 전문 분야의 업적을 자랑하는 형태가 아니었기에 마음에 들었다. 이를 통해서 청중에게 연사의 배경에 대한 인상을 심어 주는 것으로 생각을 더 잘 이해할 수 있도록 돕는다. 중부 및 동유럽, 중동 및 아프리카 지역 CEEMA, Central-Eastern Europe,

Middle-East, and Africa region COO와 최고정보관리책임자CIO, Chief Information Officer

그룹을 대상으로 한 프레젠테이션에서 나는 1980년대의 많은 이가 착용했던 핀 버튼 형태로 설명하고자 하는 내 믿음을 요약한 슬라이드를 열었었다.

당시 가장 주목을 받은 슬로건이 바로 '통제는 환상이다'였다. 당시 청중들은 내 설명에 집중하고 귀를 기울였다. '사람들은 상대가 듣고 싶은 것을 정확하게 말해 줄 때 자신이 통제권을 갖고 있다고 느낀다.' 아마도 이 내용은 당시의 고위 경영진이 자신의 비즈니스에 대해 갖고자 하는 통제는 아니었을 것이다.

환상

제어가 어떻게 환상일 수 있을까? '제어권을 가짐'이라는 상황은 위에서 아래로 설정된 방향에 따르고 있으며 이것이 원하는 효과를 발휘한다는 가정을 기반으로 한다. 그리고 이것은 큰 환상이 될 수 있다. 만약 당신이 가장 높은 자리에 앉아 있다고 했을 때 직원들과 함께 일하는 대신에 제어 버튼을 누르는 것을 어떻게 받아들이면 좋을까? 관리 상태 보고서에 의존해 상황을 파악할 수 있고 이를 통해 제시된 정보가 현실을 반영한다고 가정할 것이다. 그런데 이것 역시 또 다른 큰 환상일 수 있다.

스티븐 데닝Steven Denning은 대규모 조직에서 나타나는 이러한 현상에 대해서 실질적인 제어actual control와는 대조적인 제어semblance of control[1]라는 용어를 사용했다. 이 상황에 대한 더 냉소적인 표현은 기업의 수감자들이 망

---

1 Steve Denning, 'Ten Agile Axioms That Make Managers Anxious,' Forbes, June 17, 2018, https://oreil.ly/Dn1es.

명을 원하고 있다고 비유하는 것이다. 두 경우 모두 조직이 원하는 상태가 아닐 것이다.

제어 회로

제어 이론을 살펴보면 환상이 어디에서 시작됐는지 알 수 있다. 실내 온도 조절기와 같은 제어 회로는 시스템을 안정된 상태로 유지한다. 여기서 다룰 예에서는 실내 온도를 일정하게 유지하는 기능을 한다. 이 회로는 센서와 피드백을 기반으로 동작한다. 온도 조절기는 실내 온도를 감지하고 실내가 추울 때 보일러를 켠다. 또한 원하는 온도에 도달하면 보일러가 꺼진다.

여기서 피드백 루프는 외부 온도 또는 창을 여는 사람과 같은 외부 요인을 포함해 동작한다. 이는 모든 요소를 미리 예측한 다음, 계획에 따라 실행하고자 하는 수많은 프로젝트 계획의 접근 방식과 상반된다. 이는 정확히 2시간 동안 히터를 켠 후 방이 아직 충분히 따뜻하지 않다는 이유로 추운 날씨를 비난하는 것과 같다. 당황스럽지만 저렴한 온도 조절기는 일부 프로젝트 관리자보다 더 나은 제어 기능을 제공할 수 있다.

양방향 거리

제프 서스나^{Jeff Sussna}는 사이버네틱스의 개념을 바탕으로 한 그의 저서 『Designing Delivery』[2]에서 피드백 루프의 중요성을 설명한다. 대부분

---

2   Jeff Sussna, Designing Delivery: Rethinking IT in the Digital Service Economy (Sebastopol, CA: O'Reilly, 2015).

의 사람은 이 용어를 들을 때 사이보그와 터미네이터를 떠올리지만 사이버네틱스cybernetics는 실제로 '동물과 기계의 제어와 의사소통'을 다루는 연구 분야다. '기계의 통제와 의사소통'을 다루는 연구의 이러한 제어와 통신은 거의 항상이라고 해도 좋을 만큼 폐쇄형 신호 루프를 기반으로 한다.

대규모 조직을 '명령과 제어command-and-control' 구조로 묘사할 때 사람들은 때때로 하향식의 조타 기능 부분에만 집중하고 '센서sensor'의 피드백에는 관심이 덜하다. 하지만 센서를 사용하지 않는다는 것은 통제력은 갖고 있지만 눈이 멀어 현실과는 단절된 상태임을 의미한다. 이는 한밤중에 헤드라이트를 끈 상태로 차를 운전하며 차가 실제로 어디로 향하는지 전혀 모르고 운전대를 조작하는 것과 같다. 어리석은 생각이다. 부조리에 가까운 이러한 행동이 대규모 조직에서 어떻게 자리를 잡을 수 있는지 지켜보는 것은 충격적인 일이다.

현재진행형의 문제

예를 들어 다들 꺼리는 상태 보고서를 작성하게 하는 등의 방법으로 조직에서 센서를 사용한다고 해서 모든 문제가 해결되는 것은 아니다. 워터멜론 스테이터스water-melon status라는 용어를 들어 본 사람이라면 누구나 이해할 수 있을 것이다. 이 상태는 외부는 녹색이지만 내부는 빨간색인 프로젝트를 나타낸다. 즉 잘 진행되고 있는 것으로 보이지만 내부적으로는 심각한 문제에 시달리는 프로젝트가 그것이다. 기업 프로젝트 관리자와 프로젝트의 상태를 보고하는 담당자는 거짓말쟁이까지는 아니지만 지나치게 낙관적이거나 프로젝트를 보기 좋게 하려고 문학적인 표현력을 끌어올릴 수 있다. '첫 항해를 마친 타이타닉 호가 행복한 700명의 승객을 태우고 뉴욕에 도착했다'라는 표현도 사실 틀리지 않은 내용이지만 모두가 원하는 상태 보고서는 아닐 것이다.

일부 고위 경영진이 파워포인트 슬라이드를 얼마나 신뢰하는지 관찰해 보면 기본적으로 제공되는 맞춤법 검사기뿐만 아니라 거짓말 탐지기도 갖고 있을 것이라고 생각하게 될 것이다. 디지털 기업은 일반적으로 조작된 프레젠테이션과 마사지된 메시지에 대해서 의심하며 실제 데이터를 신뢰한다. 가급적이면 이들은 실시간 지표 대시보드로부터 변환된 것을 선호한다.

 일본의 구글 모바일 광고 팀은 매주 모든 광고 실험의 실적을 검토하고 A/B 테스트를 실행하며 어떤 실험을 프로덕션에 적용해야 할지, 어떤 실험을 빼야 할지, 어떤 실험을 보다 오래 실행해야 할지 결정하곤 했다. 이때의 결정은 예상이나 약속이 아닌 실제 사용자 데이터를 기반으로 이뤄졌다.

솔루션을 실행하는 것만으로는 아직 칭찬받을 상황이 아니기 때문에 실제 데이터를 기반으로 작업하는 것은 경우에 따라 실망감을 줄 수도 있다. 솔루션이 실제 사용자의 관심과 트래픽을 이끌어 냈다면 칭찬을 받게 된다. 또한 이러한 데이터는 조작되기 어렵다.

스마트한 제어

어떤 제어 회로는 보다 많은 피드백 신호를 받고 이를 통해 시스템의 구동 방식을 개선한다. 예를 들어 어떤 난방 시스템은 창문과 벽을 통한 에너지 손실을 예측하려고 외부 온도를 측정한다. 구글의 네스트^{Nest} 온도 조절기는 여기서 한 걸음 더 나아간다. 날씨 예보(태양은 집을 따뜻하게 하는 데 도움이 됨) 및 집에 있을 때나 집에 없을 때와 같은 추가 정보를 가져온다. 또한 난방 시스템의 관성에 대해 학습할 수 있는데 이는 보일러가 꺼졌을 때 라디에이터에 남아 있는 열 용량으로 인해 집이 과열되는 현상을 고려하도록 한다. 따라서 네스트를 학습 또는 스마트 온도 조절기라고 부른다. 추가적인 신호를 수신하고 해당 피드백을 기반으로 하는 작업을 최적화할 수 있다. 보다 많은 프로젝트 관리자에게 이러한 라벨을 적용할 수 있다면 환상적인 결과로 이어질 것이다.

북부 독일인들이여, 바보가 되지 말라

사람들이 지휘 및 통제 구조에 대해 말할 때 그들은 지휘관이 군대를 움직이는 방법을 인용하는 경향이 있다. 프로이센 군은 완고함과 함께 '철의 규율'로 잘 알려진 군사 조직이다. 독일 남부 지역의 바이에른에 사는 사람들에게 프로이센은 북부에서 태어난 사람들을 지칭하는 친근하지 않은 용어인 Preiß라는 단어로 불렸다.

아이러니하게도 프로이센 군대는 단 방향 제어가 단지 환상에 불과하다는 사실을 잘 알고 있었다. 칼 폰 클라우제비츠Carl von Clausewitz는 1800년대 초에 1,000페이지 분량의 책 『전쟁론On War』(갈무리, 2016)을 썼는데 여기서 마찰의 근원인 원하는 결과와 실제 결과 사이의 외부 격차(불확실성), 계획과 조직의 행동 사이의 내부 격차를 언급했다.

스티븐 번게이Stephen Bungay는 저서 『The Art of Action』[3]에서 그림 27-1에 설명하는 것처럼 이 개념을 세 가지 격차로 확장한다. 알고 싶은 것과 실제로 알고 있는 것 사이의 지식 격차knowledge gap, 계획과 행동 사이의 정렬 격차alignment gap, 자신의 행동을 통해서 달성하기를 기대하는 것과

---

3 Stephen Bungay, The Art of Action: How Leaders Close the Gaps between Plans, Actions and Results (London: Nicholas Brealey Publishing, 2010).

실제로 일어나는 것 사이의 효과 격차$^{effects gap}$가 그것이다.

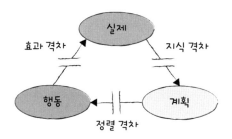

그림 27-1. 제어를 환상으로 만들 수 있는 세 가지 격차(번게이의 저서로부터 각색)

적용하는 방법을 궁리하면 이러한 격차를 좁힐 수 있다고 믿는 조직을 흔히 발견할 수 있을 것이다. 그들은 완료 시점에는 이미 구식이 되기도 하는 두꺼운 요구 사항 문서를 생성하고 이를 통해서 지식 격차를 해소하고자 한다. 그들은 대규모 프로젝트 계획을 세우고 이에 따라서 세부적인 관리를 통해 정렬 격차를 없애고자 할 것이다. 마지막으로 효과 격차는 좁히기가 조금 더 어렵다. 그럼에도 이러한 조직은 앞서 언급한 수박 상태 보고서를 통해서 또는 프록시 지표$^{proxy metrics}$(40장)를 사용하면 쉽게 측정할 수 있지만 여전히 현실을 반영한 선택을 하고자 하지 않을 것이다. 결과적으로 이들 조직은 스스로를 위한 현실 또는 환상을 만들게 된다.

 많은 IT 조직은 약 200년 전에는 입증되지 않았을 접근 방식인 지식, 정렬, 영향 격차를 줄일 수 있다고 믿는다.

일부의 IT 조직과 달리 프로이센 사람들은 이들 격차를 제거할 수 없음을 이미 알고 있었다. 대신에 그들은 격차를 받아들이고 이에 따른 관리 스타일을 정비해 구체적인 명령을 '미션 명령' 또는 '지시'로 가장 잘 표현된 임무형 지휘Auftragstaktik의 개념으로 대체했다. 임무의 목적을 이해함으로써 부대는 중앙 사령부에 보고하지 않고도 예상치 못한 상황(지식 또는 영향 격차)에 적응할 수 있었다. 이를 통해서 귀중한 시간을 절약하고 현지 상황에서 보다 나은 결정을 내릴 수 있었다.

 명령과 미션 명령의 차이를 간단한 예를 통해 확인할 수 있다. 작은 소대가 언덕을 차지하라는 명령을 받았다고 가정해 보자. 언덕을 오를 때 병사들은 저항이 전혀 없다는 것을 깨닫고 쉽게 전진한다. 정상까지 나아가야 할까? 간단한 명령을 받았다면 그렇게 해야 할 것이다. 임무(Auftrag)가 언덕을 전략적 위치로 삼으려는 의도라면 이는 명확하게 이해할 수 있다. 그러나 언덕에 위치한 병력을 공격하고자 하는 의도였다면 바로 정상으로 전진하는 것은 의미가 없을 것이다.

임무형 지휘는 이를 따르는 이들이 당시 적절하다고 생각하는 모든 일을 하도록 남겨진 것을 의미하지는 않는다. 규율에 기반을 두고 있지만 맹목적인 실행을 요구하는 수동적인 복종과는 달리 지휘관의 의도를 존중하는 능동적 규율에 따른다. 또한 행동을 결정할 때 각 팀은 잘 알려져 있으며 잘 훈련되고 정의된 전술 레퍼토리로부터 근거를 찾는다.

따라서 Preißn이 멍청하지 않았음은 물론 수많은 현대의 IT 부문보다 앞서 있었음을 알 수 있다.

실제적 제어: 자율성

아이러니하게도 팀의 의사결정에 자율성을 부여하면 실제로 격차를 받아들이고 착각을 피할 수 있기 때문에 통제력이 높아진다. 그럼에도 주의가 필요하다. 여전히 많은 조직은 자율성을 '모든 사람이 최선이라고 생각하는 일을 한다'와 동일시하기 때문이다. 안타깝게도 그것은 자율성이 아니라 무정부 상태에 가깝다. 우리가 원하든 원하지 않든 무정부주의자들은 옳다고 믿는 일을 할 것이다.

 최선이라고 생각하는 일을 하는 모든 사람은 자율성이 아니라 무정부 상태를 초래한다.

대규모 IT 조직이 무정부 상태에 빠지지 않고 어떻게 자율성을 구축할 수 있을까? 내 경험으로는 세 가지 요소 사이의 상호 작용이 필요하다(그림 27-2 참조).

지원

사소하게 들릴지 모르지만 가장 먼저 사람들이 작업을 수행할 수 있도록 해야 한다. 안타깝게도 기업 IT 부문은 채용을 제한하는 인사 프로세스, 서버를 프로비저닝하는 데 몇 주가 걸리는 승인 프로세스, 신입 직원이 접근할 수 없는 암시장(29장) 등 사람을 무력화시키는 수많은 메커니즘을 알고 있다. 가스 라인이 막혀 있는 보일러에 연결된 온도 조절기가 제대로 작동하기 힘든 것처럼 마찰이 크면 자율성이 갖는 의미가 퇴색된다. IT에서 클라우드 컴퓨팅과 같은 플랫폼은 직원이 선택할 수 있는 공통의 도구 세트를 제공하므로 전술의 일관성을 보장하는 동시에 직원을 지원할 수 있다.

피드백

자율적으로 동작하는 팀은 피드백 주기(36장)가 가장 짧기 때문에 더 나은 결정을 내릴 수 있다. 따라서 빠르게 배우고 발전시킬 수 있게 된다. 이것은 팀이 내린 결정에 대한 결과를 볼 때만 작동한다. 만약 온도 조절기가 라디에이터와 다른 방에 장착된 경우 제어 회로가 없어 문제를 겪을 것이다.

전략

좋은 결정을 내리려면 팀은 어떤 결정이 좋은 결과를 가져올 수 있을지 판단할 수 있어야 한다. 따라서 그들은 특정한 목표를 가져야한다. 예를 들어 수익 창출 또는 정량화할 수 있는 사용자 참여 등이그것이다. 이러한 목표는 특정한 명령이 아닌 달성해야 할 전체 목표가 된다. 온도 조절기는 누군가가 원하는 온도를 설정하는 경우에한해서 유용하다.

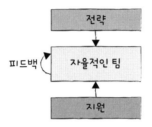

그림 27-2. 전략, 피드백과 지원은 무정부 상태로부터 자율성을 분리한다.

이 시스템은 하나 이상의 요소를 생략하면 작동하지 않는다. 활성화되지않은 전략은 진행률이 0이 될 뿐 아니라 극도의 좌절감을 유발할 것이다. 전략이나 피드백 없는 자율성은 팀이 결정의 적절성을 판단할 수 없기 때문에 무정부 상태와 유사하다. 그리고 전략 없는 지원은 무정부 상태를 더욱 효율적으로 만들 뿐이다. 예를 들어 스포티파이 스쿼드 모델Spotify Squad Model[4]은 공통의 전략에 대한 조정의 증가가 자율성을 높이는데 도움이 된다는 것을 발견했다.

---

4 Henrik Kniberg, 'Spotify Engineering Culture (part 1),' Spotify Labs, March 27, 2014, https://oreil.ly/d3MAI.

많은 엔터프라이즈 아키텍처 팀(4장)은 결과에 대한 책임은 배제하고 방향을 설정한다. 전략과 피드백의 부족이 무정부 상태로 이어지는 로직을 적용하는 것은 당황스러운 결과를 이끌어 낼 것이다.

여기서 얻을 수 있는 또 다른 통찰력은 팀에 더 많은 자율성을 제공하고자 하는 기존의 조직을 놀라게 할 수 있다. 자율적인 팀에는 더 발전된 관리 체계가 필요하다. 비자율적인 팀을 관리하는 것은 비교적 쉬운 일이다. 그들은 대부분 말한 대로 수행할 것이다. 반대로 자율적인 팀은 더 나은 리더십을 필요로 한다. 자신의 전체적인 의도와 목표를 알려야 한다. 따라서 아이러니하지만 팀의 자율성을 높이고자 하는 조직은 먼저 관리를 강화해야 할 것이다.

자율적인 팀은 더 나은 관리 체계를 요구한다.

제어 루프 제어하기

제어 회로의 역할은 사람이 모니터링할 필요 없이 시스템을 안정된 상태로 유지하는 것이지만 회로의 동작을 관찰하는 것은 더 큰 맥락에서 여전히 필요할 수 있다. 즉 오토파일럿autopilot을 맹목적으로 신뢰해서는 안 된다. 예를 들어 난방 시스템의 공기 필터가 막히거나 보일러에 그을음이 쌓이면 동일한 조건에서 집을 데우는 데 시간이 더 오래 걸린다. 멍청한 온도 조절기는 단순히 히터를 오래 작동시키는 것으로 문제를 덮는다. 대조적으로 스마트 제어 시스템은 온도 조절 장치의 작동 주기 시간을 측정할 수 있다. 예를 들어 보일러가 특정의 실내 온도에 도달하거나 유지하고자 실행되는 시간을 의미한다. 이 작동 주기 시간이 길어지면 온도 조절기는 시스템이 더 이상 이전처럼 효율적으로 작동하지 않는다는 힌트를 제공할 수 있다. 따라서 제어 루프는 블랙 박스가 돼서는 안 된다. 대신에 학습한 내용을 기반으로 상태 지표를 나타낼 수 있어야 한다.

 사람의 개입 없이 갑작스러운 부하의 증가를 받아 낼 수 있는 서버 오토스케일링 (autoscaling)과 같은 고급 클라우드 기능은 편리하지만 한편으로 심각한 문제를 감추는 역할을 할 수 있다. 예를 들면 새 버전의 소프트웨어가 제대로 작동하지 않는 경우 인프라 영역에서 더 많은 서버에 이를 배포하는 것으로 문제를 해결하고자 할 수 있다. 이후에 월별 청구서를 통해 이를 찾아낼 수 있을 것이다.

제어 이론에서는 제어 루프의 동작을 관찰하는 것은 내부 제어 루프의 동작을 관찰하고 시스템에 대한 조정을 트리거할 수 있는 '외부 루프outer loop'로 간주한다.

28

그들은 더 이상
그렇게 만들지 않는다

기초 공사를 막 끝낸 건물에는 사람이 살지 않는다

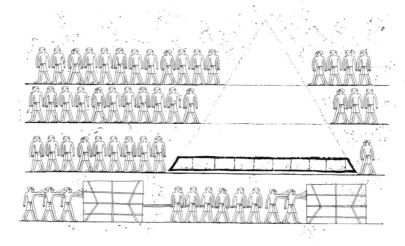

건축이 30% 완료된 상태의 피라미드

피라미드는 매우 인상적인 건축물이며 만들어진 지 수천 년이 지난 지금도 수많은 관광객을 끌어들이고 있다. 이것이 가진 매력은 완벽한 정렬과 균형과 같은 공학적인 경이로움뿐 아니라 피라미드가 매우 희소한 건축물이라는 사실에서도 비롯된다. 미국 1달러 지폐 외에도 이집트, 중앙아메리카, IT 조직에서 이를 찾을 수 있을 것이다.

IT 아키텍트가 피라미드를 사랑하는 이유

피라미드는 IT 아키텍처 다이어그램에서는 흔히 접할 수 있는 모습이며 이는 아키텍트, 특히 펜트하우스 가까이 위치한 사람들에게 만족감을 주는 경향을 띤다. 대부분의 경우 피라미드 다이어그램은 상위 계층에서 필요로 하는 기능을 포함한 기초 계층^{basic layer}을 함께 나타내기 위한 계층화 개념을 나타낸다. 예를 들어 기초 계층은 보다 일반적인 기능을 포함할 수 있고 다음 계층은 산업 분류에 따라 제공되는 기능, 특정한 비즈니스를 위한 기능, 고객 분류에 따른 구성(11장)을 포함할 수 있다.

계층화^{layering}는 거대한 진흙 공(8장)과는 달리 시스템 구성 요소 간의 종속성이 한쪽 방향으로 흐르도록 제한하기 때문에 시스템 아키텍처에서 인기 있으면서 유용한 개념이다. 피라미드 모양의 계층을 묘사해 보면 상위 계층이 대부분의 공통 기능을 제공하는 기초 계층보다 훨씬 작으면서 전문화돼 있음을 알 수 있다.

이러한 모델은 많은 비즈니스와 애플리케이션에서 동일하게 나타날 수 있기 때문에 기초 계층이 가진 코드의 상당 부분을 공유할 수 있다는 것을 의미하기에 IT 부문의 담당자는 이 모델에 매력을 느끼기 쉽다. 예를 들어 보다 나은 ORM^{Object-Relational Mapping} 프레임워크 또는 청구 시스템과 같은 공통의 비즈니스 구성 요소는 비즈니스에 있어 경쟁 우위를 제공할 가능성이 낮으며 단순히 구매하고 도입하는 절차를 거친다. 한편 보다 해당 비즈니스에 특화돼 소중한 사용자 정의 영역은 상대적으로 적은 노력을 통해서 팀의 영역으로 수행할 수 있다. 이러한 비유는 피라미드의 윗부분, 높이의 3분의 1이 재료의 약 4%를 차지하는 기자^{Giza}의 피라미드와 일치한다.

조직 피라미드

피라미드가 산재해 있는 다른 장소는 계층 구조로 나타낼 수 있는 조직 구조를 묘사한 슬라이드 덱이라고 할 수 있다. 거의 모든 조직은 계층 형태로 이뤄진다. 하위 계층의 여러 사람이 상위 계층의 한 사람에게 보고하는 특징을 갖게 되므로 피라미드와 유사한 방향성을 가진 트리 그래프tree graph가 만들어진다. 일반적으로 이 중에 한 사람이 회장 또는 CEO 역할을 맡기 때문에 수평적인 조직조차도 어느 정도는 계층을 갖는 경향이 나타난다. 이러한 설정은 작업을 지시하는 것이 실제 작업을 수행하는 것보다 더 적은 노력을 필요로 하기 때문에 합리적이다. 즉 조직은 실무자보다 적은 수의 관리자를 필요로 한다(사랑을 사려고 하는 것이 아니라면, 38장 참조). 리더의 수가 적다는 것은 일관된 의사결정과 단일한 전략적 방향 설정에도 도움이 된다.

파라오 없는 피라미드는 없다

그럼에도 이집트인들이 약 4,500년 전에 피라미드 건축 양식을 포기한 데에는 합당한 이유가 있다. 피라미드의 기초 계층을 만드는 데에는 엄청난 양의 재료가 필요하다. 기자의 대 피라미드Great Pyramid는 각각의 무게가 수 톤에 달하는 200만 개 이상의 블록으로 구성돼 있는 것으로 추정된다. 당시의 일꾼들이 10년 동안 밤낮으로 작업에 참여했다고 가정하면 그들은 분당 평균 3개의 큰 석회암 블록을 깔아야 했을 것이다. 전체 재료의 4분의 3을 피라미드 하단의 50미터 높이에 쌓아야 했을 것이다. 그 결과는 의심할 여지 없이 인상적인 형상과 함께 오랜 기간 지속되는 건축물이 됐지만 이를 효율적이라고는 할 수 없을 것이다.

피라미드 건축의 경제학은 값싼 노동력, 또는 강제로 동원 가능한 노동력이 풍부한(역사 학자들은 여전히 피라미드가 노예에 의해서, 또는 유급 노동자에 의해서 지어졌는지 논쟁 중에 있다) 파라오의 믿기 힘든 만큼의 부의 축적을 전제로 했을 때 작동할 수 있다. 자원 외에도 상당한 인내심을 필요로 할 것이다. 피라미드 건설은 속도의 경제(35장)와는 잘 어울리지 않는다. 이집트에 있는 일부 피라미드의 경우 파라오는 살아 있는 동안 자신을 위한 피라미드의 완성을 볼 수 없었다.

기초 공사 상태의 건축물에는 사람이 살지 않는다

IT 시스템 설계에서 찾을 수 있는 기능적 피라미드는 이와는 또 다른 문제에 직면해 있다. 기초 계층을 구축하는 사람들은 엄청난 양의 재료를 이동해야 할 뿐 아니라 상위 계층을 구축하는 팀의 요구 사항까지 예상해야 한다. 시간이 지남에 따라 진화(3장)하는 IT 피라미드에서의 작업은 훨씬 더 복잡해진다.

또한 상향식bottom up만을 고려한 IT 피라미드를 구축한다면 몇 가지 문제가 발생할 수 있다.

- 첫째, 하위 계층만으로는 비즈니스에 충분한 가치를 제공하기 어렵다. 이들은 앞으로 수행해 나갈 수많은 발전을 위한 기초로서 존재한다. 그 결과 일반적인 비즈니스가 찾고 있는 것이라기보다는 느린 속도로 가치와 수익을 갖다주는 것을 전제로 대규모 투자가 이뤄진다.
- 또한 사용 중인 것을 재사용하기use before reuse라는 애자일 원칙을 무시한다. 기초 계층을 구축한다는 것은 실제로 사용하지 않은

상태에서 이후에 재사용할 기능을 설계하는 것을 의미한다. 따라서 이는 잘해야 추측 게임 guessing game이 될 수 있을 것이다.

- 마지막으로 실제 사용을 통한 관찰을 통해서 필요한 것을 학습하는 빌드-측정-학습 Build-Measure-Learn 주기(36장)를 무시한다. 만약 비즈니스가 새로운 피라미드를 요구한다면?

 기초 공사 상태의 건축물에서 사는 것을 좋아할 사람은 없을 것이다. 따라서 기초 계층만을 제공한다면 비즈니스에 전할 수 있는 가치가 제한된다.

피라미드에 국한되지 않고 모든 계층의 시스템에 적용할 수 있도록 하려면 계층 간에 적절한 이음새를 정의해야 한다. 이를 제대로 수행한다면 이음새는 하위 계층의 복잡성을 숨기며 상위 계층의 유연성을 보장하는 추상화 계층을 형성할 수 있다(11장). 데이터 스트림(소켓) 뒤에서 패킷 기반의 네트워크 라우팅을 추상화하는 것과 같이 잘 작동하는 예제를 찾는 것은 쉽지 않겠지만 만약 제대로 구현한다면 인터넷과 같은 대규모의 변환과 활용이 가능할 수 있다. 물론 일반적인 IT 팀은 그렇게까지 운 좋은 결과를 기대하기는 어려울 것이다.

꼭대기에서 피라미드 만들기

IT 피라미드를 구축하기로 결심했다면 가장 좋은 방법은 하향식으로 이를 수행하는 것이다. 이것은 실제 피라미드에서 가능한 일은 아니지만 소프트웨어의 경우 여기서 발생하는 중력 문제를 무시할 수 있게 한다. 내가 '하향식'을 언급하는 경우 이는 프로젝트의 관리 방식이 아니라 피라미드가 구성되는 방식을 소개하고자 함이다. 아이러니하게도 '하향식 관리'는 피라미드가 상향식으로 구축되도록 한다.

IT 피라미드를 처음부터 구축하려면 고객 가치의 극대화를 위한 특정 애플리케이션이나 서비스로 시작하고 '재사용 가능^{reusable}'이라는 위험한 개념을 피해야 한다. 여러 애플리케이션에서 특정 기능을 사용할 수 있는 경우에 관련된 구성 요소를 피라미드의 하위 계층으로 이동시키는 것으로 보다 광범위하게 사용되도록 할 수 있다. 이러한 방식으로 피라미드를 구축하면 실제 소프트웨어 개발에서 멀리 떨어진 엔터프라이즈 아키텍트(4장)와 같은 일부의 사람들이 언젠가 필요할 수 있다고 생각하는 추상적인 기능과 달리 실제로 필요한 기능이 기초 계층에 포함되도록 유도할 수 있다.

 '재사용 가능'은 때로는 위험한 단어일 수 있다. 이는 흔히 널리 사용되도록 설계됐지만 실제로는 그렇지 않은 구성 요소를 설명하곤 한다.

많이 언급돼 온 ORM 프레임워크와 같은 일부 요구 사항을 미리 예상해 보는 것은 좋은 접근이다. 그래서 운영체제와 같은 피라미드 기초 계층을 구축하는 것이다. 여러 가지 면에 있어 클라우드 컴퓨팅은 거대한 기초 계층이면서 또한 이음새가 매우 유연하고 세련된 계층이다.

꼭대기에서 피라미드를 쌓으면 일부 영역은 중복될 가능성이 있다. 2개의 독립된 개발팀이 아직 기초 계층의 일부가 되지 않은 유사한 기능을 구축하는 경우를 그 예로 들 수 있다. 예를 들어 공통의 소스 코드 저장소 또는 공통 서비스 레지스트리를 사용하는 등 팀 사이의 투명성은 이러한 중복을 조기에 감지하는 데 도움이 될 수 있다. 너무 많은 중복은 바람직하지 않을 수 있지만 중복을 피하는 것은 공짜가 아니라는 점을 명심해야 한다(35장).

사용자가 단순한 기능을 실행하고자 다수의 원격 호출을 해야 하는 기초 서비스 계층을 본 적이 있다. 이 접근 방식은 표면적으로는 보다 많은 유연성을 제공하기 때문에 기초 계층의 설계자는 이를 선택했다. 이 인터페이스를 개발한 첫 클라이언트 개발자는 순서 정렬, 부분적인 실패 또는 상태 유지와 같은 잘 알려진 문제를 인용하며 불친절한 가이드로 자신의 경험을 설명하고 있었다. 기초 계층 팀의 레토르트(retort)는 상호 작용을 향상시키기 위한 서비스 계층 위에 새로운 분배(dispatcher) 계층이었다. 팀은 아래에서 위로 피라미드를 만들고 있었다.

피라미드를 위에서 아래로 구축하면 일반적으로 더 유용하면서 공통적으로 활용 가능한 API가 보다 낮은 계층에 적용되는 경향이 있다. 계층화된 모델에서는 하위 계층의 소비자가 최상위에 있기 때문에 최상위에서 API를 구축하는 것은 고객 중심이 되는 것과 같다. 고객(이 경우 다른 개발 팀)이 무엇을 원하는지 추측하기보다는 실제 사용 사례를 파악하는 것이 중요하다.

기초 계층을 기리다

피라미드를 구축하는 것은 또 다른 이유로 IT 부문에서 인기가 있다. 피라미드의 기초 계층이 완성되면 실제 제품의 성공에 대한 프록시 지표가 제공된다. 이를 통해서 팀은 비즈니스 영향에 대한 의미 있는 검증 없이도 중요 진행 상황을 알리고 주장할 수 있다.

이는 개발자가 프레임워크 구축을 좋아하는 것과 비슷하다. 자신 스스로의 요구 사항을 고안하고 이를 구현해서 제공하면 실제 사용자가 요구 사항이나 구현을 확인하지 않았음에도 성공을 선언할 수 있다. 즉 피라미드의 기초 계층을 설계하면 펜트하우스 아키텍트(1장)가 실제 제품 개발 팀 또는 최악의 경우에는 실제 고객의 확인 없이 기관실과 연결돼 있음을 주장할 수 있게 된다.

조직 피라미드에서 가장 높은 곳에 위치한 이들은 실제 사용자와는 거리가 먼 IT 시스템 피라미드의 하단 계층을 설계하는 것을 선호하는 경향이 있다.

조직 피라미드에서 가장 높은 사람들이 IT 시스템 피라미드의 최하위 계층을 설계하는 것을 선호한다는 것은 아이러니한 일이다. 그 이유는 분명하다. 성공적인 애플리케이션을 구축하는 것은 일반적이며 검증되지 않은 기초 계층보다 더 어려운 경우가 많다. 안타깝게도 결과적으로 이들의 허세가 드러날 무렵 펜트하우스 아키텍트는 이미 다른 프로젝트로 옮길 수 있음이 거의 보장돼 있다.

파라미드에서 생활하기

IT 구축 피라미드에 대해 토론할 수 있겠지만 조직 피라미드는 대체로 당연한 형태를 갖는다. 모든 이가 상사에게 보고하고 상사는 또 다른 누군가에게 보고하는 식으로 이뤄진다. 대규모 조직에서 우리는 흔히 기업 내의 계층에서 우리 위에 있는 사람의 수로 스스로의 지위를 정의한다. 조직의 핵심 고려 사항은 실제로 피라미드에 살고 있는지 여부가 된다. 즉 의사소통과 의사결정의 라인이 계층 구조의 라인을 따르는지 여부가 그것이다. 이 경우 조직은 피라미드 구조가 효율적일 수 있으나 빠르지도 유연하지도 않기 때문에 속도의 경제(35장)가 요구되는 시기가 오면 심각한 결함에 직면하게 될 것이다. 의사결정은 계층 구조의 위아래를 이동하며 때때로 조정 계층의 병목 현상을 겪게 된다(30장).

운 좋게도 많은 조직이 실제로 조직도에 그려진 패턴으로 움직이기보다 기능 개념에 따른 팀, 부족 또는 분대 개념을 따르고 있다. 이러한 조직 요소는 일반적으로 개별 제품 또는 서비스에 대한 완전한 소유권을 갖게 한다. 의사결정은 실제로 문제에 대해서 다루기에 가장 숙련된 계층으로 내려간다. 이를 통해서 의사결정의 속도를 높이고 보다 짧은 피드백 루프를 제공한다.

일부 조직은 구조적 계층 구조 위에 실무 커뮤니티를 씌워서 공통 관심사 또는 전문 분야를 가진 이들을 한데 모아 작업 속도를 높이고자 할 것이다. 이 경우 커뮤니티는 유용한 변경 관리자가 될 수 있으나 권한과 함께 명확한 목표를 가진 경우에만 가능한 방식이다(27장). 그렇지 않으면 그들은 여가를 즐기기 위한 공동체가 될 가능성이 있으며 사람들이 측정 가능한 결과 없이 토론하고 사교할 수 있는 은신처가 될 것이다.

그렇다면 왜 조직이 거의 모든 기업 프로젝트 프레젠테이션의 두 번째 슬라이드를 장식할 만큼 조직도에 의미를 부여하는지 궁금해야 할 필요가 있다. 이에 대한 내 가설은 정적 구조가 동적 구조보다 청자에게 요구하는 의미론적 부하가 낮다는 것이다. 선으로 연결된 2개의 상자 A와 B를 보여 주는 그림이 제시되면 'A와 B는 어떤 관계가 있다'와 같이 청자는 모델을 쉽게 도출할 수 있다. 끈으로 연결된 2개의 실제 판지 상자를 상상할 수 있다. 동적 모델은 이해하기가 더 어렵다. A와 B 사이에 조건, 병렬성, 반복성을 포함한 시간 경과에 따른 상호 작용을 묘사하는 등의 수많은 선이 존재하는 경우 모델이 묘사하고자 하는 현실을 상상하는 것은 더 어려워진다. 때때로 애니메이션을 통해서만 이를 더 직관적으로 만들 수 있는 경우도 있다. 따라서 시스템의 동작(10장)을 이해하는 것이 일반적으로 구조를 보는 것보다 훨씬 의미가 있음에도 청자들은 정적 구조에 만족하는 경향이 있다.

언제든 악화될 수 있다

조직을 피라미드 형태로 운영하는 것은 속도를 느리게 하며 혁신을 추진하는 데 필요한 피드백 주기feedback cycle를 억제할 수 있다. 그러나 일부 조직은 이보다 나쁜 피라미드 모델인 역피라미드inverse pyramid를 갖는다. 이 모델에서는 대다수의 사람들이 실제 작업을 수행하는 소수의 사람들을 관리하고 감독한다. 여기서 나타나는 명백한 불균형 외에도 관리자가 근로자로부터 업데이트와 상태 보고를 받는 상황은 작업의 진행을 중단시킬 수 있다. 이와 같은 한심한 설정은 한때 IT 구축 작업을 공급 업체(38장)에 전적으로 의존했으며 이제 IT 인재를 사내에서 충원하기 시작한 조직에서 발생할 수 있다. 또한 중대한 시스템 중단과 같은 위기 상황에서도 발생할 수 있다. 이로 인해 경영진의 관심이 너무 높아지고 팀이 문제 해결보다 상태를 공유하기 위한 준비에 더 많은 시간을 할애하기도 한다.

두 번째 안티 패턴은 아이러니하게도 조직이 계층적 피라미드 설정에 내재된 문제를 해결하고자 할 때 발생한다. 기존의 하향식 보고 조직(때로는 이를 라인 조직line organization이라고 부르기도 함)을 새 프로젝트 조직으로 보완한다. 사람들은 프로젝트에 수평적인 보고 라인이 있고 계층에 수직 형태의 보고 라인이 존재하기 때문에 이러한 조합을 일반적으로 매트릭스 구성이라고 부른다. 그러나 아직 유연성을 갖추지 못했으며 프로젝트 팀에 요구되는 자율성을 부여할 자신이 없는 조직(27장)은 여기서 두 번째 피라미드인 프로젝트 피라미드를 만들고자 한다. 이제 직원들은 피라미드 하나를 넘어 양쪽의 피라미드로 어려움을 겪게 될 것이다.

현대적인 구조 구축하기

피라미드가 우리가 나아갈 길이 아니라면 어떻게 시스템을 구축해야 할까? 나는 시스템과 조직 설계 모두를 비즈니스 가치를 제공해야 할 필요성에 기반해 추진되는 반복적이고 동적인 프로세스로 본다. IT 시스템을 구축할 때는 측정 가능한 가치를 제공하는 경우에 한해 새 구성 요소를 추가해야 한다. 대량의 공통 기능 세트를 관찰한 후에는 가능한 이들을 공통의 기초 계층에 밀어넣는 것이 좋다. 만약 이러한 구성 요소를 찾지 못했다고 하더라도 괜찮다. 이는 단순히 피라미드 모델이 당신의 상황에 맞지 않음을 의미하는 것일 테니 말이다.

29

암시장은 효율적이지 않다

그렇지만 일이 어떻게 돌아가는지 보여 준다

어때? 필요한 건 뭐든지 있어

거대한 조직에 속한 이들이 갖기 쉬운 불만 중 하나가 직원이 신속하게 작업을 수행할 수 있도록 지원하기보다는 제어에 중점을 둔 프로세스(27 장)가 속도감을 줄이고 있다는 것이다. 예를 들어 나는 수천만 달러가 움직이는 기술 기반의 결정을 내릴 수 있는 권한을 가졌지만 한편으로는 200달러짜리 비행기 표를 구매하려고 경영진의 승인을 받아야 했다. 따라서 느리고 긴 프로세스를 거쳐 승인을 받았을 때 때때로 더 비싼 요금을 지불해야 했다.

대부분의 조직은 이러한 프로세스가 조직을 원활하게 운영하는 데 중요한 역할을 한다고 생각한다. '모든 사람이 원하는 무언가를 수행한다면 어떻게 될까?'라는 말은 일반적으로 정의에 가깝다. 그러나 대부분의 조직은 혼돈과 타격을 두려워해서가 아니라 모든 것이 잘 돌아감에 따라 프로세스를 만들고 관리하는 사람들이 더 이상 필요하지 않게 되는 상황을 두려워하기 때문에 이것이 무엇인지 알아내기 어렵다.

구출을 위한 암시장

아이러니하게도 법과 질서 아래에서 그러한 조직들은 프로세스가 진행을 방해한다는 것을 이미 알고 있다. 그렇기 때문에 이들 조직은 자체적으로 만든 규칙을 따르지 않고 신속하며 비공식적으로 일을 처리하는 '암시장'을 용인한다. 이러한 암시장은 종종 무언가를 신속하게 처리하고자 '누구와 대화해야 하는지'를 알아야 하는 무해한 형태를 취하게 된다. 급하게 서버가 필요한가? 표준 프로세스를 따르는 대신에 몇 가지 줄을 조율할 수 있는 친구에게 전화를 건다. 이 경우 일반적으로는 더 높은 가격에 대한 '우선순위 주문' 프로세스를 설정하는 것이 좋다. 암시장은 서로 긴밀하게 연결된 사람들을 위해 특별한 호의와 승인을 얻는 과정을 우회하는 길을 제공한다.

 '서버를 확보하는 데 시간이 얼마나 걸리는가?'라는 질문에 대해서 '누가 서버를 요구했느냐에 따라 다르다'라고 한다면 암시장을 떠올리자.

또 다른 유형의 암시장은 '좀 더 높은 곳'에서 성립될 수 있다. VIP 지원을 포함한 다양한 서비스 수준을 제공하는 것은 드문 일이 아니지만 경영진 레벨에서 지정한 프로세스 또는 보안 관련 제약을 무시하는 정도의 지원을 고위 경영진에게 제공하는 것이 암시장이기도 하다. 예를 들어 이러한 암시장은 실제로 임원의 모바일 장치에 가장 민감한 데이터가 저장돼 있는 경우가 많음에도 보안 시책이 적용되지 않은 눈에 띄는 최신 장치를 소지한 임원의 형태로 나타난다.

암시장이 효과적으로 움직이는 경우는 드물다

이러한 예를 통해 알 수 있는 공통점은 암시장은 기록되지 않은 규칙과 문서화되지 않은 비밀스러운 관계를 기반으로 한다는 것이다. 그렇기 때문에 암시장이 경제의 많은 부분을 차지하는 국가에서 볼 수 있듯이 암시장은 효과적으로 동작하지 않는다. 암시장으로부터 정부가 절실히 필요로 하는 세금 수입은 거두기 어렵다. 이들은 또한 자원의 균형 잡힌 배분을 피하는 경향이 있다. 암시장에 접근할 수 있는 사람들은 이곳에 참여하지 못하는 사람들은 얻기 힘든 상품이나 권한을 가질 수 있다. 따라서 암시장은 자원에 대한 폭넓은 층의 동등한 접근을 허용하지 않으며 이로 인해 경제 발전을 저해하는 요소가 될 수 있다. 이것은 대기업과 마찬가지로 국가에도 동일하게 적용할 수 있다.

암시장은 자원에 대해서 폭넓은 층의 동등한 접근을 제공하지 않기 때문에 혁신을 방해한다. 디지털 세계는 접근의 민주화를 강조하는데 이 경우는 정반대의 결과를 가져온다.

조직에서의 암시장은 때때로 느린 혼돈(31장)에 기여하는데 조직 외부는 규율화되고 구조화된 것처럼 보이지만 현실은 완전히 다르다. 그들은 또한 조직의 새로운 구성원으로 하여금 암시장에 대한 연결성의 부족으로 인해서 단방향으로 시스템의 변화에 저항하는 방법을 제시하게 되므로 결과적으로 조직에서의 견인력을 얻기 어렵게 만든다(10장).

암시장은 또한 직원들이 암시장 시스템을 배우도록 강요함으로써 비효율성을 유발한다. 암시장을 활용하는 방법을 이해하는 것은 문서화되지 않은 조직 내의 지식에 가깝다. 직원이 암시장을 배우는 데 걸리는 시간은 조직에 도움을 주기 어려우며 실제로는 비용이 발생하지만 거의 측정되지 않는다. 이 경우 일단 습득하고 나면 조직 외부의 시장에서는 가치가 없는 지식이기 때문에 직원에게도 도움이 되지 않는다. 아이러니하게도 이러한 효과는 암시장을 유지하고 있는 대규모 조직에 기여할 수 있다. 지식의 대부분이 문서화되지 않은 프로세스, 특수한 어휘 또는 암시장의 구조로 구성돼 있기 때문에 직원의 유지에는 도움을 줄 수 있다.

여기서 더 나쁜 것은 암시장이 필요한 피드백 주기를 깨뜨린다는 것이다. 서버 조달에 요구되는 리드타임이 너무 길어서 디지털 세계에서 경쟁할 수 없다면 조직은 문제를 해결하려고 해당 프로세스의 속도를 높일 필요가 있다. 암시장 방식으로 이를 우회하는 것은 경영진에게 잘못된 보안 감각을 부여하며 이는 때로는 '나는 우리가 이틀 안에 완료할 수 있음을 알고 있었다'와 같은 조작된 영웅주의와 함께 진행되기 쉽다. 아마존Amazon은 수십만 명의 고객을 위해 이를 몇 분 안에 완료할 수 있다. 디지털 혁신은 민주화에 의해 주도된다. 즉 모든 이에게 리소스에 대한 빠른 액세스를 제공하는데 이는 암시장의 특징과는 정반대의 개념이다.

암시장은 아웃소싱할 수 없다

암시장의 또 다른 한계(큰 비용을 수반하는)는 아웃소싱할 수 없다는 것이다. 거대한 조직은 인적 자원 또는 IT 운영과 같은 상품 프로세스, 정확히 암시장 경제의 영향을 받는 영역을 아웃소싱하는 경향이 있다. 전문화된 아웃소싱 제공업체는 부분적으로는 공식적으로 확립된 프로세스를 따르기 때문에 규모의 경제가 작용하기 쉬워 비용을 낮출 수 있다. 따라서 서비스가 서드파티third-party 공급 업체에 의해 수행되고 프로세스는 계약에 의해 정의되기 때문에 비공식적인 암시장 우회가 더 이상 작동하지 않게 된다. 이로 인해 본질적으로 비즈니스 부문의 입장에서는 업무의 속도 저하를 경험할 것이다. 따라서 내부 암시장에 의존하는 조직은 서비스 포트폴리오의 일부를 아웃소싱할 때 생산성이 크게 저하된다.

암시장 때리기

암시장을 통해 조직이 운영되는 것을 피하려면 어떻게 해야 할까? 보다 충실한 통제와 거버넌스가 이를 위한 접근 방식이 될 수 있다. 마약 단속국DEA, Drug Enforcement Administration이 마약 암시장을 단속하는 것처럼 암시장 거래자를 식별하고 차단하기 위함이다. 그러나 IT 조직의 암시장이 불법적인 상품 거래에 관여하지 않는다는 사실을 명심해야 한다. 오히려 사람들은 업무를 수행하기 어렵게 돼 있는 프로세스를 우회하는 데 이를 활용한다. 지나치게 야심 찬 제어 프로세스가 암시장을 일으킨다는 사실을 알고 있다면 여기서 더 많은 제어와 거버넌스는 가능성 없는 솔루션이 될 것이다. 그럼에도 일부 조직은 그렇게 하고자 하는 유혹을 받을 것이다. 이는 원하는 효과를 내는 것과 정확히 반대되는 예가 된다(10장).

 더 많은 통제와 거버넌스로는 암시장을 제거할 수 없다. 결국 이러한 요소가 처음에 암시장을 일으킨 바로 그 메커니즘이다.

암시장을 피할 수 있는 유일한 방법은 발전을 방해하지 않고 가능하게 하는 효율적인 '백색 시장$^{white\ market}$'을 구축하는 것이다. 효율적인 백색 시장은 결국 노력이 필요한 암시장 시스템을 유지하려는 사람들의 욕구를 감소시킬 수 있다. 제대로 작동하는 백색 시장을 제공하지 않은 채로 암시장을 폐쇄하려고 한다면 저항이 발생할 것이며 이로 인해 생산성이 크게 저하될 수 있다.

셀프 서비스 시스템은 모든 사람에게 동등한 액세스 권한을 부여해 프로세스를 민주화함으로써 개인 간의 복잡한 연결과 마찰을 제거하기 때문에 암시장을 굶어 죽게 할 수 있는 훌륭한 도구가 된다. 빠른 프로비저닝 시간을 제공하는 잘 알려진 도구를 활용해서 IT 인프라를 주문할 수 있다면 '백도어를 통해' 수행하려는 동기가 눈에 띄게 줄어들 것이다. 문서화되지 않은 프로세스를 자동화하는 것은 번거롭고 느린 혼돈을 가져올 수 있어 환영받기 어렵다(31장).

피드백과 투명성

암시장은 일반적으로 프로세스 설계자가 보고와 제어의 우선순위를 정하는 복잡한 프로세스에 대한 저항으로 시작된다. 모든 단계에서 체크

포인트 또는 품질 게이트를 삽입하면 정확한 진행 상황 추적과 함께 가치 있는 지표를 제공할 수 있다. 그러나 프로세스를 사용하는 사람들은 끝없이 나타나는 일련의 장애물을 뛰어넘어 작업을 수행하고자 한다. 이것이 내가 사용자 친화적인 HR^{Human Resource} 또는 비용 보고 시스템을 본 적이 없는 이유다. 프로세스를 설계하는 이들이 해당 프로세스를 자신의 일상 업무에 사용하도록 강제하면 프로세스가 생성하는 마찰의 양을 인식하는 것으로 귀중한 피드백 루프를 제공할 수 있다(27장). 이는 더 이상 VIP 지원이 아니며 모든 사람이 사용할 수 있는 충분한 지원을 의미한다. 모두가 VIP처럼 대우받고 싶지 않을까? 마찬가지로 HR 팀은 프로세스를 직접 경험하고자 자체 채용 공고를 신청하고 진행해야 한다.

채용할 때 나는 일상적으로 스스로의 포지션에 지원하는 것으로 과정에서 나타날 수 있는 장애물을 감지할 수 있었다.

투명성은 암시장에 대한 좋은 해독제다. 암시장은 본질적으로 불투명하며 소수의 사람들에게만 혜택을 제공한다. 사용자가 서버 주문과 같이 공식 프로세스에 대한 완전한 투명성을 확보하면 약간의 오버헤드와 불확실성을 수반하는 암시장에서 주문하는 것을 필요로 하지 않을 수 있다. 예를 들어 암시장 서버를 지원받을 수 있으며 다음 재고 확보 기간 동안에 재할당되는가? 따라서 완전한 투명성은 조직의 시스템에 기본 원칙으로 포함돼야 할 것이다.

암시장을 효율적이고 민주적인 백색 시장으로 대체하는 것은 또한 통제에 대한 부담을 덜어 준다(27장). 사용자가 공식화되고 문서화되고 자동화된 프로세스를 사용하면 조직은 실제 행동을 관찰하고 거버넌스를 행사할 수 있다. 예를 들어 승인을 요구하거나 사용 할당량을 제시한다. 그러나 암시장에는 그러한 메커니즘이 존재하지 않는다.

또한 암시장을 축소시키기 위한 주요 장애물은 공정 개선에는 측정 가능한 선행 비용이 있지만 암시장의 비용은 일반적으로 측정되지 않는다는 것이다. 이 격차는 변화를 수반하지 않는 비용(33장)이 낮은 것으로 인식돼 변화에 대한 인센티브를 감소시킨다.

30

조직 확장하기

조직을 확장하는 방법이란? 시스템 확장과 같은 방법으로!

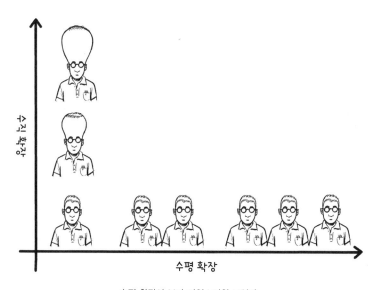

수평 확장이 보다 자연스러워 보인다

디지털 세계에서는 확장성이 핵심이다. 수백만 개의 웹 사이트, 월별 수십억 건의 조회수, 페타바이트^{petabyte} 규모의 데이터, 보다 많은 트윗, 대량의 이미지 업로드 등 다양하게 나타난다. 이러한 작업을 수행하고자 아키텍트는 시스템 확장에 대해 많은 것을 경험하고 배워 왔다. 서비스를 상태 비저장stateless 및 수평 확장 가능하게 만들고, 동기화asynchronous 지점을 최소화해 처리량을 최대화하며, 트랜잭션 범위를 로컬로 유지하고, 동기식 원격 통신을 피하고, 영리한 캐싱 전략을 사용하고, 변수 이름을 줄여야 한다(농담이지만).

주변의 모든 것이 이전에는 볼 수 없었을 처리량으로 확장됨에 따라 예상되는 한계 요소는 우리가 일하는 조직이 될 것이다. 그렇다면 확장성을 숙지하고 있는 IT 아키텍트가 자신의 전문 지식을 조직의 처리량 확장과 최적화에 적용할 수 있을지 궁금할 것이다. 높은 수준의 추상화로 인해 산소 부족으로 고통받는 우주 비행사 아키텍트[1]가 될 수도 있겠지만 한편으로는 숙련된 IT 아키텍트가 알고 있는 확장성과 성능 기반의 접근 방식이 조직의 확장에도 적용될 수 있다고 생각한다. 커피숍(17장)에서와 같이 시스템 처리량의 최대화를 알려 줄 수 있다면 IT 시스템 설계에 대한 지식이 조직의 성능 또한 향상시키는 데 도움을 줄 수 있지 않을까?

구성 요소 설계 – 개인 생산성

처리량을 늘리는 것은 개인으로부터 시작된다. 어떤 이들은 다른 사람보다 단순히 10배 더 생산적인 경우도 있다. 따라서 개인적으로 특별한 내용의 조언 없이도 작업 중인 업무 목록을 최소화하도록 돕는 GTDGetting Things Done[2]와 같은 리소스를 참조하도록 한다. 여기서는 먼저 큰 작업을 즉시 실행할 수 있는 작은 작업으로 나눈다. 예를 들어 '나는 그 낡은 기

---

1   Joel Spolsky, 'Don't Let Architecture Astronauts Scare You,' April 21, 2001, Joel on Software (blog), https://oreil.ly/MafCn.

2   Wikipedia, 'Getting Things Done,' https://oreil.ly/PRfdu.

계를 교체해야 해'라는 항목은 '이번 주말 대리점 세 군데 방문하기'로 바뀔 것이다. 들어오는 항목은 카테고리별로 분류돼 즉시 처리되거나 실행 가능할 때까지 지연 처리되므로 동시에 수행되는 스레드 수를 줄일 수 있다. 이 제안은 매우 바람직하지만 언제나 그렇듯이 구현에 성공하려면 신뢰와 함께 많은 규율이 필요하다.

동기화 지점 피하기 – 미팅은 확장되지 않는다

사람들이 생산성을 높이고 동시에 높은 처리량을 발휘하고자 최선을 다한다고 가정해 보자. 즉 이들은 효율적이고 효과적인 시스템 구성 요소를 갖고 있음을 의미한다. 이제 구성 요소 간의 상호 작용을 정의하는 통합 아키텍처를 살펴보자. 여기서 말하는 구성 요소는 사람을 나타내며 가장 일반적인 상호 작용 중 하나(이메일로는 전달하기 어려운 내용을 자세히 설명하기)로 회의를 들 수 있다. 회의(미팅)는 그 이름만으로도 사람들이 서로 만나고자 모이는 것을 암시하지만 특정의 의제나 목표 또는 원하는 결과를 미리 정의하지 않음에 따라 끔찍한 비효율을 경험할 수 있다.

 회의는 동기화 포인트로 잘 알려진 처리량을 줄이는 킬러다.

시스템 설계 관점에서 볼 때 회의에는 또 다른 문제가 있다. 이는 여러 사람이 동시에 같은 장소에 있어야 한다는 것이다. 소프트웨어 아키텍처에서는 이를 동기화 지점이라고 부르며 가장 위험한 처리량 킬러 중 하나로 알려져 있다. '동기asynchronous'라는 단어는 그리스어에서 파생됐으며 동시에 일어나는 일을 의미한다. 동시에 일이 발생하려면 분산 시스템에서 일부 구성 요소는 다른 구성 요소를 기다려야 하는데 이는 처리량의 최대화를 방해한다.

동기화 지점에 대한 대기 시간이 길어질수록 성능에 대한 부정적인 영향은 극적으로 증가한다. 일부 조직에서는 임원을 포함한 회의 시간을 예약하는 데 한 달 이상 걸리기도 한다. 이러한 시간 자원에 대한 경합은 의사결정과 프로젝트의 진행을 늦출 수 있다(또한 속도의 경제를 손상시킬 것이다. 35장 참조). 그 효과는 데이터베이스 록lock을 거는 것과 비슷하다. 많은 프로세스가 동일한 테이블 레코드를 업데이트하고자 한다면 대부분의 프로세스가 다른 프로세스가 완료될 때까지 기다리게 되고 결국 끔찍한 교착 상태가 돼 처리량이 저하되는 결과를 가져온다. 트랜잭션 모니터 역할을 하는 대규모 조직의 관리 팀은 회의를 기본 상호 작용 모델로 사용할 때 발생하는 오버헤드를 우려하는 경향이 있다. 이보다 더 큰 문제는 전체 일정으로 인해 사람들이 비관적 자원 할당의 한 형태인 '만약에 기반한' 차단 시간을 고려하게 되는데 이는 시스템 동작에 의도하는 효과와 정확히 반하는 내용이다(10장).

한 곳에 모이는 것은 브레인스토밍brainstorming, 토론 또는 의사결정의 목적으로 유용하게 활용될 수 있으나 진척, 상태 공유 목적의 회의는 최악의 예가 될 수 있다. 누군가가 프로젝트가 어떤 상태인지 알고 싶어하는 경우 1~2주 안에 열리는 다음의 진척 공유 회의를 기다리는 것이 좋은 방법일까? 무엇보다도 내가 참석한 수많은 회의에는 회의 전에는 문서를 배포하지 않도록 하는 것을 통해서 누군가가 이를 읽었다는 이유로 회의에서 벗어나는 것을 막았다.

방해를 가로막다 – 전화 통화

일반적으로 다음 회의를 기다릴 수 없는 경우 상대방에게 전화하는 경우가 있다. 나는 하루에도 몇 번씩 연결되지 않은 전화 기록을 목격한다(일반적으로 '전화 연결이 불가능합니다'라는 문구로 시작하는 문자 메시지를 보내도록 설정돼 있다). 전화 통화는 회의와 비교하면 대기 시간이 짧지만 여전히 동기식으로 동작하므로 모든 리소스를 동시에 사용할 수 있어야 한다. 부재중 메시지를 확인하고 상대방에게 다시 전화를 걸었을 때 서로 연결이 되지 않는 '폰 태그phone tag' 상황을 몇 번 경험했는가? 시스템 커뮤니케이션에 이와 비교할 만한 것이 있는지는 잘 모르지만(하지만 알아야 한다. 결과적으로 대화 패턴을 문서화하기 위한 목적을 갖기 때문이다)[3] 이것이 효과적인 커뮤니케이션이라고는 상상하기 어렵다.

전화 통화는 받는 사람을 방해할 수 있으며(벨소리는 음소거해 차단할 수 있다) 개방된 환경에서는 사용자뿐 아니라 동료도 방해할 것이다. 이것이 구글재팬의 엔지니어 부서에 기본적으로 전화가 장착돼 있지 않은 이유 중 하나다. 필요하면 요청해야 하는데 이러한 요청 자체가 조금은 구식으로 느껴진다. 개방된 사무실 공간에서 울리는 전화기가 할 수 있는 방해에 대해서는 이미 톰 드마르코Tom DeMarco와 티모시 리스터Tim Lister의 『피플웨어Peopleware』(인사이트, 2014)에서 소개하고 있다. 이 책에서 소개하는 '티슈 트릭tissue trick'은 더 이상 스마트폰 등에서 동작하지 않지만 다행히 거의 모든 휴대전화는 볼륨 설정이 가능하다. 전화와 관련된 내 바람으로써 스피커폰으로 통화하는 동안 예기치 않게 사무실을 급습하는 이들이 있을 수 있기에 전화를 하는 동안에는 '온 에어on air' 표시를 비추는 작은 프로젝트를 만들고자 한다.

---

3   Hohpe, 'Conversation Patterns,' Enterprise Integration Patterns, https://oreil.ly/qHzFw.

물러서지 않고 쌓아 올리기

실패한 작업을 다시 시도하는 것은 사람 간의 대화에서도 일반적인 패턴이다. 또한 시스템에 가해지는 작은 교란은 재시도 시점에 이를 맹공격으로 확대해 모든 것을 중단시킬 가능성이 있기 때문에 위험한 작업이다. 그렇기 때문에 지수 백오프Exponential Backoff[4]가 잘 알려져 있으며 이더넷 프로토콜의 핵심 요소인 CSMA/CDCarrier Sense, Multiple Access with Collision Detection와 같은 다양한 저수준 네트워크 프로토콜의 기반을 형성한다.

아이러니하게도 인간은 전화가 실패해도 물러서지 않고 이를 스택에 쌓는 경향이 있다. 전화를 받지 않으면 더 짧은 간격으로 전화를 걸어 긴급함을 알리는 행동이 그것이다. 결과적으로 그들은 물러나겠지만 지나치게 공격적인 재시도는 시스템에 부담을 주게 된다. 이러한 동작은 고르지 않은 리소스의 활용을 야기한다. 모두가 당신에게 전화를 걸고 있거나 아무도 연락하지 않아서 매우 조용한 것과 같다. 대조적으로 대기열과의 비동기 통신은 트래픽 셰이핑traffic shaping을 수행할 수 있다. 대량 트래픽은 대기열에 흡수되고 서비스가 과부하되지 않고 최적의 속도로 요청을 처리할 수 있도록 한다. 그래서 나는 '전화 연결이 불가능합니다'로 시작하는 이메일을 활용하는 것을 선호한다. 동기 작업을 비동기 작업으로 전환했다는 의미이기 때문이다.

비동기 커뮤니케이션 – 이메일, 채팅 등

기업 환경에서의 이메일은 회의만큼이나 많은 문제를 불러일으키는 경향이 있다. 반면에 한 가지 큰 장점을 갖는데 비동기로 동작한다는 것이

---

4   Wikipedia, 'Exponential Backoff,'https://oreil.ly/A4QbL.

다. 작업의 중단을 피하면서 몇 분간 여유가 날 때마다 이메일을 처리할 수 있다. 응답을 받는 데까지는 시간이 조금 더 걸릴 수 있지만 시애틀Seattle과 레드몬드Redmond 사이의 520번 국도 2차선 다리의 계속되는 정체를 해결하고자 더 빠른 자동차가 아닌 더 넓은 다리를 건설하려는 클레멘스 바스터스Clemens Vaster의 비유로 설명할 수 있는 고전적인 '레이턴시latency당 처리량' 아키텍처를 예로 들 수 있다.

이메일에도 단점이 있다. 가장 큰 문제는 메일 전송에 대해 비용이 들지 않는다고 인식하기 때문에 많은 이의 받은 편지함을 가득 채우는 사람들이다. 안타깝게도 이메일을 읽는 데 드는 비용은 따로 산정하지 않는다. 따라서 살아남으려면 잘 고안된 받은 편지함용 필터가 필요하다. 또한 메일은 한꺼번에 검색할 수 없는데 각 사용자가 각자의 기록을 갖기 때문이다. 결국 일관된 아키텍처라고 이름 붙인 채 함께할 수 있겠지만 이 또한 끔찍하게 비효율적으로 보인다. 동일한 10MB의 파워포인트 프레젠테이션과 이들의 이전 버전 파일이 익스체인지Exchange 서버에 얼마나 많이 저장돼 있을지 궁금하다.

채팅을 이메일과 통합하면 이러한 제한 사항 중 일부를 극복할 수 있게 된다. 회신을 받지 못하거나 회신에 실시간 토론이 필요하다고 생각되는 경우 '채팅으로 회신reply by chat' 버튼을 클릭하면 동기 모드에 가까운 채팅으로 전환이 가능하다. 수신자가 마음대로 응답할 수 있지만(따라서 엄밀히 말하면 비동기) 메일보다 훨씬 빠른 대응이 가능하다. 채팅/채널 패러다임을 선호하는 슬랙Slack과 같은 제품 또한 이메일 없이 비동기 통신을 가능하게 한다. 시스템 아키텍트는 이러한 접근 방식을 칠판 아키텍처blackboard architecture 스타일을 기반으로 하는 집합 공간에 비유한다. 이는 느슨한 결합과 중복 방지 효과 덕분에 확장 가능한 분산 시스템에 적합하다.

확장되지 않는 요청 - 캐시를 구축하라

기업 내 커뮤니케이션의 대부분은 동기식 커뮤니케이션을 통한 질문으로 이뤄진다. 또한 동일한 질문이 계속 반복되기 때문에 확장되지 않는 특징을 갖는다. 아키텍트는 특히 새로운 팀원의 사진과 같은 기본 정보에 대해서 반복적인 요청을 받는다면 구성 요소를 로드하려고 캐시를 도입하고자 할 것이다. 이 경우 단순히 팀원의 이름을 구글에 입력하고 다른 사람 대신에 구글에서 요청 가능한 사진의 하이퍼링크로 답할 수 있을 것이다.

따라서 검색을 통해서 확장되지만 검색 가능한 매체의 기능을 사용할 수 있는 경우에만 가능한 방법이다. 그러므로 요청을 받으면 모든 사람이 이를 확인하고 검색할 수 있도록 하는 것이 좋다. 예를 들어 내부 포럼에 캐시를 로드하는 방법이 그것이다. 짧은 문서 또는 1,000명의 사용자가 공유할 내용을 검색하거나 읽을 수 있음과 같이 포럼의 게시물 규모로 설명할 수 있다. 같은 내용을 설명하기 위한 1대1 회의를 1,000번 반복한다면 연간 근무 시간의 절반을 차지할지도 모른다.

내가 경험한 캐시 활용을 방해하는 요인 중 하나는 효율성을 목표로 하지만 데이터 재사용을 저해하는 다양한 템플릿을 사용하는 것이다. 예를 들어 내 홈페이지 또는 링크드인^{LinkedIn}에 대한 링크를 사용해 이력서에 대한 요청에 응답하는 경우 온라인에서 찾은 데이터를 워드^{Word} 템플릿으로 변환해 포스팅하는 사람이 그 예가 될 수 있다. 디지털 세계에서 몇몇 잘못은 큰 문제를 가져올 수 있다.

잘못 설정된 도메인 경계 – 과도한 정렬

어떤 커뮤니케이션 스타일은 다른 방식보다 잘 확장될 수 있지만 인간은 채팅이나 비동기 커뮤니케이션에서도 거대한 처리량을 감당하기는 어렵기 때문에 결국에는 과도한 트래픽으로 인해 무너질 수 있다. 따라서 목표는 의사소통을 최적화하는 것뿐 아니라 이를 줄이는 것이어야 한다. 예를 들어 거대한 조직은 '조율'의 필요성으로 인해 발생하는 불필요한 의사소통으로 어려움을 겪고 있다. 나는 때때로 조율이 자동차가 똑바로 움직이지 않거나 타이어가 고르지 않게 마모될 때 필요한 일이라고 말한다. 이것이 직장에서 항상 요구되는 이유는 특히 조율이 분명한 목적 없이 회의를 유발하기 때문이다.

기업 내에서의 조율이란 문제를 조정하고 일종의 공통 이해 또는 합의에 도달하는 것을 의미한다. 공통의 이해는 생산적인 팀워크를 위해서 필수적인 부분이며 조율이라는 행위는 그 자체로 충분한 의미를 가질 수 있다. 내가 항상 신경 쓰는 것은 이것이 프로젝트와 조직 구조 사이의 불일치의 신호일 수 있다는 점이다. 프로젝트의 성공에 직접적인 영향을 주거나 중요한 의사결정자인 이들은 많은 경우 프로젝트의 일부가 아니므로 빈번한 '조정'과 '조율'의 필요성을 높인다. 이 문제에 대한 시스템 설계 예시로 제한된 콘텍스트에 대한 에릭 에반스의 도메인 주도 설계[5] 개념을 사용해 도메인 경계를 잘못 설정하는 것이다.[6] 잘못 설정된 도메인 경계 위에서 분산 시스템을 분할하는 것은 시스템과 개발자 모두에게 지연을 안겨 주며 부담을 증가시키게 될 것이다. 샘 뉴먼Sam Newman이라면 이에

---

5   Eric Evans, 'About Domain Language,' Domain Language (website), https://oreil.ly/m71x1.

6   Martin Fowler, 'Bounded Context,' MartinFowler.com, https://oreil.ly/AtY88.

대해 확실히 동의할 것이다.[7]

셀프 서비스가 더 나은 서비스다

셀프 서비스는 일반적으로 잘못된 의미를 갖고 있다. 가격이 같다고 가정하고 웨이터가 서비스해 주며 흰색 식탁보가 연상되는 레스토랑과 맥도날드 중 어디에서 식사할 것인가? 하지만 당신이 처리량을 최적화하고자 하는 푸드 체인이라면 맥도날드와 테이블 5개를 비치한 독특한 이탈리아 식당 어느 쪽을 선택할 것인가?

누군가가 데이터를 수동으로 입력할 수 있도록 전화하거나 이메일로 스프레드 시트 첨부 파일을 보내 서비스를 요청하고 제품을 주문하는 것은 니어쇼어링nearshoring이나 오프쇼어링offshoring을 통해 인건비를 낮추더라도 쉽게 확장할 수 없을 것이다. 확장하려면 모든 것을 자동화(13장)해야한다. 모든 기능과 프로세스를 인트라넷으로부터 온라인으로 꺼내서 사용할 수 있도록 하자. 이상적으로는 사용자가 새로운 서비스 또는 사용자 정의 UI를 계층화할 수 있도록 웹 인터페이스와 (액세스 보호가 적용된) 서비스 API를 모두 사용할 수 있도록 하는 상태를 들 수 있다.

인간으로 남기

컴퓨터 시스템과 같은 방법으로 조직을 확장한다는 것은 디지털 세계가 개인적인 상호 작용을 피해 처리량을 최대화하기 위한 얼굴 없는 이메일

---

7   『마이크로서비스 아키텍처 구축(Building Microservices: Designing Fine-Grained Systems)』(한빛미디어, 2017).

및 워크플로 드론으로 전환한다는 것을 의미하는 것일까? 그렇게 생각하지 않는다. 나는 브레인스토밍, 협상, 솔루션 찾기, 유대감을 구축하거나 즐거운 시간을 보내기 위한 개인적인 상호 작용을 매우 소중하게 생각한다. 이것이 바로 우리가 대면하는 시간을 극대화해야 하는 이유다. 누군가가 슬라이드를 큰 소리로 읽거나 같은 질문을 하려고 세 번이나 전화를 걸게 하는 등의 행동은 의사소통 패턴을 최적화함으로써 몇 배는 더 빠르게 달성할 수 있을 것이다. 참을성이 없다고 생각할 수도 있지만 모든 것이 더 빠르게 움직이는 세상에서 인내는 최선의 전략이 아닐 수도 있다. 처리량이 높은 시스템은 인내에 대한 보상을 제공하지 않는다.

31

느린 혼돈은 질서가 없다

빠르게 가고 있다면? 훈련이 필요해!

민첩함(agile)인가? 아니면 빠르기만 한 것인가? 다음 모퉁이가 말해 줄 것이다.

대부분의 이들은 불만거리나 뜨거운 쟁점을 갖고 있을 것이다. 이들은 그 사소함에도 짜증을 불러일으킬 만큼 자주 접하는 것들이다. 사생활에서의 이러한 문제는 치약 튜브와 같이 끝에서 짜 올리거나 또는 중간부터 짜는 행동으로 나타난다. 이러한 차이는 수많은 커플의 관계를 위험에 빠뜨리는 것으로 알려져 있다.

기업 IT 세계에서의 불만거리는 본질적으로 기술적인 것과 관련이 있는 경우가 많다. 내 경우는 애자일 선언문^{Agile Manifesto}(http://agilemanifesto.org)이 만들어진 지 거의 20년이 넘어가는 지금까지도 그 의미를 이해하지 못한 채 애자일이라는 단어를 사용하는 사람들을 들 수 있다. 다음과 같은 대화를 들어 본 적이 있을 것이다.

- 다음 단계의 주요 결과물은 무엇인가? 잘 모르겠고 – 우리는 애자일이다!
- 프로젝트 계획은 어떻게 되는가? 우리는 애자일이므로 너무 빨라서 계획을 최신 상태로 유지할 수 없다!
- 문서를 볼 수 있을까? 문서는 필요 없다. 우리는 애자일이다!
- 이 아키텍처에 대해 설명해 줄 수 있을까? 아니 – 애자일 프로젝트에 아키텍처는 필요하지 않다!

또한 팀이 애자일로 움직이고 있음을 어떻게 알고 있는지 (감히) 물어 본다면 다음과 같은 답을 듣게 될 것이다.

- 우리는 정식 인증을 받았기 때문에 애자일임을 보장한다!

이러한 무지는 애자일 방법론이 구조화된 환경에 비해 혼란스럽기 때문에 조직에 적합하지 않다는 진술에 의해 한층 더 심각하게 나타난다. 역설적이게도 일반적으로는 그 반대가 맞다. 기업 환경에는 애자일 프로세스를 구현하기 위한 규율이 부족한 경우가 많다.

빠름 대 민첩함

애자일이라는 단어의 남용에 의해서 겪게 되는 첫 번째 문제는 사람들로 하여금 이 방법론이 '빠름'을 의미하는 것이 아닌 '애자일'임을 반복적으로 상기시켜야 한다는 것이다. 애자일 방법론은 환경에 대해서 예측하고 불확실성을 제거하기보다는 빈번한 보정과 변화의 수용을 통해 올바른 목표를 달성하는 것이다. 움직이는 표적을 멀리서 쏴서 한 번에 맞히고자 하는 것은 빠른 길이 될 수 있지만 애자일은 아니다. 애자일 방법론을 사용하면 경로를 수정할 수 있다. 이는 마치 유도 미사일과 비슷하다(무기와의 비유를 좋아하지는 않지만). 이를 통해서 애자일은 필요한 곳으로 빠르게 이동한다. 잘못된 방향으로 더 빨리 달리는 것은 방법론이 아니라 어리석음이다.

속도와 훈련

빠르게 움직이는 무언가를 관찰하고 있으면 혼란스러움을 느끼기 쉽다. 동시에 너무 많은 일이 일어나고 있기에 실제로 어떻게 조화를 이루는지 판단하기 어렵다. 그 좋은 예로 포뮬러1의 피트 스톱^{pit stop}을 들 수 있다. 사람들의 함성 소리, 차가 달리는 소리, 모터 소리와 함께 자동차에 4초 이내에 새 타이어 4개가 장착된다(F1 경주에서는 더 이상 급유는 허용되지 않는다). 이 과정이 빠른 속도로 진행되는 것을 보고 있으면 약간의 어지러움과 함께 일종의 기적 또는 혼돈을 느낄 수 있다. 이 절차를 슬로 모션으로 몇 번 보고 나면 피트 스톱 요원들이 얼마나 잘 훈련돼 있는지 알 수 있다. 이들의 모든 움직임은 정확하게 조율된 채로 수백 번 이상의 훈련을 거친다. F1의 세계에서 1초 더 늦다는 것은 거의 100미터만큼 뒤처짐을 의미한다.

마찬가지로 IT 세계에서 빠르게 움직이려면 훈련이 필요하다. 자동화된 테스트는 안전 벨트와 비슷하다. 예를 들어 심각한 문제가 발생한 경우 즉시 코드를 프로덕션에 배포할 수 있는 방법이 있는가? 온라인 소매 업체가 코드를 배포하는 데 가장 귀중한 시기는 고객의 트래픽이 최고조에 달하는 휴가 시즌 중반이다. 이때 반영한 중요한 수정 사항이나 새로운 기능이 수익에 가장 큰 영향을 미칠 수 있기 때문이다. 아이러니하게도 이는 대부분 기업의 IT 부서에서 코드의 변경 및 배포를 금지하는 시기이기도 하다. 이렇게 트래픽이 피크에 달하는 상황에서 코드를 푸시하려면 자신감이 필요하다. 엄격한 훈련과 함께 많은 연습을 통해서 자신감과 속도를 높일 수 있다. 두려움은 당신을 느리게 만들 것이다. 훈련이 전제되지 않은 자신감은 당신을 추락시킬지도 모른다.

빠르고 좋음

애자일 개발은 새로운 차원을 추가하는 행위를 통해 빠르다 또는 고품질이라는 인식을 극복해 낸다(40장). 이러한 개념은 실제로 경험해 보지 않고는 이해하기 어렵게 만든다. 나는 때때로 '애자일은 가르칠 수 없고 보여 줄 수만 있다'라고 이야기한다. 즉 교과서가 아닌 애자일 팀에서의 작업을 통해서 방법론을 배워야 한다는 의미다.

나는 빠른 소프트웨어 개발과 배포에 필요한 속성을 다음과 같이 설명한다.

신속함

신속한 개발은 코드의 신속한 변경을 가능하게 한다. 만약 코드 베이스에 복제와 같은 기술적인 문제가 차오르면 빠르게 속도를 잃게 될 것이다.

자신감

코드를 변경한 후에는 코드 리뷰, 엄격한 자동화 테스트, 소규모의 증분 릴리스 등을 통해서 코드의 정확성을 확신할 수 있어야 한다. 자신감이 부족하면 주저하게 되고 빠른 속도를 보장할 수 없게 된다.

반복 가능

배포는 일반적으로 100% 자동화되고 반복 가능해야 한다. 멤버들의 모든 창의성은 각각의 배포 작업을 만드는 것이 아닌 사용자를 위한 기능을 작성하는 데 집중돼야 한다. 배포를 결정한 후에는 이전에 몇 번이고 수행한 것과 동일하게 작동하는 배포에 의존할 수 있어야 한다.

탄력성

사용자의 선호를 가져오려면 먼저 트래픽을 처리할 수 있어야 하므로 런타임은 탄력적이어야 한다.

피드백

프로덕션 문제를 조기에 발견하고 사용자에게 필요한 사항이 무엇인지 확인하려면 모니터링 체계로부터의 피드백이 필요하다. 어느 방향으로 가야 할지 모른다면 더 빨리 움직이는 것은 도움이 되지 않을 것이다.

안전함

마지막으로, 특히 보안 관련 내용을 포함하거나 라이브러리에 의존할 수 있는 새로운 기능을 자주 배포할 경우 우발적이며 악의적인 공격으로부터 런타임 환경을 보호해야 한다.

이들의 조화는 규율에 기반하면서도 빠르게 움직일 수 있고 민첩한 개발 프로세스를 만든다. 이러한 움직임을 실제로 본 적이 없는 이들은 자신감을 갖고 일한다는 것이 얼마나 자유로운지 이해하기 힘든 경우가 많다. 나는 엔터프라이즈 통합 패턴 웹 사이트(https://oreil.ly/ hV3NG)를 위해 구현한 15년 된 빌드 시스템을 사용하더라도 모든 빌드 아티팩트를 삭제하고 처음부터 다시 빌드 후 배포하는 데 주저하지 않을 것이다.

천천히 움직이는 혼돈

빠른 속도를 달성하려면 강도 높은 훈련이 필요하고 느린 속도는 결과적으로 엉성함을 허용한다는 것이 사실일까? 얼핏 보기에 논리적으로 합당해 보이지는 않지만 일반적으로 현실 세계에서는 이것이 사실임을 보여 준다. 기존 프로세스를 살펴보면 혼란스럽고 재작업을 요구하거나 통제되고 있지 않은 암시장(29장)이 많다는 것을 알 수 있다. 예를 들어 1980년대 미국의 자동차 공장은 재작업을 고려해 공간의 1/4 정도를 사용했다.[1] 일본에서 온 자동차 회사가 문제를 디버깅하려면 생산 라인을 중단하는 것이 이와 같이 공간을 할애해서 결함이 있는 자동차를 찾아내는 것보다 효과적이라는 점을 반영한 무결점 접근 방식을 통해서 쉽게 이익을 가져갈 수 있었음은 당연한 일이었다.

이러한 제조업계의 기업들은 디지털 기업이 느리며 혼란스러운 서비스 비즈니스를 방해하는 것과 같은 방식으로 30년 전에 혼란을 겪은 바 있다. 그들의 실수로부터 무언가를 배울 수 있기를 바란다.

---

1   John Roberts, The Modern Firm: Organizational Design for Performance and Growth (Oxford: Oxford Uni-versity Press, 2007).

놀랍게도 기업 IT 부문에서도 동일한 수준의 혼란을 발견할 수 있다. 가상화된 서버를 프로비저닝하는 데 2주가 걸리는 이유는 무엇일까? 첫 번째는 이 시간의 대부분이 대기열에서 소비되기 때문이며(35장), 두 번째는 '철저한 테스트' 때문이다. 잠깐, 100% 자동화되고 반복 가능한 방식으로 프로비저닝돼야 할 가상 서버를 테스트해야 하는 이유는 무엇인가? 2주가 걸리는 이유는 무엇인가? 일반적으로 따라야 할 프로세스가 실제로 100% 자동화되고 반복 가능하지 않기에 여기에 약간의 덕트 테이프가 추가되고 약간의 최적화가 수행되며 약간의 스크립트가 편집됐으며, 누군가는 스토리지 볼륨을 마운트하는 것을 깜박했다. 맙소사, 이것이 기계가 할 일을 하고자 인간을 보내지 않는 이유 중의 하나다(13장).

'검증된 프로세스'의 베일 아래를 살펴보면 곧 혼란 또는 무질서 상태로 정의된 혼돈을 발견할 수 있을 것이다. 이들은 너무 느리게 움직이기에 알아볼 수 있을 때까지 몇 번은 반복해서 봐야 할 것이다. 혼돈을 테스트하는 좋은 방법은 앞서 언급한 프로세스에 대해 정의한 문서를 확보하는 것이다. 대부분의 경우 이미 존재하지 않거나 오래된 버전의 것이거나 공유할 수 없는 상태에 있을 것이다. 그래, 아마도 그럴 것이다.

ITIL이라면 구출할 수 있을까?

이처럼 느린 혼돈에 대한 IT 운영에 도전한다면 IT 서비스 관리를 위해 독점적이면서 널리 채택되고 있는 세트인 ITIL[IT Infrastructure Library][2]에 대한 불신에 찬 눈길을 경험할 수 있을 것이다. ITIL은 공통의 어휘와 구조를 제공하며 이는 서비스를 제공하거나 서비스 공급 업체와의 상호 작용 시

---

2   'ITIL?IT service management,' Axelos (website), https://oreil.ly/PN_Mj.

에 큰 가치를 얻을 수 있다. ITIL은 또한 각각 약 500페이지에 달하는 책 5권으로 구성되며 내용 또한 난이도가 있는 편이다.

IT 조직에서 ITIL을 언급할 때는 일반적으로 인식과 현실 사이에 차이가 있는지를 의심한다. 즉 조직이 실제로 ITIL을 따르고 있는가 아니면 이 것이 느린 혼란에 대한 추가 조사를 보호하는 목적으로 사용되고 있는 가? 몇 가지 간단한 테스트를 통해 유용한 힌트를 얻을 수 있다. 시스템 관리자에게 주로 따르는 ITIL 프로세스가 무엇인지 물어 본다. 또는 IT 관리자에게 서비스 전략 볼륨의 섹션 4.1.5.4에 설명된 고객 포트폴리오 에 대한 전략적 분석 내용을 보여 달라고 요청하는 것이다. 그 결과를 통 해서 대부분의 경우 ITIL의 이상과 현실이 극적으로 다르다는 것을 깨닫 게 될 것이다.

 나는 누군가 대화 중에 속임수를 쓰고자 하는 유혹을 사전에 차단하려고 ITIL 설명 서 세트를 눈에 띄는 곳에 뒀다.

ITIL 자체는 매우 유용한 서비스 관리 사례의 모음이다. 그러나 수학 책 을 베개 밑에 놓아도 학교에서 A등급을 받기 힘들었던 것처럼 ITIL을 참 조하는 것만으로는 느린 혼란을 해결할 수 없다.

목표에는 규율이 필요하다

많은 조직이 목표에 따라 관리되고 이러한 목표를 달성하는 데 자율성을 부여한다. 일반적으로 이는 건전한 접근 방식이지만 규율이 부족한 조직 에서는 팀이 목표를 달성하고자 생각하지 못한 수단을 사용해 품질과 같 은 중요한 가치를 손상시킬 수 있기에 실패를 초래할 수 있다. 어떤 방법을 쓰든 목표에 도달하는 것으로 보상을 받게 되면 결과 지향적인 목표는 실제로 규율 부족을 초래할 가능성이 있다.

 어떤 공급 업체의 대규모 데이터 센터 마이그레이션 프로젝트는 애플리케이션을 특정해 새로운 데이터 센터로 마이그레이션하기 위한 명확한 목표를 설정했다(상당히 합리적인 목표). 새로운 데이터 센터의 서버를 안정적으로 프로비저닝하는 기능에서 수많은 마이그레이션 문제가 발생했다. 먼저 이 문제를 해결하고자 다양한 구성의 서버를 수 차례에 걸쳐 주문하고 모든 서버가 사양에 맞게 제공됐는지 확인하기 위한 자동화된 테스트를 만들 것을 제안했다. 다음으로 안정적인 프로비저닝이 성공하면 애플리케이션 마이그레이션을 시작한다. 당시 프로젝트 관리자는 그런 식으로 진행한다면 10년 안에 애플리케이션 하나도 마이그레이션할 수 없을 것이라고 말했다. 팀은 프로젝트 목표를 달성하고자 근본적인 문제가 해결되지 않았음에도 애플리케이션을 마이그레이션하기를 원했다.

따라서 결과 지향적 목표를 설정하려면 먼저 목표를 달성하기 위한 기준으로 합의된 규율이 필요하다. 이것이 바로 프로이센의 임무형 전술(27장)이 적극적으로 규율에 의존한 이유이기도 하다. 조직의 규율을 명확히 하는 것으로 광범위하며 의미 있는 목표를 설정할 수 있게 된다.

탈출구

다음과 같이 스스로에게 질문할 수 있다. 왜 아무도 느린 혼돈을 정리하고자 하지 않는 것일까? 전통적이지만 성공한 많은 조직은 단순히 너무 많은 돈(38장)을 갖고 있어 이를 성가신 일로 여긴다. 그들은 먼저 세계가 규모의 경제를 추구하는 흐름에서 속도의 경제를 추구하는 흐름으로 바뀌었다는 것을 깨달아야 한다(35장). 속도는 자동화와 훈련을 통해서 강제할 수 있는 기능이다. 동적 확장을 요구하는 경우를 제외한 대부분의 상황에서는 서버를 프로비저닝하는 데 하루가 걸리더라도 문제가 되지 않을 것이다. 하지만 동적 확장에 10분 이상 걸린다면 수동으로 작업을 수행하고자 하는 유혹이 생길 것이다. 그리고 이는 곧 느리게 움직이는 혼란의 시작을 알릴 것이다. 대신에 소프트웨어가 세상을 삼키게 하고(14장) 인간에게 기계가 할 일을 시키지 말자(13장). 당신은 보다 빨라질 것이며 훈련될 것이다.

32

인셉션을 통한 거버넌스

저는 본사에서 왔으며 여러분을 도우려고 여기 있습니다

1984년경의 기업 거버넌스

기업의 IT 부문은 특유의 어휘를 갖는 경향이 있다. 가장 흔히 사용되는
문구는 조율된 상태로 인지되고 있어야 한다. 이는 특정 주제에 대한 고
민과 승인 없이 합의에 도달하는 것 이상으로 특별한 목적 없이 회의를
하는 활동처럼 모호하게 해석될 수 있다. 대규모 IT 조직은 이러한 조율

작업을 많이 수행할수록 속도가 느려질 수 있다(30장). 조율에 이어 두 번째로는 거버넌스가 다가올 것이다.

완벽한 조화 속에서 살기

거버넌스는 일반적으로 규칙과 지침, 표준을 통해 조직 전체에 각 요소를 조화시키고 표준화하는 행위를 설명한다. IT 영역의 조화가 잘 이뤄지면 규모의 경제를 통해 구매력을 높이고 운영 복잡성을 줄여 가동 중지 시간을 줄이며 불필요한 다양성을 제거하는 것으로 IT 보안을 강화한다.

조화를 추구하는 것은 가치 있는 목표이지만 거버넌스는 때때로 비즈니스에 해를 끼칠 수도 있다. 예를 들어 최하위 공통 분모로 수렴하면서 결과적으로 비즈니스 요구를 충족하지 못할 수 있다. 또한 수많은 기업은 대부분의 사례에 대해서 큰 비용이 드는 포괄적인 솔루션으로 표준화하고자 한다. 마지막으로, 이 경우 표준화의 대상이 잘못 지정되면 멤버들의 창의력 저하를 야기할 수 있다.

 조화는 비용과 함께 복잡성을 줄이고 가동 시간을 늘리며 사이버 보안을 강화할 수 있다. 그러나 추상화 영역에서 이를 수행하게 되면 혁신을 억제하거나 가장 낮은 단계에서의 공통 솔루션으로 이어지거나 과도하게 엔지니어링된 고가의 범용 솔루션을 제안하는 결과를 낳을 수도 있다.

표준이 최적을 달성하지 못하는 원인 중 하나로 표준을 정의하는 이들이 필요한 기술과 함께 처한 상황의 전체적인 콘텍스트를 갖고 있지 않음을 꼽을 수 있다. 설상가상으로 이러한 팀은 자신들이 설정한 표준의 효과에 대한 의미 있는 피드백이 부족한 경우가 흔하다. 모든 사람이 동일한 노트북 모델을 사용하는 등 위에서 내려다보면 모든 것이 조화로워 보일 수 있겠지만 정해진 역할 없이 게으름을 피우는 일부 멤버가 데스크톱 수준의 고사양 노트북을 찾고 있는 동안 개발자는 액세스 권한과 함께 작업을 위한 메인 메모리의 부족에 시달리고 있을지도 모른다.

 많은 대규모 IT 조직에서 최고 의사결정권자는 표준화된 도구를 사용하지 않는다. 예를 들어 특수한 솔루션을 사용할 권한을 갖고 이를 지원하기 위한 관리자가 존재하기 때문에 표준화된 협업 또는 HR 도구를 거의 사용하지 않는다(29장). 따라서 상황에 따른 맥락의 이해와 피드백 주기 둘 다 부족할 수 있다.

기존 조직 또는 인수를 통해 성장한 조직에서 거버넌스를 행사하려면 '잘못된' 시스템 구현으로부터 '표준화된' 시스템 구현으로의 마이그레이션이 포함된다. 이러한 마이그레이션은 현지 법인에는 눈에 띄는 이점 없이 비용과 위험을 함께 가져오기 때문에 예산 집행을 어렵게 할 것이다. 거버넌스의 적은 중앙 거버넌스의 범위를 벗어난 로컬 환경의 개발을 설명하는 '그림자 IT'다.

표준의 가치

표준화는 1904년에 메릴랜드 주 볼티모어에서 발생한 끔찍한 화재 중 발생한 일을 통해서 알 수 있듯이 엄청난 가치를 지니고 있다. 볼티모어 시내의 대부분이 불타오르자 주변 도시의 소방관들이 지원하려고 서둘러 도착했다. 안타깝게도 다른 도시 소방서의 소방 호스 연결 부분이 볼티모어의 소화전에 맞지 않아서 어렵게 도착한 소방관과 장비의 대부분이 제 역할을 할 수 없었다. 미합중국 소방협회National Fire Protection Association는 이 재난으로부터 교훈을 얻었고 1905년에 볼티모어 표준Baltimore Standard으로 알려진 소방 호스 연결 표준을 제정했다.

기업 거버넌스는 일반적으로 준수해야 할 표준 집합을 정의하는 것으로 시작된다. 표준 조직은 사용 중인 여러 유형의 제품에 대해 이와 같은 표준을 정의하고 관리한다. 예를 들어 그들은 소프트웨어 ABC를 표준 인터넷 브라우저로 사용하도록 하고 데이터베이스로는 공급 업체 제품인 XYZ를 사용하도록 규정할 수 있다. 그러나 현실 세계를 보면 가장 성공적인 표준은 이와는 성격이 다르다.

경제적 영향이 가장 큰 표준은 호환성 또는 인터페이스 표준(부품의 호환성을 허용하는 사양)이다. 이는 HTTP와 마찬가지인데 소방 호스와 소화전이 좋은 예가 될 수 있겠다. IT 환경에서 인터페이스 표준은 제품이 아닌 인터페이스 표준화로 변환할 수 있다. 예를 들어 인터넷 익스플로러 Internet Explorer를 브라우저로 설정하는 대신에 HTTP 또는 특정 버전 이상의 HTML로 표준화하는 것을 들 수 있다.

 지난 반세기 동안 가장 성공적인 IT 표준은 TCP/IP와 HTTP였다. 이들로 인해 전 세계적인 연결성과 함께 인터넷이 탄생할 수 있었다. 그러나 이들 둘 다 제품 표준이 아닌 인터페이스 표준이다. 또한 둘 모두 개방형 표준이다.

인터페이스 표준

인터페이스 표준은 유연성과 함께 많은 요소가 상호 연결될 수 있는 경우 모든 참여자에게 이익이 증가하는 네트워크 효과를 가져온다. 콘텐츠 및 연결에 대한 HTML과 HTTP 표준을 기반으로 하는 인터넷이 완벽한 예가 될 수 있겠다. 이러한 표준 덕분에 모든 브라우저는 사용되는 구현 기술에 관계없이 모든 웹 서버에 연결할 수 있다. 이러한 효과는 또한 선 line이 상자보다 얼마나 흥미로운지를 다시 한번 되새기게 한다(23장).

따라서 기업은 표준을 설정하는 이유를 명확히 해야 할 필요가 있다. 공급 업체 제품을 표준화하는 것은 규모의 경제를 통해 비용과 복잡성을 줄이는 반면에 호환성과 연결 표준은 유연성의 향상과 혁신의 가속화를 목표로 한다. 물론 둘 다 유용하지만 다른 유형의 표준이 필요하다.

모든 인터페이스 표준이 인터페이스처럼 보이는 것은 아니다. 예를 들어 기업 내부에서 표준화를 수행할 때 구성 요소 또는 '상자'가 연결 요소 역할을 할 수 있다. 모니터링 및 버전 제어 시스템이 좋은 예다. 이들은 구성 요소이지만 그 목적은 각각의 소프트웨어 개발 또는 운영 상태에 대한 통합된 시야를 가질 수 있도록 많은 애플리케이션을 연결하는 것에 있다. 그래서 개발자가 사용하는 통합 개발 환경IDE, Integrated Development Environment을 표준화하는 것보다 버전 제어 시스템을 표준화하는 것이 더 유리할 수 있다. 전자는 연결 요소이며 후자는 노드로 볼 수 있다. 모든 소스를 단일 저장소에 저장한다면 공유 IDE가 할 수 없는 일인 코드 소유권을 쉽게 재사용하거나 공유하는 것이 가능해진다.

 노트북이나 IDE와 같은 엔드 포인트보다 모니터링 또는 소스 제어와 같은 연결 요소를 표준화하는 것이 더 유용하다. 구글은 (거의) 모든 소스 코드를 단일 버전 제어 시스템에 저장함으로써 이를 최대한 끌어내는 데 성공했다.

매핑 표준

그러나 인터페이스에 대한 표준을 설정하는 것은 그리 간단한 일이 아니다. 예를 들어 모든 소방 호스 연결부의 크기를 동일하게 조정하는 것은 좋은 생각이 아닐 수 있다. 표준이 의미를 가지려면 표준의 범위를 지정하는 공통의 세계관과 어휘(16장)를 기반으로 해야 한다. 예를 들어 데이터베이스, 애플리케이션 서버 또는 통합에 대한 IT 표준은 고려하고자 하는 데이터베이스와 서버의 유형을 구분하지 않으면 무의미한 결과물이 될 가능성이 있다.

볼티모어 소화전 표준은 펌프 연결용과 소방 호스 연결용의 두 가지 표준을 구분하고 있다. 펌프 연결용은 소화전에서 펌프 트럭으로 물을 공급하며 직경이 크다. 호스 연결용은 개별 소방 호스에 물을 공급하며 직경이 펌프 연결용보다 작다.

예를 들어 조직에서 데이터베이스 제품을 표준화하고자 하는 경우 먼저 관계형 데이터베이스를 NoSQL 데이터베이스와 별도로 표준화할지 여부를 정의해야 하며 그렇다면 문서 데이터베이스와 그래프 데이터베이스를 구별할지 여부를 정의해야 한다(16장). 그런 다음에 제품을 확인해야 한다. 자동차 매장을 방문하기 전에 미니 밴 또는 2인승 스포츠카 중 어느 쪽을 원하는지 알아야 하는 것과 같다. 아니면 포르쉐를 방문하도록 하자. 요즘 그들은 모든 유형의 차를 만들고 있는 것으로 보인다.

스토리지의 경우 SAN과 NAS를 구별하고 백업 스토리지와 직접 연결 스토리지DAS, Direct-Attached Storage를 구별해야 할 것이다. 그리고 HDFS와 컨버지드, 이른바 '하이퍼 컨버지드hyperconverged' 스토리지(로컬 디스크에 대한 스토리지 가상화 계층)를 살펴볼 수 있을 것이다.

명령에 의한 거버넌스

경제적 가치가 명백한 경우에도 표준을 강제하는 것은 고양이 떼를 모으는 것처럼 어려울 수 있다. 예를 들어 볼티모어 표준 이후 거의 100년이 지난 1991년 오클랜드 힐스Oakland Hills 화재와 같은 대형 화재 진압에서도 아직 표준을 따르지 않는 도시들이 존재함에 따라 여전히 방해를 받고 있다.[1] 때때로 표준에서 벗어난 것들은 대부분 역사적으로 의미 있는 구조물이거나 벤더 종속성을 가하려고 의도적으로 추진한 것들이다.

---

1   Momar Seck and David Evans, 'Major U.S. Cities Using National Standard Fire Hydrants, One Century After the Great Baltimore Fire,' NISTIR 7158, National Institute of Standards and Technology.

많은 조직에서 진단을 위한 '경찰police' 역할을 하는 이들은 표준 준수 여부를 확인하고자 여러 기관을 방문하며 기업 환경에서 가장 크고 흔하게 접할 수 있는 문장을 던진다. '저는 본사에서 왔습니다. 그리고 당신을 돕기 위해 여기 있습니다.' 사이버 보안은 표준화를 추진하는 데 유용한 수단이 될 수 있다. 비표준 또는 오래된 소프트웨어 버전은 일반적으로 잘 유지관리된 환경보다 취약성 문제에 노출될 위험이 더 높다.

자체적인 솔루션 외의 표준에 따르는 사용자 또한 문제에 맞딱뜨리게 될 것이다. 그들은 주차장이 메르세데스 벤츠, 롤스로이스로 가득 차 있음에도 기업 표준에 따라 '네, 우리는 BMW를 이용합니다'라고 선언할 것이다. 또 다른 현상으로 사용자는 표준을 따르지만 잘못된 목적으로 이를 사용하는 사례를 들 수 있다. 예를 들어 그들은 표준 BMW를 4인용 회의실로 사용하고 실제로 운전하지는 않을 수 있다(그들은 운전할 때는 메르세데스 벤츠를 선호한다). 터무니없는 소리처럼 들리는가? 나는 기업 IT에서 이런 사례를 많이 봐 왔다.

인프라를 통한 거버넌스

흥미롭게도 내가 구글에서 근무한 7년 동안 아무도 거버넌스 (또는 SOA 또는 빅데이터)라는 단어를 언급하지 않았다. 구글이 환상적인 서비스 아키텍처와 세계 최고의 빅데이터 분석 기반을 보유하고 있을 뿐 아니라 강력한 거버넌스도 갖고 있다는 것을 알고 있을 것이다. 실제로 구글은 런타임 인프라와 같이 가장 중요한 부분에 매우 강력한 거버넌스를 갖고 있다. 직원들은 Emacs, vi, Notepad, IntelliJ, Eclipse 또는 그 외의 소스 코드 편집기에서 자유롭게 코드를 작성할 수 있었지만 기본적으로 각각의 OS로부터 프로덕션 인프라에 소프트웨어를 배포하고자 한 가지 방

법만이 존재했다(예전에는 한 가지 하드웨어에서 32비트, 64비트 중에서 선택하게
돼 있었다).

이는 때때로 고통스럽지만 대부분의 소프트웨어 개발자가 구글 규모의
인프라에서 소프트웨어를 실행하려면 거의 모든 것을 견뎌 낼 것이기에
이러한 엄격함이 효과가 있었다. 이는 대부분의 기업에서 사용하던 것보
다 10년은 앞선 것이었다. 거버넌스는 명령의 형태를 취할 필요가 없었
다. 시스템이 다른 어떤 환경보다 우수했기에 이를 따르지 않으면 시간
낭비를 하게 될 것임을 알았기 때문이다. 업무용 차량이 페라리이거나
시간 여행[2]을 위한 장치를 달고 있다면 직원들은 폭스바겐 딜러에게 말
을 걸지 않을 것이다. 구글의 경우 시간 여행 장치는 놀라운 'Borg' 배포
와 장비 관리 시스템이었다. 이는 구글의 연구 논문[3]에서 공개적으로 설
명하고 있다. 이를 통해서 시스템의 규모의 경제가 성공적으로 작동하게
되고 결과적으로 모든 사람이 빠른 속도를 즐기면서 페라리를 운전하는
것이 가능하게 됐다.

런타임 거버넌스

넷플릭스Netflix는 배포된 소프트웨어에 대해 악명 높은 카오스 몽키
(https://oreil.ly/Xgm7_)를 실행하는 것으로 소프트웨어가 탄력적인지 확
인함으로써 애플리케이션 설계와 아키텍처에 대한 거버넌스를 발휘한다.
이를 통해서 규격을 만족시키지 못한 소프트웨어는 자동화된 컴플라이언
스 테스터에 의해 얻어 맞게 될 것이다. 슬프게도 기업 거버넌스에 대해
자랑하는 많은 조직은 이와 같은 접근 방식을 채택할 용기가 없다.

---

2   A reference to the '80s movie Back to the Future.

3   A. Verma et al., 'Large-Scale Cluster Management at Google with Borg.

인셉션

대규모 IT 조직에서의 모티베이션motivation은 일반적으로 덜 뚜렷하게 나타나고 인프라 영역에서 이는 약간 덜 발전하는 경향을 보인다. 10여 년 전을 전후해서 영화를 본 적이 있다면 피해자의 잠재의식으로부터 영업 비밀을 훔치는 범죄자들을 묘사하는 크리스토퍼 놀란Christopher Nolan 감독의 독창적인 영화 〈인셉션Inception〉을 접했을지도 모르겠다. 제목은 이 팀이 피해자의 기억에서 비밀을 추출하려고 '읽기 전용' 모드로 작업하는 초반 줄거리에서 시작되지만 영화의 주 테마가 되는 작업은 이를 넘어서서 피해자의 정신에 생각을 주입하는 작업 '인셉션'이라고 하는 프로세스를 뜻한다. 영화에서 주인공 일행이 맡은 까다로운 작업은 피해자가 주입된 생각을 자신의 것이라고 진심으로 믿게 만드는 부분이다.

이와 같은 인셉션을 수행할 수 있다면 기업 거버넌스는 훨씬 쉽게 달성할 수 있을 것이다. 아마도 IT 부서가 동일한 소프트웨어를 사용하는 결론에 도달하게 될 것이다. 오늘날의 IT 세계에는 이를 가능하게 하는 마법의 재료가 하나 존재하는데 바로 변화다. 이는 그리 터무니없는 이야기는 아니다. 변화에 따라 시스템을 업데이트 해야 하며(여전히 로터스 노츠Lotus Notes가 어딘가에서 사용되고 있는가?) 추가적인 마이그레이션 비용 없이 새로운 표준을 설정할 기회가 생긴다. 예를 들어 소프트웨어 정의 네트워크, 빅데이터 클러스터 또는 온 프레미스on-premise 환경에서의 PaaS와 같이 사용하고자 하는 새로운 기술의 구현에 '간단히' 동의만 하면 된다. 이를 위해서 인셉션을 수행해야 한다.

기업 IT에서의 인셉션은 거버넌스 수행 조직이 나머지 영역보다 한 발 앞서 있을 때 작동하므로 광범위한 요구가 발생하기 전에 방향을 설정할 수 있다. 교육자 역할을 하면서 청중에게 새로운 아이디어를 제공하고 특정 제품이나 표준에 대한 수요와 같은 아이디어를 주입하거나 반대로 수용할 수 있을 것이다. 제조업에서 생산한 제품에 대한 수요를 창출하는 일이라는 의미에서 마케팅은 수세기 동안 지속적으로 해왔던 일이다.

변화의 시기에 '새로운' 것이 궁극적으로 '오래된'을 대체할 것이며 지속적인 인셉션을 통해 조직의 풍경은 한층 더 표준화될 것이다. 여기서 핵심 요구 사항은 부서에서 빅데이터 분석 클러스터를 요청할 때 기업 IT가 이미 명확한 지침과 참조 구현을 갖출 수 있도록 '중앙'이 각 비즈니스 부문보다 빠르게 혁신해야 한다는 것이다. 이를 위해서는 선견지명과 자금이 필요하지만 규정 미준수와 마이그레이션 비용 문제로 비즈니스 단위를 쫓아다니는 것보다 바람직한 결과를 가져올 것이다.

황제의 새 옷

전통적인 IT 거버넌스는 '황제의 새 옷'으로 비유할 수 있는 어색한 시나리오를 유발할 수 있다. 중앙의 팀은 주로 베이퍼웨어^{vaporware}라고도 불리는 파워포인트 슬라이드에 존재할 법한 제품을 개발하곤 한다. 이러한 제품이 무의미한 표준으로 지정되면 각 부문은 실제로 구현할 필요없이 단지 표준 준수에 의해 윗사람의 신임 또는 자금을 쉽게 얻을 목적으로 이를 채택할 수 있다. 결과적으로 주주를 제외한 모든 이가 행복해 보일 수 있지만 이는 거대하고 무의미한 에너지 낭비다.

필요성을 통한 거버넌스

서사하라의 난민 수용소에 관해 쓴 흥미로운 책[4]에서 나는 자동차를 소유한 이 수용소의 거의 모든 사람이 랜드로버 전지형 대응 차량 또는 1990년대 초 메르세데스 세단과 같은 구형 자동차 모델을 갖고 있다는 것을 깨달았다. 이 두 모델은 이 지역 자동차의 90% 이상을 차지하며 세단의 85%는 메르세데스 차량이었다. 이는 기업 최고경영자의 꿈처럼 보인다! 왜일까? 주민들은 거친 지형과 열을 동시에 견딜 수 있는 저렴하고 믿을 수 있는 자동차를 선택했다. 그러나 표준화는 여기에 추가로 단순한 필요성을 통해 이뤄졌다. 다른 자동차 모델을 구입하면 기존에 확보한 기술 세트와 사용 가능한 예비 부품들을 활용할 수 없게 된다. 경제적인 제약이 존재하는 환경에서 이와 같은 상황은 주 고려 사항이 될 수 있다. 기업 IT는 특히 새로운 기술에 대한 IT 기술의 가용성과 관련해 이와 동일한 힘을 갖고 있다. 따라서 기업 환경에서 관찰된 다양성은 부자 회사가 지니게 되는 문제라고 할 수 있다(38장). 이들에게 있어 기술이나 자원의 부족은 더 많은 비용으로 쉽게 해결할 수 있기 때문에 공동의 의사결정을 이끌어 내기에는 충분한 이유가 되지 않기 때문이다. 또한 난민 수용소는 이른바 미개발 지역에 설치하기greenfield installation라는 장점을 갖는다고도 할 수 있다. 비록 이 용어 선정이 사막에서 피난 중인 이들에게는 끔찍하게 부적절해 보이지만 말이다.

---

4   Manuel Herz, From Camp to City: Refugee Camps of the Western Sahara (Lars Muller, 2012).

5부

전환

대규모 IT 조직에서 최신 기술을 도입하고자 할 때는 항상 임피던스 impedance 불일치가 있음을 깨닫게 될 것이다. 연간 예산을 예측해야 할 경우 클라우드 제공 업체의 탄력적 청구 체계는 원하는 대로 작동하지 않을 수 있다. API 호출을 통해 인프라를 프로비저닝하고자 할 때 2개월에 걸친 승인 프로세스가 요구된다면 흥미가 확 떨어질 것이다. 따라서 아키텍트 여정의 다음이자 마지막 단계는 조직의 업무 방식을 바꾸는 것이다.

변화는 리스크를 수반한다

대규모 조직에 변화를 가져오는 것은 보람 있는 일이지만 큰 도전이 될 것이므로 지금까지 배운 모든 것을 활용해야 한다. 먼저 아키텍처 사고를 사용해 복잡한 조직이 작동하는 방식과 조직이 보유한 각종 수단을 이해해야 한다. 뛰어난 의사소통 기술은 지원을 얻는 데 도움을 줄 것이며 지속적인 변화를 위해서는 리더십 스킬이 필요하다. 마지막으로, 조직이 다른 방식으로 업무를 수행하는 데 필요한 기술 부문의 변화를 계획하고 구현하려면 IT 아키텍트 영역의 기술이 요구된다. 아키텍트로서 당신은 기술과 조직의 변화가 서로 어떻게 연관돼 있는지 이해할 수 있는 가장 좋은 자격을 갖추고 상호 의존성에서의 고르디우스의 매듭^{Gordian knot}을 해결할 수 있을 것이다.

영화 〈매트릭스〉를 한 번 더 인용하면(네오는 결국 어려운 환경에서도 의미 있는 변화를 가져왔다) 아키텍트와 오라클 간의 교류와 합의는 적절한 맥락을 던져 준다.

> 아키텍트: 매우 위험한 게임을 했군.
>
> 오라클: 변화는 늘 위험하지.

흥미롭게도 매트릭스에서의 아키텍트는 변화를 막고자 하는 주체로 등장한다. 대신에 네오와 당신을 같은 목적을 가진 무리로 인정하고 당신을 백업할 수 있는 오라클 같은 존재가 있는지 확인해야 한다.

모든 변화가 전환을 의미하는 것은 아니다

모든 종류의 변화를 전환^{transformation}이라고 할 수 있는 것은 아니다. 거실에 있는 가구의 레이아웃을 바꾸는 것을 통해서 변화시키거나 집을 클럽, 소매점, 또는 예배당으로 전환(또는 변환)한다. 'transform'이라는 단어는 라틴어로 '모양이나 구조를 바꾸다'라는 뜻이다. 그러므로 IT 전환을 이야기할 때 이는 점진적인 진화가 아니라 기술 환경, 조직 구조, 문화의 근본적인 조정을 의미한다. 따라서 집을 거꾸로 뒤집어 조각으로 자르고 다시 새로운 모양으로 만들어야 할 것이다.

보일러가 파열되다

기업의 전환 일정에서 일반적으로 나타나는 리스크는 고위 경영진들이 전환의 필요성을 인식하고 조직이 더 빠르고 민첩하며 고객 중심으로 움직이도록 압력을 가하는 과정에서 나타난다. 그러나 중간 관리자들은 변화할 준비를 마치지 못한 채로 기존 방식을 유지하면서 경영진이 요구하는 목표를 달성하고자 할 것이다. 이는 조직에 엄청난 부담을 줄 수 있으며 결과적으로 목표를 충족시키지 못할 것이다. 나는 이것을 고속 전기 열차에 추월당하는 증기 기관차에 비교하곤 한다. 속도를 높이려고 증기 기관차의 운전자는 보일러 압력을 높이고자 더 많은 석탄 연료를 불에 던져 넣는다. 처음에는 증기 엔진의 속도를 높일 수 있겠지만 얼마 지나지 않아 보일러는 파열될 것이다. 즉 보일러에 더 많은 압력을 가한다고 해서 전기 열차와 경쟁할 수 있는 것은 아니다. 대신에 고속 전기 열차를 따라잡을 수 있을 만한 새로운 엔진을 고안해야 할 것이다. 이것이 아키텍트가 해야 할 일이다.

왜 나야?

아키텍트인 당신은 '왜 나지? 고액을 지급하고 있는 컨설턴트가 들어와야 할 타이밍 아닌가?' 하고 생각할 것이다. 그들은 확실히 도움이 될 수 있겠지만 궁극적으로 파워포인트 슬라이드를 사용해서 조직의 외부로부터 변화를 주입할 수는 없을 것이다. 지속적인 변화는 역할 모델, 빠른 피드백 주기, 유명한 업적 등을 통해 내부에서 이뤄져야 한다. 조직에 지속적인 변화를 가져오려면 다음 사항을 이해해야 한다.

33장. 고통 없이는 변화도 없다

고통이 없다면 조직은 변하지 않을 것이다.

34장. 변화를 리드하기

업무를 수행하는 보다 나은 방법을 보여 줘야 한다.

35장. 속도의 경제

조직은 규모의 경제 대신에 먼저 속도의 경제를 생각해야 한다.

36장. 무한 루프

원의 둘레를 따라 달리는 것은 디지털 조직에 필수적으로 요구되는 부분이다.

37장. 당신은 IT를 속일 수 없다

외부가 디지털이 되려면 내부 또한 디지털이어야 한다.

38장. 돈으로 사랑을 살 수 없다

이를 변환하기 위한 SKU가 존재하지 않는다.[1]

39장. 누가 줄 서기를 좋아할까?

더 많이 일하는 대신에 더 적게 기다리도록 할 수 있다면 조직의 속도를 높일 수 있다.

40장. 4차원에서 사고하기

전환을 위해 조직은 새로운 차원에서 생각해야 한다.

---

1   SKU(Stock Keeping Unit) used for order and inventory management.

33

고통 없이는 변화도 없다

그리고 심야 TV 시청은 도움이 되지 않는다

달려, 더 더 빨리!

내 직장 동료가 회사에서 개최하는 혁신적인 프로젝트와 해커톤hackathon[1]을 알리기 위한 디지털 쇼 케이스 이벤트에 참석한 적이 있다. 하지만 다시 그의 책상으로 돌아오자 근무 시간을 기록해야 하고 3주 안에는 서버를 구할 수 없으며 노트북에 소프트웨어를 설치할 수 없는 오래된 기업 IT

---

1   팀을 이뤄 마라톤을 하듯 긴 시간 동안 시제품 단계의 결과물을 완성하는 대회. – 옮긴이

세계에 있는 자신을 발견했다. 그는 자신이 2단 변속을 가정한 IT의 일그러진 윤회의 나선에 갇힌 것은 아닌지 궁금해했지만 그건 말이 되지 않았다. 그의 프로젝트는 빠르게 움직이는 '디지털' 속도의 일부였을 터였다.

전환의 단계

나는 다른 대답을 했다. 전환은 하룻밤에 이뤄지는 게 아니라 시간이 걸리는 프로세스라는 것이다. 사람들은 전날 얼마나 많은 TED 강연을 들었는지에 관계없이 아침에 일어나서 평소와 완전히 다르게는 행동하지 않는다. (어떤 강연에서 화자는 아침에 샤워를 한 다음 수건으로 먼저 몸의 어느 부분을 닦는지를 바꾸는 것이 얼마나 어려운 일인지 설명한 적이 있다. 당시의 화자가 옳았다고 생각한다. 나는 단 한 번도 그 순서를 바꿔 본 적이 없다.)

사람이나 조직이 습관을 바꿀 때 경험하는 단계를 설명하고자 나는 누군가가 정크 푸드를 먹는 것으로부터 건강한 식습관으로 바꾸는 사례를 그렸다. 이를 위해서 과학적인 증거 없이 신속하게 10단계를 생각해 냈다.

1. 당신은 맛있는 정크 푸드를 먹고 있다.
2. 정크 푸드를 먹는 것이 나쁘다는 것을 알고 있다. 하지만 계속 먹는다. 맛있기 때문이다.
3. 심야 TV 방송의 체중 감량 프로그램을 보기 시작한다. 프로그램을 보며 맛있는 정크 푸드를 먹는다.
4. 심야 TV 프로그램에서 본 기적적인 효과를 보장한다는 운동 기구를 주문한다. 너무 쉬워 보였기 때문이다.
5. 기계를 몇 번 사용한다. 사용하다 보니 쉽지 않은 일이라는 것을 깨달았다. 더 나쁜 문제는 사용한 2주 동안 눈에 띄는 결과를 얻

지 못했다는 것이다. 좌절감으로 정크 푸드를 더 많이 먹는다.

6. 힘들고 결과가 눈에 띄게 나타나지 않아도 스스로에게 운동을 강요한다. 그래도 여전히 정크 푸드를 먹고 있다.

7. 당신은 더 건강한 음식을 먹도록 스스로에게 강요하지만 맛은 없다고 생각한다.

8. 이제 실제로 야채를 포함한 건강한 식재료와 음식이 좋아지기 시작한다.

9. 운동에 중독된다. 당신의 동기는 체중 감량에서 이제 진정으로 좋아하는 것을 하는 것으로 바뀌었다.

10. 친구들은 당신이 어떻게 했는지에 대한 조언을 구한다. 당신은 주변 사람들에게 도전 정신을 고무시키는 원천이 됐다.

이와 같이 변화는 점진적으로 발생하며 그 과정에 많은 시간과 헌신이 필요하다.

디지털 전환 단계

동료가 처한 상황과 내가 만든 프레임워크의 유형을 그려 보면서 그들이 전환 여정의 3단계와 4단계 사이에 해당한다고 결론을 내렸다. 그가 참석했던 이벤트는 심야 방송에서 기적의 해결책을 보는 것과 같은 디지털 기반의 방식이었을 것이다. 회사는 아직 젊고 빠르게 부상하는 데브옵스를 사용 중인 스타트업 중 하나에 투자하고 있거나 이미 인수했을지도 모른다. 그러나 책상으로 돌아왔을 때 그는 조직이 여전히 많은 양의 정크 푸드를 섭취하고 있다는 것을 알 수 있었다.

나는 선형적이지 않은 1에서 10까지의 변환 척도를 제안한다. 중요한 단계는 1단계에서 2단계(과소평가되지 않아야 함), 5단계에서 6단계(환멸을 극복하기), 7단계에서 8단계(자신에게 강요하는 대신에 스스로 원함)에서 발생한다. 그의 회사가 새로운 여정을 시작한 것은 인정하지만 과정에서 환멸을 경험 할 수 있음을 경고하고자 한다.

희망에 찬 생각은 엉터리 물건을 팔게 한다

더 나은 삶에 대한 기적에 가까운 주장을 접하게 됐을 때 현명한 개인과 조직은 놀라울 만큼 속기 쉽다. 사람이나 조직이 3단계에 진입하면 '엉터리 물건' 판매를 목적으로 준비된 모든 산업이 그들을 기다리고 있을 것이다. 조직에 속한 개개인에게 의존하는 비중이 크고 속도가 느린 기업 IT 부문 또한 마찬가지다. 심야 방송의 체중 감량 광고와 유사한 화려한 데모는 시간을 전혀 들이지 않고 클라우드 솔루션을 구축하는 모습을 보여 준다. 러셀 애코프Russell Ackoff는 '시스템 사고의 일생A Lifetime of Systems Thinking'에서 다음과 같이 지적한 바 있다.[2]

> 관리자는 만병 통치약을 지고 다니는 행상인에 취약하다. 그들의 기대는 가장 복잡한 문제에 대해서 조차 단순한 해결책이 있다는 믿음에 뿌리를 두고 있다.

빠른 변화를 원할 때일수록 저항하기가 어렵다. 특히 자신만의 세계지도가 없는 경우에는 더욱 그러할 것이다(16장).

디지털 네이티브digital native는 이름으로부터 알 수 있듯이 디지털 전환의

---

2   Russell Ackoff, 'A Lifetime of Systems Thinking,' The Systems Thinker (website), https://oreil.ly/DP_Ea.

상위 단계에서 태어났기 때문에 고통스러운 변경 프로세스를 통과하지 않고도 쉽게 적응하고 사용할 수 있었다. 그러나 그렇지 않은 이들은 전환 과정에서 고통을 느끼며 손쉽게 접근 가능한 탈출구를 찾는 경향이 있다. 문제는 이러한 접근 방식은 실제로 변화가 일어나기 전인 5단계를 넘을 수 없을 것이라는 점이다.

엔진 튜닝하기

하지만 엉터리 물건을 구입하는 모든 이들이 바보인 것은 아니다. 많은 조직이 가치 있는 사례를 채택하고자 하지만 이러한 사례가 특정 상황에서만 동작할 수 있다는 사실은 이해하지 못한다. 예를 들어 스크럼 마스터Scrum Master 인증을 받으려고 수백 명의 관리자를 파견한다고 해서 조직이 민첩해지는 것은 아니다. 생각하고 일하는 방식을 바꾸고 새로운 가치를 확립해야 한다. 프로젝트의 73%가 진척됐음을 보고하는 보고 전화status call와 비슷한 스탠드업standup 회의를 매일같이 소집한다고 해서 조직이 변화하는 것은 아니다. 스탠드업 회의는 그렇게 나쁜 생각이 아니며 오히려 좋은 방법이라고 할 수 있다. 하지만 일어서는 것만으로 만족해서는 안 된다.[3] 진정한 변화는 표면을 긁는 것을 넘어서 시스템을 바꾸는 것까지 나아가야 한다.

시스템 이론(10장)은 시스템의 동작 방식을 변경하려면 시스템 자체를 변경해야 한다고 설명한다. 다른 모든 방법은 희망에 가득 찬 환상에 지나지 않는다. 비유하자면 배기관을 막아서 자동차 배기 가스 문제를 개선

---

3   Jason Yip, 'It's Not Just Standing Up: Patterns for Daily Standup Meetings,' MartinFowler.com, Feb. 21, 2016, https://oreil.ly/Le5-n.

하고 싶은 것과 같다. 환경 친화적인 자동차를 원한다면 엔진을 튜닝하거나 전기 자동차로 바꾸는 것 외에는 다른 방법이 없을 것이다. 회사의 행동, 즉 일하는 방식을 바꾸고 싶으면 그 엔진, 즉 사람과 조직의 구성을 바꿔야 한다. 이것은 부담스럽게 들리겠지만 진정한 효과를 볼 수 있는 방법이다.

길을 따라 도움을 줄 것

일부 엔터프라이즈 IT 벤더는 심야 TV 방송에서 고가의 운동 기계를 판매하는 사람들과 같은 행태를 보인다. 그들의 제품은 동작에 문제가 없지만 광고만큼의 효과를 갖다주지 않으며 가격이 비싸다. 매일같이 공원을 걷는다면 돈을 들이지 않고 동일한 결과를 얻을 수 있을 것이다. 당신은 이를 알 수 있을 만큼 스마트하고 충실히 이를 실천할 수 있을 만큼 훈련돼야 한다.

많은 엔터프라이즈 IT 벤더가 고객에게 진정한 혁신을 제공하지만 동시에 가격은 저렴하게 유지한다. 엔터프라이즈 벤더의 범위는 특징으로 보자면 '오래된 학교'에서 '오래된 기업에 새로운 세계의 복사본을 판매하는 곳' 그리고 '진정한 새로운 세계'에 이르기까지 다양하게 존재한다. 특정 규모의 조직이 더 왼쪽에 위치할수록 보다 비용을 지불하게 된다. 따라서 내 목표는 가능한 한 해당 스펙트럼에서 오른쪽에 위치한 제품을 사용하려고 충분한 내부 스킬을 확보하는 것이다. 요전에 강조해서 언급한 것처럼 기업 IT는 그 어리석음에 대한 대가를 치르곤 한다. 만약 당신이 어리석다면 부자가 되는 것이 낫다. 필요한 스킬을 아직 확보하지 못한 조직은 독일어의 Lehrgeld로 잘 알려진 개념인 '수업료'를 지불해야한다. 돈을 쓰는 것이 다음 기회를 살릴 수 있는 데 도움이 된다면 이는 충분히 좋은 투자가 될 것이다. 언제나 그렇듯이 나는 이런 결정을 문서화한다(8장).

전통적인 기업(38장)을 둘러싸고 있는 컨설턴트와 엔터프라이즈 벤더들은 고객을 디지털로 완전히 전환하기 위한 자극제를 갖고 있다. 반면에 디지털 기업은 컨설턴트를 피하는 경향이 있으며 주로 자체 개발한 오픈 소스 기술을 활용하고자 한다. 이와 같은 외부 집단들은 전환 과정에서 이익을 얻도록 설계돼 있고 이들의 역할은 기업의 전환을 시작하는 데 도움이 된다. 또한 이는 전환에 투자하고자 하는 의지를 가져올 수 있다. 그러나 그들은 고객으로 하여금 더 이상 조언이나 추가적인 제품의 도입이 필요치 않은 상태로 만드는 것에는 관심이 없다. 이러한 애증의 관계는 전환을 위한 노력에서 아키텍트가 수행하는 역할에 영향을 미칠 수 있다. 외부의 도움 없이는 달성할 수 없지만 진정한 협업이라기보다는 공동 작업이라는 점을 인식해야 한다.

변화 없는 고통

전환을 위한 여정 중 가장 큰 위험은 '엉터리 물건'을 구입한 후 약속된 결과를 달성하지 못하거나 적어도 예상만큼 빠르지 않다는 사실을 깨닫는 것이다. 이 위험은 내가 제시한 모델의 4단계 또는 5단계에서 특히 높게 나타난다.

변화를 위한 피할 수 없는 고통은 쉬운 길로 향하는 미끼를 만들어 낸다. 즉 변화하지 않거나 중간에 포기하는 것은 분명한 위험이 될 수 있다. 그에 따른 고통은 아직 경험하지 않았기 때문에 변치 않는 장기적인 영향과 가치는 쉽게 뒷전으로 밀려날 수 있다. 또한 현재 상태가 분명 최적이 아님에도 이미 문제없음으로 승인했을지도 모른다. 현재 상태를 파악하고 있다는 확신은 변화에 대응하는 원동력이 되며 이는 많은 불확실성을 수반한다. 예상되는 모든 이익이 실제로 실현될지 그렇지 않을지 누가 알 수 있을까? 우리가 알고 있는 모든 것은 예상보다 더 나빠질 수 있다. 이것은 우리가 가진 편향을 야기하는 여러 결정 방법 중 하나이며 이에 따라서 잘못된 의사결정권자가 될 수 있다(6장).

IT 조직 중에서도 특히 운영 팀은 변화를 위험과 동일시하는 경향이 있다(26장). 당시 변화가 필요했다는 통찰은 때때로 변경되지 않은 비용이 고통스러울 만큼 명확해짐과 함께 많은 시간이 지나서야 얻게 된다. 슬프게도 그 당시 사용 가능했을 선택지의 리스트는 극히 짧거나 아예 비어 있는 경우가 많다. 이는 개인('어렸을 때 더 건강한 삶을 시작했으면 좋았을 텐데')과 조직('업무가 중단되기 전에 IT를 정비했더라면 좋았을 텐데')에도 해당된다. 사람들이 자신의 삶을 뒤돌아볼 때 그들은 자신이 한 것에 대한 후회가 아닌 무언가를 하지 않았음을 후회할 가능성이 더 높다. 논리적으로 결론을 내리면 의외로 간단하다. 더 여러 가지를 실천하고 잘 되고 있는 일을 계속하자.

고비 극복하기

선형 이벤트 체인은 한 가지 까다로운 속성을 갖는다. 모든 단계를 통과할 확률은 각 단계와 다음 단계 사이에서 각각의 전이 확률의 곱으로 계산된다. 심야 방송을 보고 주문한 기구가 광고대로 작동하지 않더라도 당신이 확고한 신념을 가진 사람이며 어떤 단계에서 다음 단계로 이동할 확률이 70%라고 가정해 보자. 1단계에서 10단계까지 이동하는 데 거쳐야 하는 9단계에 걸쳐 확률을 계산해 보면 목표에 도달할 확률이 4%(25분의 1)이 됨을 알 수 있다. 더 현실적으로 다가오는 방법으로 각 단계에서 50 대 50의 성공 확률로 기회를 갖는다고 가정하면(거의 사용되지 않는 운동 기구를 이베이eBay에서 찾아보자) 확률은 512분의 1에 머물게 됨을 알 수 있다. 노래 〈모든 역경을 딛고Against All Odds〉가 필 콜린스Phil Collins의 최고의 노래는 아닐지 모르지만 이를 떠올릴 법하다.

변화의 가장 큰 적은 안주하는 것이다. 상황이 그렇게까지 나쁘지 않다면 변화에 대한 동기 또한 낮아질 수 있다. 이를 고려해서 조직은 실제로 위기가 발생하기 전에 두려움을 창조하거나(속임수) 위기를 조장함으로써 변하지 않았을 고통을 인위적으로 높일 수 있다. 이러한 전략은 효과가 있지만 한편으로 위험하다. 사람들은 반복되는 '소방 훈련'을 무시하기 시작할 것이며 따라서 반복해서 효과를 보기 어렵다. 그럼에도 위기를 창조해 내는 것은 진정한 위기가 닥쳤을 때 이를 견딜 수 있게 돕는다. 많은 조직은 '죽음에 가까운' 경험을 한 다음에서야 변화하기 시작한다. 문제는 이 경험이 때때로 실제로 사망을 초래한다는 것이다.

34

변화를 리드하기

절망의 바다에 떠 있는 온전한 섬

섬에서 투표하지 말 것!

소규모 팀에서 새로운 방식으로 긍정적인 결과를 얻었음을 입증한다면 자기만족 상태와 불확실성에 대한 두려움을 극복하는 데 도움이 될 수 있어 변화를 시작하는 좋은 방법이 될 수 있다. 하지만 이러한 팀의 이른바 '선구자'는 두 배로 힘든 일을 하고 있음을 잊지 말아야 한다. 변화의 고통을 극복해야 하며 전환 여정의 1단계 수준의 환경에서 목표를 달성하고자 헌신하고 있을 것이다. 이것은 테이블에 둘러앉은 모든 이가 맛있는 케이크를 먹고 있으며 방문한 레스토랑 메뉴에는 건강식이 전혀 보이지 않을 때 건강한 식습관을 이루고자 하는 것과 비슷하다.

이를 성공하려면 확고한 믿음과 인내가 필요하다. 케이크 파티에서 건강한 식생활을 시도하는 것을 기업 IT로 가져오면 새 서버를 구하는 데 4주가 걸리고 기업 보안 표준 문제로 최신의 개발 도구와 하드웨어가 허용되지 않을 때 애자일 도입을 시도하는 것과 비슷하다. 변화에 영향을 끼치려면 기꺼이 상류로 헤엄칠 준비가 돼 있어야 한다.

경주용 차를 추월하는 트랙터

새로운 접근 방식을 통해 변화를 리드하고자 할 때 나타날 수 있는 한 가지 위험으로 기존의 느린 접근 방식이 때때로 현재 환경에 더 적합할 수 있음을 들 수 있다. 이것은 시스템의 변화에 저항하는 한 형태이며(10장) 기존의 방식의 고수로 의해 새로운 소프트웨어/하드웨어/개발 접근 방식을 강타당할 수 있다. 나는 이러한 현상을 본격적인 경주용 차를 만드는 것에 비유하곤 한다. 기업 환경에서 이들은 규정에 의해서 3톤의 수하물을 적재해야 함을 알았다. 덧붙여서, 잘 포장된 경기장 대신 깊은 진흙의 바다에 빠져 있다. 회사의 낡은 트랙터가 천천히 그러나 꾸준하게 당신의 화려한 포뮬러1 경주용 차 옆을 추월해 간다는 것을 알게 될 것이다. 트랙터는 뒷바퀴를 굴리면서 바쁘게 진흙을 밀어내고 있다. 이러한 시나리오상에서 더 나은 일하는 방법을 고안해 냈다고는 주장하기 어려울 것이다.

따라서 새로운 기술 도입과 함께 프로세스와 문화도 변경하는 것이 중요하다. 트랙터 견인 대회tractor pulling contest에 등장한 경주용 차는 웃음거리밖에 되지 않을 것이다. 또한 경주용 차를 시운전하기 전에 자동차 경주에 적절한 도로를 만들어야 한다. 또한 장애 발생 시에 필요한 경영진의 지원을 확보하려면 커뮤니케이션 기술(3부)을 사용해야 한다.

코스 설정하기

사람들에게 변화의 동기를 부여하고자 디지털 당근을 매달아 놓거나 지평선 너머로 보이는 행복한 디지털 라이프의 그림을 그리는 등 변화를 통해 얻을 수 있는 좋은 점을 어필하거나 디지털 막대기를 휘두르는 행위로 혼란을 통해서 파멸이 임박했음을 경고할 수 있다. 결과적으로는 두 가지 접근 방식이 모두 필요하지만 일반적으로 당근이 더 고상한 접근 방식이라고 할 수 있다. 당근이 작동하려면 먼저 미래를 명확하게 이미지할 수 있는 그림을 그리고 회사 전략에 따라 가시적이며 측정 가능한 목표를 설정해야 한다. 예를 들어 기업 전략이 시장에 출시하기까지의 기간을 단축하려고 속도를 높이는 데 중점을 두는 경우 명확하고 가시적인 목표는 매년 해당 부문의 소프트웨어 제품의 릴리스 주기를 절반(또는 그 이상)으로 줄이는 것이 될 수 있겠다. 목표가 탄력성인 경우 중단에 대한 평균 복구 시간(12장)을 단축하는 목표를 설정할 수 있다. 또한 설정한 일부 목표는 자동화를 통해 실현할 수도 있다.

 디지털 기업의 경우 구성 요소를 무작위로 비활성화시키는 카오스 몽키(32장)를 배포하고 대응 가능하도록 개선하는 단계를 통해 복원력을 향상시키는 목표를 실현하기도 한다.

목표 설정은 조직이 의도한 변경을 완료하지 않고 목표를 달성하는 경우가 존재하기 때문에 까다로운 일이 될 수 있다. 예를 들어 중단 횟수의 감소를 목표로 설정하면 몇 가지 중요한 문제가 나타날 수 있다.

첫째, 중단을 숨기도록 장려하거나 둘째, 팀이 더 많은 시간을 사전 테스트에 투자하도록 해 조직의 속도를 늦출 수 있다. 마지막으로, 비즈니스에 부정적인 영향을 미치는 중단 횟수가 아니라 관찰된 총 중단 시간에 집중하게 될 수 있다.

본토 탐험하기

하지만 멀리서 그들을 기다리고 있을 마법의 땅에 대한 이야기를 하고 있기에 모든 이가 금방 당신의 여정에 합류할 것이라고 기대하기는 어렵다. 당신은 자신이 가진 비전과 카리스마를 따라 여정에 참여하고 싶어하는 탐험가를 찾고자 할 것이다. 어떤 이들은 당신의 약속을 믿지는 않지만 그냥 앉아 있기보다는 아직 밝혀지지 않은 바다를 항해하는 것이 더 매력적이라고 생각한다. 이 사람들은 당신의 얼리 어답터early adopter이자 당신의 여정 그리고 임무를 위한 강력한 아군이 될 수 있다. 먼저 그들을 찾아내서 커뮤니티에 연결하고 함께 데려가자.

다른 이들은 당신의 배가 실제로 바다 위에 떠 있는지 확인하려고 할 것이다. 그들에게 친절하게 대하고 준비가 되면 여행에 참가할 그들을 데리러 가자. 이들은 초기 장애물이나 두려움을 극복하는 과정을 함께하면서 더 헌신적으로 활약할 수 있다. 그러나 배에 타지 않은 많은 이는 당신이 금을 가득 실은 배와 함께 돌아오는 것을 보고 싶어할 것이다. 그것 또한 괜찮다. 어떤 이들은 눈으로 확인해야만 믿음을 갖는다. 따라서 당신은 인내심을 갖고 변화의 여정을 함께할 이들을 모집해야 한다.

배를 불태우기

사람들이 전환 여정에 동참한 후에도 원점으로 돌아갈 가능성은 여전히 높다. 과정에서 폭풍이나 해적, 상어, 모래톱, 빙산 같은 불리한 조건에 직면하게 될 것이다. 디지털 전환의 선장은 숙련된 선원일 뿐만 아니라 강력한 리더가 돼야 한다. 어려운 접근 방식으로 들 수 있는 것이 '배를 불에 태우기'인데, 이는 새로운 해안에 도착하면 선장이 배에 불을 질러

선원으로 하여금 집으로 돌아가는 선택지를 없앤다는 이야기에서 유래한 것이다. 이 접근 방식이 실제로 성공 확률을 높이는지는 확실치 않다. 당신은 의심이 들지만 돌아올 배가 없는 팀이 아니라 헌신적이며 성공할 것을 믿는 팀을 원할 것이다.

오프쇼어 플랫폼

일부 기업은 세계가 가진 오래된 제약을 극복하고자 본토에서 멀리 떨어진 곳에서 변화 프로그램을 추진 중이다. 성공적인 이른바 '디지털' 기업을 관찰한 내용을 모방해 팀에 개방형 좌석을 배치하고 사내 바리스타가 있는 세련된 건물로 이사를 했다. 또한 각종 오픈 소스 스티커로 가득찬 맥북을 사용하고 반바지와 후드티를 입는다.

'이노베이션 센터', '디지털 허브' 또는 '디지털 팩토리'와 같은 멋진 레이블을 붙이고 본토에서 멀리 떨어진 일종의 해양 시추 플랫폼과 비슷한 이러한 환경은 매우 흥미로울 수 있지만 반면에 몇 가지 중요한 문제가 존재한다.

1. 이 새로운 섬에는 본토로 돌아가기 위한 다리가 없는 경우가 많다. 즉 대부분 격리돼 운영된다. 따라서 그들은 본 섬의 전환을 위한 수단으로 동작하지 않는다. 이러한 상황 설정에 대한 조금은 냉소적인 조언을 하자면 '이상적인 환경의 스마트한 사람들이 가치 있는 것을 만들 수 있음을 보여 주자 한다면 페이스북 Facebook 주식을 구입하는 것이 나을 것'이라고 하고 싶다.
2. 이러한 섬은 모선 mothership에 의해서 충분한 자금을 지원받기 때문에 경제적 압박에 쫓기지 않는 경우가 많다. 따라서 그들은 결

과적으로 구체적인 비즈니스 가치를 제공하지 않는 '디지털 신탁 기금'의 놀이터가 되기 쉽다. 이러한 설정은 보도 자료나 기업 견학 목적으로는 유용할 수 있지만 신속한 가치 전달 주기 rapid-value delivery cycle에는 적합하지 않다.

3. 마지막으로 디지털 리더 기업의 작업 환경을 따라 한다고 해서 '디지털'화되는 것은 아니다. 적하 신앙cargo cult[1]으로 알려진 이 오류는 외관 뒤 편에 존재하는 메커니즘을 무시한다. 바리스타가 출시 주기를 마술처럼 가속시켜 주지는 않는다. 문화는 복사—붙여 넣기가 불가능하다.

따라서 다른 바다의 새로운 섬에 환경을 갖추는 것만으로는 조직의 변화에 도움이 되지 않는다. 제약을 충분히 줄이면서도 본토와 연관관계를 갖는 것 사이에서 균형을 유지해야 한다. 적절한 균형을 찾는 방법은 무엇인가? 내가 찾아낸 가장 좋은 방법은 끊임없이 반복하는 상태를 유지하는 것이다(36장).

온전한 섬

그럼에도 최소한 조직의 일부를 위해 더 나은 작업 환경을 만들고자 하는 유혹이 강할 수 있다. 나는 2000년경에 '절망의 바다에 온전한 섬'을 건설한다고 언급한 이 접근 방식을 따랐다. 당시 인터넷 버블이 터지기 직전에 기존 방식을 따르던 컨설팅 회사들은 WebVan이나 Pets.com 같은 신생 인터넷 기업과 인재를 두고 경쟁하고 있었다. 따라서 나는 후

---

[1]   Wikipedia, 'Cargo Cult,' https://oreil.ly/GpesJ.

보자들에게 매력적인 환경을 만드는 데 도움을 줬고 그 결과로 뛰어난 기술 팀을 성공적으로 모집할 수 있었다.

하지만 조만간 거주자들에게 그 섬은 너무 작게 느껴질 것이며 커리어 선택지에 제약을 느끼게 될 것이다. 결과적으로 본토가 전혀 변하지 않았기 때문에 섬이 본토에서 멀리 떨어져 있다면 재통합이 어려워 이들이 회사를 완전히 떠날 위험이 커진다. 이것이 2001년 내에 팀 멤버 대부분에게 일어난 일이다. 또한, 사람들은 다른 기업이 광활한 본토에서 동일한 기업 라이프 스타일을 제공할 때 우리는 어째서 작은 외딴 섬에서 살아야 하는 것인지 의문을 갖게 될 것이다. 그게 훨씬 쉬워 보이지 않을까? 한번은 동료가 매우 날카롭게 의견을 전했다. '그냥 여기서 그만두고 그들을 죽게 내버려두는 게 어때?' 전환은 힘든 일이지만 이를 위해서 스스로 열심히 노력할 때도 다른 문제가 없는지 생각해 봐야 한다.

동작 중인 비밀 실험실

한편 분리돼 일하는 사람들은 의미 있는 혁신을 이루고 모선까지 전환하는 결과를 가져올 수 있다. 가장 잘 알려진 예는 아마도 IBM 뉴욕 본사로부터 멀리 떨어진 플로리다 주의 보카 레이턴^{Boca Raton}에서 개발된 IBM PC일 것이다. 당시의 이 사례에서 담당자들은 외부 벤더의 부품을 사용하고 개방형 시스템을 구축하며 소매점을 통해 판매를 시작하는 등 기존의 수많은 기업 내 규정을 우회할 수 있었다. 당시 PC가 만들어지지 않았다면 IBM(그리고 나머지 컴퓨터 산업)이 어디로 가고 있을지 상상하기 어렵다.

IBM은 내부자들이 '빈 상자를 배송하는 데 최소 9개월이 걸릴 것'이라고 주장했듯이 빠르게 이동하는 데 익숙한 회사는 아니다. 그러나 당시 IBM PC의 프로토타입은 한 달 만에 조립됐고 불과 1년 만에 출시됐기 때문에 개발뿐만 아니라 제조 또한 유기적으로 설정돼야 했다. 이 사례에서 팀의 성공에 기여한 몇 가지 요인은 다음과 같다.

- 이 작은 실험실은 시장에서 실제로 지속 가능한 제품을 출시하는 임무를 맡았다. 즉 놀이터가 아니었음을 알 수 있다.
- 이 팀은 많은 프로세스를 간소화했지만 모든 기업 지침을 우회하지는 않았다. 예를 들어 해당 제품은 표준 IBM 품질 보증 테스트를 통과해 본토에서 승인을 받았다. 팀은 장난감이 아니라 성공적인 상용 제품을 제공했다.
- 마지막으로, 본토로 돌아온 팀들은 이 프로젝트를 위협으로 보지 않았을 것이다. 그들은 단순히 IBM이 $15,000 미만의 비용으로 컴퓨터를 만드는 것이 불가능하다고 확신했으며 이것이 잘못된 것으로 입증돼 기뻐했을 것이다.

이러한 요인으로 인해 IBM PC는 기존의 경영진이 주도하는 가정에 의문을 제기한 야심 찬 프로젝트 팀의 긍정적인 예가 될 수 있었다. 대규모 혁신이 작동할 수 있는 최근의 예로는 본토를 떠나지 않고 오히려 '마이크로소프트의 영혼을 재발견'하고 혁신을 주도한 CEO 사티아 나델라 Satya Nadella의 마이크로소프트를 들 수 있다.[2]

---

2   Satya Nadella, Hit Refresh: The Quest to Rediscover Microsoft's Soul and Imagine a Better Future for Everyone (New York: HarperBusiness, 2017).

섬을 떠나고자 한다면 발이 젖게 될 것이다

또한 대부분의 시스템(10장)이 로컬 최적화를 전제로 동작한다는 점에 주의해야 한다. 로컬 최적화는 디지털 조직이 작업하는 민첩하고 보다 빠른 방식으로부터 멀리 떨어져 있을 수 있지만 시스템을 약간만 변경해서 최종적으로 사용하는 '주변surrounding' 운영 모드보다는 낫다.

예를 들어 어떤 조직은 6개월에 한 번 코드를 프로덕션 환경에 적용할 수 있는데 이는 디지털 세계에서 사례로 다루는 농담이다. 그러나 이 흐름을 실행 가능하게 하기 위한 프로세스를 수립하는 데 성공했다. 여기서 출시 주기를 3개월로 변경하면 많은 이들의 삶이 질이 나빠지고 제품의 품질과 회사의 명성에까지 영향을 끼칠 수 있다. 따라서 먼저 자동화된 빌드 및 배포 도구를 도입해 보다 빠른 릴리스 기반을 구축해야 한다. 안타깝게도 이 경우에도 운영 담당자는 이미 프로덕션 환경의 지원으로 매우 바쁜 상태에 있으며 이제는 교육에 참석해서 새로운 도구를 배워야 하기 때문에 이들의 삶의 질은 더 나빠질 수 있다. 그들은 또한 배우고 적용하는 과정에서 많은 실수를 경험할 수 있다.

당신이 보기에 다른 지역에 존재하는 커다란 금광과 함께하는 산을 알고 있음에도 조직은 초라한 두더지 언덕에 살고 있을지도 모른다. 그러나 두더지 언덕과 큰 산 사이에는 진흙투성이의 늪이 존재한다. 따라서 산으로 바로 뛰어들 수 없기에 먼저 사람들을 두더지 언덕에서 나오게 한 뒤 발이 젖고 진흙탕이 된 후에도 계속 움직이도록 설득해야 한다. 그렇기 때문에 새로운 최적 상태에 도달하기 전에 먼저 명확한 비전을 전달하고 앞으로의 힘든 시기에 대비해야 한다.

눈먼 자들의 나라

오랜 시간 이런 식으로 일을 해온 크고 성공적인 기업의 변화와 혁신에 대한 저항을 과소평가해서는 안 된다. 허버트 조지 웰스(H. G. Wells)의 단편 소설『눈먼 자들의 나라The Country of the Blind』(현대문학, 2014)가 떠오른다. 이 책에서는 탐험가가 가파른 경사로 밑으로 떨어져 세계와 완전히 분리된 골짜기에서 한 마을을 발견한다. 탐험가는 처음 접한 유전병으로 인해서 마을 주민들은 모두 시각장애인이 된 상태였다. 특이함을 느낀 탐험가는 이 마을에서는 '한쪽 눈을 가진 사람이 왕'이기 때문에 자신이 그들을 가르치고 지배할 수 있음을 깨닫는다. 그러나 그의 시각적인 능력은 시각장애인을 위해 설계된 창문이나 조명이 존재하지 않는 장소에서는 거의 도움이 되지 않는다. 자신의 선물을 활용하기 위해 고군분투한 탐험가는 마을 의사에게 눈을 없애 달라고 하는 것으로 이상한 집착을 치료하고자 한다.

묘하게도 이 이야기는 두 가지 버전이 존재하는 데 각각 다른 엔딩이 존재한다. 원래 버전에서 탐험가는 고군분투하며 경사로를 복원해 마을을 탈출한다. 개정된 이야기에서 그는 암석 사태가 마을을 파괴할 것이며 그는 그의 시각장애인 여자 친구와 함께 탈출할 수 있는 마을에서 유일한 사람이라는 것을 알게 된다. 두 경우 모두 마을 사람들에게는 행복한 결말이라고 할 수 없다. '눈먼 자의 땅에서는 외눈이 왕이다' 함정에 빠지지 않도록 주의하기 바란다. 복잡한 조직 시스템은 시간이 지남에 따라 특정한 패턴으로 정착하게 되고 변화에 적극적으로 저항한다. 따라서 그들의 행동을 바꾸고 싶다면 먼저 시스템을 바꿔야 한다.

35

속도의 경제

효율에 의한 죽음은 느리고 고통스럽다

규모의 경제 대 속도의 경제

속도를 높이고자 하는 거대 조직은 작업 방식을 최적화하는 데 익숙하다. 생산 효율을 몇 퍼센트 더 높이고 공급 벤더로부터의 제공받는 할인 폭을 늘리고 흑백으로 인쇄하는 것으로 예산을 아낄 수 있다. 하지만 안타깝게도 디지털 기업에 속한 경쟁 업체의 경우 10%가 아니라 10배 더 빠르게 움직이기 때문에 기존의 IT 부서는 이것이 가능하다는 사실에 의아해한다.

30,000배 더 빠르게

10배의 속도 향상조차 상당히 보수적인 수치일 수 있음을 보여 주는 간단한 예로 버전 제어 시스템의 사용을 들 수 있다.

소스 코드의 버전 제어 표준을 정의하고자 하는 대규모 IT 조직은 회사가 깃^{Git}을 사용해야 한다는 결론을 내리기까지 6개월 간 소통과 조율에 시간을 투자했다(25장). 그러나 서브버전^{subversion}으로부터의 프로젝트 마이그레이션이 너무 어려움을 호소하는 것으로 결과적으로는 두 제품 모두 사용하는 안을 내놓았다. 글로벌 아키텍처 운영위원회 회의를 개최하기 위한 준비에는 한 달이 더 걸렸으며 따라서 총 소요 시간은 7개월, 약 210 일로 늘어났다.

 전통적인 조직에서 준비와 승인까지 수개월이 소요되는 일부 작업은 디지털 기업에서는 몇 분 안에 완료할 수 있다.

현대적인 IT 조직 또는 스타트업이라면 제품을 결정하는 데 몇 분인가를 소비하고 계정을 설정하고 개인 저장소를 만들어 약 10분 만에 첫 번째 커밋을 수행할 수 있을 것이다. 두 가지 예로 알 수 있는 속도 향상 효과는 210일 × (24시간/일) × (60분/시간) / 10분 ≈ 30,000이 됨을 알 수 있다!

이러한 숫자만 봐서는 두려움이 느껴지지 않는다면 어떤 조직은 (빗버킷^{Bit Bucket}, 깃허브^{GitHub} 또는 깃랩^{GitLab} 같은 제품을 선택 또는 구현하지 않고) 논문을 게시했으며 내용에 레거시 시스템을 기꺼이 끌어들이고 있음을 기억하자. 이 결정은 남성이 검은색 신발을 신도록 규정하는 것만큼 의미가 있지만 역사적인 이유로 갈색 또한 허용되는 정도와 비슷하다. 한편 다른 조직은 이미 라이브 리포지토리에 코드를 커밋하고 있다.

물론 대규모 조직에는 기존의 소스 리포지토리와 10분 내에 공유 서비스를 설정하기 어렵게 만드는 기타 수많은 요소에 대해서 조정 작업을 해야 할 담당자 또한 많을 것이다. 그러나 여기에 벤더 선정, 라이선스 협상, 내부 조정, 서류 작업, 실행 중인 서비스의 설정을 포함하도록 타임라인을 늘려가다 보면 작업 규모는 점점 커져 갈 것이다. 이러한 조직을 두려워해야 할까? 그렇다!

오래된 규모의 경제

현대적인 조직은 어떻게 전통적인 조직보다 훨씬 빠르게 행동할 수 있을까? 전통적인 조직은 규모의 경제를 추구한다. 즉 규모의 이점을 모색하는 것이 일반적이다. 도시를 보면 알 수 있듯이 규모는 실제로 큰 이점이 될 수 있다. 밀도와 규모는 짧은 교통과 통신 경로, 다양한 노동력의 공급, 더 나은 교육과 더 많은 문화적 경험을 제공한다. 도시는 사회 경제적 요인이 초선형superlinear(규모가 두 배인 도시는 사회 경제적 이점 또한 두 배 이상 제공된다) 방식으로 확장되고 인프라 비용의 증가는 아선형sublinear(두 배 크기의 도시에 두 배의 도로가 필요하지 않다)의 특징 또한 나타나므로 성장으로 이어진다. 그러나 밀도와 규모는 또한 오염과 전염병의 위험, 혼잡 문제를 가져와 궁극적으로는 도시의 크기를 제한하는 요인이 된다. 그럼에도 도시는 점점 더 커지고 있으며 기업 조직보다 더 오래 살아남고 있다. 그중 한 가지 이유로 대규모 조직을 유지하는 데 필요하다고 여겨지는 프로세스와 제어 구조로 인해 발생하는 오버헤드로 조직이 심각한 고통을 받고 있다는 사실을 들 수 있다. 산타페 연구소Santa Fe Institute의 제프리 웨스트Geoffrey West 전 회장은 '왜 도시는 계속 성장하고 기업과 사람은 죽고 삶은 더 빨라지는가?'라는 흥미로운 비디오에서 이러한 역동성에 대

해서 설명한 바 있다.[1]

기업에서 규모의 경제는 일반적으로 효율성에 대한 욕구에 의해 좌우된다. 기계나 사람과 같은 자원은 가능한 한 효율적으로 사용돼야 하며 유휴 시간의 발생 및 재조정으로 인한 다운타임을 방지해야 한다. 이러한 효율성은 종종 큰 처리 사이즈를 활용하는 것으로 달성된다. 하나의 제품을 실행할 때 10,000개의 동일한 기능을 하는 위젯을 만드는 비용은 각각 1,000개의 서로 다른 처리를 10개 만드는 것보다 저렴하다. 크면 클수록 더 큰 처리 단위를 만들 수 있으며 더 많은 양의 일괄 처리가 가능하다. 이러한 시야는 예를 들어 중간 단계의 제품을 개발하고 저장하는 비용을 무시하게 될 수 있으므로 지나치게 단순하다고 할 수 있다. 더 나쁜 것은 대량으로 실행 중에 있기 때문에 사이에 들어오는 긴급한 고객의 요청을 처리할 수 없고 따라서 수익 손실을 고려하지 않는 경향을 띤다. 이러한 조직은 고객의 효율성보다는 리소스 효율성을 중요하게 생각한다.

제조업은 약 반세기 전에 이를 깨달았고 그 결과 대부분의 제품이 소규모 작업 단위로 만들어지거나 고도로 맞춤화된 제품 분류의 일괄 처리로 만들어지고 있다. 오늘날의 자동차에 대해 생각해 보자. 주문할 수 있는 옵션의 수가 너무 많아 전통적인 '처리 단위' 사고방식이 완전히 무너진다. 자동차는 본질적으로 하나의 처리 단위로 이뤄진다. 린과 JIT[Just-in-Time] 생산 방식을 떠올려 보면 IT 업계가 여전히 속도 대신 효율성을 쫓고 있다는 사실은 특히 놀라운 부분이다.

---

1   Geoffrey West, 'Why Cities Keep Growing, Corporations and People Always Die, and Life Gets Faster,' Edge, May 23, 2011, https://oreil.ly/UAh5C.

한 소프트웨어 공급 업체는 '라이선스를 더 많이 구입하면 당연히 단위당 라이선스 비용은 낮아진다'라고 말했다. 내게 있어 테이블 건너편에 앉아 있는 영업 사원을 제외하고는 소프트웨어 단위당 배포 비용에 영향을 끼칠 것이 없기 때문에 이는 이해하기 힘들다. 소프트웨어 벤더가 기계할 작업을 수행하도록 사람을 보내지 않는 한, 10,000명의 고객이 하나의 라이선스를 다운로드하는지 1명의 고객이 10,000개의 라이선스를 구입하는지 여부에 상관없이 가격은 동일해야 할 것이다 (13장). 클라우드 컴퓨팅은 마침내 이러한 오래된 모델을 깨뜨렸다.

엔터프라이즈 소프트웨어 판매와 엔터프라이즈 조달 영역, 양쪽 모두 변화를 앞두고 있는 것으로 보인다. 그들이 스스로를 변호하고 방어하더라도 당신은 그들의 행동이 여전히 오래된 사고방식에 갇혀 있는 기업 고객에 의해 결정된다는 것을 인식해야 한다. 더 나은 거래를 위해 사고의 폭을 넓혀야 한다!

디지털 세계에서 조직의 규모를 제한하는 요소는 반대로 변화를 위한 능력이 될 수 있다. 정적인 환경에서는 규모의 경제 덕분에 큰 이점을 얻을 수 있었지만 동적인 환경에서는 급변하는 속도의 경제가 승리의 원인이 될 수 있으며 따라서 스타트업이나 디지털 네이티브 기업이 훨씬 큰 기업을 붕괴시킬 수 있게 된다. 또는 잭 웰치^{Jack Welch}의 언급으로 잘 알려져 있듯이 '조직 외부의 변화가 조직 내부의 변화 속도보다 빠르다는 것은 끝이 가까워졌음을 의미한다.'

흐름을 보라

효율성의 추구는 활용도를 최적화하기 위한 개별 생산 단계에 중점을 둔다. 여기서 제품이 만들어지기까지의 흐름, 즉 제품을 만들기 위한 일련의 생산 단계에 대한 인식의 누락이 발생한다. 조직으로 생각해 보면 각각의 작업 최적화로 인해 모든 부서에서는 작업을 시작하기 전에 먼저 긴 서식을 채워야 한다. 일부 조직에서는 늦어도 10일 전에 방화벽 변경을 요청해야 한다고 들었다. 그리고 고객은 요청 양식에서 누락된 것이 있음을 듣고 줄의 마지막으로 다시 돌아가게 되는 일이 빈번하게 일어난다. 결국 고객이 양식을 작성하도록 돕는 것은 효율성이 떨어진다는 것을 알 수 있다. 정부 기관을 떠올려 보면 그러한 프로세스가 최대한의 속도와 민첩성을 위해 설계되지 않았다는 힌트를 얻을 수 있을 것이다.

이러한 설정에 대해서 필연적으로 따르게 되는 좌절을 딛고 처리의 효율성을 위해 흐름 효율성을 절충해야 한다. 작업 환경은 훌륭하지만 고객(또는 제품이나 위젯)은 창구들 사이를 이동하고 양식을 작성하며 번호를 뽑아서 기다린다(39장). 그리고 그들이 잘못된 줄에 서 있거나 그들의 요구를 처리할 수 없음을 깨닫기 위해서는 조금 더 기다린다. 이는 고객의 혈압을 제외하고는 무엇 하나 측정되지 않는 이른바 죽은 시간이다. 생각해 보면 대부분의 장소에서 흐름을 이용하고 통과하는 사람들이 이러한 과정을 선택하지 않고 강제로 요구받는다는 점을 감안할 때 이들은 진정한 의미의 고객이 아닐지도 모른다. 그렇기 때문에 정부 기관에서 이러한 설정을 경험할 필요가 있다. 최소한 납세자의 재산을 보존하려는 노력이 잘못된 효율성을 유도한 것이라고 생각할 수 있다. 강력한 거버넌스를 발휘하는 IT 부서에서도 이러한 현상을 쉽게 목격할 수 있다(32장).

지연 비용

혁신과 제품 개발 프로세스의 경우 이러한 유형의 효율화는 독으로 작용할 수 있다. 디지털 기업은 리소스 활용에 관심을 갖고 있지만(구글에서 데이터 센터 활용은 CEO 수준의 주제였다) 대부분의 경우 실제 동인은 속도, 즉 적기 출시time to market다.

전통적인 조직은 종종 속도의 가치를 오해하거나 과소 평가하는 경향이 있다. 비즈니스-IT 공동 워크숍에서 어떤 비즈니스 오너는 자사의 제품이 상당한 수익 창출 기회를 제공한다고 설명했다. 동시에 프로덕트 오너는 개발하는 데 상당한 노력이 요구되고 다른 국가에서 출시될 경우에 가치를 발휘할 수 있는 기능을 요청했다. 이 기능의 개발을 연기한다면 초기 출시 속도가 빨라져 수익 창출을 위한 기회를 더 빨리 얻을 수 있다.

흐름 기반의 사고에서는 이 개념을 지연 비용이라고 부르며(The Principles of Product Development Flow[2] 참조) 이는 개발 비용에 반영돼야 한다. 유망한 제품을 나중에 출시한다는 것은 지연 시간 동안 수익을 얻을 기회를 잃는다는 것을 의미한다. 매출 상승이 큰 제품의 경우 지연 비용이 개발 비용보다 높을 수 있지만 때때로 이는 무시되는 경향이 있다. 지연 비용을 피하는 것 외에도 기능 추가를 연기하고 더 빨리 제품을 제공하면 초기 단계에서의 학습을 통해 요구 사항을 조정할 수 있다. 또한 경우에 따라서는 초기 출시는 완전한 실패로 돌아갈 가능성이 있으며 이로 인해 두 번째 국가에서 제품을 출시하지 않을 수 있다. 이 경우 해당 기능의 개발을 늦춤에 따라 거의 사용되지 않을 무언가를 만드는 데 시간을 허비하지 않았을지도 모른다. 더 많은 정보를 수집하면 더 나은 결정을 내릴 수 있다(6장).

속도의 경제를 포용한 비하이테크 기업의 좋은 예로 인디텍스[Inditex] 패션 제국의 일부인 패션 브랜드 자라[Zara]를 들 수 있다. 효율성의 추구로 인해 수많은 패션업계의 소매 업체들은 생산을 아시아의 저비용 공급 업체에 아웃소싱으로 맡기는 한편, 자라는 자체적으로 수직 통합 모델을 구

---

2 Donald G. Reinertsen, The Principles of Product Development Flow: Second Generation Lean Product Development (Redondo Beach, CA: Celeritas Publishing, 2009).

현하고 의류의 4분의 3을 유럽에서 제작하는 것으로 업계 평균인 3~6 개월이 아닌 몇 주 만에 새로운 디자인을 매장에 도입할 수 있었다. 빠르게 변화하는 패션 업계에서 속도를 높이는 이러한 전략이 인디텍스의 창립자를 지구상에서 가장 부유한 10명 중 1명으로 만들었다. 그러나 패션 업계는 끊임없이 변화하고 있으며 심지어 패스트 패션 분야의 업체조차도 매우 짧은 제품 주기와 함께 작은 작업 단위로 생산하는 부후boohoo와 같은 온라인 소매 업체와의 치열한 경쟁에 직면해 있다.

예측 가능성의 가치와 비용

지적인 사람들이 지연 비용 계산과 같은 기본적인 경제적 관점을 무시하는 이유는 무엇일까? 속도보다 예측 가능성을 선호하는 시스템 위에서 동작하고 있기 때문이다. 나중에 기능을 추가할지 여부를 결정하려면 긴 예산 승인 프로세스를 거쳐야 할지도 모른다. 이러한 프로세스는 민첩성에 대한 예산 가치에 대한 예측 가능성을 제어하고자 하는 이들을 위해 존재한다. 예측 가능성은 일반적으로 향후 12~24개월 동안의 예산을 계획하는 것을 통해 관련된 이들의 삶을 편하게 만드는데 여기에는 정당한 이유가 있다. 예기치 않게 회사 이익을 감소시키는 부대 비용으로 주주를 실망시키고 싶지 않기 때문이다. 이러한 팀은 기회가 아닌 비용을 관리하기에 초기 제품 출시의 혜택을 받기 어렵다.

 예측 가능성에 최적화하게 되면 지연 비용을 무시하는 결과를 가져온다.

예측 가능성을 쫓는 것은 샌드배깅sandbagging 현상을 유발하는 원인이 되기도 한다. 즉 프로젝트 및 예산에 대해서 목표를 보다 쉽게 달성하고자 일정이나 비용을 과대 평가해 계획을 세운다. 추정치는 숫자가 아닌 확률 분포로 이뤄진다. 예를 들어 프로젝트는 4주 내에 완료될 확률이 50%일 수 있다. '운 좋게 모든 작업이 문제없이 수행된다면' 3주 내에 완료될 수 있지만 가능성은 20%에 불과하다. 샌드배거sandbagger들은 확률 스펙트럼의 다른 쪽 끝에서 멀리 떨어진 숫자를 선택하고 프로젝트 기간으로 8주를 잡았는데 이에 대해서 목표를 달성할 확률은 95% 이상이라고 하자. 더 큰 문제가 될 수 있는 경우는 프로젝트가 4주 내에 완료되는 경우 샌드배거는 출시 전 4주 동안 유휴 상태를 유지하는 것으로 다음 프로젝트의 기간이나 예산이 삭감되지 않도록 하는 것이다. 특히 제공 가능성이 일련의 활동에 의존하는 경우 샌드배깅을 통해서 제공 시점을 엄청나게 늦출 수 있다.

중복 방지의 가치와 비용

비효율성 리스트에는 작업의 중복이 높은 확률로 눈에 띌 것이다. 같은 일을 두 번 하는 것보다 더 비효율적인 것이 있을까? 이는 건전한 예상이자 추론이지만 중복을 피하는 것이 무료가 아님을 명심해야 한다. 따라서 중복을 감지하고 병합하는 활동을 통해서 중복을 적극적으로 제거해야 한다.

중복 방지를 위한 주요 비용은 조정 업무에서 나온다. 중복을 방지하려면 먼저 이를 감지해야 한다. 대규모 코드베이스에서는 코드 검색을 통해 효율적으로 이를 수행할 수 있을 것이다. 거대한 조직에서는 컴퓨터 시스템과 조직 모두에서 확장할 수 없는 것으로 알려진(30장) 계층 구조의 상위에 있는 동기화 지점과 같은 수많은 조정 회의가 필요할 수 있다.

중복에 대한 이야기로 회자되는 아마존의 CEO인 제프 베조스(Jeff Bezos)의 일화에 따르면 어떤 관리자가 노력이 중복될 수 있다고 지적하자 고위 경영진 하나가 칠판 앞으로 가서 '2 > 0'이라고 적었다.

널리 재사용되는 리소스를 개선하려면 변경 사항이 모든 기존의 시스템 또는 사용자 요구와 호환돼야 하기 때문에 조정이 필요하다. 이러한 조정은 혁신을 늦출 수 있다. 한편 자동화된 테스트와 같은 최신의 개발 도구는 기존의 중복 위험을 줄일 수 있다. 일부 디지털 기업은 비즈니스 환경이 속도의 경제를 요구하기 때문에 복제를 장려하는 움직임을 보이기 시작한다.

스위치를 만드는 방법

효율성 중시 사고에서 속도를 중시하는 사고로 변화하는 것은 조직에 있어서 어려운 도전이 될 수 있다. 결과적으로는 효율성이 떨어지며 대부분의 사람들 효율성이 떨어지면 돈을 낭비하게 됨을 되새길 것이다. 또한 시장에서의 기회를 놓쳐서 생기는 피해보다 유휴 상태에 놓인 사람들을 더 문제시 될 수 있다.

일반적으로 이러한 태도의 변화는 IT가 코스트 센터가 아닌 비즈니스 기회를 주도하는 것으로 여겨질 때 발생할 수 있다. 기업 IT는 비용을 절감하고 효율성을 높이는 주기 안에 갇혀 규모의 경제가 우선시되며 디지털 거인들은 디지털화를 꿈꾸지만 기존의 습관을 떨쳐 내지 못하는 기존 기업을 빠르게 따돌리고 선두를 차지하게 될 것이다.

36

무한 루프

때때로 원형 주로 위를 달리는 것이 생산적이다

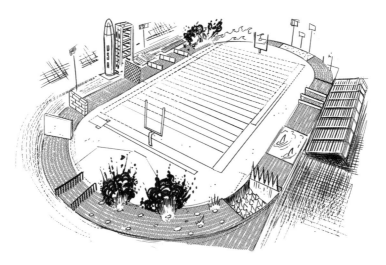

기업 혁신 회로, 최고 랩 타임 기록: 알 수 없음

프로그래밍에서 대부분의 경우 무한 루프는 좋지 않다(캘리포니아 쿠퍼티노^{Cupertino}에 위치한 애플^{Apple, Inc.}의 인피니트 루프를 제외하고는). 그러나 애플 HQ^{Apple HQ}조차 무한 루프에서 벗어나고자 하는 것으로 여겨지며 이는 그 자체로 주목할 만한 업적이다. 제대로 운영되지 않는 조직(애플을 가리키는 것이 아님)에서 직원은 종종 자신이 원을 그리며 달리는 방식에 대해 냉소적인 발언을 하며 원하는 결과를 얻지 못했을 때 경영진은 더 빨리 달리라고 말할 것이다. 당신은 그 무한 루프의 일부가 되기를 원하지 않을 것이다!

빌드-측정-학습

이것 말고도 루프에는 대부분의 디지털 기업이 가진 핵심 요소인 지속적 학습 루프를 들 수 있다. 디지털 기업은 통제가 환상이라는 것을 잘 알고 있기에(27장) 빠른 피드백에 중독돼 있다. 에릭 리스Eric Ries는 그의 저서 『린 스타트업The Lean Startup』(인사이트, 2012)에서 빌드-측정-학습 주기로 이 개념을 명시했다. 회사는 최소한의 실행 가능한 제품을 빌드하고 이를 사용자의 채택 여부와 행동을 측정하고자 프로덕션 환경에 릴리스한다. 다음으로 실제 제품 사용 단계에서 얻은 통찰력을 기반으로 회사는 제품을 학습하고 개선해 나간다. 제프 수스나Jeff Sussna는 이러한 주기의 학습 부분을 학습을 위한 운영이라고 설명한다. 여기서 운영의 목표는 현상 유지가 아닌 보다 나은 제품을 만들기 위한 중요한 통찰력을 제공하는 것에 있다.

디지털 RPM

대부분의 디지털 기업의 중요한 KPI는 달러당 또는 시간 단위당 학습할 수 있는 정도, 즉 빌드-측정-학습 주기를 통해 얼마나 많은 혁신을 달성할 수 있는지다. 따라서 디지털 세계는 게임의 본질을 완전히 바꿨으며 이러한 변화를 무시하는 것은 기껏해야 어리석은 일(최악의 경우 치명적)에 지나지 않을 것이다.

책의 저술 작업을 예로 들면『기업 통합 패턴』(에이콘, 2014)을 출판하기까지 1년이 걸렸고 다음으로 약 6개월 간의 편집과 3개월의 제작이 이어졌다. 우리는 책이 성공할 수 있다는 느낌을 받았지만 실제 판매된 책의 성공 여부를 측정할 수 있었던 시기는 1년이 지나고서였다. 따라서 빌드에서 측정을 거쳐 절반의 혁신에 이르는 데 약 4년이라는 시간이 걸렸다. 주기를 완료하기까지, 즉 두 번째 버전을 게시하는 데는 6~12개월이 더 걸렸을 것이다. 반면, 나는 이 책의 원본을 작업이 진행 중인 와중에 출판된 전자책으로 썼다. 이를 통해서 책이 완성되기도 전에 이미 수백 부를 팔았고 글을 쓰는 동안 거의 실시간으로 이메일과 트위터를 통해 독자 피드백을 받을 수 있었다.

다른 많은 산업에서도 마찬가지다. 디지털 기술은 고객 피드백을 즉각적으로 받을 수 있게 돕는다. 이는 엄청난 기회이지만 한편으로 고객이 피드백을 기반으로 빠른 변화를 기대하는 자세를 배웠기 때문에 큰 도전이기도 하다. 만약 2~3주라는 기간 동안 책에 대해서 업데이트를 게시하지 않는다면 사람들은 내가 글쓰는 것을 포기했을까 봐 걱정할 것이다. 운 좋게도 즉각적인 피드백(댓글과 구매 행동)이 큰 동기를 부여하기 때문에 이전의 작업보다 훨씬 더 생산적으로 이 책을 쓸 수 있었다.

학습을 조직의 주요 측정 항목으로 채택하는 것은 또 다른 이유로 좋은 소식이 될 수 있다. 많은 작업이 기계에 의해 수행되지만 사용자를 자극하는 제품을 만드는 방법을 배우고 제시하는 것은 여전히 인간의 손에 달려 있음이 그것이다.

구세계의 허들

안타깝게도 기존 회사는 빠른 피드백 주기를 고려해서 만들어지지 않았다. 그들은 때때로 변화와 실행을 분리하고(12장) 일정상 출시 단계에 도달했을 때 프로젝트가 완료된다고 가정을 세운다. 제품을 출시하는 것은 행운의 혁신 바퀴에서 약 120도 지났음을 나타내는 표시에 지나지 않으므로 경쟁자가 100분의 1의 차이를 위한 노력에 힘을 쏟는다면 단일 혁신의 1/3을 만드는 것은 아무 의미가 없다.

전통적인 조직이 빠른 학습 주기를 완료하지 못하도록 하는 이유는 무엇일까? 정적이고 느리게 움직이는 세계에서 계층을 구성하면 뚜렷한 이점이 나타난다. 소규모 그룹이 모든 세부 사항에 관여하지 않고도 대규모 조직을 운영할 수 있다. 위로 이동하는 정보는 집계되고 번역돼 상위 관리자는 이를 쉽게 사용할 수 있게 된다. 이러한 설정은 대규모 조직에서는 잘 동작하지만 여기에는 한 가지 근본적인 단점이 존재한다. 환경의 변화나 작업 수준의 통찰력에 반응하는 것이 끔찍하게 느리다. 조직의 각 계층이 통신 오버헤드를 가져오고 번역이 필요하기 때문에 결정을 내리는 데 너무 긴 시간이 소요된다. 아키텍트가 엘리베이터를 탈 수 있다고 해도(1장) 예산 편성과 운영 프로세스를 지나서 결정을 내리려면 여전히 긴 시간이 걸린다. 다시 한번 말하지만 10%의 차이가 아니라 수백 또는 수천 개의 요인에 대해 이야기하고 있다. 기존 조직은 종종 18개월의 조정을 통해서 피드백 주기를 실행하는 반면 디지털 기업은 며칠 또는 몇 주 안에 이를 수행할 수 있다.

 계층화된 조직은 관심사 분리가 가능하다는 이점을 얻는다. 그러나 속도의 경제에서 이는 책임이 된다.

거의 모든 조직은 보다 '디지털'에 가까워지고 싶어하고 기술 플랫폼을 오픈 소스 또는 클라우드 서비스로 쉽게 사용할 수 있는 경우 빠른 학습 조직을 구축하는 것을 중요한 성공 요인으로 꼽는다.

외부에서 루프를 돌기

모든 혁신을 통해서 조직은 사용자에게 가장 유용한 기능이 무엇인지 학습할 뿐 아니라 프로젝트 팀은 매력적인 사용자 경험을 구축하는 방법, 개발 주기를 가속화하는 방법 또는 증가하는 수요를 충족하고자 시스템을 확장하는 방법도 배운다. 이 학습 주기는 기업 내에서의 혁신과 신속한 반복을 가능하게 하므로 조직의 디지털 혁신에 매우 중요한 역할을 한다.

 디지털 혁신은 HR과 채용 방식의 변화로 시작된다.

반대로 기업 IT가 외부 공급자의 작업에 크게 의존하는 경우 (일반적으로) 이 학습 과정을 통해 혜택을 받는 사람은 외부 컨설턴트일 것이다. 따라서 조직은 내부 직원을 학습 주기 내에 배치하고 주로 이를 지도하거나 가르치고자 외부 지원을 사용해야 한다. 이 논리에서 한 단계 더 나아가면 디지털 혁신은 HR과 채용 방식을 혁신해 자격을 갖춘 직원을 고용하고 기존 직원이 학습 주기의 일부가 될 수 있도록 교육하는 것으로 시작된다.

계층 케이크 회전시키기

피드백 엔진의 속도를 높이려면 제품 개념에서 기술 구현, 운영, 개선에 이르기까지 모든 책임을 맡은 팀을 구성해 조직 계층의 케이크를 만들어야 한다. 종종 이러한 접근 방식은 '당신이 구축하고, 당신이 실행하는' 역할과 관련해 '부족tribes', '기능 팀features teams' 또는 '데브옵스'라는 레이블을 내포한다. 이렇게 하면 개발자에게 제품 품질에 대한 직접적인 피드백 루프를 제공 할 뿐 아니라(한밤중에 울리는 호출 전화는 매우 즉각적인 피드백의 형태임) 프로젝트 팀 내에서 모든 관련 결정을 내릴 수 있도록 해 불필요한 동기화 지점을 제거함으로써 조직을 확장 가능하게 한다(30장).

신속한 피드백에 초점을 맞춘 독립적인 팀을 운영하는 것에는 또 다른 근본적인 이점이 있다. 즉 고객을 다시 그림 안으로 가져오는 것이다. 계층화된 명령과 제어의 전통적인 피라미드에서 고객은 어디에서도 찾을 수 없다. 기껏해야 결정이 내려지고 전략이 설정되는 곳과는 거리가 먼 조직의 최하위 계층과 상호 작용하는 정도에 머물고 있을 것이다. 반대로 '수직vertical' 팀은 고객으로부터 직접 피드백과 에너지를 끌어낸다.

이러한 팀을 구성하는 데 있어 가장 큰 과제는 완전한 범위의 기술 세트를 꽉 찬 한 팀으로 만드는 것이다. 이상적으로는 '투 피자 팀two-pizza team'의 규모를 초과하지 않아야 한다. 즉 2개의 큰 피자가 적당한 하나의 팀을 만들어야 한다. 이를 위해서는 그만큼 인정받는 직원, 기꺼이 기술 집합 간에 협력하고자 하는 의지, 마찰이 적은 환경이 필요하다. 스포티파이의 팀 개념[1]은 이 맥락을 이해하는 데 가장 유용한 리소스가 될 것이다.

---

1   Henrik Kniberg, 'Spotify Engineering Culture (1장).

응집력 유지하기

모든 제어 기능이 수직 통합된 팀의 경우 팀이 여전히 기업의 일부이며 공통의 브랜딩 및 통신 인프라를 사용하도록 보장하는 이유는 무엇일까? 수직 계층형 케이크에 파이 크러스트pie crust를 집어넣어도 괜찮다. 예를 들어 맨 위에는 브랜딩 및 전체 전략이 존재하고, 맨 아래에는 사람에게 기계가 할 작업을 하지 않게 하기 위한 공통 인프라가 존재할 것이다(13장).

빠른 빌드-측정-학습의 피드백 주기를 완료하려면 얼마나 많은 혁신이 필요한지 궁금할 것이다. 디지털 기업에서 피드백 엔진은 제품이 죽어야만 회전을 멈춘다. 그러므로 한 번은 무한 루프의 일부가 돼 보는 것을 추천한다.

37

당신은 IT를 속일 수 없다

외부가 디지털이 되려면 먼저 내부부터 디지털화 돼야 한다

누가 공룡 프로그래머를 발견할 수 있을까?

신속한 피드백 루프(36장)는 디지털 기업이 고객의 요구를 이해하고, 제공하는 제품 또는 서비스를 개선하는 데 도움을 준다. 당연히 이 피드백 루프는 제품이나 서비스가 엔드 유저end user 또는 소비자에게 직접 노출될 때 가장 잘 동작한다. 반대로 기업 IT는 고객과 접촉하는 비즈니스에 부문에 IT 서비스를 제공하므로 엔드 유저와는 상대적으로 멀리 떨어져

있다. 그렇다면 이는 기업 IT가 디지털 환경에서 고객으로부터 너무 멀리 떨어져 있기 때문에 디지털 혁신의 주역이 돼서는 안 된다는 것을 의미하는 것일까? 최상위에서 추진되는 많은 디지털 전환 이니셔티브는 이러한 개념을 뒷받침하는 것으로 보인다. 구현을 위한 사양을 IT 부문에 전달하기 전에 포커스 그룹focus group의 고객과 협력하는 특정 팀이 존재한다.

기초 쌓기

그러나 낡고 깨지기 쉬운 기초 위에 멋진 새 집을 지을 수 없는 것처럼 IT 엔진 룸을 바꾸지 않고서는 외부 또한 디지털화될 수 없다. IT는 보다 민첩해져야 하며 디지털 시장에서 경쟁하는 데 필요한 기능을 비즈니스에 제공해야 한다. 이메일 요청을 기반으로 가상 서버를 조달하는 데 8주가 소요되는 경우 클라우드 컴퓨팅이 약속하는 것과 정반대에 해당하는 엄청난 수의 유휴 서버를 비축해 두지 않는 이상 비즈니스는 수요에 따라 확장할 수 없게 된다. 더 나쁜 경우는 이러한 서버에 이전 버전의 OS가 설치된 경우에 새로운 버전의 애플리케이션의 실행이 실패할 수 있다는 것이다. 이 외에도 수작업을 통한 네트워크 변경으로 인해 문제가 발생하거나 속도가 느려질 수 있다.

피드백 주기

프라이빗 클라우드 기술로 서버를 신속하게 배포할 수는 있지만 그것만으로는 IT를 디지털화하는 것은 불가능하다. 기업 IT가 디지털 세계에서 경쟁하는 비즈니스에 신뢰할 수 있는 서비스를 제공하려면 비용과 품질 관점뿐만 아니라 참여 모델 관점에서도 IT 서비스 제공 업체의 디지털 세계 안에서 경쟁할 준비가 돼 있어야 한다. 기업 IT는 고객 중심이어야 하며 무한 루프 안에서 제품을 사용하고 있는 고객으로부터 배워야 한다 (36장).

프로비저닝된 서버가 고객이 필요로 하는 서버가 아니라면 이를 더 빨리 프로비저닝한다고 해도 아무런 성과도 없을 것이다. 또한 고객은 서버를 전혀 주문하지 않고 이른바 '서버리스serverless' 아키텍처에 애플리케이션을 배치하는 것을 선호한다. 이러한 추세를 이해하려면 IT는 비즈니스 유닛이 최종 고객에게 하듯이 빠른 피드백 루프 내에서 내부 고객인 비즈니스 유닛과 협력해야 한다.

약속 이행하기

고객과의 교류는 고객의 요구에 맞춰 제공이 가능한 경우에만 도움이 될 수 있다. IT가 고객과 비즈니스 유닛에 서비스를 제공하는 경우 디지털 서비스를 높은 품질로 신속하게 제공하기 위한 능력과 태도를 가져야 한다. MIT의 연구 결과[1]에 따르면 먼저 IT 제공을 위한 능력의 개선 없이 비즈니스와 IT를 조율한 기업은 IT에 더 많은 비용을 지출했지만 평균 이하의 수익 성장을 경험했다고 한다. 디지털로는 속일 수 없다.

---

1   David Shpilberg et al., 'Avoiding the Alignment Trap in IT,' MIT Sloan Management Review, October 1, 2007, https://oreil.ly/nK9ph.

고객 중심

고객 중심customer centricity은 많은 회사의 모토 또는 '핵심 가치'에 포함되는 일반적인 문구다. 대체 어떤 회사가 고객 중심의 실현을 바라지 않을까? 국세청과 같이 법률에 의해 지정되고 움직이는 기관조차도 최근 몇 년간 고객 중심을 추구하고자 하는 경향이 나타나고 있다. 하지만 대부분의 조직에 있어서 단순한 슬로건을 넘어 진정한 고객 중심을 실현하는 것은 어려운 일이다. 이는 조직 문화와 구성에 근본적인 변화가 요구되기 때문이다. 계층적 조직은 고객 중심이 아닌 CEO 중심을 지향한다. ITIL 프로세스를 따르는 운영 팀은 고객 중심이 아닌 프로세스를 중심으로 한다. 코스트 센터로 운영되는 IT는 고객 중심이 아닌 코스트 중심으로 움직이고 있을 가능성이 높다. 프로세스 또는 CEO 중심 IT를 기반으로 고객 중심 비즈니스를 운영하고자 한다면 엄청난 마찰이 발생할 것이다.

IT 서비스를 공동으로 창조하기

디지털 전환에서의 IT는 비즈니스를 지원하고자 거버넌스를 통한 제품을 개발하고 고객과 비즈니스 유닛에 활용을 독려하는 것만으로는 그 역할을 다했다고 할 수 없다(32장). IT는 디지털 비즈니스처럼 행동해야 하며 제품을 추진하는 대신 '끌어당기는' 수요를 창조해야 한다. 이것은 '공동 창조cocreation'라는 멋진 이름으로 나타낼 수 있으며 고객과 공동으로 제품을 개발함으로써 실현될 수 있다. 많은 내부 고객이 사고방식의 변화와 함께 구축 중인 서비스에 영향을 미칠 수 있는 이러한 기회를 환영하는 한편 일부 고객은 구체적인 가격과 서비스 수준 계약을 제시하지 않는 한 참여를 원하지 않을 수 있다. 디지털화는 고객이 디지털인 경우에만 동작한다.

자신의 개 사료를 먹을 것

일부 IT 부서는 엔드 유저와는 상대적으로 먼 곳에 위치하기 때문에 피드백 사이클을 시작하는 방법을 궁금해한다. 그들은 자신이 속한 조직의 멤버라는 매우 가까운 곳에 위치한 대규모 고객 풀^{pool}을 무시하는 경향이 있다. 직원들은 일반적으로 새로운 것을 시도하고 싶어하는 친절하면서 의욕적인 고객으로 분류할 수 있다. 아이러니하게도 이 영리한 사례를 지칭하는 단어가 개 먹이 주기^{dogfooding}인데 이는 사람들이 자신이 가진 개 사료$^{dog food}$를 먹을 것이라고 가정하는 데서 유래한다. 나는 개가 맛있는 저녁 식사를 하는 동안 자신이 개밥을 먹는 것은 불공평하다고 이야기하는 오랜 친구와 함께할 것이다. 다음으로 그는 자신의 개와 개 사료를 공유하기로 결정했다. 여기서 수의사는 그의 개가 이러한 공유를 통해서 완벽하게 건강함을 확인했다.

 구글은 자사 제품을 사내 평가(dogfooding)하는 것으로 유명하다. 즉 직원들이 신 제품의 알파 또는 베타 버전을 사용해 볼 수 있게 한다. 명칭은 그다지 매력적이지 않게 느껴지지만 구글의 '음식'에는 상당히 흥미로운 제품이 포함돼 있으며 이 중 일부 제품은 소비자의 눈에 띄지 않는다.

사내 평가는 안전하면서 통제된 환경에서 매우 빠른 피드백과 학습 사이클을 가능하게 하므로 효과적이다. 모든 IT 서비스를 내부 베타 릴리스로 먼저 제공한다. 또한 고객의 기대치를 더 잘 이해할 수 있게 하며 문제를 해결하면 그제서야 이를 외부 고객에게 제공한다.

 구글은 여기서 한 단계 더 나가 직원과 고객 계정을 단일 사용자 관리 시스템으로 통합해 고객과 직원이 도메인 이름(google.com)과 기업 네트워크에서의 액세스 권한을 통해서만 구별돼 대부분의 애플리케이션에서 동일하게 확인 가능하도록 구성했다. 그 이전에 서로 다른 시스템을 병합하는 것은 다소 고통스러운 과정이지만 직원이 고객으로 취급됨에 따라 그 효과를 극대화시킬 수 있었다.

이와는 대조적으로 전통적인 조직은 다음의 예에서 설명하는 것처럼 직원과 고객을 전혀 다른 주체로 볼 수 있다.

> 대규모 금융 서비스를 제공하는 기업의 직원은 안드로이드(Android) 휴대 전화를 사용해서는 안 된다. 기술적인 메리트에 대한 논의 없이 이러한 회사가 시장의 80%를 차지하는 안드로이드 기기를 사용하는 고객을 어떻게 지원할 수 있을지 궁금해진다. 안드로이드가 기업 금융 서비스 부문의 직원에게 안전한 플랫폼으로 여겨지지 않는다면 어떻게 고객에게 충분히 안전성을 보장한다고 할 수 있을까?

사용자 플랫폼을 제어하기보다는 고객과 직원 모두에 대해서 2단계 인증(2FA), 휴대 기기 관리, 부정 모니터링fraud monitoring 또는 이전 버전의 OS 사용 금지 등 잠재적인 약점을 이해하고 이를 해결하는 것이 더 도움이 될 것이다.

디지털 사고 방식

자사의 제품을 사용하기 시작하고 반복하는 방법을 배우는 것보다 기업 IT를 디지털화하는 데 있어 가장 큰 장애물 중 하나는 직원의 사고방식일 수 있다. 직원들이 이전 세대의 블랙베리BlackBerry를 사용하고 파워포인트 슬라이드로 문서화된 규칙에 따라 작성한 엑셀 스프레드 시트를 이메일로 보내 내부 프로세스를 처리하는 경우 조직이 디지털에 적합한 방식으로 행동할 수 있다고 믿기 어렵다. 또한 꽤 민감한 주제이지만 기존 IT 부문의 연령 분포는 추가적인 문제를 야기할 수 있다. 기업 IT의 평균 연령은 때때로 40대에서 50대 초반에 달하며 이는 새로운 디지털 고객 세그먼트로 인정받고 있는 디지털 네이티브digital native와는 거리가 있다. 젊은 직원을 조직에 포함시키면 대상 고객 세그먼트를 사내에 도입한다는 의미를 가지므로 기업의 디지털화에 도움을 줄 수 있다.

좋은 소식을 하나 들면 작은 부분부터 시작해 점진적으로 변화가 퍼져 나갈 수 있다는 것이다. 직원들이 이력서 서식 파일을 이메일로 보내는 대신 링크드인LinkedIn을 사용해 사진이나 이력서를 가져오기 시작하는 것이 디지털화를 향한 한 걸음이라고 할 수 있다. 투박한 여행 포털 대신 보다 편리한 호텔을 찾고자 구글 지도를 확인하는 것 또한 한 가지 방법이 될 것이다. 승인 프로세스를 자동화하고자 소규모 내부 애플리케이션을 구축하는 것은 작지만 매우 중요한 단계다. 사람들이 오래된 규정집을 참조하는 것이 아니라 솔루션을 구축해 문제를 해결하도록 동기를 부여하는 '메이커 사고 방식maker mindset'으로 이끌 것이다. 디지털 피드백 사이클은 사람들이 솔루션을 구축할 수 있는 경우에 한해 작동할 수 있다. 따라서 기업 IT 부문이 코드를 두려워하는 것이 가장 큰 장애물이 될 수 있다(11장). 코드는 소프트웨어 혁신을 통해서 만들어진 것이므로 디지털이 되고자 한다면 코딩을 배우는 것을 추천한다!

디지털화를 향한 작은 한 걸음을 내딛을 수 있는 기회는 많다. 나는 해결해야 할 작은 문제와 속도를 높이고 자동화할 수 있는 작은 것들을 찾고자 하는 편이다.

 구글에서 USB 충전기 케이블을 구하는 데는 2.5분밖에 걸리지 않았다. 가장 가까운 테크 스톱(Tech Stop)까지 걸어서 1분, 셀프 체크 아웃 시에 사원증을 찍고 케이블을 스캔하는 데 30초, 여기서 책상으로 돌아오는 데까지 1분이면 된다. 기업 IT에서 이 작업을 수행하려면 누군가에게 메일을 보내야 했다. 메일을 보내서 사용 중인 휴대전화 타입을 확인한 다음, 승인이 필요한 주문 내용을 입력했다. 경과 시간: 약 2주. 속도 계수: 14일 × 24시간 / 일 × 60분 / 시간 / 2.5분 = 8064, 이는 소스 코드 저장소를 설정하는 것과 동일한 리그라고 할 수 있다(35장).

이 문제를 해결하는 것은 훌륭한 미니 프로젝트가 될 수 있을 것이다. 긍정적인 비즈니스 케이스가 보이지 않는가? 이는 기업과 조직이 아직 솔루션을 신속하게 개발할 수 있게끔 구성되지 않았기 때문일 수 있다. 디지털 기업은 데이터베이스와 웹 사용자 인터페이스를 포함해서 오후에 이 솔루션을 구축하고 이를 무료로 퍼블릭 클라우드에서 호스팅할 수 있다. 이렇게 작고 빠른 솔루션을 구축하지 않으면 IT는 마비를 경험하게 될 것이며 디지털 환경에서의 행동을 제약할 수 있다.

스택 오류

기업 IT의 대부분이 인프라와 운영에 초점을 맞추고 있기 때문에 소프트웨어를 염두에 두려면(14장) 큰 변화가 필요하다. 예를 들어 데스크의 IP 전화가 꺼져 있을 때 조명을 비추는 온 에어 사인(30장)을 구축하려는 아이디어는 장치를 출시하고자 하는 팀은 소프트웨어 영역의 API를 만들지 않기 때문에 실현되지 않았다.

예를 들어 인프라에서 애플리케이션 소프트웨어 플랫폼으로 또는 소프트웨어 플랫폼에서 최종 사용자 애플리케이션으로 '스택을 위로 이동'하고자 할 때 조직이 직면하게 되는 문제는 잘 알려져 있으며 이들은 스택 오류stack fallacy로 분류할 수 있다.[2] 성공한 기업조차도 이 문제를 과소 평가해 오류에 직면하곤 한다. VM웨어VMware는 수년 동안 가상화 소프트웨어로부터 도커Docker 컨테이너로의 전환 시기를 놓쳤고 시스코Cisco는 애플리케이션 제공 영역에 보다 가까워지려고 수십억 달러를 들여 기업을

---

2   Anshu Sharma, 'Why Big Companies Keep Failing: The Stack Fallacy,' TechCrunch, Jan. 18, 2016, https://oreil.ly/OYCi-.

인수했으며 심지어 구글조차 검색 및 메일과 같은 소프트웨어 유틸리티에서 페이스북이 지배하는 시장인 매력적인 소셜 네트워크로의 이동에 실패한 바 있다.

대부분의 기업 IT에서 이는 운영 인프라에 대한 집중으로부터 빠르게 진화하는 애플리케이션 및 서비스로 사용자를 참여시키는 진화를 의미한다. 도전적이지만 내부 IT는 열린 시장에서 경쟁할 필요가 없으므로 조금씩 변화할 수 있는 기회를 제공하기에 충분한 가능성을 갖는다.

38

돈으로 사랑을 살 수 없다

문화를 바꿀 수도 없다

화요일까지 이 기능이 필요하네

실리콘밸리 회사에서 전통적인 비즈니스를 수행하는 회사로 자리를 옮겼을 때 내 새로운 동료들은 그곳이 대기업이라는 사실을 언급하면서 구글에 어울리는 요소들이 잘 적용되지 않을 것이라고 했다. 나는 그에 대한 대답으로 시가 총액을 기준으로 10배는 작은 회사에 합류한 것임을 이야기했다. 또한 흥미롭게도 동료들은 구글이 가진 돈 덕분에 원하는 것이 무엇이든 할 수 있었을 것임을 지적하곤 했다. 그와는 대조적으로 수많은 성공한 전통적인 기업이 너무 많은 돈을 가짐으로 인해서 고통받는다고 생각했다.

혁신가의 딜레마

그렇다면 조직이 어떻게 그렇게 많은 돈을 가질 수 있었을까? 궁극적으로 그들의 목표는 이익과 주주 수익을 최대화하는 것에 있다. 이를 달성하려고 기업은 지출을 통제하는 엄격한 예산 책정 프로세스를 사용한다. 예를 들어 제안된 프로젝트는 내부 수익률IRR, Internal Rate of Return이라는 기존 투자 비용과 이에 대한 예상 수익이 같아지는 지점을 통해서 평가된다.

하지만 이러한 프로세스는 새로운 아이디어가 기존의 고수익 '캐시 카우cash cow'와 경쟁해야 할 때 혁신을 방해할 수 있다. 대부분의 혁신적인 제품은 초기 단계에서 기존 제품의 성능이나 수익성을 따라갈 수 없다. 따라서 기존의 예산 책정 프로세스는 크리스텐슨Clayton M. Christensen이 혁신 기업의 딜레마에서 언급한 것처럼 새롭고 유망한 아이디어를 거부할 수 있다.[1] 그러나 이러한 새로운 혁신이 이후 지금껏 지속해 온 기술을 넘어서면 초기 투자에 참여하지 않아서 뒤처진 조직을 위협하게 된다.

부유한 기업은 IRR이 높은 경향이 있으므로 새로운 아이디어를 거부할 가능성이 높다. 또한 그들은 변화가 없는 상태를 안정적이라고 받아들이기 때문에 일이 잘 풀리고 있다고 착각할 수 있다. 이것은 변화에 대한

---

1   Clayton M. Christensen, The Innovator's Dilemma: When New Technologies Cause Great Firms to Fail, reprint ed. (New York: HarperBusiness, 2011).

욕구를 약화시키고(33장) 혼란의 위험을 가중시킨다.

HiPPO에 주의할 것

이러한 단점에도 기대 수익을 기반으로 투자 결정을 내리는 회사는 적어도 일관된 의사결정 지표를 사용한다. 수많은 여유 있는 회사는 가장 높은 임금을 받는 사람의 의견, 즉 HiPPO^{Highest Paid Person's Opinion}의 결정 프로세스가 다르다. 이 접근 방식은 매우 주관적 일 뿐만 아니라 실제 혁신이 아닌 점진적인 '엔터프라이즈' 솔루션을 제공하는 빛나는 HiPPO 대상 벤더 데모의 영향을 받기 쉽다. 이러한 의사결정권자는 실제 기술이나 소프트웨어 제공 업무로부터 멀리 떨어져 있기 때문에 적은 예산으로 새로운 솔루션을 얼마나 빨리 구축할 수 있는지 알지 못한다.

설상가상으로 내부의 영업 담당자는 경영진의 한정적인 이해를 이용해서 자신의 생각대로 프로젝트를 추진하고자 때때로 디지털 기업이 지출하는 비용보다 훨씬 더 많은 비용을 지불한다. 나는 수백만 유로의 비용을 투자해서 기존의 기능을 API로 노출한다는 아이디어로 고위 관리자 레벨에 오르는 것을 목격한 적이 있다. 석기 시대 사람들에게 바퀴를 팔기는 쉬운 일이다.

오버헤드와 용인된 비효율

수익성이 확실한 비즈니스 모델을 가진 기존의 수많은 기업은 상당한 오버헤드를 갖고 있다. 예를 들어 세련되고 현대적인 사무실, 지나치게 관대한 퇴직 보조 조항이 남아 있는 오래된 노동 계약, 더 이상 필요하지 않은 역할에 대한 초과 고용, 경영진, 회사 차량과 운전자, 세차장 관리 직원, 경영진 회의실에서 제공되는 개인 식당, 커피와 케이크 등이 그것이다. 이러한 오버헤드는 일반적으로 모든 코스트 센터에 분산돼 파괴적인 기술을 연구하는 작고 혁신적인 팀에 막대한 재정적 부담을 준다.

 내 소규모 아키텍트 팀은 사무실 공간과 카페테리아 보조금에서 현장 비용(컴퓨터, 전화)에 이르기까지 엄청난 간접비를 부담했다. 이에 비해 디지털 기업에서 제공하는 무료 식사 혜택은 사소한 비용이다.

오버헤드 비용은 또한 여유 있는 조직에서 허용되는 비효율성으로 인해 발생한다. 이를 제거해야 한다는 부담이 크지 않기 때문이다. 예를 들면 노동 집약적인 수작업 프로세스(매월 SAP 데이터로부터 스프레드 시트를 수동으로 준비하는 사람들을 본 적이 있다), 20명에 달하는 임원들과의 긴 회의, 그 중 절반은 기여할 내용이 거의 없는 회의, 디지털 전략 회의를 위한 유인물로 사용할 대량의 서류 인쇄 등을 들 수 있다. 이렇게 수많은 항목이 합산돼 아직 대기업이 오버헤드를 지원할 만큼 충분한 이익을 거두지 못하는 새로운 세그먼트에서 경쟁하기 어렵게 만든다.

분리당한 IT

변화를 추구하는 여유 있는 조직에게 나타날 수 있는 위험한 함정은 필요한 기술을 필요에 따라 살 수 있다는 믿음이다. 수년 전에도 많은 기업이 IT를 필수품으로 강조했지만 이를 통해서 경쟁 우위를 창출했던 것은 아니다. 그렇기 때문에 IT 기술을 회사 외부에서 활용하는 데 있어 위험을 인식하지 못했다. 그 대신에 행정 또는 청소 담당 직원과 마찬가지로 필요에 따라 외부 IT 직원을 늘리고 줄일 수 있는 유연성을 보다 중요하게 생각했다. 그들은 이 모델이 보다 효율적이라고 생각했을 것이다(35장).

1990년대 후반 통신 산업은 빠르게 성장하는 광대역 인터넷 시장 덕분에 높은 수
익을 보장받고 있었다. 이 회사들은 거의 모든 기술 작업을 외부 계약직 또는 시스
템 통합 업체(당시 내가 고용된 곳)에게 아웃소싱하고 있었다. 견실한 수익 덕분에
높은 컨설팅 비용, 계약 관리를 위한 높은 관리 오버헤드, 가끔씩 발생하는 프로젝
트 비용 초과를 소화할 수 있었다.

그러나 아웃소싱 소프트웨어 제공은 디지털 시대에서는 심각한 문제를
내포하고 있다. 첫째, 외부 업체는 일반적으로 사전 협의된 작업 범위 안
에서 작업하기 때문에 제품을 반복해서 개선하거나 릴리스 주기를 단축
하기 위한 조직의 빌드-측정-학습 주기(36장)에 효과적으로 참여하지
못하게 된다. 둘째, 조직은 새로운 기술과 그 잠재력에 대해 깊이 이해하
지 못하게 됨으로써 혁신을 억제하는 결과를 낳는다. 더 나쁜 점은 많은
경우에 회사의 기존 시스템 환경에 대한 지식이 외부 계약자에 달려 있
기에 조직이 합리적인 결정을 내릴 수 없게 한다는 점이다. 출발점이 어
디인지 모른다면 변화로 가는 길을 택하기 어렵다.

IT 아웃소싱은 중요한 혁신 주기로부터 조직을 배제하기 때문에 디지털 시대에 있
어 심각한 단점을 갖는다.

이러한 기업의 IT 부서는 기술 역량이 거의 전무한 단순한 예산 관리 조
직으로 변질되기 쉽다. 아마도 요구되는 주요 기술 또한 예산의 확보와
지출이었을 것이다. 자격을 갖춘 후보자는 조직 안에서 자신의 기술이
가치가 없음을 깨닫게 될 것이며 따라서 이러한 기업은 실제 IT 인재를
끌어들이기 어렵다. 그럼에도 돈의 흐름에 문제가 없으므로 모든 것이
잘 작동하는 것으로 인식된다.

과도한 종속성

그러나 이제 모든 것이 바뀌었다. 통신 산업만큼 감쪽같이 인터넷 회사에 의해서 압도된 산업은 거의 없었다. 통신 산업은 통신을 가졌지만 스마트폰과 디지털 서비스의 잠재력을 전혀 인식하지 못했다. 통신 산업은 와츠앱WhatsApp, 페이스북 메신저Facebook Messenger 등의 등장으로 불과 몇 년 사이에 크게 침체된 단문 메시지 서비스SMS, Short Message Service 제품으로 수십억 달러의 수익을 창출하고 있었다.

기존 IT 계약은 청구와 같은 백엔드 처리의 효율성 향상(35장)에 중점을 둔다. 고객을 위한 새로운 서비스를 설계하고 제공하는 데 사용할 수 있는 내부 기술이 없었다. 기존의 조직 구조와 프로세스는 일어날 수 있었을 수많은 혁신을 압도했을 것이다. 결국 통신 회사의 서비스 가격이 하락과 함께 '멍청한 데이터 파이프'를 제공하게 된 반면에 디지털 기업은 거의 1조 달러에 이르는 기업 가치와 풍부한 이윤을 누릴 수 있었다. 숙련된 소프트웨어 아키텍트는 너무 많은 외부 종속성은 문제를 야기한다는 것을 알고 있다. 이는 조직의 경우도 다르지 않다.

더 많이 지불하면 더 적게 얻을 것이다

다른 요인들은 '디지털 보트digital boat'를 놓친 통신사에서 분명히 역할을 했지만 필요에 따라 기술을 습득할 수 있다고 믿는 것은 특히 위험하다. 친구를 살 수 없는 것처럼 회사는 동기 부여된 직원을 살 수 없다. 클라우드 아키텍처 또는 머신러닝machine learning과 같이 시장성이 높은 기술 세트를 보유한 응모자는 자신과 비슷한 생각을 가진 팀에 매력을 느끼기 쉽다. 이것은 전통적인 회사에 닭이 먼저냐 달걀이 먼저냐에 대한 문제를 제시한다.

많은 기업이 더 높은 급여를 지불함으로써 이러한 장애물을 극복하고자 한다. 그러나 때로는 이 보상이 응모자의 중요한 동기가 아닐 수 있다. 동료들로부터 배울 수 있고 프로젝트를 신속하게 이끌어 갈 수 있는 자유를 누리게 해줄 조직을 찾고 있을지도 모른다. 그렇기 때문에 기업이 숙련된 직원을 '구매'하는 것은 어려운 일이다.

> 내 경험을 돌아보면 돈을 보고 온 이들은 더 많은 돈을 위해 떠난다.

더 나쁜 것은 높은 급여를 제공해 인재를 유치하고자 하는 시도가 돈을 위해 일하는 '용병' 개발자를 끌어들이기 때문에 역효과를 낼 수 있다는 것이다. 내 경험을 돌아보면 돈을 보고 온 이들은 더 많은 돈을 위해 떠난다. 세상을 변화시키는 일에 높은 성과를 올리는 팀의 일원이 되고자 하는 열정적인 개발자를 끌어들일 수는 없다. 나는 이 함정을 학교에서 사탕을 나눠 주는 인기 없는 아이에 비유한다. 그 아이는 사탕을 받고 친구인 척하는 아이들에게 둘러싸일 것이다.

내부에서 문화 변화시키기

뛰어난 컨설턴트는 새롭고 흥미로운 기술 기반 프로젝트를 수행하는 데 확실히 도움을 줄 수 있겠지만 조직의 문화를 크게 바꾸지는 못한다. 문화적인 변화는 내부에서 와야 한다. 로버트[Roberts2]는 조직의 특성을 PARC[People, Architecture(structure), Routine(processes), Culture] 이론을 통해서 사람, 아키텍처(구조), 루틴(프로세스), 조직 문화로 분류한다. 리스트럭처링이나 프

---

2   John Roberts, The Modern Firm: Organizational Design for Performance and Growth (Oxford, England: Oxford University Press, 2007).

로세스 리엔지니어링은 조직의 아키텍처와 루틴을 변경할 수 있지만 문화적 변화는 기업의 경영진에 의해 추진돼야 한다. 여기에는 시간과 많은 에너지가 필요하며 때로는 경영진의 교체가 요구된다. '변경 관리를 수행하고자 때로는 당신에게도 변경 관리가 필요하다.'

디지털 전환은 기술과 문화 모두를 변화시켜야 하므로 나는 내부로부터 대규모 IT 전환을 추진하기로 결정했다. 이것이 어렵지만 지속 가능한 유일한 방법이기 때문이다.

39

누가 줄 서기를 좋아할까?

기다리는 사람에게 좋은 일은 오지 않는다

100% 사용률

대학에 다니는 동안 우리는 때때로 배우고 있는 것이 미래에 갖게 될 자신의 직업과 삶에 어떻게 도움이 될지 궁금해한다. 나는 여전히 애커만 기능^{Ackerman function}이 나의 전문적 발전을 가속화하기를 기다리는 동안(컴퓨터 과학의 첫 학기는 계산 능력에 대한 수업을 들었다) 들었던 대기 행렬 이론

수업은 실제로 도움이 됐다. 앞에서 언급한 것처럼 슈퍼마켓의 계산대 앞에서 사람들과 이야기하고 확인할 수 있을 뿐 아니라 M/M/1 시스템과 단일 대기열, 다중 서버 시스템(대부분의 슈퍼마켓에서 사용하지 않는)의 이점 등 속도의 경제에 대해 추론할 수 있는 중요한 기반을 제공했다(35장).

활동과 활동 사이를 주시할 것

기업에서 작업 속도를 높이고자 하는 경우 대부분의 사람은 작업 방식이 어떤지부터 살펴본다. 모든 기계와 사람이 활용되고 있으며 효율적으로 작업하고 있는가? 아이러니하게도 속도를 확인하고자 할 때에는 활동 자체가 아닌 그 사이를 봐야 한다. 활동을 살펴보면 비효율적인 것을 발견할 수는 있지만 그 사이사이에는 활동이 빠져 있는 곳이 있으며 근처에 앉아 다음 작업을 기다리는 경우가 존재한다.

휴지 상태inactivity는 비효율적인 활동보다 속도에 훨씬 더 해로운 영향을 미칠 수 있다. 기계가 잘 작동하며 거의 100% 활용되고 있지만 어떤 위젯이 해당 기계에서 처리되기까지 3개월을 기다려야 한다면 효율성을 기준으로 하지만 속도는 보장하기 어려운 공공 의료 시스템과 비슷한 결과를 가져올 수 있다. 다수의 통계 조사에 따르면 서버 주문과 같은 일반적인 IT 프로세스의 대기 시간은 총 소요 시간의 90% 이상을 차지한다. 더 많이 일하는 대신에 더 적게 기다려야 한다!

리틀의 대기열 이론

활동과 활동 사이를 살펴보고자 한다면 면허 시험장 또는 시청에서처럼 대기열을 찾을 수밖에 없다. 이때 작동 방식과 시스템에 대해 수행하는 작업을 잘 이해하고자 대기열 이론을 살펴보자. 대기열 이론에 관한 내 대학 시절 교과서였던 클라인록^{Kleinrock}의 『Queuing Systems』[1]은 이미 절판된 것으로 보이지만 여전히 유용하다. 걱정할 필요는 없다. 엔터프라이즈 전환을 이해하려고 400페이지에 달하는 대기열 이론을 소화할 필요는 없다.

내 대학 시절 교수님은 한 가지만 기억한다면 성공할 수 있으며 그것이 리틀의 결과^{Little's result}라는 식임을 강조했다. 이 방정식은 안정된 시스템에서 대기 시간을 포함한 총 처리 시간 T는 시스템의 항목 수(대기열에 있는 항목과 처리 중인 항목을 더한 값)를 처리율로 나눈 N과 같다. 식으로 표현하면 $T = N/\lambda$가 된다. 이는 직관적인 의미를 갖는다. 대기열이 길면 길수록 새 항목을 처리하는 데 더 오래 걸린다는 것이다. 초당 2개의 항목을 처리할 수 있으며 시스템에 평균 10개의 항목이 존재하는 경우 새로 도착한 항목은 시스템에서 5초를 소비한다. 이 5초라는 시간의 대부분은 실제로 항목을 처리하는 데 소비되는 것이 아니라 대기열에서 소비됐다고 추론할 수 있다.

리틀의 결과에서 주목할 만한 점은 대부분의 도착 및 출발 분포에서 나타나는 관계가 유지된다는 것이다.

속도와 효율성을 연결하고자 활용도와 대기 시간의 관계를 살펴보자. 시스템은 각 항목이 처리될 때마다 사용된다. 즉 하나 이상의 항목이 시스템에 존재한다. 예를 들어 0개 항목(시스템이 유휴 상태), 1개(처리 중인 항목 1개), 2개(처리 중인 항목 1개 + 대기열에 있는 항목 1개)와 같이 지정된 수의 항

1   Leonard Kleinrock, Queueing Systems, Volume 1: Theory (New York: Wiley–Interscience, 1975).

목이 시스템에 있을 확률을 합산하는 것으로 시스템의 평균 항목 수가 $\rho/(1-\rho)$와 같음을 발견할 수 있다. 여기서 ρ는 사용률 또는 서버가 사용 중인 시간의 비율을 나타낸다(여기서 각 항목의 도착은 독립적으로 이뤄지며 메모리가 없는 시스템을 가정한다). 방정식에서 높은 수준의 사용률(ρ가 100%에 가까워진다)을 유지하면 대기열 크기가 극도로 커지게 되고 이에 따라 대기 시간이 늘어남을 알 수 있다. $0.6/(1-0.6)=1.5$ VS $0.8/(1-0.8)=4$를 통해서 사용률을 60%에서 80%까지 늘리면 평균 대기열 길이가 거의 세 배가 됨을 확인할 수 있을 것이다. 활용도를 높이면 고객은 기다리다 지쳐 떠날 것이다.

대기열 찾기

대기열 이론은 활용도를 높이면 처리 시간이 늘어난다는 것을 증명한다. 당신이 속도가 중요한 세상에 살고 있다면 작업 효율성을 쫓는 일은 중단해야 할 것이다. 대신에 대기열을 확인해야 한다. 때때로 이러한 대기열은 번호표를 뽑았지만 업무 마감 전에 서비스를 받을 수 있을지 불안하게 하는 정부 기관의 줄과 비슷해 보인다. 기업 IT에서는 일반적으로 대기열이 덜 눈에 띄기 때문에 크게 관심을 기울이지 않는다. 그러나 조금 더 들여다보면 거의 모든 곳에서 이를 찾을 수 있을 것이다.

바쁜 달력

모든 사람의 일정이 90% 활용된다면 정작 만나서 토론해야 하는 중요한 일정이 대기하게 될 것이다. 나 또한 몇 달에 걸쳐 고위 관리자들과의 만남을 기다리곤 했다.

운영 위원회 회의

이와 같이 정례의 성격을 가진 회의는 매월 또는 분기에 한 번 열리는 경우가 일반적이다. 이로 인해 공유와 토론의 주제가 대기열에 추가되고 의사결정이나 프로젝트 진행 상황의 확인은 보류된다.

이메일

받은 편지함은 처리하는 데 3분밖에 걸리지 않지만 담당자들의 리소스가 하루 종일 회의에서 극도로 활용되기 때문에 며칠 동안 액세스하지 않는 문제가 발생한다. 내 받은 편지함 대기열에서도 때로는 몇 주 동안 이메일이 썩어간다.

소프트웨어 릴리스

작성 후 테스트까지 완료했지만 릴리스를 기다리는 코드는 여전히 대기열에 있으며 때로는 6개월 동안 대기한다.

워크플로

송장invoice 지급에서부터 직원 채용 요청에 이르는 수많은 프로세스는 과도한 대기 시간을 포함하고 있다. 예를 들어 책을 주문하면 다음 날 아마존으로부터 배달되는 것과는 달리 대기업에서는 몇 주가 걸릴 수도 있다.

대기열로 인한 문제가 어떤 것인지 감을 얻고자 한다면 서버를 주문하는 데 4주 이상이 걸리는 경우가 많음을 떠올려 보자. 인프라 팀은 고객만을 위한 새로운 서버를 구축하고자 실제로 금속 장비에 손을 대지는 않을 것이다. 오늘날 대부분의 서버는 VM으로 프로비저닝 된다(14장의 세상을 삼킨 소프트웨어 덕분이다). IP 주소 할당, 운영체제 이미지 로드, 일부 자동화되지 않은 요소의 설치와 구성 수행으로 이뤄진 서버 설정 과정에 4시간의 실제 작업 시간이 소요된다고 가정하면 대기열에서 소요되는 시간이 총 소요 시간의 99.4%를 차지하게 된다. 이것이 우리가 대기열을 살펴봐야 하는 이유다. 4시간의 노력을 2시간으로 줄인다고 하더라도 대기 시간을 줄이지 않는 한 차이는 느껴지지 않을 것이다.

라인 절단하기

줄을 서는 것은 생산적이지는 않지만 때때로 재미를 느낄 수 있다. 샌프란시스코 마리나 우체국에서 줄을 서서 기다릴 때 나는 극도로 활용되는 중이지만 매우 친절한 우편 직원을 지켜보고 있었다. 나는 바쁜 그 직원의 활용도를 낮추려고 내 긴급 우편을 보내는 데 사용할 우선 취급 우편Priority Mail 봉투를 가지러 이동했다(당시에는 그래피티 리서치 랩Grafiti Research Lab 직원들이 우편물로 만든 멋진 것이 무엇인지 몰랐다). 자리로 돌아왔을 때 내 뒤에 서 있던 사람의 불평이 들려왔으며 짧은 말다툼을 마치고 '당신은 줄에서 벗어났어'라고 항의했다. 나는 그의 말에서 느꼈던 아이러니가 그에 관해서 유일하게 즐거웠던 일이었고 덕분에 그로부터 탈출할 수 있었다.

 디지털 기업은 대기열의 위험성을 잘 이해하고 있다. 맛있으면서 무료라는 이유로 잘 알려진 구글 카페에는 '줄을 끊는 것이 좋다(Cutting the line is encouraged.)' 라고 쓰인 표지판이 붙어 있다. 구글은 샐러드용 야채를 하나씩 접시에 옮기는 이의 뒤에 서서 정중하게 기다리는 20명의 기회 비용을 부담하지 않는다.

대기열을 보이게 하기

'측정할 수 없는 것은 관리할 수 없다'라는 에드워즈 데밍[W. Edwards Deming]이 오래 전에 언급한 이야기로 가보자. 대기열의 경우 이를 표시하는 것이 대기열을 관리하는 첫 단계가 될 수 있다. 예를 들어 티켓 발급 시스템에서 추출된 지표는 각 단계에서 소요된 시간 또는 경과된 시간에 대한 노력의 비율을 보여 줄 수 있을 것이다(그 결과는 충격적일 것이다). 대부분의 시간이 단순히 기다리는 데 소비된다는 것을 보여 주는 일은 조직이 새로운 차원에서 생각하도록 유도하는 데 도움이 될 것이다(40장). 예를 들면 더 많은 소요 시간이 더 높은 품질과 동일하지 않다는 것을 깨닫는 것을 들 수 있다.

보험 청구 처리와 같은 중요한 비즈니스 프로세스의 경우 대기열 지표는 때때로 비즈니스 활동 모니터링[BAM, Business Activity Monitoring]의 일부로 관리된다. 기업 IT는 BAM을 사용해 소프트웨어와 하드웨어 프로비저닝과 같은 자체 비즈니스를 측정하고 지연 시간을 줄여야 한다. 최근의 느린 IT는 느린 비즈니스를 의미한다.

단일 대기열, 다중 서버 시스템이 더 효율적임에도 더 많은 슈퍼마켓에서 사용하지 않는 이유는 무엇일까? 단일 대기열에 고객을 배치하면 대기열에 고객이 고르지 않게 분산돼 서버(즉 계산원)가 유휴 상태에 빠질 가능성이 줄어 들게 된다. 또한 모든 이가 새로 생긴 줄을 향해 달리거나 줄을 막을 때 신호를 주지 않고도 계산원 수를 부드럽게 늘리거나 줄일 수 있다. 가장 중요한 것은 다른 줄이 더 빠르게 움직이고 있다는 좌절감을 없애 준다는 것이다. 그러나 단일 대기열에는 조금 더 큰 공간과 고객을 위한 단일 진입점이 필요하다. 많은 우체국과 프라이스 일렉트로닉스[Fry's Electronics]와 같은 대형 전자제품 쇼핑몰에서 단일 대기열, 다중 서버 시스템을 볼 수 있다. 그들은 분명 대기열 이론을 이해하고 있다!

메시지 큐가 모든 면에서 나쁜 것은 아니다

그렇다면 비동기 메시지 큐$^{\text{message queue}}$에 대한 책의 공동 저자는 대기열이 문제라는 결론을 내릴 수 있을까? 메시지 큐는 높은 처리량과 탄력적인 시스템을 구축하기 위한 훌륭한 도구다. 리소스가 최적의 속도로 작동할 수 있도록 부하 스파이크를 버퍼링하는 역할을 한다. 슈퍼마켓에서 체크 아웃하고자 하는 이들이 슈퍼마켓에 도착하자마자 체크 아웃 카운터에 물건을 쌓아 두는 것을 상상해 보자. 이는 딱히 쓸모 있는 시나리오라고 말하기는 어렵다. 스타벅스와 같은 수많은 기업은 처리량을 최적화하려고 대기열(17장)을 사용한다.

물론 과도한 사용률로 인해 대기열이 길어지면 문제가 될 수 있다. 높은 활용도와 짧은 응답 시간은 공존하기 어렵다. 그러므로 대기열을 비난해서는 안 된다.

40

4차원에서 사고하기

자유도가 높으면 머리가 아파질 수 있다

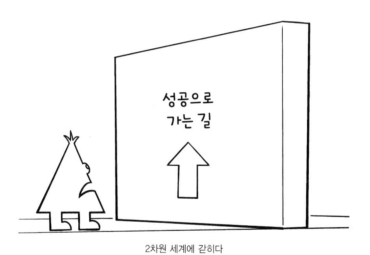

2차원 세계에 갇히다

코딩 이론에 관한 대학 수업을 듣는다면 n차원 공간의 구체에 대해 배우게 된다. 이 이론의 뒤에는 수학적인 논리가 존재하지만(구는 인코딩을 위한 오류 반경error radius을 나타내고 구 사이의 공간은 코딩 체계에서 낭비waste를 의미한다) 4차원 구를 시각화하는 일은 머리 아픈 경험이 될 수 있다. 그럼에도 더 다양한 차원에서 생각하는 것이 IT와 비즈니스에 대한 생각을 바꾸는 열쇠가 될 수 있다.

선을 따라 생활하기

IT 아키텍처는 트레이드 오프의 연속이다. 유연성은 복잡성을 가져온다. 디커플링은 대기 시간을 증가시키며 구성 요소를 배포하는 동안에는 통신 오버헤드가 발생할 것이다. 아키텍트의 역할은 일반적으로 시스템 콘텍스트와 요구 사항에 대한 경험과 이해를 바탕으로 이러한 연속체로부터 '최상의' 포인트를 결정하는 것이다. 시스템 아키텍처는 본질적으로 여러 연속체에 걸쳐 이뤄진 장단점의 조합으로 정의된다.

품질 대 속도

개발 방법론을 살펴볼 때 잘 알려진 트레이드 오프 중 한 가지로 품질과 속도 사이를 들 수 있다. 시간이 충분하다면 심혈을 기울여 구축하고 결함을 제거하고자 보다 광범위하게 테스트할 여유가 있기 때문에 더 나은 품질을 얻을 수 있다. '더 나은(더 많이 재사용 가능하고 확장 가능하며 표준화된) 아키텍처를 갖고 싶지만 시간이 없다'라는 이야기를 몇 번이나 들었는지 이를 더 자세히 살펴보고 싶다면 신이 주신 트레이드 오프에 대해서 'IT 프로젝트 매니지먼트 101$^{IT\ project\ management\ 101}$'의 첫 번째 장에서 확인할 수 있을 것이다. 어디서나 접할 수 있는 슬로건, '빠르고 더럽다$^{quick-and-dirty}$'는 이러한 믿음을 더욱 강조한다(26장).

이러한 믿음을 강조하는 이들은 빠른 훈련과 느린 혼돈(31장)을 구별하지 못하며 훈련되지 않은 카우보이처럼 빠르게 움직이는 회사나 팀을 묘사하거나 진지한 비즈니스에서 품질에 무게를 두지 않은 소프트웨어를 구축하는 경향이 있다. 바나나 제품이라는 용어는 고객의 손에서 최종적으로 숙성되는 제품을 뜻하는데 이러한 맥락에서 사용된다. 다시 말하지만 속도는 품질에 대한 무시와 같은 것으로 취급된다.

아이러니하게도 프로젝트 팀이 요구 사항을 문서화하고 검토하거나 승인을 받는 데까지 수개월이 소요되기 때문에 '시간이 없다'는 주장의 원인은 고위 관리자가 빠른 진행을 요구할 때까지는 잊히기 쉽다. 이러한 준비 단계에서 팀은 예산을 책정하는 누군가가 이를 파악하고 '더 잘하고 싶지만…'으로 시작하는 아키텍처 검토를 위한 자료를 보낼 때까지 아키텍처 팀과 이야기하는 것을 '잊곤 한다.' 그 결과 올바르게 검토하고 수정할 시간이 부족해지고 수정을 위한 비즈니스 사례를 찾지 못해서 임의의 결정 사항들의 집합으로 만들어진 단편화된 IT 환경을 만들어 낸다. '일시적인 솔루션만큼 오래 가는 것은 없다nothing lasts as long as the temporary solution'라는 오래된 격언이 완벽하게 적용되는 곳이 기업 IT라고 할 수 있겠다. 이렇게 적용된 솔루션의 대부분은 구축된 소프트웨어의 벤더 지원이 만료돼 보안 위험을 인식할 때까지 유지된다.

더 높은 자유도

그렇다면 품질과 속도 사이의 선형적인 트레이드 오프에 차원을 추가하면 어떨까? 다행히도 우리는 1차원에서 2차원으로 이동하고 있으므로 우리의 머리 또한 n차원 구체를 생각하는 것만큼 아프지 않아야 한다. 그림 40-1과 같이 직선 대신에 좌표계에 존재하는 2개의 개별 축에 속도와 품질을 표시하면 된다. 이제 우리는 더 나은 품질을 달성하려고 얼마나 많은 속도를 포기해야 하는지를 나타내는 곡선을 통해서 두 매개변수 간의 트레이드 오프를 묘사할 수 있게 됐다.

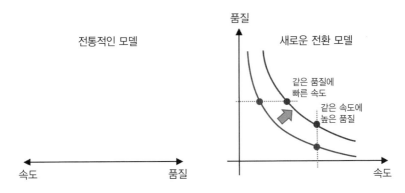

그림 40-1. 1차원에서 2차원으로 이동하기

단순성을 위해서는 이들 간의 관계가 직선으로 표시되는 선형이라고 가정할 수 있다. 하지만 이는 사실이 아닐 수 있다. 결함이 없는 상태에 도달하는 것을 목표로 하기 때문에 테스트에 소요되는 시간은 크게 증가할 수 있으며 이미 알고 있듯이 테스트는 결함의 존재 여부는 증명할 수 있지만 결함이 없음을 증명할 수는 없다. 생명과 안전에 만전을 기해야하는 시스템 또는 우주로 발사되는 무언가를 위한 소프트웨어를 개발하는 것은 아마도 이 스펙트럼의 끝에 위치할 것이며 또한 그래야 한다. 그들이 제로 결함을 달성하기 어렵다는 것은 미터법과 미국 측정치 사이의 단위 오류로 인해 분해된 화성 기후 궤도선의 예에서 알 수 있다. 연속체의 다른 쪽 끝인 '현재 또는 불가능한 영역now or never zone'에서는 단순히 얼마나 빨리 갈 수 있는지의 한계에 도달할 수 있다. 품질을 개선하려면 약간 속도를 늦추고 적절한 설계 및 테스트를 수행하는 데 필요 최소한의 시간을 투자해야 한다. 따라서 이들 사이의 관계는 두 축의 극단에 (점근적으로) 접근하는 오목한 곡선처럼 보인다.

시간(속도)과 품질 사이의 균형은 이 2차원 보기에서도 여전히 유지되며 둘 사이의 관계에 대해 훨씬 더 합리적으로 추론할 수 있을 것이다. 이는 단순한 모델이 어떻게 당신의 사고를 선명하게 할 수 있는지에 대한 전형적인 예가 될 수 있다(6장).

게임의 규칙을 바꾸기

2차원 공간으로 넘어오면 훨씬 더 심오한 질문을 할 수 있게 된다. '곡선은 이동시킬 수 있나요?' 이어서 '그렇다면 이동하려면 무엇이 필요할까요?'와 같은 질문이다. 곡선을 오른쪽 상단으로 이동시키면 품질의 저하 없이 동일한 속도 또는 더 빠른 속도로 더 나은 품질을 얻을 수 있음을 알 수 있다. 곡선의 모양이나 위치를 변경하면 더 이상 속도와 품질 사이의 고정된 선을 따라 이동할 필요가 없어진다. 이는 이단일까? 아니면 알지 못했던 생산성의 세계로 가는 문일까?

 디지털 기업은 속도와 품질을 2차원으로 인식하기 때문에 곡선을 전환하는 방법에 대해 생각할 수 있다.

아마도 둘 다일 것이다. 하지만 디지털 기업은 이를 달성했다. 기능 품질과 시스템 안정성을 유지하면서 이전에 볼 수 없었던 IT 제공 속도를 달성하려고 곡선을 크게 전환했다. 그들은 어떻게 했을까? 가장 큰 요인은 효율성을 가장한 자원 활용 최적화(39장)가 아닌 속도에 최적화된 프로세스(35장)를 따르는 것이다.

디지털 기업은 다음과 같은 이유로 곡선을 바꿀 수 있었다.

- 그들은 소프트웨어가 빠르고 예측 가능하게 실행된다는 것을 이해하고 있기에 절대 사람이 기계가 할 작업을 수행하도록 보내지 않는다(13장).

- 로컬 환경에서 최적화하기보다 엔드 투 엔드end-to-end 환경에 최적화한다.
- 가능한 한 많은 문제를 소프트웨어 문제로 전환해 자동화하는 작업을 통해서 더 신속하게 이동하고 세세하게 예측할 수 있다.
- 문제가 발생하면 사용자가 거의 알아차리지 못하는 상황에서도 신속하게 대응할 수 있다. 모든 것이 자동화되며 버전 제어를 사용하기 때문에 가능하다(14장).
- 모든 장애 시나리오를 예측하고 제거하는 대신에 장애를 흡수하고 자가 치유할 수 있는 탄력적인 시스템을 구축한다.

이러한 기술은 로켓 과학rocket science이 아니다. 조직이 생각하는 방식을 바꿔야 하며 이는 쉬운 일이 아닐 것이다.

곡선 반전시키기

새로운 차원을 추가해도 사람들의 머리가 아프지 않다면 최신 소프트웨어의 제공이 곡선을 반전시킬 수 있다고 한다. 더 빠른 소프트웨어는 많은 경우 더 나은 소프트웨어를 의미한다. 수많은 소프트웨어 제공의 지연은 수동 작업으로 인해 발생한다. 즉 서버 또는 환경을 수동으로 설정하기 위한 긴 대기 시간, 수동으로 진행되는 회귀 테스트 등을 들 수 있다.

일반적으로 자동화를 통해 이러한 마찰을 제거하고 나면 소프트웨어 개발 속도가 빨라질 뿐 아니라 수동 작업이 오류의 가장 큰 원인이 되기에 품질 또한 향상된다(13장). 결과적으로 속도를 레버로 사용해 품질을 높이는 것이 가능해진다. 예를 들어 자동화 수준을 높이고 휴먼 에러로 인한 결함을 줄이는 것을 목적으로 서버 프로비저닝 시간을 단축할 수 있다.

어떤 품질?

속도와 품질에 대해 이야기할 때 품질이 실제로 무엇을 의미하는지 잠시 생각해 봐야 한다. 많은 기존의 IT 부문 직원은 이를 소프트웨어의 사양과 일정을 얼마나 준수하고 있는가로 정의한다. 시스템 가동 시간과 신뢰성 역시 품질의 일부다. 이러한 품질의 측면에는 예측 가능성의 본질이 존재한다. 우리는 약속을 통해서 요청하거나 원하는 것을 얻어 왔다. 여기서 우리가 요구한 내용이 옳았는지 어떻게 알 수 있을까? 아마도 누군가가 사용자에게 이에 대해서 질문했을 것이며 요구 사항은 그들이 시스템에 바라는 작업을 반영할 것이다. 과연 사용자들은 그들이 정말로 원하는 것이 무엇인지 알고 있을까? 만약 사용자가 이전에 경험한 적 없는 시스템을 구축 중에 있다면? 켄트 백$^{Kent\ Beck}$은 '사용자가 원하는 시스템을 구축하고 싶다'라고 언급한 바 있다.

> 품질의 전통적인 정의는 위임된 지표(proxy metric)에 가깝다.

품질의 전통적인 정의는 위임된 지표$^{proxy\ metric}$에 가깝다. 우리는 고객이 원하는 것이 무엇인지 또는 적어도 그들이 스스로 원하는 것이 무엇인지 알고 있다고 가정한다. 이러한 전제가 신뢰할 만한 지표가 아니라면 어떻게 될까? 품질에 대한 전통적인 정의는 위임된 지표로 나타낼 수 있다. 디지털 세상에 살고 있는 기업은 완전히 새로운 솔루션을 구축 중에 있기 때문에 고객이 원하는 것이 무엇인지 아는 척을 하지 않는 경향이 있다. 그들은 고객에게 원하는 것이 무엇인지 묻는 대신에 고객의 행동을 관찰한다(36장). 관찰된 행동을 기반으로 신속하게 제품을 조정하고 개선하며 때로는 A/B 테스트를 이용해 새로운 기능을 시도한다. 이러한 시도의 결과로 훨씬 더 높은 품질의 제품이 만들어졌다고 이야기할 수 있을 것이다. 따라서 빠른 속도로 획득 가능한 품질 곡선을 바꿀 수 있을 뿐 아니라 목표로 하는 품질을 변경할 수 있다. 어쩌면 이것 또한 다른 차원으로 이동을 의미할까?

차원 손실

더 높은 자유도가 보장되는 세상에서 일하는 데 익숙한 사람이 여전히 품질과 속도는 역의 관계에 있다는 믿음을 가진 IT 조직처럼 낮은 자유도의 세상에 합류한다면 어떻게 될까? 이것은 우리가 살고 있는 3차원 세계에서 2차원 세계로 이동하는 것과 같이 상당한 놀라움과 두통으로 이어질 수 있다.[1] 이 경우에도 가장 좋은 방법은 조직의 믿음을 리버스 엔지니어링(26장)한 다음 변화를 주도(34장)해 나가는 것이다.

---

1   Wikipedia, 'The Planiverse,' https://oreil.ly/RncTp.

6부

에필로그:
IT 전환 아키텍처 수행하기

이 책의 주된 목적은 IT 아키텍트가 디지털 파괴자와 경쟁 상태에 놓인 기존 IT 조직을 혁신하는 데 적극적인 역할을 할 수 있도록 장려하는 것이다. '왜 테크니컬 아키텍트가 이 거대한 작업을 가져가야 할까?' 많은 관리자 또는 IT 리더가 조직을 변경하는 데 필요한 강력한 의사소통 및 리더십 능력을 보유하고 있을 수 있다. 그러나 오늘날의 디지털 전환은 단순한 조직의 구조 조정이 아니라 모바일, 클라우드 컴퓨팅, 데이터 분석, 무선 네트워킹, 사물 인터넷과 같은 IT 혁신에 의해 주도되고 있다. 따라서 조직을 디지털 세상의 미래로 이끌어 가려면 경쟁 우위를 가져가기 위한 애플리케이션과 함께 이를 지탱하는 기술을 철저히 이해해야 한다.

게임 시작

네트워크 효과로 인해 수많은 디지털 비즈니스 모델들은 구글이 검색을, 페이스북이 SNS를 가져가고 아마존이 전자 상거래와 클라우드를 가졌으며, 넷플릭스와 아마존 공동으로 콘텐츠를 가져가고 있다. 또한 애플과 구글의 안드로이드는 모바일을 가져갔다. 이 과정에서 구글은 SNS에서 자신들의 영역을 갖고자 애썼으며 난관에 봉착해 허둥대고 있었다. 마이크로소프트는 검색 시장에서 경쟁력을 갖는 데 어려움을 겪고 있으며 모바일 시장에서 철수했다. 아마존은 또한 구글이 확실한 매력을 전달하지 못한 채 다수의 서비스를 종료한 것처럼 모바일에서 어려움을 겪었다. 클라우드 컴퓨팅 시장에서는 뭐든지 잘할 것처럼 보였던 구글조차 1위 업체인 아마존에 상당한 격차를 허용하고 있다.

전통적인 조직의 반대편에서 이처럼 거인들이 싸우는 것은 관객석에 앉아서 팝콘을 먹으면서 세계적 수준의 운동 선수들이 경쟁하는 모습을 보는 것과 비슷하다. 이들 조직은 1조 달러에 가까운 평가를 받고 있으며 (넷플릭스는 저술 시점 기준으로 시가 총액이 약 1,500억 달러에 달하는데 이들 거인 중에는 아기에 가깝다), 세계 최고의 수준의 IT 인재를 모을 수 있고 재능 있고 숙련된 관리자들이 운영 중에 있다. 이들 사이에서 어떻게 경쟁하기를 바라는가?

이러한 움직임이 기존 기업에 영향을 미치는 몇 가지 효과가 있다. 첫째, 디지털 세계는 끊임없이 진화 중이며 각 라운드마다 새로운 기회가 제공된다. 우버Uber는 도로에서 누구나 탈 수 있는 유일한 차가 아니며 다른 이들을 태워 줄 수 있는 사람 또한 택시 기사만이 아니라는 점을 깨달았고 이를 사업화해 택시 업계를 혼란에 빠뜨렸다. 그러나 자동차 제조업체 또한 자율 주행 자동차를 출시한다면 다음 라운드에서 히든 카드를 가질 수 있을 것이다. 둘째, 기존의 기업은 갖고 있는 자산을 활용할 수 있다. 예를 들어 유니클로Uniqlo의 모회사인 패스트 리테일링Fast Retailing은 온라인 비즈니스 모델을 모방하기보다는 실제 매장을 핵심 자산으로 사용하며 큰 성공을 거뒀다. 미국의 대형 소매 체인 타깃Target은 도로변 픽업 모델을 제시했고 결과적으로 전자 상거래 판매 규모의 증가에 기여할 수 있었다. 운전할 수 있다면 주문한 물건을 바로 차에 실을 수 있다. 디지털 세계는 이처럼 기존의 가정에 의문을 제기하고 IT를 전환을 위한 동력으로 전환할 수 있는 기업에게 매력적인 기회 중 하나다.

상향식으로 전환하기

순전히 하향식 접근으로 디지털 전환을 주도할 수 있다고는 상상하기는 어렵다. 기술에 정통하지 않은 경영진은 외부 컨설턴트 또는 업계지의 의견에 따르다 보면 조직은 절뚝거리며 움직이게 되는 결과를 낳을 수 있다. 그렇다고 해서 예산을 줄이지는 않을 것이다. 디지털 세계의 경쟁은 치열하며 고객의 기대치는 하루가 다르게 증가하고 있기 때문이다. 상장되거나 또는 엄청난 돈을 받고 인수된 성공적인 스타트업에 대해 듣게 되면 우리는 일반적으로 훌륭한 아이디어와 최선을 다하는 직원들 그리고 그들의 현명함에도 성공하지 못한 수십 많게는 수백 개의 스타트업을 잊어 간다. 기술에 뿌리를 두고 있으면서도 엘리베이터를 타고 펜트하우스까지 올라갈 수 있는 아키텍트는 이러한 변화를 성공적으로 수행하기 위해 필요하다.

안팎을 뒤집는 작업을 통해 전환하기

공급업체가 갖고 온 데모를 보고 몇 가지 새로운 제품을 구입한다고 해서 조직이 디지털 거인에 맞설 수 있는 경쟁력을 갖출 수는 없을 것이다. 디지털 혁명의 전반적인 방향성이 명확해지고 신용카드를 가진 모든 개인이 몇 분이면 서버와 빅데이터 분석 엔진을 획득할 수 있을 정도로 기술이 민주화되면 조직의 핵심 경쟁 자산은 학습 능력이 될 것이다. 이 과정에서 외부 컨설턴트와 공급업체는 도움을 줄 수 있겠지만 조직의 학습 능력을 대체하지는 못한다(36장). 따라서 아키텍트는 조직 내에서 전환을 추진하는 역할을 하거나 적어도 이 과정을 지원하고 있어야 한다.

상아탑 거주자에서 기업의 구세주로

조직을 전환하는 것이 아키텍트 업무의 일부라고 아직 확신하지 못했다면 선택의 여지가 많지 않을 수 있다. 최근의 기술 발전은 조직 구조, 프로세스, 때로는 문화까지 변경되는 경우에 비로소 성공적으로 실현될 수 있다. 예를 들어 데브옵스 스타일의 개발은 자동화 기술의 출현을 통해 가능해지지만 변화를 피하고 고립된 사일로를 실행하는 데 의존한다면 이는 이뤄질 수 없다. 클라우드 컴퓨팅은 출시 시간과 함께 IT 비용을 크게 줄일 수 있지만 조직과 프로세스가 먼저 개발자가 실제로 서버를 프로비저닝하고 필요한 네트워크 구성 요소를 변경할 수 있는 권한을 부여하는 경우에 가능하다. 마지막으로, 데이터 분석을 성공적으로 수행하려면 조직이 관리자 레벨의 파워포인트 슬라이드를 기반으로 결정을 내리는 것이 아니라 데이터를 기반으로 결정을 내려야 한다. 이 모든 것은 조직의 주요 전환점을 뜻한다.

> 기술의 진화는 조직의 진화와 뗄 수 없는 관계가 됐다. 이런 변화에 따라 아키텍트의 역할 또한 새로운 IT 시스템을 설계하는 것에서 시스템에 어울리는 조직과 문화를 설계하는 것으로 확장되고 있다.

디지털 파괴자와 공존하는 시대의 IT 아키텍트의 업무는 확실히 더 복잡하고 어려워졌다. 점점 더 빠르게 변화하고 발전하는 기술에 발맞추면서 조직에 대한 엔지니어링에 정통하고 기업 전략을 이해하며 고위 경영진과 의사소통하는 것은 이제 아키텍트에게 요구되는 요소 중 하나다. 또한 아키텍트라는 포지션은 도전하는 사람들에게 있어 한층 더 의미 있고 보람 있는 일이 됐다. 기술의 진화는 조직의 진화와 떼려야 뗄 수 없는 관계로 인식되고 있으며 이에 따라 아키텍트의 업무는 새로운 IT 시스템의 설계에서부터 조직과 문화를 설계하는 것으로까지 확장됐다.

 이전 직장에서 나는 스스로를 수석 아키텍트로 위장한 수석 조직 엔지니어라고 농담하곤 했다.

새로운 세계는 상아탑에 앉아서 다이어그램을 그리는 아키텍트에게는 보상을 주지 않는다. 그러나 실무에서의 혁신을 위한 동인과 변경을 이끄는 이들을 위해서는 수많은 보상이 준비돼 있다. 이 책이 여러분이 도전을 받아들이도록 격려하고 유용한 지침, 슬로건, 앞으로의 여정에 도움이 될 약간의 지혜를 줄 수 있기를 바란다.

41

내가 제공해야 할 것은 진실뿐

빨간 알약을 줄 것

여기가 훨씬 편하다

전환을 위한 여정을 시작하는 일은 전통적인 산업을 영위하는 기업에 속한 이들에게 상당히 극적인 경험이며 때로는 충격을 주기도 한다. 디지털 기업은 가족과 사회생활을 안정적으로 가져가며 긴 수면 시간을 필요로 하지 않는 교육 수준이 높은 젊은 디지털 네이티브들에 의해 운영되는 것으로 인식되고 있다. 이들의 고용주는 대부분의 서비스를 소비자에게 무료로 제공함에도 은행에서 수십억 달러를 빌리기 위한 유형 자산은 거의 갖고 있지 않다. 수십 년에 걸쳐 동일한 프로세스를 따라 전통적인 기업에서 일해 온 IT 부문 직원의 경우 이는 두려움, 거부감, 분노를 유발할 수도 있다.

따라서 전환을 위한 의제에 직원들을 참여하게 하는 것은 쉽지 않은 일이다. 이 과정에서 너무 부드럽게 접근하면 사람들은 변화의 필요성을 인식하지 못할 수 있다. 반면에 너무 직접적으로 다가가면 사람들이 당황하거나 분개할 수 있다.

불변의 진실

마지막으로, 영화 〈매트릭스〉로부터 참고할 내용을 가져와 보자. 모피어스는 네오에게 그를 현실로 보내 줄 빨간 알약과 그를 이대로 매트릭스 세계 안에 있게 해 줄 파란 알약 중에서 선택하도록 말할 때 그는 '현실'이 어떻게 생긴 곳인지 설명하지 않았다. 모피어스는 다음과 같이 이야기한다.

> 기억하세요. 제가 줄 것은 진실뿐입니다.

그가 만약 레이저 빔으로 배를 자르기 위해 끊임없이 쫓아오는 기계들 그리고 전쟁 통에 하수도를 순찰하는 호버크래프트에 치여 살게 될 것이라고 네오에게 말했다면 아마도 네오는 파란 알약을 받았을 것이다. 그러나 네오는 이미 현재 상태인 매트릭스의 환상Matrix illusion에 문제가 있음을 인지하고 시스템을 바꾸고자 하는 강한 욕구를 갖고 있었다. 또한 기존 시스템의 뭔가가 잘못됐음을 느끼면서도 대부분 기업의 동료들은 현재의 환경과 위치에 상당히 만족하고 있을 것이다. 안타깝게도 약을 직접 복용하는 것만으로는 충분하지 않으며 더 나은 결과를 위해서는 동료들을 이끌어 같은 배에 타야 할 것이다.

그러나 영화 〈매트릭스〉에서와 마찬가지로 빨간 알약을 받은 이들을 기다리는 새로운 디지털 현실은 그들이 기대했던 것과는 일치하지 않을 수 있다.

 어떤 회의에서 동료였던 한 아키텍트는 전환이 성공하려면 아키텍트의 삶이 보다 쉽고 단순해져야 한다고 말한 적이 있다. 결과적으로 그는 실망할 수밖에 없었다.

스스로의 삶을 보다 편하게 만드는 것을 목표로 하는 것은 디지털 미래로 이어지지 않으며 오히려 실망에 빠지는 원인이 될 것이다. 기술의 발전과 새로운 작업 방식은 IT를 비즈니스의 한 영역으로서 더욱 흥미롭고 가치 있게 만들지만 더 쉽게 만들지는 못한다. 새로운 기술을 배워야 하며 환경은 더 복잡해지면서 속도가 빨라진다. 디지털 혁신은 편의의 문제가 아닌 기업 생존의 문제다.

디지털 파라다이스?

외부에서 봤을 때 디지털 기업에서 일하는 것은 일반적으로 무료 점심, 마사지, 세그웨이 타기로 대표되는 것으로 보인다. 디지털 기업은 전례 없을 특전으로 직원에게 구애하고 있지만 내부는 물론 외부에서도 경쟁이 치열하다. 그들은 경쟁력을 유지하고 혁신을 추진하려고 끊임없이 변화와 속도의 문화를 수용한다. 즉 직원들에게는 자신의 업무에 안주하지 않고 계속해서 노력하는 것이 요구된다. 엔지니어는 긴장을 풀려고 디지털 기업에 합류하는 것이 아니라 자신의 한계를 뛰어넘고 혁신을 통해서 세상을 변화시킨다.

보상은 재정적 측면에 국한되지 않으며 여기서 가장 중요한 것은 엔지니어가 스스로 달성할 수 없었던 성과를 달성하고 실제로 이를 변화로 이어지도록 하기 위한 과제와 일치한다. 10년 이상 이전에 구글에서 만든 애플리케이션을 100,000여 개의 서버로 확장하고, 1~2초 만에 페타바이트 규모의 로그에 대한 분석을 실행할 수 있었다. 대부분의 전통적인 회사는 10년이 지난 지금에도 여전히 이러한 기능을 꿈꾸고 있다. 이것이 바로 디지털 IT 생활의 보상이다. 이와 같은 예는 기존의 회사가 왜 디지털 기업을 두려워해야 하는지를 보여 준다.

집에서 시도하지 말 것

전환을 모색할 때 전통적인 기업은 때때로 디지털 파괴자가 활용하는 방식을 찾고 이를 그들의 전통적인 작업 방식으로 가져오고자 한다. 경쟁업체의 사고방식과 그들의 작업 방식을 이해하는 것은 물론 중요한 일이지만 그들의 관행을 채택하는 데에는 신중한 고려가 필요하다. 디지털 기업은 모든 소스 코드를 단일 저장소에 저장하거나 아키텍트 없이도 직원이 원하는 형태로 만들 수 있도록 하는 등의 작업을 장려하는 것으로 알려져 있다. 이러한 기술에 감탄할 때 전통적인 회사는 세계적인 슈퍼스타가 입이 떡 벌어질 스턴트를 펼치는 것을 보고 있음과 다르지 않음을 인지해야 한다. 그곳에는 고층 빌딩 사이에서 줄을 타거나 타워에서 뛰어내려 근처 건물 옥상의 수영장으로 미끄러지는 스턴트를 하는 이들이 있다. 그렇다고 집에서도 똑같이 시도하라는 의미는 아니다.

'디지털' 사례를 채택할 때 조직은 먼저 이러한 사례 간의 상호 의존성을 이해해야 한다. 단일 코드 저장소에는 수천 대의 머신으로 확장하고 증분 빌드와 테스트를 실행할 수 있는 높은 수준의 빌드 시스템이 필요하다. 모든 코드를 이러한 시스템과 이를 관리할 수 있는 팀 없이 단일 저장소에 집어넣는 것은 낙하산 없이 건물에서 뛰어내리는 것과 같다. 물론 근처 옥상의 수영장에 부드럽게 착륙할 가능성은 거의 없다.

배를 버려라

대부분의 조직에게 디지털 미래를 향한 항해는 생존의 문제다. 당신이 타이타닉 호의 책임자이고 배가 느리지만 확실히 가라앉을 것이라는 정보를 방금 들었다고 상상해 보자. 대부분의 승객은 상황의 심각성을 아직 인식하지 못한 채 배 위의 갑판에서 편안하게 샴페인을 마시고 있다. 승객에게 다가가 개별적으로 다음과 같이 알리는 경우를 상상해 보자.

> 선생님, 실례하겠습니다. 보다 안전한 선박으로 이동할 수 있도록 주 갑판으로 자리를 옮겨 주실 수 있을까요? 물론 식사를 마친 후라도 괜찮습니다.

이는 결과적으로 승객의 확실한 반응을 이끌어 내지 못할 수 있으며 그들이 의심스럽게 당신을 응시할지도 모른다. 또는 승객들이 새로 샴페인을 주문하고 나서 구명정을 들여다보고 세계에서 가장 현대적이고 가라앉기 힘들어 보이는 타이타닉 호에 머무는 것이 더 안전하고 편리해 보인다는 결론을 내릴지도 모른다.

반면에 다음과 같이 승객에게 알리는 경우는 어떨까?

> 이 배는 가라앉고 있습니다! 구명정이 충분하지 않기에 승객 여러분들 중 일부는 이곳 얼음 바다에서 익사할 것입니다.

많은 이가 패닉과 함께 구명정에 타려고 돌진하기 시작할 것이며 이로 인해서 배가 물에 빠지기도 전에 많은 승객이 죽거나 부상을 입을 수 있다.

기업 IT 직원이 업무 방식을 바꾸고 현재 위치의 안락함에서 벗어나도록 동기를 부여하는 방법 또한 이와 비슷하다. 그들 또한 그들의 배가 가라앉고 있다는 것을 인지하지 못하고 있을 것이다. 다양한 커뮤니케이션 방법 중 어떤 안을 채택해야 할지는 각 조직과 개인에 따라 달라질 것이다. 나는 부단하게 변화하지 않는 상황을 관찰할 때 시작은 부드럽게 하지만 과정을 보다 고양시키고자 하는 편이다.

겉모습은 속임수

단순한 얼음 덩어리가 현대(타이타닉 침몰 당시)의 경이로운 엔지니어링을 가라앉힐 수 있다고는 상상하기 어려운 것처럼 소규모 디지털 기업은 전통적인 기업을 위협하는 것으로는 보이지 않을지도 모른다. 수많은 신생 기업은 사무실 공간이 아직 완전히 자리 잡히지 않아서 빈백beanbag에 앉아서 일하지만 기존 산업에 혁명을 일으킬 수 있다고 믿는 비교적 경험이 부족하고 때로는 순수한 이들에 의해 운영된다. 이들은 직원이 부족한 경우가 많으며 수익을 창출해 내기 이전에 여러 차례 외부 자금을 확보해야 한다.

그러나 빙산의 90%가 물 속에 잠겨 있는 것처럼 디지털 기업의 엄청난 잠재력은 숨겨져 있다. 이는 기존 조직보다 훨씬 빠르게, 때로는 수십 배는 더 빠르게 학습할 수 있는 그들의 능력에 있다. 따라서 스타트업이 기존 시장에 진입하고자 하는 초기 시도를 무시하는 것은 치명적인 실수가 될 수 있다. '그들은 우리의 비즈니스를 이해하지 못한다'라는 이야기는 전통적인 비즈니스에서 흔히 볼 수 있는 반응이다. 그러나 기업이 비즈니스를 배우는 데 50년이 걸렸던 작업이 속도의 경제(35장)에 최적화돼 있고 이를 실현하기 위한 놀라운 기술을 갖추고 있는 파괴자는 1년 이하로 이를 단축하기도 한다.

디지털 파괴자는 또한 기존의 나쁜 관습을 잊기 위한 노력을 할 필요가 없다. 새로운 것을 배우는 것은 어렵지만 기존 프로세스, 사고 패턴과 가정을 잊는 것은 이보다 더 어려운 일이다. 과거에 성공한 것을 깨끗하게 잊는 것은 기업에게 가장 큰 변화의 장애물 중 하나다(26장).

일부 전통적인 비즈니스는 산업이 법률을 통해 규제되기 때문에 이러한 파괴자로부터 안전하다고 느낄 수 있다. 안전망 규정이 얼마나 얇은 보호막인지를 잊지 않으려고 나는 디지털 기술을 통해서 전기 및 자율 주행 자동차를 도로에서 달리게 하고 로켓을 우주로 보낼 수 있다면 은행 또는 보험 면허를 취득하는 것은 문제가 아님을 떠올린다. 예를 들어 그들은 심플하게 라이선스를 가진 회사를 인수할 수 있다. 핀테크^{fintech} 업체인 레모네이드^{Lemonade}(보험)와 N26(은행)은 규제 대상 산업에서 성공한 도전자의 생생한 예라고 할 수 있다.

 디지털 기업은 기존 비즈니스 모델을 복제하지 않는다. 오히려 그들은 비효율적이거나 고객으로 하여금 불만족을 유발하는 약점을 선택한다.

마지막으로, 디지털 파괴자가 정면에서 공격에 나서는 경우는 찾기 힘들다. 그들은 기존 비즈니스 모델에 있어 비효율적이지만 대기업이 주의를 기울일 만큼 중요하지 않은 약점을 선택하는 경향이 있다. 에어비앤비^{Airbnb}는 더 좋은 호텔을 짓지 않았고 핀테크 회사는 완전한 은행이나 보험 회사를 만드는 데 관심을 두지 않는다. 오히려 그들은 비효율성, 높은 수수료, 불만족스러운 고객에 대해서 최소한의 자본을 투자해서 새로운 비즈니스 모델을 빠르게 확장할 수 있는 유통 채널을 공격한다. 일부 연구자들은 타이타닉 호가 빙산에 정면으로 부딪혔지만 그로 인해 가라앉은 것은 아닐 수 있다고 말한다. 대신에 빙산이 선체의 상대적으로 약한 부분에 마찰을 가했고 결과적으로 선체를 찢었기 때문에 가라앉았을 것이라고 주장한다. 이곳이 바로 디지털이 겨냥한 곳이다.

조난 신호

전환은 두려운 시도가 될 수 있겠지만 당신이 그 도전을 받아들일 유일한 아키텍트일 필요는 없다. 조난 중인 선박과 마찬가지로 상황이 심각해 보인다면 도움을 요청하는 것이 좋다. 디지털 SOS를 보내는 것을 주저해서는 안 된다. 누구도 전환을 위한 검증된 방법을 갖고 있지 않기 때문에 동료들과 자신의 경험을 공유하는 것은 큰 도움이 될 수 있다. 이 책에 담긴 내 경험을 참고하는 것도 한 가지 방법이 될 것이다. 나 또한 당신의 독자 중 하나가 될 것이다.

찾아보기

소프트웨어 아키텍트 엘리베이터

디지털 기업 환경에서의 아키텍트

발 행 | 2022년 10월 20일

지은이 | 그레고르 호페
옮긴이 | 오 주 환

펴낸이 | 권 성 준
편집장 | 황 영 주
편 집 | 김 진 아
          임 지 원
디자인 | 윤 서 빈

에이콘출판주식회사
서울특별시 양천구 국회대로 287 (목동)
전화 02-2653-7600, 팩스 02-2653-0433
www.acornpub.co.kr / editor@acornpub.co.kr

책값은 뒤표지에 있습니다.